김수현 드라마 전집

김수현 드라마 전집 14

세 번 결혼하는 여자 1

솔

1. 대사 문장에는 띄어쓰기 원칙을 적용하지 않았다.

가장 먼저, 김수현 극본의 대사에는 마치 악보처럼 리듬이 존재한다는 것을 알면 이해가 한층 쉬워진다. 대사의 리듬과 더불어 대사의 타이밍, 대사의 전환점, 호흡의 완급, 감정선의 절제 또는 연장 등이 대본 자체에서 표현되고 있다. 따라서 문법적 원칙보다 대사의 리듬, 장단이 우선하는 이유로 띄어쓰기 원칙은 간혹 무시되고 있으며 이러한 작가의 의도를 손상시키지 않기 위해 띄어쓰기 문법을 적용시키지 않고 원본 그대로 실었다.

2. 대사에는 맞춤법을 적용하지 않은 경우가 적지 않다.

김수현 극작품의 대사는 구어체에 가까운 것으로 한글, 곧 '소리 나는 대로 읽기-쓰기'에 충실하다. 사투리가 대사에 적용될 때, 캐릭터의 어투나 억양을 강조하기 위한 수단으로 쓰일 때에도 그러하다. 곧 모든 대사의 바탕은 실제 생활 속 일상 언어의 발성이며, 때문에 공식적인 맞춤법이 적용되지 않은 경우가 많다. 외래어 또한 대부분 표기법을 적용해 사용하지 않았고, 문장부호의 사용 또한 일부 맞춤법을 적용하지 않았다.

> 예) "가께 오빠"("갈게 오빠") "늘구지 마세요 선생님"("늘리지 마세요 선생님") "택시 타구 갈께요"("택시 타고 갈게요") "어뜩해. 들으셨어요?"("어떡해. 들으셨어요?") "잔소리 피할려 그러지."("잔소리 피하려 그러지.") "친구 잘못 사겨 착한 내 아들 버렸다는 거랑 같아"("친구 잘못 사귀어 착한 내 아들…") "납쁜 자식"("나쁜 자식") "이제 여덜시야"("이제 여덟 시야") "키이"("키key")

마침표(.)를 넣지 않은 대사 문장에 대해
마침표의 유무에 따라 호흡과 말투, 대사와 대사와의 연결, 뉘앙스에서 차이가 있음

4

을 지시하는 것으로 원본 그대로 실었다.

3. 의성어 및 의태어의 사용은 김수현 작가만의 언어를 반영하여 최대한 수정하지 않은 원문을 싣거나, 부분 삭제하였다.

　　예) '식닥식닥'(화나거나 흥분해 가만히 있지 못 하고 숨을 헐떡거리는 상태), '채뜰 듯'(낚아채서 빠르게 들어 올리는 모양)

4. 작품에 쓰인 용어의 설명은 다음과 같다.

S#: S: Scene의 약자. / #: Number를 의미하는 기호.

E: Effect의 약자.
E는 여러 쓰임새가 있다. 이번 전집에서는 대체로 다음 두 가지로 쓰인다.
　　① 화면상에서 A의 얼굴 위로 B의 목소리를 나오게 할 때
　　② 특별한 음향효과를 지시할 때
　　이번 전집에서는 ①에서처럼 화면 연출상의 기법을 위한 경우로 쓰일 경우에는 전후 문맥상 반드시 필요한 경우를 제외하고 부분 생략하였다. 그러나 ②에서처럼 전화벨이나 음향효과를 위한 장면에서는 원문 그대로 E라고 표기하였다.

　　예) E 전화벨 울리고 있고 / E 볼륨 줄여놓은 피아노 연주곡.

F: Filter의 약자.
이것은 예를 들면 A와 B가 통화를 할 때, A가 화면에 나와 있는 상태에서 B의 전화 목소리를 들려줘야 하는 경우, 상대방의 목소리를 전화 저편에서 말하는 것처럼 들리게 하는 음향적 효과를 지시하는 부호이다.

오버랩: Overlap.
앞의 장면과 뒤에 연결되는 장면이 겹쳐지며 다음 화면으로 넘어가게 할 때 쓰는 부호이다. 대본에서의 오버랩은 앞 사람의 대사가 끝나기 전에 다음 사람의 대사를 겹쳐서 말하게 할 때 주로 쓰이고 있다.

인서트: Insert.
일련의 화면에 글자나 필름을 삽입하는 것을 뜻한다. 이 대본에서는 대부분의 경우 이 지시 사항은 생략되었고, 건물의 외경이나 풍경 등의 씬을 삽입할 때 주로 쓰였다.

디졸브: Dissolve.
한 화면의 밀도가 점점 감소되어 사라짐과 동시에 점차 다른 화면의 밀도가 높아져 나타나는 장면 전환 기법 중 하나. 대본에서의 디졸브는 시간이나 장소의 변화를 보여주기 위해 사용되었다.

페이드 인: Fade in.
영상이 검정색 상태에서 다음 이미지가 점차 선명하게 나타나는 장면 전환 효과를 말하는 것으로 대본에서는 'F.I'로 표기했다.

페이드 아웃: Fade out.
화면이 어두워져 완전히 꺼지는 상태. 장면의 전환, 또는 시간을 건너뛸 때 주로 쓰인다. 대본에서는 'F.O'로 표기했다.

스니크 인: Sneak in.
해설이나 대사 등이 진행되고 있는 사이에 음악이나 효과음을 서서히 삽입시키면서 점점 확대해가는 오디오 연출 용어이다.

5. 기호와 지시문에 대한 설명은 다음과 같다.

/ : 대사 속의 / 부호와 지문 속의 / 부호가 있다.

　① 대사 속의 / 부호

　대사 도중에 나오는 / 부호는 말투, 억양을 바꿀 때, 텀term 혹은 호흡을 지시 할 때 쓰인다. 그 길이는 길 수도, 짧을 수도 있으며 바로 전 대사의 호흡을 끊고 바로 다음 대사로 빠르게 연결해야 할 때도 쓰인다.

　　　예) **수정** 　(일어나 아들 앞으로 가 서며)너 어떻게/어디 아파? 돌았어?

　② 지문 속의 / 부호

　연출할 화면을 나열, 혹은 순서대로 지시하는 부호이다.

　　　예) **서연** 　???(허둥지둥 다른 손으로 무릎에 놓은 가방 휘저으며 전화 찾는/도저히 전화가 손에 안 잡힌다/브러시질 멈추고 아예 가방 내용물을 무릎에 몽땅 쏟아버린다/지갑 수첩 필통 손수건 콤팩트 립스틱 선글라스 두통약병 등등/그러나 전화는 없다/설마 하는 얼굴로 내용물들 다시 손으로 움직이며 체크/역시 없다)

　③ 지문과 대사 속의 //

　/ 부호를 겹쳐 사용한 것은 대사와 지문 모두 호흡을 위해 그대로 표기하였다. 행동이나 대사를 완전히 끊고 마무리할 때 사용되었다.

　　　예) 지문: (대화 시작되고 유창하게 응답하는 이모//매일 전화로 학습시키는 영어 회화)
　　　　　대사: ……그럼 // 충격받을 준비해.

( ): 배우의 연기에 대한 지시 사항.

[ ]: 작중 정황을 지시하는 지문.
설정, 행동, 환경, 동선 등을 지시하는 부호이다.

…: 말줄임표
　　① 대사의 말줄임표: 배우의 대사에서의 감정선에 따른 호흡의 길이를 지시하
는 부호.
　　② S#의 말줄임표: 도입되는 장면에 대한 연출의 길이를 조절하라는 뜻이다.
　　③ [ ]의 말줄임표: 해당 장면에 대한 추가 연출이 필요하다는 뜻으로 쓰인다.

(오버랩의 기분): 오버랩처럼 대사가 완전히 겹치지 않고 앞 대사가 마무리될 때쯤
대사를 시작하는 것을 말한다.

　　예) **이여사**　글쎄 기분 나쁜 이유가
　　　영주　　(오버랩의 기분)엄마 내가 말하구 싶지 않은 거 그래서 알아
　　내본 적 있수?

(에서): 장면의 마지막 대사 뒤에 붙여 대사 후 화면이 바로 전환됨을 나타낸다. 간
혹 대사 후 바로 화면 전환을 하지 않고 그대로 두어 여운을 줄 때도 사용한다.

　　예) **채린**　어머니 꿈꾸셨어요?(에서)
　　　S# 준모의 침실

6. 배우의 연기나 대사, 작중 정황 등 대본의 서술과 실제 방영된 드라마 방송분이 다
를 경우 대본을 우선으로 한다.

주요 인물

오은수   쇼호스트. 두 번의 결혼을 한다.
정태원   은수의 첫 번째 남편.
김준구   은수의 두 번째 남편.

은수네 가족

자부(오병식)   은수 자매의 아버지.
자모(이순심)   은수 자매의 어머니.
오현수   은수의 언니.
정슬기   은수와 태원의 딸.

태원네 가족

태모(최여사)   태원의 어머니.
정태희   태원의 누나.
한채린   태원의 두 번째 아내.

준구네 가족

준부(김회장)   준구의 아버지.
준모(손여사)   준구의 어머니.
이모(손보살)   준구의 이모.

현수 주변 인물

안광모   현수의 친구.

천(천경숙)   광모의 어머니.

박주하   현수의 친구.

주모(유민숙)   주하의 어머니.

김인태   주하의 동료 교사.

준구 주변 인물

이다미   준구의 연인.

정수   준구의 친구.

그 외 인물

임실(임실댁)   태원네 집 가사도우미.

차(차실장)   이다미의 매니저.

송(송기자)   연예부 기자.

대표   현수의 회사 대표.

하나   대표의 조카.

차례

제1회

S# 준구의 정원. 이른 아침

　　[새소리.]

　　[집 전경에 사람은 안 보이고 따악딱 손바닥 치는 소리. 소리 따라 들어
　　가면]

준부　(다리 조금 벌리고 서서 손바닥 큰 폭으로 마주 때리는 운동 중)…
　　(대여섯 번으로 끝내고 두 손목 흔들어 풀어주고 두 손 허리에 붙이고 위
　　로 얼굴 들고 입 크게 벌리고)핫하하하하하…핫하하하하하. 하하하
　　하하하하하(웃어주고 준비해놓은 아이언 집어 들어 휘두르고)구웃샤
　　앗‥(다시 휘두르고)나이스샤앗. 죽인다아아(다시 폼 잡는데)

S# 거실

　　[이모 방에서 작게 들리는 목탁 소리와 함께 불경 소리.]

S# 운동실

준구　(땀 뻘뻘 흘리며 뛰다가 내려서 준비돼 있는 헛개나무 음료 집어 벌
　　컥벌컥)‥(잔 비우고 내리며)후우우우우우.

S# 주방

[유니폼 입은 도우미(50대 초반) 쌀 씻는 중이고 은수는 찻잔에 물 붓는 중.]

은수 (쟁반 집어 드는/에이프런)

S# 거실

은수 (주방에서 빠른 걸음으로 나오는/준모 침실에서 나오고. 돌아보며 산뜻하게)안녕히 주무셨어요 어머니?

준모 (웃어 보이며)잘 잤니?

은수 네 어머니 죽자사자 열심히 잤어요 <u>흐흐.</u>

준모 (주방으로 움직이며)애 과음한 거 같은데‥

은수 네 어제 엄상철씨 일주기라 다들 모여서

준모 (오버랩. 움직이며)작정하구들 마셨겠지. 쯔쯔.

은수 (잠시 보다가 상큼상큼 이모 방으로)‥(노크)‥(잠깐 기다렸다가 손잡이 잡는데)

[은수, 걸음 속도 가볍고 빠르게. 말투도 경쾌 명랑.]

S# 이모의 방

은수 (문 열고 웃는 얼굴로 들여다보듯 잠깐)

[문 열며 커지는 독경 소리]

이모 (염주 굴리며 눈 감고 불경 듣고 앉아 있는)

은수 (조심스럽게 들어와 옆에 쟁반 놓고 이모 귓전에 작게 속삭이듯)이모님?

이모 (눈 감은 채)나무 관세음보사알(하고 눈 떠 찻잔 집어 한 모금 마시고 내려놓고)관세음 보사아알.(도로 눈 감고 염주 굴리는)

은수 ‥(조금 웃으며 일어나는)

S# 현수 원룸 안

[플레이 중인 시디.]

[김광석 노래. 〈너무 아픈 사랑은 사랑이 아니었음을〉]

[가을새와 작별하듯 그대 떠나 보내고 돌아와 술잔 앞에 앉으면 눈물 나누나]

현수　(무표정하게 스킨 로션/밀크로션 발라 두드려주며)……

현수　(맨다리에 풍덩하고 긴 와이셔츠/작업대에서 디자인해놓은 종이들에 메모하면서)

[노래/그대 보내고 아주 지는 별빛 바라볼 때]

현수　(파일에 디자인 종이 끼워 책상 한옆에 놓는)

현수　(맨다리 털 뽑기 아파하면서 하고 있는)

[눈에 흘러내리는 못다한 날들 그아픈 사랑 지울수있을까(다리에 로션 발라주는 현수)]

S#　태원 빌라 거실

태원　(커피 잔 내려놓으며)???(보는)

태모　(커피 잔 들고 좀 거만하게)그렇게 결정했어. 데려오자구.

태원　(보며)성년 될 때까지 그쪽에서 키우는 게 약속이었어요.

태희　(남의 일처럼 오버랩)지가 안 키우는데 뭘.(태원 고개 누나에게)약속을 깬 건 개야.

태모　(오버랩)마않이 봐줬어. 이제 데려와.

태원　‥엄마

태모　(오버랩)엄연히 애비가 멀쩡하구 내가 있는데 지가 끼구 키우지두 않으면서 무슨 경우야. 백번 죽었다 깨두 씨가 우리가문 씬데 왜 오가네 놔둬야 하느냐 말야.

태원　갑자기 왜 이러세요.

태모 (갑자기라니)이사람이. 도장 찍구 남남되구두 애 핑계루 찍하면 만나 시시닥거리는 거 기통이 막혀 내가/ 애 데려오구 끊으라 소릴 내가 골백번두 더 했는데 엉?

태원 안 본지 오래됐어요.

태희 (오버랩 남의 말 하듯)한채린이 신경쓴대 얘‥

태원 (누나 보는)

태희 당연해. 전처 애가 전처 친정에/찝찝한 거 맞잖어. 나래두 싫겠다‥

태원 안 본지 한참됐다구요.

태모 (오버랩)니가 못하면 내가 해.

태원 (보는)

태모 내가 해?

태원 ‥‥‥(보다가 찻잔 집어 든다)

태모 나 틀렸다는 사람있나 어디 강남역 사거리 나가 여론조살 해봐.

태원 (마시며)…

태모 (달래듯)애당초 자네가 물러터져 그르친 거야. 애당초부터

태희 (오버랩)뭘 여러 말이 필요해.우리가 내노라면 내놓는 거지.그 집은 할 말 없어 엄마.

태모 아암. 입이 광주리래두 찍짹소리 못해.

태원 (오버랩. 찻잔 놓고 일어나며)제가 알아서 할께요.

태모 알아서 어떡할 건데.

태원 (그냥 현관으로)‥‥

태모 (보다가)알아서 어떡할 거냐구 이 사람아!!(태원 그냥 나가고)

태희 (일어나며)쟤 알아서 잘한 거 있어? 엄마가 해애.

16

태모 모든 일에는 단계라는 게 있는 법이야.(집전화 들어 버튼 찍으
며)운 떼났으니 일단 시간을 좀 줘야지. (황소장 상대/고약하게)이
층 사층 관리비 어제두 안 들어왔던데 황소장 도대체 뭐하는 사람
이야 엉?!

S# **빌라 주차장에서 나오고 있는 태원의 자동차**

S# **차 안**

태원 (운전하며).....

슬기 E (뿌우)애들이 자꾸 놀려...

태원 E ....

슬기 E (울먹)엄마랑두 안 살구 아빠랑두 안 사니까 고아래. 그래서
나랑 안 논대.

태원 .....

S# **원룸 앞**

현수 (무표정하게 터덜터덜 땅 보고 나오는데)

광모 E 야.

현수 ?(보는)...

광모 (주차한 차에서 현수 쪽으로 터덜터덜 와 마주 서는).......

현수 (니가 지금 왜 여기 나타나)?

광모 (보며).....

현수 ...???

광모 너 책임지는 거지.

현수 ?...뭘.

광모 너때문이니까.

현수 ....(보며)

광모   찍어부친 거두 너/ 바람잡이두 니가 했어.

현수   …(보며)

광모   아냐?

현수   이발 안했냐?

광모   이따 하면 돼.

현수   어색하니까 하루 이틀 전에 미리 만지라 그랬잖아.

광모   책임져.

현수   …(잠시 보다가)내가 늬들 방에 집어넣구 잠겄냐?

광모   니가 하래서 하는 거야 너 진짜 왜 이래.

현수   엄마 때문에 해야 할 거 같대서 하라 그랬어.

광모   너 걔가 최선이라 그랬어.

현수   ….(보는)

광모   안 그랬어?

현수   ….(보는)

광모   책임져.

현수   ….그래 책임지께.

광모   …어떻게 책임질 건데.

현수   결혼하고도 바람질 하면 내가 너 죽여줄게.

광모   야 너어

현수   장가가는 날 미친놈 소리 듣구 싶어?

광모   너 내 이름이 미친 놈 아냐.

현수   안 미친 내가 미친 놈 책임을 어떻게 져. 미친놈아.

S# 거리

현수   (집으로 가는 길. 터덜터덜‥)……

S# 은수 현수 부모 집

　　[작은 마당.]

현수　(들어온다)‥(현관으로 움직이는데)

자부　(자매 아버지/슬기 업고 나오는)…(할아버지 등에 착 달라붙어 있는)(현수 보면)

현수　??(아버지 보는) 왜요

자부　업으래.

현수　(슬기 잠깐 보고 현관으로)

자부　(마당으로 움직이며 아주 작은 소리로 노래 시작)불러봐도 울어봐도 못 오실 어머님을 원통해 불러보고 땅을 치며 통곡해요.

S# 마루. 주방

현수　(들어와 아침 준비하는 엄마 쪽으로)

자모　(돌아보며 웃는)왔어?

현수　(손 씻으러)다 큰 게.

자모　(잠깐 보고 움직이며)‥‥

현수　(씻으며)아빠 허리 나가겠어요.

자모　(웃으며)허리 튼튼한데 뭘.

현수　(타월에 손 닦는)…

자모　어제 ‥애들이 또 그랬대. 어제 학교서 와 대성통곡하구‥‥

현수　(보는)

자모　내내 기분이 나빠.

현수　(비닐장갑 찾아 끼는)

자모　지 아빠랑 하안참 통화했는데‥그래두 여엉/기분이 안 풀리나봐‥자고 일어나면 괜찮겠지 그랬는데/안 풀렸나봐.

현수 (무쳐놓은 콩나물 접시에 담는)····

자모 애들 심뽀가 왜 그런지···

현수 ···

자모 암말 마.

현수 ····

자모 응?

현수 알아요오.(좀 퉁명)

자모 (웃는)미안해.

현수 ····

S# 마당

자부 (작은 소리 노래)고생하신 어머니를 끝끝내 못뵈옵고/산소에
어푸러져 한없이 웁니다.

슬기 (눈 감고 달라붙어 있는)

S# 식탁

[김회장은 죽. 나머지는 간단한 아침 밥상. 콩나물국. 서너 가지 반찬··
준모 이모, 준구, 은수.]

준구 장례 치르고 바로 친구들이 얼마씩 모은 걸로 김포에 작은 아
파트 하나 마련해 줬습니다.

준부 잘했군.

준구 애들 학비도 맡기로 했구요.

준부 우움. 뭐 먹구 살어.

준구 애들 엄마가 피아노 레슨해요.

준부 됐구먼.

이모 (오버랩)원숭이는 나무에서 떨어져 죽기 십상/산에 미친 녀석

20

산에서 죽기 십상/ 쯔쯔..그게 다 전생에 업이지..나이 서른에 남편 죽이구 자식들데리구 살아내야 하니 그 팔자두 참..관셈보살..

준부 (오버랩의 기분)하는 척 하다 흐지부지하지 말구 자식들 제 구실할 때까지 확실하게 책임져줘. 유학보내야 할 재목이면 유학까지두 보내주고.

준구 예.

이모 (연어구이 접시 은수 앞으로)내가 연어 덕에 둘 낳았다니깐 너 왜 젓가락이 한 번두 안 가.

은수 (그냥 웃고)

준구 (웃으며 은수 잠깐 보고)

이모 (흘기는)어른 말 허투루 듣지 마라. 니 남편이 사대 독자라는 사실을 한시 일초두 잊어버리지 말구 모쪼록 이 해가 가기 전에 좋은 소리 듣자꾸나.응?

준모 언니이(스트레스 주지 말아요)

이모 잉어즙 안 떨어졌냐?

은수 네 아직

이모 (오버랩)아줌마아 애 잉어즙 꼬박꼬박 먹여요?

함안 네에 여사님.

이모 건성대답했다 직무태만 걸리면 그 당장에 화이어/손자보러 집에 가야해애.

함안 네에에

준부 (오버랩)너는 술 확실하게 끊었겠지.

준구 ??(아내 아주 잠깐 보고)네 네 그럼요 아버지.

준부 멍청한 자식 나와 비틀거리게 하지 말구.

준모   (새애기 거북해요)그만하세요.

준부   (물 대접 집어 들며)무슨 죽이에요.

준모   옥돔이에요.

준부   그래서 비릿했구면(물 마시고 내려놓으며 일어서는)

　　　[은수, 준구 따라 일어서는.]

S# 현관 앞

　　　[준구 현관문 열고 준부 나오고 뒤따라 은수 나온다.]

준부   (대문으로 움직이며 혼잣소리처럼)우드 삼번이 평생 해결이 안
　　　나. 열 번에 세 번두 제대루 안 맞으니 말야.

준구   아마츄언 누구나 그래요.무리하지 마시구 쉬운 거 쓰세요.

준부   야 왕고문이 삼번을 기막히게 날려. 번번이 자존심이 상해서
　　　말야.

준구   대신 아버진 퍼팅에 귀재시잖아요.

준부   지 골프장에서 밤낮 구멍에 공 집어넣는 거만 하는데 그거두
　　　못하면 등신이라구 쳐주지두 않아··

준구   (조금 소리 내어 웃고)

준부   (문득 멈추고)너 오늘 특별히 불가피한 일 있냐?

준구   아니 별로 그런 일은 없습니다.

준부   그럼 라운딩 끝나는 시간 맞춰 내려와 내 친구들한테 인사나
　　　한번 닦어.(움직이며)그럴 때 됐어.

준구   예 알겠습니다.(하고 뒤돌아보며 끄덕이는)

은수   아버니임··

준부   (돌아보며 헤벌쭉)어 어어 들어가라 들어가.

은수   (두 주먹 들어 올리고)화이팅하세요!!

준부　오오냐 너두 화이팅이다 허허허허.(하고 아들에게 작은 소리로)
　　　화이팅해 임마.(작은 소리로 눈 부라리듯)

준구　네 아버지.

S# 거실

　　　[준모와 이모 주방에서 같이 나오며]

이모　(동생 따라 나오며)혼인한지 일 년이 코 물어 뜯게 생겼는데 왜
　　　소식이 없냐말야..

준모　체크할 거 다 하구 결혼시켰잖아요.

이모　그눔으 체크 백날 했어두 삼신 할미 눈감구 있으면 허당인 거야.

준모　언니 부처님두 주무시구 있구요.

이모　글쎄 말이다. 끌끌끌끌끌.

준모　생길 때 되면 생기겠죠. 모른 척하라니까 왜 한번씩(건드려요)
　　　애 스트레스 받아 좋을 거 없어요.

이모　내 자손 보자는 거야? 너 도와주는 거야. 나는 내자식놈들 낳
　　　아논 거두 괜한 짓 했다 후회막급인 사람이야. 그놈들만 아니었으
　　　면 내가 서른 넷에 머리 깎았을 사람이야.

자모　언니 말처럼 인연따라 올 때 되면 와요 글쎄.

이모　하기는 뭐/ 처음두 아니구 크게 걱정할 일은 아니야.

　　　[도우미 차 쟁반 들고 바로 따라 나와 놓아주고 들어갔고]

준모　(못 들은 척 앉아 찻잔 드는)....

이모　(앉으며 찻잔 집어 들며)쟤 나랑 절에 가자 그럼 따라 올까?

준모　??(못마땅해서 보는)

이모　나무아미타불 관세음 보사아아알.

은수　(들어오고 두 여인 잠깐 보고)...(이 층으로)

이모   얘 너 마저 먹어야지.

은수   (잠깐 돌아보며)네 이모님 저 이 지금 나가야한대요. 챙겨 내보내구요.(계단으로)

준구   E (바로 이어 들어오는/통화 중)아 김부장님 난데요 열한시 프리젠테이션 오후 세시경으로 조정할 수 있나 좀 알아봐 주세요‥ 아버님께서 시간 내라 그러셔서요…

준구   (나타나며)아 알고 있어요. 그건 내일 스케줄 피해서 다시 잡을 수 있으면 하는데요‥ ‥그건 저쪽 형편에 맞춰 그쪽에 일임하세요 (웃으며)우리 을같은 갑입니다 부장님 하하‥ 예에에‥(끊고)이 사람요

준모   올라갔어.아버지가 왜.

준구   골프장 내려와 친구분들께 인사드리라 그러세요.

준모   일하는 아이를…(못마땅)

준구   (그냥 웃고 올라가려다가 문득 돌아보며)이모니이임.

이모   (오버랩)아이구 그래 알았다.그래서 나 지금 니 엄마한테 혼나구 있는 중이야.

준구   하하하하

S# 은수 부부 침실

은수   (챙겨 걸어놓은 양복 와이셔츠 타이. 서랍에서 손수건 꺼내 주머니 비운 지갑 핸드폰 옆에 놓는데)

준구   (들어온다)삼십분쯤 시간 있는데요.

은수   (속옷 놓아주며)쏘오? (장난스레 표정)

준구   (뒤에서 안으며)여엉 냉정하시던데?

은수   (돌아서 마주 서는)기억은 하시나요?

24

준구 (웃으며)어렴풋하게..

은수 멍청한 자식 나와 비틀거리게 하지 마라.

준구 (허리 안으며)나 지금 말짱한데.

은수 (상체 뒤로 젖히며)아아니? 어제 상태로 봐서 오늘부터 칠십이 시간 접근금지.

준구 ?? 칠십이시간?

은수 멍청한 자식이 조오기서 아빠아 손 흔들고 있네?

준구 하하··그렇게까지는 안 마신 거 같은데.

은수 양치 해요.(떨어지며)

준구 (오버랩 한 손 잡으며)당신 별일 없으면 골프장 왕복 드라이브 데 이트하자. 아버님 좋아하실텐데.

은수 안되겠는데요. 옷 싸들고 나가 아홉시부터 열시 반까지 요리 공부·· 샤워하고 머리하고 옷 갈아입고 화장하구 열두시 결혼식.

준구 (오버랩)아 결혼식. 섭섭하지만 뽀뽀 다섯 번으로 때우자.

은수 깨르르.(웃으며 가벼운 입맞춤. 한 번 두 번 세 번에)

준구 (딴생각으로)

은수 (밀어내며)안돼 애애애. 안된다니까아아아? (하면서 침대로 밀 리는)

S# 은수 친정 밥상

　　[아침 먹는 중.]

자모 (밥 먹으며 먹는 것이 시원찮은 슬기에게 신경 쓰이는/자부 역시/현 수는 덤덤히 저 먹을 것 먹고 있는)…입맛이 없어?

슬기 (끄덕이며 숟가락 놓는다)

자모 바나나 우유 만들어 주까?

슬기   (고개 흔드는)

자모   그럼..떡볶이 먹을래? 그음방 할 수 있는데.

슬기   (고개 흔든다)

자모   우리 슬기 큰일났네. 안 먹으면 기운없어 못쓰는데.

현수   한끼 안 먹어 안 죽어요.

자부   슬기야아

슬기   (일어나며)한끼 안 먹어 안 죽어요.(제 방으로)

자부   그걸 말이라구 쯧.

현수   (못 들은 척 그냥 먹는)

자모   (거의 울먹)어린 게 얼마나 마음을 다쳤으면.(일어나려)

현수   지 팔짠데 그래서 어쩌라구뭐.(수저 놓고)내가 들어가볼께요.
　　(일어나는)

S# 슬기의 방

현수   (들어오며 보면)

슬기   (침대에 엎어져 있는)

현수   (다가서 팔짱 끼며)그러구 있으면 얼굴 삐뚤어져.

슬기   (얼른 바로 천장 향해 바꾸고)

현수   사람이 살다보면 기분 나쁠 때두 있구 좋을 때두 있는 건데 뭐.

슬기   ....

현수   안 죽구 살려면 밥은 먹어야지 할아버지 할머니 신경 쓰시게 왜
　　그래.

슬기   ....

현수   팔짜다아아 그러라니까.
　　[슬기 전화벨.]

26

슬기   (발딱 일어나 책상 위 전화 보고 받는다)아빠.

S# 운전 중 태원

태원   응 아빠야. 잘 자구 일어났어?(응)기분 좀 좋아졌어?(아아니?)
그거 참.우리 슬기 큰일났네. 빨리 좋아져야 하는데. …슬기야..아
빠랑 엄마가 정말 슬기한테 미안한데 아빠 얘기했잖아. 고아는 엄
마아빠 둘 다 없는 사람이라니까? 너는 절대 아니야아..

S# 슬기의 방

슬기   나두 알어…(그런데 왜 그래)아빠 바보같애. …응 바보야..(현수
나가고)(반발하듯)애들이 아빠두 엄마두 나 싫어해서 할머니네 사
는 거라구 그러니까 고아라구.. 말했잖아아..

S# 마루

현수   (곧장 주방으로/상은 치워졌고 자모 상 행주질하다 돌아보는)…

S# 주방

현수   (설거지 시작)…

자모   (들어오며)뭐래.

현수   지 아빠랑 전화해요.

자모   지가 걸었어?

현수   아니.

자모   ….뭐래.

현수   몰라요.

자모   …(보다가)내가 하께.

현수   (그냥 움직이는)

자모   (찬 그릇 챙기기 시작하며)이쁘게 하구 가.

현수   ….

자모   머리두 하구 화장두 하구.. 옷도 화사하게 이쁜 거 입구.

현수   ....

자모   저기 아빠가..(좀 눈치 보듯) 우리두 부주해야 하는 거 아니냐구

현수   (오버랩)필요없어요.

자모   그래두 한번씩 고기두 얻어먹구 그랬는데 해야한다구

현수   (오버랩)필요없대두.

자모   (환하게 웃으며)그래 그럼.. 니가 하지 말랬다구 하께...아이구
        슬기 학교 보내야지.(서둘러 나가다)얘 너 신부 챙기러 일찍 나가야
        하는 거 아냐?

현수   대학 친구들이 한다나 봐요.

자모   어엉..(나가고)

현수   ....(문득)미친 놈..

S# 현수의 직장 제작 공장
        [공장문 열고 들어오는 현수.]

S# 물류 관리 담당이 서류를 열심히 들여다보고 있는

현수   안녕하세요.(가볍게 인사하며 지나치는)

물류   (서류 보며)안녕하세요.
        [물류방 지나 미싱방을 통과/미싱방 지나쳐 재단사 실장 방으로.]

S# 실장실
        [강아지 옷 들고 요모조모 뜯어보고 있는 실장]

현수   (가방에서 작업지시서 꺼내며 다가가는)안녕하세요. (지시서 건
        네주며)이거 오늘 해야 할 아이템인데 좀 봐 주세요.

실장   (하던 일 멈추고 작업지시서 받아들고 보는)

현수   (함께 보며)소매 있는 것과 없는 거 두 가지구요. 몸판은 오가

닉 원단으로 쓰고 아랫 단은 골지로 된 립을 달 거예요.

실장 소매는요.

현수 두가지 다요, 기존 방식하고 좀 다른 데 가능하실까요?

실장 어떻게..

현수 좀 좁으면서 길게 빼려고 하는 데 가능할까요?

실장 여기(팔 부분)마감은 어떻게 할라구요?

현수 미츠마끼*가 제일 깔끔한 것 같은데요.

실장 제일 깔끔하긴 하지. 근데 너무 좁아서 힘들겠는데…

현수 그래서 앞판, 뒷판 반씩해서 갖다 부치면 될 것 같아요.

실장 그렇지. 그럼 되겠네.

현수 그리고 이건 같은 오가닉원단으로 드레스를 만들 건데 탑은 심플한 민소매이고 치마는 면으로 된 다섯 단 프릴이거든요. 컬러는 아직 고민 중인데 대표님께 여쭤보고 말씀 드릴게요.

실장 응 그럼 이쪽 거 먼저 만들어 봐야겠네. 원단은?

현수 챙겨놨어요. 가지고 올게요.

S# 강남 어느 미장원 메이크업실

은수 (메이크업 받고 있는 중)…(입술)…(머리는 다 한 상태/메이크업 마지막 터치)

　　　[다미 노크도 없이 들어오고]

미선 (잠깐 돌아보는)

조수 E (오버랩)어머 어서오세요오.

미선 다미씨. 잠까안.

다미 어 내 시간인데에?

* 안으로 말아 넣기.

조수 선생님 금방 끝나요. 이리 앉으세요. 오세요.

다미 예약했잖아아아. (조수에게)

미선 아으 좀 밀렸어어어. 십분두 못 참아?

다미 짜증나니까 그러지이이.

조수 차 뭘로 드려요?

다미 에스프레소 따불. 두 시간 자구 나오는 거야. 졸려 죽겠어. 내 피부 엉망이지 언니.

미선 뭐어 괜찮은데.

다미 감독이 생초짜에요. 어쩐지 첨부터 하기가 싫더라구. 하기 싫은 건 안해야 하는 건데 또 속았어. 계약 끝나면 기획사 미련없이 바꿀 거야·· 눈이 없어요 눈이. 시키는 거 마다/ 고생바가지야. 성질 같으면 그냥 구두 벗어 실장 대가리 빵꾸내주겠어.

미선 (조금 소리 내 웃으며 끝내고 거울 은수에게)

은수 (거울 속에 제 얼굴 보는)

다미 (시선이 무심히 거울 속의 은수에게)??

은수 (거울 놓으며 미선 보고 웃는)수고 하셨어요.

미선 눈썹 마음에 드세요?

은수 네 괜찮아요. (웃으며 일어나는데)

다미 E 저기 …. 오은수씨 맞죠?

은수 ?? (돌아보는)네·· 안녕하세요.

다미 어머. (일어나며) 저 탤랜트 이다미에요. 안녕하세요.

은수 안녕하세요.

다미 언니 왜 이분 여기 다니신다 소리 안했어요.

미선 내가 언제 손님 얘기하는 거 봤어?

다미   잘 나셨어 진짜.

은수   (웃으며)그럼..(하고 미선이 열어주는 문으로 돌아서는데)

다미   저기

은수   (보는)??

다미   결혼생활/…. 행복하세요?

은수   ??(/미선은 웬 생뚱맞은 질문?)

다미   행복하세요?

은수   네..행복해요.(웃어 보이고 나가고/미선 따라 나가고)

다미   (얼굴 비틀며 앉는)…..(거울 속 제 얼굴 보고 있다가 옆 의자에 놓아
      둔 가방에서 핸드폰 꺼내 통화 시도)

S# 골프장 현관

준구   (운전대에서 내리는데)

      [전화벨]

준구   (주머니에 손 넣으며 현관으로/직원들 인사)안녕하세요. 수고하
      십니다..(적당한 대답)

S# 현관 안

      [들어오는 준구와 골프장 사장]

사장   (안내하듯 하며)지금 샤워중이십니다. 금방 나오실 겁니다.

준구   아 네..(식장 쪽으로 움직이며 전화 들어 보고 잠깐 멈칫)됐습니다
      사장님. 일 보십시오.

사장   아 예..

준구   (전화 올리면서 레스토랑으로)뭐지?….약속 지켜줘 고맙다 생각
      했는데…??(잠깐 멈췄다가)기다려. (빠른 걸음으로 식당에 딸린 테라
      스로 나가는/종업원들 인사 상관없다)

S# 테라스

준구 (나오면서)너 뭐야. 너 무슨 짓을 한 거야.

S# 메이크업실

다미 아으 무서워. 메이컵하러 왔다가 잠깐 봤다구요. 나 아무 짓도
안했어요 오빠.(조수 화장품들 정리하며 흘낏거리고) 그냥 오빠 와이
프가 바로 앞에 있는 게 재밌어서 내가 먼저 아는 척 했을 뿐이에
요…(듣다가)안녕하세요 저 탈랜트 이다미에요.(이랬을 뿐이에요)
(준구/아는 척은 왜 해)오빠가 나 통째로 샀어요? 나 /누구 아는 척
할 자유까지 오빠한테 팔았어요?

S# 테라스

준구 (어금니 한번 꽉 물듯 했다가)그래서. ··그게 다야?

다미 F 결혼생활 행복하냐 물었어요.

준구 ??

다미 F 행복하다 그러든데요? 웃겼어요. 우습더라구요 흐홋.

준구 …..(일그러지는)

S# 시내 자동차 물결 속 은수의 차

[음악.]

S# 은수의 차 안

[음악 연결. 은수의 시디. 뮤지컬 〈레미제라블〉 중에서.]

은수 (운전하다가 문득 한 손으로 룸미러 만져 제 얼굴 잠깐 보고 룸미러
다시 조정하며 작은 소리로 노래 따라 흥얼거리는데)

다미 E 결혼생활 행복하세요?

은수 (픽 웃는)그게 왜 궁금한데에에··불행했으면 좋겠어? ··왜··

[전화벨.]

은수　(받는)네에 김준구 여자 오은숩니다아아.

준구　F 기분이 괜찮군 당신.

은수　나 나빠야해?

준구　F 아니 그런 말 아니구/어디야.

은수　예식장 가는 중. 오분? 아니면 칠분쯤? 당신은?

S# 테라스

준구　도착했어 아버님 샤워중이시래. 잠깐 목소리 듣구 싶어서‥(웃
　　　으며)아니이이 노래까지 불러줄건 없구(하는데)

사장　(나오는)

준구　(힐끗 돌아보며)나오셨어요?

사장　예 올라오시는 중이십니다.

준구　알았습니다. 아버님 올라오고 계시대.엉 오케이.(끊고 레스토랑
　　　으로 돌아서는)

S# 결혼식장 입구

　　　[신랑 안광모/신부 박주하. 부모 이름 신랑 어머니 천경숙/신부 부모
　　　박성필. 유민숙.]

현수　(결혼 축지 앞에 서서 축지 보고 있는/옷은 그래도 갖춰 입고)‥‥(보
　　　다가 움직이는)

S# 식장 앞

　　　[광모와 엄마 천경숙/주하 부모 각각 자기 손님들 맞으며 인사하고
　　　있는.]

광모　(축하하네 안군)예 감사합니다.교수님.(하는데)

현수　E 축하드려요 어머니.(광모 시선 현수에게)

천여사　E 아으 그래 현수야 고맙다‥

천여사   (현수 팔에 손대고)너한테 고마운 사례는 내 따루 할게 응?

현수   제가 뭘요.(하며 고개 광모에게)

광모   (현수 보는/인상 쓰고)

현수   (광모 앞으로)보기 좋다. 폼나.

광모   (이 갈듯)폼나는 바보냐?

현수   (광모 엄마 이미 다른 손님들 맞느라 바쁘고/작은 소리로)연예인 이냐? 화이트 턱시도 깬다.

광모   연예인만 입으란 법 있어?

현수   검정 포인터에 화이트 턱시도 입혀논 거 같아.

광모   (인상 꽉 쓰고)

현수   늬들 물놀이 너무 심하게 하더라.

친구   (들어서며)야 안광모. 축하한다.

광모   어 왔냐? (악수)딴 놈들은.

친구   E (현수 빠지는데)종국이랑 성태 주차 자리 찾느라

친구   인상 북북 쓰구 있더라. 각자 알아서 오겠지. (하며 광모 귀로 바빡/속삭이는)너 프란시스 베이컨이 뭐랬게. 사람은/ 결혼을 하고야 결혼이라는 것이 하루에 7년씩을 늙히는 저주라는 걸 아는 어리석은 동물이다.

광모   너 그게 이 순간에 할 소리냐?

친구   낄낄

광모   그럼 넌 도대체 지금 몇 살이라는 건데.

친구   며칠 전에 삼 주년 지났거든? 칠천 살 넘었을 걸?

S# 신부 대기실

[주하와 친구 서넛. 사진 찍느라 정신없는 중. 각자의 핸드폰 번갈아 받

　　　　아서 도우미가 찍는 형국. 찰칵.]

도우미　한번 더요오오..찰칵.(다른 핸드폰 집는)

친구1　(포즈 잡은 채로)나이가 나인만큼 혼수에 손주까지 포함하지 왜애.

친구2　내말이이..결혼해서 시어머니 눈치보는 스트레스 받을 필요 없이 엉?

도우미　잠깐요오(오버랩/모두 스톱/찰칵)

친구3　(자기 핸드폰 내밀며)이거요 이거. (도우미에게 넘기며)난 피임 했던 거 얼마나 후회했는데. 피임 안해두 되구 만판 신난다 했는데 글쎄 죽어라 안 생기는 거야. 오년만에 아들하나 건질때까지 점을 서른 번두 더 봤다.

도우미　치이즈.

다같이　치이즈(하는 끝에)

친구4　(오버랩)애 부적까지 태워서 마셨대애 낄낄.

주하　진짜아아아?

친구3　니일 돼봐. 못할 짓 없어야.

　　　　[포즈 잡은 채 수다]

도우미　(오버랩)시간 다 됐는데요오오

　　　　[아아..찍자찍자. 김치이이 스마이이일. 치이즈. 와이키키이이 찰칵 찰칵.]

주하　아으 그만하자. (일어나며)저기요오 (저만큼 분장 미용사)나 화 장 좀 다시 봐 주세요.

미용　네에에..

친구3　들어오세요 이리 오세요.

주하   (돌아보고)야 너 어떻게 오분 전에 나타나냐!! 사진 찍을 새두
       없잖아아아..빨리와 빨리. 사진은 찍어야잖아. 늬들 비켜비켜. 와
       와 빨리. 소영아 너 찍어. 니가 찍어줘.

친구1 어엉. 오케이이이

현수   (좀 웃으며 주하 옆으로)

주하   나 어때. 화장 괜찮아? 드레스 이쁘지 현수야.

현수   (좀 뚜웅)지금 드레스 바꿀 수도 없잖아.

주하   ?? 안 이뻐?

현수   주례선생 키 크면 니 젖 다 보이겠다. 쇼걸같아.

친구들 (띠잉)??

주하   까르르르르 늬들 놀라지 마. 애 원래 이래.깔깔. 늬들 인사 해. 내
       베프.첫째 베프.

S# 결혼식장

광모   (굳은 얼굴로 씩씩하게 걸어 들어오는 중)

       [하객들 얼굴 신랑으로 돌려져 있는데]

       [은수와 함께 있는 현수 핸드폰 검색 중.]

은수   ??(언니 돌아보는)

S# 신부 입장

주하   (신부 같지 않게 여기저기 보면서 그때마다 아는 척 웃어주느라 바쁜데)

주부   (입 꾹 다물고 금방 울음이 터질 듯한 우스꽝스러운 얼굴)

S# 핸드폰 보고 있는 현수

은수   (문득 돌아보고 쿡 찌른다)

현수   ??

은수   뭐 해애애(작게)

현수   (그냥 못 들은 척 다시 핸드폰으로)

은수   (정말 이해 못 하겠어)‥(보는)

S# 통로 사이에 두고 신부 엄마 신랑 엄마 화기애애하게 뭔가 얘기하고 있는

S# 신랑신부 맞절

S# 핸드폰 만지고 있는 현수

은수   (대체 뭐하는 건가 힐끗 보면)

   [핸드폰 게임. 소리 죽여놓고]

은수   ???(입 벌어지는)

현수   (상관없고)‥‥

은수   (포기하고 신랑 신부로 고개)

   [뭐라고 말하고 있는 주례와 광모와 주하.]

S# 게임하는 현수

주례   E 신랑 안광모군은 신부 박주하양을 아내로 맞이하여 기쁠
   때나

주례   슬플 때나 건강할 때나 병들었을 때나 일평생을 한결같이 사
   랑하겠습니까‥

광모   ‥‥(굳어 있는)

주하   ??(광모 보는)

주례   (소리 죽여)신랑.

광모   (주례 보는)

주례   대답해야지이

광모   (오버랩)아뇨. (작게)

주하   ?? 아니지이이. 예 해야지이이(작은 소리)

광모   (오버랩)아아뇨(좀 큰 소리로 외치듯)

주하   ??? (주례 역시) ???

    [하객들. (한꺼번에 얼어붙는)]

은수   ??

현수   (핸드폰 보며 게임하다 멈춘 손)

광모   (하객 쪽으로 돌아서며)죄송합니다 여러분. 저는 이 결혼에 자
    신이 없습니다.

    [반쯤 일어나며 하얗게 혹은 누렇게 질린 부모들 스톱 화면에]

광모   E 부디 이 무례와 결례를 용서해주십시오..

광모   아니 용서해 주시지 않아도 좋습니다.이 결혼은 취소합니다.

주하   (광모 한 팔 움켜잡고)

광모   미안해. 나 똥이야. 너 똥 밟은 거야.

주하   (스르르 기절해 넘어가고)

광모   (재빨리 주하 허리 잡는데)

천여사   E (날카롭게)광모야!!!

광모   (그 바람에 부축했던 주하 휙 놓아버리고 냅다 출구로 뛰고)

주하   (꽈당 넘어질 찰나에 불끈 일어나 냅다 뛰어나가는)

    [이하 황당한 손님들/그 와중에]

유여사   (주하 엄마/삿대질하며 천여사에게 덤벼들고)

천여사   (두 손 싹싹. 흥분한 유여사 막무가내 덤벼들어 천여사 멱살잡이/
    당할 수만은 없어 유여사 벌컥 떠밀어버리고)

주부   (뒤로 쓰러지는 아내 받아 세우면서 천여사에게 고래고래)

    [모두 일어나 싸움 구경에 웃고 수군거리고 황당한 하객들 가운데]

현수   (멍하니)….

은수   (현수 보며/무슨 이런 일이 있어)

S# 결혼식장 밖

광모 (달려나와 주차장으로 뛰는)

　　[광모 화면에서 아웃되면서]

주하 (드레스 무릎이 나올 만큼 걷어쥐고 달려 나오는/주차장으로 뛰면
　　서 베일 벗어던지고 조금 더 뛰다가 부케 던져버리고)

S# 주차장 입구

주하 (드레스 자락 아예 허리로 움켜 올리고 하이힐 한쪽씩 벗어던지고
　　뛰려다 다리가 꼬이면서 균형 잃고 철벅 엎어져버린다. 이 악물고 일어
　　나는데 옆 이마에서 피가 지이익 흐르고 두 팔로 바닥 짚고 서려다가)아
　　아아악/(왼쪽 발목 위 골절)

광모 (출구로 차 몰고 나오다 널브러진 주하 보고 잠깐 멈추고)

주하 (아아아아아앙 울음 터트리며 한 손으로 땅바닥을 두드리며 우는)

광모 미안해 주하야... 이럴 생각은 정말 없었어. 믿어주라.(쌔앵 나
　　가고)

주하 (모르는 채)와앙앙앙앙앙앙

친구들 (한꺼번에 몰려오면서)주하야..주하야..주하야.(다각각)

S# 식장 안

　　[구경꾼 하객들은 거의 다 빠지고 여자 친척들로 보이는 이들만.]

유여사 (있는 대로 올라서)도댓!!!체가 이게이게 무슨 개가 뜯어먹
　　을 경우냐구우우!!!(천여사는 그저 두 손 싹싹 중)도댓!!체가 새끼를
　　어떻게 키워놨길래 이런 천하에 죽일놈의 망종 새끼! 어디서 누굴
　　핫바지 저고리루 알구 이 새끼가 내가내가 이 새끼 그냥 곱게 놔
　　둘줄 알어?!!!!

천여사 (싹싹 빌며 굽실굽실 오버랩)네에 입이 천개라두 할말이 없습

니다. 나두 이놈이 이렇게까지 한심한 놈일줄은 정말 꿈에도 몰랐

유   (오버랩)그걸 지금 말이라구 해?

유   E 나는 몰랐다 그러니 어떡하나 그게 말이냐구.

유   콩심은데 콩나구 그 밭에 상추 쑥갓이지 나는 몰랐다가 말이
        되냐구우!!!

광모이모   (오버랩)저기 우선 진정을 좀 하시고요 주하어머님.

천   (동생 제지하며 오버랩)자식 겉낳지 속까지는 못낳는다는 말 모
        르시나요 사부인.

유   (오버랩 펄쩍)?? 사부인? 어디서 사부인이야 지그음! 그 새끼가
        우리한테 무슨 짓을 했는데 사부인이냐구!! 새끼는 날강도 또라이
        에 에미는 얼렁뚱땅 사기꾼이구먼 엉?

천   (좀 차가와지며 오버랩)말씀이 지나치시군요.상황이 최악인 건
        저두 익히 압니다. 그렇다구 남의 자식한테 이 새끼 저 새끼/ 그놈
        은 제 새끼지 주하어머니 새끼 아닙니다.

유   야아아!!

천   (오버랩)저라구 주하가 그리 딱 마음에 들어 며느리 들이자 했
        던 거 아니에요. 그 집에서 하두 목을 매서

유   (오버랩 부르르 덤벼들려 하면서/그러나 잡히고)그 새끼 내 딸 부
        부부북해도루 세부로 발리로 있는대로 끌고다니면서 휘정거릴
        거 다 휘정거려놓구 뭐가 어쩌구 어째?

천   (오버랩)외손바닥으로 소리 납니까어디.

유   야아아아!!!

천   (더는 못 참고)왜애애애애!!!

        [(예식장 남자 직원 난처해서 있다가 좀 헤집고 나서며 오버랩)저기저

기 두 사모님.]

둘　(동시)왜애!!

직원　죄송합니다만 /여기서 이러시면 안됩니다.(하는데 우연히 유여
사를 보게 되고)

유　(느닷없이 뺨을 갈겨버린다)

직원　??(얻어맞고 뺨에 손 올리고)

이모　(황급히 유여사 팔 잡아끌며)왜 이래애애 정신차려어어어.

S#　결혼식장 근처 레스토랑

은수　(메뉴 고르고 있는)....

현수　....(테이블 내려다보며)...(부우우우)

은수　고르곤졸라 어때?

현수　맘대로.

은수　딴 거 먹을려면 골라.

현수　....

은수　(메뉴 주며 웃는)주세요.

종업　(대답하고 아웃)

은수　(냅킨 펼치며)미친 거 아냐?

현수　....

은수　대박이다 진짜. 미친 거 아니면 설명이 안 되는 짓이야.

현수　.....

은수　자기 발로 걸어 들어가놓구 그게 무슨 짓이야...그럴 거 였으면
최소한 청첩장 띄우기 전에 깨버렸어야는 거 아냐?

현수　....

은수　뭐 그런 남자가 있어. 언니 친구 뭐 그래애...

현수   .....

은수   언니.(뭐 해 내 말 안 들어?)

현수   (물컵 집어 마시는)...

은수   차라리 독신선언하구 연애나 하면서 살라 그래. 뭐랄 사람 어
       딨어.

현수   (물컵 내려놓는)

은수   (픽 웃으며)웃기지 언니. 머리 하면서 잠깐/설마 또 사고 칠라구
       했었거든? 예감이었나?

현수   (퉁명)그딴 게 무슨 예감이야.

은수   약혼식장에서 당한 여잔 자살기도까지 했었잖아. 잘 사나? 결
       혼들은 했나? 연락없어?

현수   ....

은수   언니.(얘기 좀 하자)

현수   (오버랩)지난 주말엔 슬기/ 집에 있었어.

은수   응 알아. 지 아빠 감기몸살이라구.엄마랑 통화했었어..

현수   슬기하구는..

은수   잔대서 안 깨웠어.

현수   ....(보며)

은수   왜?

현수   그러구는.

은수   안했어.

현수   ...(보며)

은수   전화한번 하구 나면 적어두 한 시간은 힘들어.. 내가 그럼 슬기
       도 그럴 거구 둘다한테 이로울 거 없으니까 쫌...시부모님 모시구

42

살면서 아침저녁 통화/ 안 쉬워.

현수 (오버랩)그게 다가 아니지..

은수 (보는)

현수 슬기가 부담스러운 거지.

은수 그런 거 아냐.

현수 아이 놓고 갈 때 벌써 예견했던 일이야. 거기서 아이 생기면 더
할 거야.

은수 그런 거 아니라니까? 나는 쉬운 줄 알아? 슬기하구 통화하다
가 시어머님한테 들켰는데 어머님 종일 불편해 보이셨어. 죄진 거
두 아니면서 난 종일 눈치 봤어야했구.

현수 속이구 간 거 아닌데 잘난 애가 왜 눈칠 봐.

은수 언니 내 입장 안돼봤잖아.

현수 내가 니 입장될 능력이나 있니?

은수 비꼬지 마. 지 아빠가 열심히 챙겨주는데 난 좀 덜해두 되잖아.

현수 넌 슬기 입장 돼봤어?

은수 ....(보며)....

S# 같은 레스토랑

　　[둘 다 아무 말 없이 고르곤졸라 피자 먹고 있는. 둘 다 무표정하게.]

S# 자모 욕실

자모 (들통에 데운 물 대야에 찬물과 섞으면서)머리 어제 저녁에 감았
는데…

슬기 (쪼그리고 앉아 물에 손 담그며)할머니 내가 가르쳐 줘?

자모 ?? 뭐얼.

슬기 고민이 많을 때 머리 감으면 쪼끔 기분이 좋아져.

자모 어어어어 그래애애?

슬기 할머니두 해보세요.

자모 오늘 좋은 거 배웠네. 이래서 사람은 죽을 때까지 배우구 어린
애한테서두 배울 게 있다 그러나부다‥자아‥(대야 조금 움직이며)
감자‥(하는데)

　　　[전화 문자 들어오는 소리 (세면대 안에서)]

자모 할머니가 주께‥(끄응 일어나는데)

슬기 (벌써 일어나 전화 집어 보는)

태원 E 사랑하는 아빠 딸. 우리 공주님‥학교 잘 갔다 왔지?

슬기 ‥(보며)

자모 (보며)아빠야?

슬기 (끄덕이며 문자 치는)

S# 태원 사무실/아웃도어 매거진 편집실/편집장

태원 (전화 켠 채 잡지 화보 넘기는데)

　　　[문자 들어오는 소리]

태원 (보면)

슬기 E 기분 나빠서 슬기 학교 안갔어.

태원 ‥‥

S# 레스토랑 앞

　　　[자매 나오면서]

은수 어디로 가.

현수 일.

은수 데려다 주께

현수 버스타.(벌써 움직이며)

44

은수 (멈추고)있는 차는 왜 안 타구 다녀. 아빠두 언니두 정말 이상한 거 알아?

현수 필요할 땐 타아.(돌아도 안 보고 걸으며)

은수 오늘 같은 날 왜 안타.

현수 (돌아보며)나는 진짜 차 귀찮아. 나 귀찮구 아빠 기름값 때매 못 타시구 그거 정말 쓸모 없으니까 엄마 팔아 돈 챙기라 그래.. 엄마 삼년 행복하게.

은수 용돈 드리잖아.

현수 그럼 도로 갖구 가던지.(하고 움직이고)

은수 ???(약 오르고)

현수 (문득 돌아보며)어디루 가냐.

은수 싫다면서.(태워다 주는 거)

현수 ....(보는)

은수 와아.(움직이는)

현수 (상관없이 가는)

은수 아으 정마알.

현수 (걸으면서 전화 꺼내 단축 버튼)

   [신호 한 번에 /가입자가 전원을 끈 상태 메시지.]

현수 (그렇겠지/전화 넣고 걸음 빠르게)....

S# 레스토랑 발렛 맡긴 차 나와 서고

은수 (자동차로)

S# 차 안

은수 (타고 핸드백 던지듯 옆자리에/벨트 매고 잠시 앞 보고 있다가 출발)...

은수 E (흥분해서)어떻게 그렇게 말할 수 있어?

S# 현수 원룸/일 년 전

　　[식탁 사이에 두고 /은수는 방문 중]

현수　바람난 거 맞잖어.(포트 물 끓기 기다리는)

은수　재혼이 어떻게 바람이야.

현수　애 재워놓구 헐레벌떡 물레방앗간으루/ 그거만 바람이냐? 남
　　자 바람이 났으니까 그 남자 쫓아 애 떼놓고 시집가겠다는 거잖아.

은수　금방 데려갈 거란 말야!!

현수　(휙 돌아서며)이게 왜 소리는 질러.금방 언제!! 금방 데려갈 거
　　왜 당장 못데려 가는데!!

은수　금바앙!!

현수　옛날엔 먹구 사는 게 힘들어 먹는 입 하나라두 해결하자구 불쌍
　　한 청상과부 며느리 개가하라구 시부모가 등떠밀어 보냈다더라.
　　어쩔 수 없이 자식 놓고 떠나야했던 여자들/ 그건 그래 동정의 여
　　지가 있다구. 근데 너 먹을 거 없니? 슬기 놓고는 절대 안 한다 그
　　러더니 니 절대/ 그렇게 허무한 거였어? 입으로만 절대였어?

은수　언니는 인생이 그렇게 언니 마음 먹은대로 다 돼? 다 됐어?

현수　너 슬기보단 그 남자 잡은 거잖아. 남자 바람에 슬기 팽개친 거
　　아니냐구.

은수　언닌 내가 슬기 껴안구 그냥 빡빡 늙어죽었음 좋겠어? 나 재혼
　　하면 안돼? 슬기 때문에 슬기위해 여자는 포기해야한단 거야?

현수　머리 나쁜 티를 그렇게 심하게 내야하니?

은수　누가 누구한테 머리 나쁘대!!

현수　남자바람이 그런 거냐. 나는 못할 거 같은데 너 이해 못하겠다.
　　이게 다였는데 왜 이리 난리야 기집애야.

은수   남자가 그렇게 좋으니? 경멸했잖아!!

S# 운전하는 은수

은수   E 아냐? 경멸했잖아!!

은수   .....(무표정)....

S# 현수 공장

현수   (실장 세워놓고 강아지에게 옷 조심스럽게 입히는)

둘   (입혀놓고 보는)...

현수   (목 앞부분 만져보며)여기가 좀 남네요.

실장   (가슴 부분 옷깃 만져보며)여기만 조금 더 파면 괜찮을 것 같은데...

현수   목 경계선이 좀 내려오게 해야 할 것 같아요. 그리고(겨드랑이
부분 만져보며)팔도 좀 쳐내야겠는데요. 애가 다리가 좀 가는 편인
데 지금 끼거든요.

실장   그래야겠네요. 팔은 좀 헐렁해도 상관없으니까....

현수   (겨드랑이 쪽 만져보며)여기만 좀 치면 될 거에요.

실장   (확인하듯)여기(앞) 좁히고 여기(겨드랑이) 넓히고.

현수   네.

실장   (옷 들고 다시 옆방으로 사라지고)

현수   (제 방으로 움직이는데)

  [현수 전화벨.]

현수   (주머니에 손 넣는데)

S# 근처 카페

  [유리창으로 보이는 현수와 광모 엄마 천여사. 천여사 상체 조금 현수
에게 내밀고 뭔가 간절하게 말하고 있다가 물컵 집어 든다.]

S# 카페 안

천 (벌컥벌컥 마시다 사레/ 냅다 터지는 기침으로 현수에게까지 물이
튈 지경)

현수 (상체 좀 비키고)

천 (연방 기침하며 핸드백 손수건 꺼내 입 막고)엣춰 에엣춰 커어커
어..캑캑 커어어어 니가 뭐래두 콜록 그눔 사고 칠 기미나 콜록 징
조 같은 거 너한테는 보였을 거란 말야 내말은.콜록. 그리구 (기침
때문에 나온 눈물 닦으며)그눔 중국으루 튈때두 공항에서 너한테
전화했었구 그 먼저두 정신빠진 녀석 완도루 뺀다구 너한테 /콜
록콜록콜록 크음.크으음 (물 한 모금 마시고 내리며)내가 아니라 너
한테 전화했었잖아. 그러니까 말해라 엉? 그눔 뭐라대. 어디루 튄
다대.

현수 ...(보며)

천 이번에는 내가 저얼대 호락호락 유야무야 넘어갈 /쑤가 없다
현수야 너 나 이해하지?

현수 어떡하실려구요.

천 어떡할까 어떡했으면 좋겠니

현수 죽여버리세요.

천 ??? (했다가)그래 좋다. 죽여버리구 끝을 보자. 그런데 죽일 놈
이 있어야 죽이지. 그눔 지금 어딨어 어디루 간다 그러대.

현수 정말 몰라요 저한테 따로 연락 온 거 없다니까요 어머니. 기미
나 징조같은 거 전혀 없었어요. 걔들 바로 일주일 전에 사이판 갔
다 왔어요. 화요일에 저녁 같이 먹었어요.머얼쩡했었어요.

천 그래애애.그것들 내애내 히히덕거렸어. 멀쩡했었다니까?

현수 (오버랩)아침에 저한테 왔었어요.

48

천   ?? 아침에···· 너한테 왜.

현수   ······(보며)

천   뭐랬는데.

현수   책임지라구··

천   ?? 무슨 책임을 져.

현수   억지소릴 하더라구요 제가 결혼하래서 하는 거니까 책임져야
      한다구.

천   그 소린 나한테두 하더라. 니가 해라해라 그래서 한다구.

현수   미친/ 제가 뭔데요··

천   그래서 너 뭐랬어.

현수   그냥··결혼하구두 바람질 하면 죽여버린댔어요.

천   ······(보다가)너는 어떻게 죽인다 소릴 입에 달구 사니. 쯔쯔쯔
      쯔 그러니까 여태 그러구 있지. 생긴 건 천상 여자면서 입이 왜 그
      모양이야. 남자들이 제명에 못 죽을까 무서워 어디 옆에 오겠냐구.

현수   ····(보며)

천   (물컵 집어 들다 문득)얘. 죽여두 내가 죽일테니까 그놈 연락하
      면 살살 꼬셔 니 집에 끌어들여놓구 나 불러 알았어?

현수   쉽게 안 나타날 거에요.약혼식 망쳐놓구 사라져서두 열흘이나
      안 나타났는데 이번껀/ 최소 한달짜리는 될 거에요.

천   흐흐흐흐흐흥. 이번에는 아니다. 그놈 오백원짜리 동전 하나
      없는 완전 거지야. 으흐흐흐

현수   ???

천   ??(못 알아들어 ? ··잠깐 보고 괜히 부르륵)아 지갑갖구 신랑 입장
      하는 놈 봤어 너?

현수   아아.

S# 은수 친정 마당

은수   (들어오며)엄마아아..(쿠키 봉투 들고/날아가게)

자모   (마당 거실망 창 먼지떨이로 털다 돌아보며)???(웬일야)

은수   ?? 왜애?

자모   무슨 일 있어?(좀 서둘러 딸 쪽으로)

은수   광모씨 결혼식갔다 잠깐 들린 건데? 왜?

자모   (그제야 활짝 웃으며)아니이이 오는 날 아닌데 와서. 으흐흐흐
       흐 슬기 로또 맞었네..(현관으로)

은수   애 뭐해?

자모   (잠깐 돌아보며)만화책.

S# 현관 안. 마루

자모   (먼지떨이 든 채 들어오며)슬기야아아아 엄마 왔어어어어..빨랑
       나와 봐아아.

S# 슬기의 방

슬기   (책상에 앉아 만화 보다가 고개가 방문으로 돌아가 있는)

자모   E 슬기 자니?..자는 거야?

슬기   ...(그대로)

자모   (문 열고)?? 엄마 왔다니까?

슬기   (책 덮고 의자에서 내리는)

S# 부엌

은수   (물 마시고 컵 놓고 접시에 갖고 온 쿠키 몇 개 담아 들고 마루로 나오
       다 나오고 있는 슬기 보고 활짝)슬기야.

슬기   (걸음 멈추고 말갛게 보는)

자모 (손녀 등 뒤에서)놀랬지..놀랬을 거다 으흐흐흐흐

은수 (그동안 재빨리 과자 접시 탁자에 놓고 딸에게 두 팔 벌리고)슬기야 아아아아!!!

슬기 (그냥 보는)....

은수 ?? 안해?

슬기 ....(그냥 보는)

자모 안해?...슬기야아아 엄마아아아 안해?

슬기 (할머니한테 돌아서며)재미없어요.

은수 (보며)...

자모 ??(딸 잠깐 보고 손녀 안아 배에 붙이며)저번에두 안해주더니..재미없어두 해주지 쯔쯔 엄마 섭섭하게..(손녀 안고 딸 돌아보며)어느새 컸다구 으흐흐.

은수 (오버랩)괜찮아. 안해두 돼..와..(손 내밀며)마카롱 사왔어.

자모 (손녀 끌고 와 손녀 손 딸에게/슬기 손 슬그머니 빼고)

은수 ??(보는)

자모 (변명)감기가 올라는지 열이 좀... 있어. 찌부드드한가봐.

은수 (딸 이마로 손 뻗치며)어디 봐.

슬기 (좀 비키듯 구부려 마카롱 하나 집어 들어 입으로)

은수 (어깨 안듯이 않으며)살찌면 안되니까 하루 세 개만 먹어..

슬기 (그냥 먹고)...

은수 광모 아저씨 오늘 결혼하는 날이었던 거 알지?

슬기 (끄덕이고)

자모 (쭈그리고 앉으며)어 애 잘 치렀어? 신부 이뻤어?

은수 말도 마 엄마 결혼식 취소되구 아수라장 됐어/

자모 ?? 왜애애.

슬기 ???(엄마 보는)

은수 아퍼두 심하게 아픈 사람이지 정상아냐. 결혼식하다 신랑이
뛰쳐나갔어.(하는데)

　　[현관 벨]

자모 ??(딸 보다가 고개 돌리며) 누구야?(일어나며)네에에.

모녀 ??(현관으로 고개)

태원 E 저 슬기 아빱니다 어머님.

자모 ??(은수 돌아보고)

슬기 ?? 아빠다.(동시에 발딱 일어나 쪼르르 현관으로)

은수 뭐어어..(상관없어)

슬기 (현관 열고)아빠아!!(아주 반갑게)

태원 (들어서며)어 우리 공주 기분이 좋아졌나부네?(딸 번쩍 안아 들
며 장모 쪽 보다)???(은수에)

은수 (앉은 채 돌아보며 웃는다)

태원 당신.. 있었어?(슬기는 제 아빠 얼굴에 키스 퍼붓고 있고)

은수 이 시간에 웬일이야?

태원 어 그게..(하다가)그만그만 고마워 됐어,흐흐..(슬기 내려놓고
슬기는 내려놓아지면 아빠 다리 껴안고)

은수 들어와..

태원 아냐..잠깐 슬기 얼굴만 보구 갈려구.. 있어.나 가께.계세요 어
머니.

은수 (일어나며)잠깐/나랑 얘기 좀 해.

자모 ??

52

태원　어‥그래‥

은수　(소지품 챙기면서)슬기 아빠랑 얘기해.

슬기　(엄마 보며)

은수　…(움직여 슬기 앞에서)엄마 갈게‥또 보자 응?

슬기　(말갛게 보며)‥

은수　(나가고)

자모　(급히 따라 나가는)

S#　마당에서 대문

자모　(따라 나오며 어쩔 줄 모르는)애가아 ‥‥너무 뜨문뜨문 보니까…
그게 점점‥그게 그럴 수두 있어어어.

은수　(오버랩)괜찮아. 나오지 마.

자모　(따라 나오던 걸음 멈추고)…

S#　대문 밖

은수　(나와서 제 자동차로/무표정이나 상처 입은)‥‥‥(태원의 자동차 대
어져 있다)

S#　차 안

은수　(차에 올라서 등 좀 기대고 저 앞 보면서)…

준모　E (결혼 직전/과거)솔직하게 얘기할게.

S#　준구네 거실/일 년 전

은수　네에‥

준모　우리 아들두 재혼이지만‥그게 결혼이라구 할수두 없는 결혼
이기는 했지만 그래두 어쨌든 알 사람 다 알게 결혼식은 치렀었으
니까 재혼이래야 맞는 거겠지. 그런데 / 그래두 며느리는 초혼이
었으면 했었어.(김회장 은수 보며 앉아 있고 이모와 준구)

준구 (오버랩)어머니.

이모 (오버랩)관셈보살.부모 욕심이라는 게 원래 경우가 없는 거란다. 니가 이해하구 섭섭해마라.

은수 네 이모님.

준모 너를 서너 차례 보면서 회장님하구 여러가지 얘기를 나눴는데..부모로서 자식 결혼 실패에 대한 책임도 있구 그저 지가 선택한 아이니 이번에는 모든 욕심 내려놓자 해서 이제 널 며느리로 들일 참인데

이모 (오버랩)나한테 잘해라 너. 내가 한 일이 많아.

준부 (기대앉아서)헛허허 처형 한일 많았지요.관셈보사알.

준구 (이모 돌아보며 웃는)감사합니다 이모님.

이모 욕심내려놓기가 성불보다 어렵다 준구야

준구 하하 네에.

준모 그런데 단 하나 니가 접어줘야 하는 일이 있어.

은수 ??

준부 E (오버랩의 기분)간단하게 하지 뭐얼 서론이 길어요.(은수 시선 회장에게/준구도)

준부 (기대앉았던 자세 바로 하며)우리는 니가 꽤 마음에 든다. 애초에 지짝은 지가 찾게 했으면 좋았을 걸 해. 그런데 니 딸아이까지는 못받겠다.

은수 ???

준구 ?? 아버지.

준부 거기까지는 용인못하니까 니가 결심을 해줘야겠다··

준구 E (시선 내린 은수)아버지.

준부   E (버럭)가만있지 못해?

준구   그렇지만 아버지

준부   (오버랩/??)그렇지만저렇지만 이눔이 애비 말에 무슨 토를 다는 게야!!!

이모   아미타불, 관셈보살.

준부   그렇게 할 수 있겠냐?

은수   (준구 돌아보고)

준구   아버지 그거요

준부   (오버랩)니가 그걸 못하겠다면 우리도 널 받아들일 수 없겠다.

이모   아 그렇게 결정적으로 말씀하실 게 아니라

준모   (오버랩)언닌 가만 있어요.

이모   가마때기야? 왜 입은 틀어막아.

준모   언니 제 삼자에요.

이모   말이 아 다르고 어 다른 건데 안 그래두 잔뜩 얼어있는 애한테 회장님은 여기가 무슨 회산 줄 아나. 아 좀 부드럽게

준부   보살니임.

이모   예에에

준부   회사일보다 더 중요한 일이에요. 아시겠어요?

이모   모르시겠는데요.

준모   언니이이.

이모   누구 숨 넘어가냐?

준모   (눈 벌려 뜨고)

이모   (일어나며)정구업진언 수리수리 마하 수리 수수리 사바하(소파 빠지며)

S# 준구네 대문 앞··

은수 (빠르게 나와 서서 기다리는)

준구 (나와서 앞에 서는)

은수 허락받았다구 했잖아요.(소리 높일 필요 없이 오히려 차분하게 야무진)

준구 (난감해서)아니 그게 별 말씀 없으시길래 나는 허락하신 걸로

은수 ???(무슨 이런 무책임한)

준구 (은수 한 팔에 손대려)은수씨

은수 (피하며/좀 오르는)나 그거 안해요. 그럴만큼 준구씨한테 미치지 않았어요.

준구 (보며)…

은수 결혼에 신물난 사람이라 그랬죠. 그런 악몽 다시는 안꾸고 싶다구요. (조금씩 더 오르며)그래서 사랑두 남자두 나 자신보다는 안 중요하다는 교훈 하나 건져 갖구 이혼녀됐다구요. 다시는 결혼이라는 웃기는 짓 안할 거라구/ 여자로 남자 필요할 땐 애 아빠한테 자달라 그러면서 살 거라구/

준구 (조금 웃으며 오버랩)저기 화난 건 알겠는데

은수 (오버랩)화난 거 아니에요. 허락받았대서 백퍼센트 믿었던 게 황당할 뿐이에요. 알고보니 엉터리였어요

준구 은수씨이(좀 화나면서)

은수 (오버랩)다시는 아니다 그랬으면서도 스팩 좋은 남자 와이프로 좋은 옷 입고 좋은 차 타고 뻐쳐입구 파티 불려다니면서 폼나게 살겠다는 소녀꿈을 완전히 포기한 건 아니였더라구요 어리석게도.

은수 E 그래서 별로 좋아하지도 않으면서 원하는 건 뭐든지 해줄 수 있을 거 같은 준구씨한테 다시 한번 걸어보자 그랬던 거에요. 아아주 정직하게 말하자면.

준구 (피식 웃고)

은수 왜 웃어요?

준구 당신은 화낼 때가 제일 섹시해요.

은수 그거 나두 알아요. 됐어요. 없었던 일로 정리하는 게 정답이 에요

준구 경솔하게 굴지 말아요.

은수 (오버랩)됐어요. 미련 없어요.(휙 돌아서는)

준구 (잠시 보고 있다가 은수 쪽으로/은수 손목 낚아채 움켜 올리고 나직이)당신 이해해.그런데 당신은 내 집안/내 부모님두 이해해야 해.

은수 (보며)...

준구 (팔목 놓으며)좋아. 사흘만 시간을 얻읍시다. 그동안 부모님두 당신두 설득이 안되면 오케이/ 때려 치우자구..

은수 (보며)...

　　　[차 창문 두드리는 소리]

S# 은수 차 안

은수 .....

　　　[차 밖에서 창 다시 두드리는 태원.]

은수 (돌아보는)..

S# 카페

　　　[안내받아 자리로..]

은수 (앉으며 웃으며)..진짜 오랜만이네?

태원 그러네.(웃으며 앉고)

은수 잘 돼 가?

태원 ‥뭐가‥

은수 슬기가 당신 여자친구 봤다구. 결혼한다며?‥

태원 아직 그럴 단계는‥어머니 희망사항.

은수 착한 여자야?

태원 응‥당신 보다는 그런 거 같아.

은수 호호.(흠‥탁자로 시선 내려 잠깐 웃고 고개 들며)주말 아니구두
      한번씩 들릴 때 있다 그러드라.

태원 어쩌다가‥지난 주말 감기기운때문에 못데려갔거든.

은수 내일이 주말인데…(내일 와두 되잖아)

태원 어…(학교 안 갔대서 대신)‥보구 싶어서. 갑자기 보구 싶을 때 있
      거든. 마침 시간두 비구 그래서.

은수 (끄덕이며)훌륭한 아빠야.내 몫까지… 고마워.

태원 할 얘기…있어?

은수 응…혹시 ‥혹시 아니겠지만 당신 어머니하구 누나‥슬기한테
      내 험담‥자꾸 세뇌시키는 거 아닌가 해서.물론 당신 앞에서는 아
      니겠지만.

태원 ‥‥(그냥 보다가)슬기가 뭐래?

은수 ‥‥(보며)

태원 뭐랬는데

은수 그게 아니라‥슬기가 점점 날…나한테서 떨어져가는 느낌이
      라… 달라졌어. 내가 싫어졌나봐.

태원 전화두…전처럼 자주 안한다면서…

은수 …(잠시 보다가)그게 슬기 아빠

태원 (오버랩)이해해 설명 안 해두 돼.

은수 (좀 어리광스러운 느낌)나 아직 자리 제대로 못 잡았어. 시부모님 좋은 분들이시지만

태원 (오버랩)슬기 제대루 챙기기 쉽지 않을 거야.충분히 이해해.

은수 ….(보며)

태원 하루 몇 번씩 통화하던 엄마가…한방에서 꼭 붙어 살던 엄만데…변화된 상황에 적응이 안돼서…보름씩 못보다가 하루 잠깐 보는 게….낯설구 서먹해서 그럴 거야..당신 사정 이해하기에는 아직 어리니까.

은수 벌주는 거 같아.

태원 뭐얼…크면 알아줄 거야..

은수 섭섭한 거 내가 이기적인 거지?

태원 (쓴웃음)그런 거지.

은수 응…나 그래.

태원 오랜만에 보니까 나두 뭔지 낯선데 뭘..당신 더 이쁘지 않았었나? 어쩨 그동안 미워진 거 같다.

은수 무슨 소리야. 자꾸 찔라 그래서 죽어라 운동하는데.

태원 벌써 중년 살 붙을 땐 아니잖아.

은수 뭐어?

태원 하하하하. (다가와 서는 종업원 올려다보며)어 이분은 레몬티

태원 E (보는 은수)나는 냉녹차.

종업 예 알겠습니다.

태원 레몬 두 조각만 더 넣어주세요.

종업   예 손님.

태원   (은수 돌아보며 웃는)

은수   (웃으며)여보/(했다가)아니 슬기아빠. 부탁해. 당신 어머니 누
나/슬기한테 내 험담/막아줘.

태원   알았어‥알아볼게.

은수   대답만 하지 말구.

태원   알았다니까

은수   ‥‥(보며)

S# 준구 집 마당(밤)

[비가 내리고 있다.]

S# 거실

이모   (불경 책 들고 중얼중얼 읽고 있는데)

[전화벨/집전화]

준모   (찻잔 들다 일어나 받는)네에 한남동입니(하다가)언니 잠깐.

이모   (힐끗 보고 소리 낮춰주고)

준모   네…네…무리하는 거 아니에요?…배 따듯하게 주무세요. ‥별
일 없어요‥준구는 좀 늦는다나봐요‥알았어요…네‥(끊는)

이모   문단속 잘하구 가스 잘 잠자구?(그러는 거지?)

준모   (그냥 피식 웃고)친구들이 하루 자구 내일 운동 한번 더하자 그
런대요.(일어나 피아노 쪽으로)들어가서 해요.

이모   손가락 운동 낮에 두 했잖아.

준모   …(대꾸 없이 피아노 의자에 앉아 뚜껑 열고 바로 치기 시작한다)

S# 은수의 방

[멀리 들리는 피아노 소리]

은수 (다리미판 놓고 남편 속옷 다리고 있다가 문득 듣고 멈추며 방문 쪽 보며)....(잠깐 있다가 다시 다리기 시작하는/팬티/러닝셔츠들.)

은수 E 슬기야아아아아아..

S# 과거 어느 날. 유치원 앞

은수 (퇴근길/유치원 문에서 팔 벌리고 활짝 웃고 서 있는)

슬기 (친구 하나와 계단에 앉아 가위바위보로 이마 맞고 있다가 은수 보고 벌떡 일어나 팔 쫙 벌리고 달려오는)엄마아아아아아아아

　　[은수 무릎 꺾어 안아주고 그 가슴에 팍 안기는 슬기. 모녀 히히덕거리고]

S# 부모네 마루

은수 (현관 들어서면서)슬기야아아아아아아아(핸드백 아무렇게나 팽개치면서 팔 벌리면)

슬기 (할머니 방에서 튕겨져 나오며)엄마아

S# 현재 은수의 침실

슬기 E (연결)아아아아아..

은수 (다림질 끝난 팬티 접어놓고 다른 팬티 집어 팍팍 털어놓고 다리기 시작하는)...

　　[피아노 소리는 여전히 들리고]

S# 부모의 거실

자모 (우산 접으며 들어오는 남편에게 수건 내밀며)수고했어요..

자부 (현관 밖으로 우산 털면서)비가 꽤 길게 오시네.

자모 (수건 내민 채)일기예보 했어.

자부 (우산 접어 구석에 세우면서)슬기는 괜찮아졌어?

자모 학교... 안 갔어.

자부 ??

자모 가기 싫다구 안 간다구..

자부 그렇다구 학꾤 안 보내면 어떡해.(수건 빼내며)

자모 정서방이 와서 데리구 얘기했어..월요일에는 간대..

자부 당신이 전화했어?

자모 그냥 들린 거 같아.(닦으며 안방으로 가는 남편 따르며)?? 슬기가 전화했나?

슬기 (방문 열고)할아버지 (꾸뻑)

자부 어 그래 허허허허

슬기 (방문 닫고)

자부 좀 나아진 거 같구먼.

자모 응 애비 왔다 가구부터..

S# 안방

[자부 들어와 옷 벗기 시작하고 자모 시중 들기 시작]

자모 은수두 왔었어.

자부 ??

자모 광모 결혼식에 갔다가 아이고오오 그런데 신랑이 결혼식하다가 뛰쳐나갔대애애

자부 ?? 무슨 소리야.

자모 그래서 결혼식 취소됐대..

자부 결혼식하다 왜 뛰쳐나가아아

자모 은수하구 정서방이/ 은수가 먼저 와 있는데 정서방이 오구 / 은수가 얘기하자구 정서방한테…은수가 먼저 나가구 정서방두

자부 무슨 얘기.

62

자모 몰라.

자부 밥 줘.

자모 응 금방 차려 오께‥(방문으로 가다 돌아보며)걔네 시집에서 알면 어떡해‥그러면 안되는 거잖아‥

자부 지가 알어 하겠지.

자모 ‥‥(잠시 보다가)현수는 저녁 먹으러 안온대. (돌아서며)피곤하대‥

S# 현수 원룸 근처. 버스 정류장(밤)

　　[비가 내리고 있다.]

　　[버스에서 내리는 현수. 비닐 우산 펴들고 원룸 쪽으로 걸으며 전화 꺼내 단축.]

　　[전원이 꺼져 있어 메시지.]

현수 　(전화 핸드백 전화 주머니에 넣으려는데)

　　[걸려오는 전화.]

현수 　(꺼내서 보고 받는)아직 아무 연락 없어요. 전화는 아직 죽여논 채구요‥네‥네 들어가세요.(싫증나 하며 전화 가방에 꽂는)

S# 집으로 열심히 걸어오고 있는 현수

　　[어느 순간 김광석으로.]

　　어느 하루 비라도 추억처럼

　　흩날리는 거리에서,

S# 어느 포장마차 안(과거 언젠가)

　　[광모와 현수 그리고 현수보다 어린 광모 여자 친구 술잔 짱하고 마시는데]

현수 　(마시려다 말고 보는)

광모 (여자한테 빠진 상태/여자는 같이 호응하는 위에)

쓸쓸한 사람되어

고개~숙이면 그대~목소리

S# 실외 암벽 타기/과거 어느 날

[현수 광모 포장마차 아닌 또 다른 여자 암벽 타기 중인데/열심히 그

여자만 케어하는 광모. 그 위에]

너무 아픈 사랑은

사랑이 아니었음을

S# 현수의 원룸 침대

[주하와 광모 한 침대에 잠들어 있다가 깬]

현수 (핸드백으로 마구 갈기는 위에)

너무 아픈 사랑은

S# 걷고 있는 현수

사랑이 아니었음을

S# 현수의 원룸

현수 (들어오면 센서 불 잠깐 켜지고 현관 바닥에 접어 들고 들어온 우산

펴놓고 실내등 켜고 움직인다/핸드백 던져놓고 바지와 자켓/ 탑 홀렁홀

렁 벗어 아무렇게나 던져놓고 침실 불 켜고 계단으로.)

S# 침실

현수 (침실 불 켜며 올라와 화장대 의자의 아침에 입었던 구럭 같은 와이

셔츠 뒤집어쓰듯 하며 무심히 돌아서다가)????

광모 (아주 편안한 자세/러닝 팬티/큰대자로 자고 있는)

현수 ....(뭐 이런 놈이 있어 /노려보다가 와이셔츠 마저 입고 청바지도

서둘러 입고 지퍼 올리며 부르르 달려들어 침대로 뛰어올라 두 다리 세워

벌려 타고 두 손으로 목 조르기 시작)

광모   으악 캑캑 (냅다 밀쳐버리고)

현수   (바닥으로 쿵 떨어졌다 잡아먹을 듯 노려보는)

광모   (침대에서 내려서 쭈그리고 마주)안 다쳤냐?

현수   (노려보고)…

광모   널 살인자로 만들순 없잖아.

현수   (냅다 따귀 갈기는)

광모   아으으으으

현수   (다시 때리려 손 날리는)

광모   (털썩 엉덩이 바닥에/그 바람에 헛손질)한대면 됐어. 그만해.

현수   (오버랩/바닥에 아무렇게나 널부러진 광모 옷 한꺼번에 움켜 마구 휘두르며)이게 니 집이니? 니가 내 남편이야? 어디서 내 허락두 없이 니 맘대루 발가벗구 널부러져 처자아아!!!

광모   (오버랩)팬티는 입었어어어어.

현수   이 순 생또라이 자식.

광모   진품 또라이가 낫잖냐?

현수   (부르르 다시 덤벼들며)내가 너 죽여버릴 거야. 납쁜 놈. 비겁한 놈. 잔인한 놈. 무책임한 놈. 좀비이. 에볼라바이러스. 변학도 전기톱 살인마!!(두 주먹으로 때리고 밀치고 머리 꺼두르고 발로 차고 / 맞아주며 피하던)

광모   아아아악 (움켜쥐고 꼬부라지고)

현수   ???

광모   야 너 너어 아으으으으 으으으으으

현수   (식닥거리며 보다 벌떡 일어나는)나가 당장 나가.

광모   갈데가 없어어어.으으으으으

현수   오피스텔 있잖아아!!

광모   돌대가리야? 엄마한테 잡히면 나 죽어어어

현수   호텔 가.

광모   나 완전 개털이야. 십원두 없어어어.

현수   (그렇지 참)친구 됐다 뭐하냐. 체크인하구 에스오에스 치면 되
잖아.

광모   야 그럼 당장 일개중대 처들어와 밤새 술타령 뻔한데 그거까
지는 싸이코 아니냐?

현수   너 이미 싸이코야.

광모   으으으으으. 태국가 태국 아가씨랑 아이낳구 살게 천만원만
꿔주라.

현수   (기막혀 맥 빠지고)....(보며)

광모   아으으으으 아무래두 이거 터진 거 같아 현수 너 책임져어어
어 (움켜쥔 채 괜히 더 꼬부리는)

현수   (픽 하고 계단으로)

광모   (몸 일으키고 제 옷 집어 제 다리 꿰는)....

S# **은수의 욕실**

은수   (욕조 거품 안에 앉아 있는/촛불 켜놓고 멍하니)

S# **자매의 대문 앞(10개월 전 겨울)**

[부모와 준구, 은수, 현수 그리고 슬기.]

은수   (슬기와 키 맞춰서 두 손 모아 꼭 잡고)엄마가 일주일에 한번 토요
일에는 꼭 올게 응? 그리구 오후에는 아빠가 데리러 올 거야. 그럼
아빠랑 같이 서초동 할머니네 가서 자구 일요일 아빠랑 맛있는 거

66

먹구 구경하구 싶은 거 실컨하구 그러는 거야 웅?(이미 비질거리기
시작한 슬기/아이 팍 안아 붙이고 아주 작은 소리)미안해,슬기야 너무
너무 미안해. 정말정말 미안해.

슬기 (소리 내어 울음 터뜨리며 목 껴안는)가지 마 엄마 가지마아..가
지 마아아아아 이잉잉잉잉.어엉엉엉엉 엉엉엉엉엉.

현수 (아이 떼어내면서)빨리 가아아!!(소리 지르고 집으로 끌고 들어가
려/아이는 안 들어가려 버티면서 울고불고)

자모 (딸과 함께 아이 대문 안으로 끌어들이고)

S# 출발하는 자동차 안에서

은수 (얼굴 두 손바닥으로 싸고 우는)....

준구 (한 팔 어깨에 두르려는데)

은수 (밀어내듯 하고 고개 돌려 뒤 슬기로)

S# 아버지만 서 있는 대문 앞 멀어지는

S# 욕조의 은수

은수 ....(해면 스펀지로 목 문질러 닦는).....(그러다가 털어내듯 해면 놓
고 셀카 찍는)

S# 어느 주상복합 아파트 근처 와인 바

　　[메시지 들어오는]

준구 (따르고 있는 와인 보고 있다가 열어보는)

은수 E 서방님. 많이 늦어요?

준구 (사진 키워 보며 잠깐 웃고 답신)

준구 E 노력할게요. (보내려다 잠깐 멈췄다가 더 찍는다)순간이동으
로 당신 욕조에 풍덩하고 싶은데....(보내고/시계 보는)

S# 원룸 아래층

현수 (라면 젓가락으로 휘젓고 있는)‥‥(광모 현수의 파자마 입고)

광모 (옆에서 눈치 보며)그게…그게 아니라‥

현수 (냄비 뚜껑 닫고 냉장고에서 김치 꺼내 식탁에 놓고 수저 /앞접시 챙기는)

광모 (현수 움직이는대로 얼굴 따라가며)계획적으로 깽판 치자 그건 아냐. 그럴려면 진작에 때려쳤지 결혼식장에 하객 불러놓구 그건 아니야아아.

현수 그럼 너 아침에 왜 와서 그딴 소리 왜한 거야.

광모 그건 그냥 니가 하래서 하는 결혼이니까

현수 (오버랩 핵 돌아보는)

광모 하까마까 하까마까 그럴 때 너 주접떨지말구 하라구‥너 했어 안했어.

현수 했다.(도로 움직이는)

광모 그래애애‥그래서 주접 안떨구 하기는 하는데 만약 역시 박주하는 아니었다 깨닫게 되면 그때 책임지라 소리였단 말야 아침에는.

현수 (뚜껑 열어 한 가닥 건져 라면발 체크하고 불 끄고 조금 더 시간 주듯 냄비 내려다보며)‥‥

광모 (눈치 잠깐 / 보고 아무 일 아니라는 듯 다소 너덜너덜)이발소에서도 아무 생각없었어. 식장에서 하객들 맞을 때두 아무 생각 없었어. 신랑 입장 하면서 아아 결국은 이렇게 무덤으로 걸어들어가는구나 그뿐이었어. 그런데 주례선생님이 어쩌구저쩌구 일평생을 한결같이 그러는데 순간 진땀이 쫙 나면서

현수 (오버랩처럼 라면 냄비 쿵 놓아주며)닥치고 처너어.

광모　고맙다. 역시 너 밖에 없어. (식탁 의자 빼 앉으며)아줌마 후라이
　　　두 개만.

현수　(싱크대로 돌아서다 라면 냄비 뚜껑 획 집어 들어 치켜드는)

광모　알았어 됐어. 됐다구.(허겁지겁 먹기 시작)

현수　(냉장고 달걀 두 개 꺼내 프라이팬 올리고 불 켜는데)

광모　주하 어떡하구 있니.

현수　몰라..

광모　전화 안해봤어?

현수　아니

광모　지가 하지두 않구?

현수　아니.

광모　베프 맞냐?

현수　……(프라이팬에 달걀 깨 넣는)

S#　같은 식탁

광모　(냄비째 기울여 국물 다 비우고)끄으윽…(프라이 접시 비어 있고)

현수　….(마주 앉아 보며)

광모　(물 마시고 놓으며)야 디립다 잤으니 어떡하냐. 도대체 나 몇시
　　　간을 잔 거야. 두시부터 지금까지/몇시간야.

현수　너…

광모　…엉

현수　…..(보며)

광모　엉.(뭐)

현수　주하랑 신나게 놀았지..

광모　걔가 신났지. 걔가 무지 밝혀야..

현수　(오버랩)너는 어떻게/ ⋯⋯(치우려 일어나며)그만두자⋅⋅더 떨어질
　　　정두 없다⋅⋅ 샤워나 해라⋅⋅땀내난다.

광모　(냄새 맡아보며)들어오자 마자 샤워부터 했는데?⋯

현수　냄새 나.

광모　그래? 그럼 하지 뭐.(일어나 샤워실로)천만원만 꿔주라 엉?(하
　　　는데)

　　　[현관 전자 키 뿍뿍뿍]

광모　??

현수　??⋅⋅

주하　E (현관 여닫히며)현수야⋅⋅있니 없니.

광모　???(기겁을 해서 소파로/소파 등 뒤에 찌그러지는)

현수　(현관 쪽으로)

주하　(들어오는데 발목 반깁스로 목발 짚고 들어오는)

현수　???

주하　깔깔깔깔. 발목에 금갔대 현수야.

현수　??(잡아주며)어쩌다가아아

주하　아까 광모자식 붙잡으러 뛰다가/ 깔깔깔깔⋅⋅나 돌았어 현수야

주하　E (???한 광모 위에)깔깔깔깔⋅⋅이 자식 내가 죽여버리구 말 거
　　　야. 우리 작은 아버지가 육군 소장이걸랑? 작은 아버지 총 훔쳐다
　　　가 내가 이 자식 빠앙!!! 죽여버리구 말거야.

광모　?????

70

제2회

S# **식탁(첫 회에서 옮겨져)**

광모 (물 마시고 놓으며)야 디립다 잤으니 어떡하냐. 도대체 나 몇시 간을 잔 거야. 두시부터 지금까지/몇시간야.

현수 너...

광모 ...엉

현수 .....(보며)

광모 엉.(뭐)

현수 주하랑 신나게 놀았지..

광모 걔가 신났지. 걔가 무지 밝혀야..

현수 (오버랩)너는 어떻게/ ....(치우려 일어나며)그만두자..더 떨어질 정두 없다.. 샤워나 해라..땀내난다.

광모 (냄새 맡아보며)들어오자 마자 샤워부터 했는데?...

현수 냄새 나.

광모 그래? 그럼 하지 뭐.(일어나 샤워실로)천만원만 꿔주라 엉?(하 는데)

[현관 전자 키 뾱뾱뾱]

광모　? ?

현수　? ?‥

주하　E　(현관 여닫히며)현수야‥있니 없니.

광모　? ? ?(기겁을 해서 소파로/소파 등 뒤에 찌그러지는)

현수　(현관 쪽으로)

주하　(들어오는데 발목 반깁스로 목발 짚고 들어오는)

현수　? ? ?

주하　깔깔깔깔. 발목에 금갔대 현수야.

현수　? ?(잡아주며)어쩌다가아아

주하　아까 광모자식 붙잡으러 뛰다가/ 깔깔깔깔‥나 돌았어 현수야

주하　E　(? ? ?한 광모 위에)깔깔깔깔‥이 자식 내가 죽여버리구 말 거야. 우리 작은 아버지가 육군 소장이걸랑? 작은 아버지 총 훔쳐다가 내가 이 자식 빠앙!!! 죽여버리구 말거야.

광모　? ? ? ? ?

현수　(주하 잡아 소파로)‥‥(옮기며)작은 아버지 총 훔칠 때 한 자루 더 훔쳐 나두 같이 쏴줄게

광모　? ? ?

주하　E　(움직이며)허흐 으흐흐흐흐 깔깔. 나 미친 게 분명해 현수야. 내일 같지가 않어.삼미터 떨어진 데서 벌어진 (목발 현수에게) 남의 일 구경한 거 같어. (털썩 앉으며)머리가 머어엉한데 붕붕붕붕 계에속 벌떼소리가 들리구(현수 목발 처리) 엄마랑 이모들이랑 난리치는 소리가 들렸다 안 들렸다 무성 영화였다 유성영화였다 (깁스한 다리 탁자로 올려놓고)으흐흐흐.

72

현수   (보며)…

주하   (제 다리 보며)이모들한테 끌려 나가면서 울 엄마 나한테/너 낳
        구 먹었던 미역국 손가락 너 토하구 싶다 이 그지같은 년아··(기대
        면서 얼굴 위로)··

현수   (목발 적당히 처리)

주하   그러드라 깔깔. 울 아빠···집안 시끄러우니까 며칠 들어오지 말
        라구. ··내가 돈 게 확실한 건 그런데 그 상황이 왜 그렇게 웃기냐··
        <u>으흐흐</u>···<u>으흐흐</u> 이게 웃을 상황이냔 말야.

현수   ···(뿌우 보며)

주하   빠앙/한방으로는 안돼. 빵빵빵빵빵.벌집을 만들어 놀 거야.

현수   빵빵 쏘구 빵에 들어가 십년 썩다 나올래?

주하   (돌아보며)한방에 이년씩이니?

현수   (주하 돌아보며)우발 살인두 과실치사두 정당방위두 아니니까
        뭐··그 정도는(받을걸?)

주하   (오버랩)열두번 죽어 마땅한 자식인데?

현수   열두번 죽어 마땅한 놈 안광모뿐이냐? 그런 놈들 서부개척시
        대 총잡이처럼 빵빵 죽여대면 시체로 산이겠다.

주하   (도로 기대며)후우우우 그 자식 어디서 뭐하구 있냐.

현수   (보며)…

광모   ？？？

현수   E 총/아직 준비 안 됐잖어.

주하   E 죽여두 지금 당장은 아냐.

광모   ··(됐다)

주하   E 혹시 지금 아이라두 생기구 있는 참이면 빵에 들어가 낳을

순 없잖아.

광모   ???……

주하   E 넉달 전부터 약 안 먹었어.

광모   ???(저도 모르게 일어나다가)

현수   (그러는 광모 보고)

광모   (냉큼 다시 숨고)

주하   (남의 얘기하듯/기대며)부작용두 심하구… 아이 생기면 지까짓
        게 뭐‥간단하게 자갈 물려 버리는 방법이기두 하구. 나중에 애한
        테/ 사실은 내가 니 아빠라는 인간 벌집 만들어 보내버렸다 ‥그럴
        수도 없고.

현수   …(그저 보며)‥‥

주하   그 자식 어딨냐.

현수   …

광모   ??

주하   E 그 자식 감싸면 너두 빵빵이다.

광모   ???

주하   E 엉?

현수   E 그 자식… 바루 니 등 뒤에‥

광모   ???

주하   ???

현수   (턱짓해주고 싱크대로)

주하   ???(상체 일으켜 고개 틀어 소파 뒤로)

광모   (주하와 눈 마주치고)

주하   ????

광모 (보며)....

주하 ....(멍하니 보며)

광모 미미안..미안.....미안 ..미안..미안,

S# 같은 공간

현수 (싱크대 쪽에 서서 차 마시고 있는)

광모 E (현수 위에)아니 나두 내가 감당안돼 진짜/진짜 돌아버리겠
어 주하야. 내가 왜 이러는지 도오저히 내가 나를 이해못하겠다/.

광모 (주하 앞에 무릎 꿇고 앉아서 열심히 변명/자신도 답답하다) 왜 꼭
현장에서 결정적인 사골치냐 말야. 하느님과 돌아가신 아버지를
두고 맹세하는데 나 진짜 나쁜 놈 아냐. 엄마두 귀찮구 (현수 쪽으
로 얼굴 잠깐)쟤두 너만한 애 없다 그러구 뭐/ 나두 니가 조조좋구 /
(아니 너 알다시피)확실하게 /나 확실하게 결혼하는 놈이었잖아.아
냐? (주하 보며 이해 구하는)

주하 (오버랩 맥 빠져서)어제 오후 세시에 너 꽃바구니에 카드 넣어
보냈었어. 이 세상에 오직 하나 내 여자 박주하. 내 사랑 영원을 약
속합니다.

광모 (좀 우물거리는)그건 그렇게 쓰라구/니가 문자로 보내준대로
쓴 거지.

주하 (오버랩)그래서 그 순간/바로 그 순간 무슨 생각을 한 거야.나
는 그게 궁금해. 바로 그 순간 어떤 /무슨 생각이 들어서 그랬는지.
그 순간/ 바로 그 순간.

광모 ....(멍하니 보며)

주하 어어엉?

광모 광모야 튀어라.(자신 없게)

주하   ....

광모   (시선 피하며/중얼거리듯)내 머리 속에 악마 귀뚜라미가 한 마
리 살구 있어.. 사고칠 때 마다 귀뚜라미가/…속삭여. 광모야. 튀어
라.. 그럼 나는 튈 수 밖에 없어.

주하   현수야.(광모에게 시선)

현수   (마시다 컵 내리고 보는)

주하   귀뚜라미 처치할려면 머릴 쏴야겠지.

현수   (빈 컵 적당히 놓으며)직빵이지.

주하   (광모 보며 허탈)총 들구 있어두 지금 당장은 못 쏘겠다../아마
도 이게 사랑이겠지..

광모   ??....(보다가 히죽)

주하   안광모가 웃는다 현수야. (현수에게 고개)이 인간 니가 대신 처
리해주라.

현수   얼마 줄래.

주하   정년 퇴직금 몽땅.

현수   할 만 하겠다.

광모   (어물쩡 일어나려 하며)나 그만 일어나두 되지?

주하   …(그냥 보고)

광모   아으 아으으으으..남자는 뼈다구가 억셔서 무릎 꿇는 거 고문
이야아..

주하   광모야.

광모   ?? 어..

주하   나 목발 좀 주라.(일어나 서며)

광모   어어..(두리번)화장실? 하나? 두 개 다? 아니 그러지 말구 업자

업어 내가 업어다 주께.(등 돌려대면)업어어.

주하 ······(잠시 있다가 뭐 안 될 거 없지 업히고)

　　[둘 화장실로.]

현수 ····(그저 보다가 냉장고에서 사과 한 알 꺼내들고 서랍에서 과도 꺼내는데)

광모 E (찢어지는 비명)

현수 ???·····(화장실 쪽으로)

광모 E 야 너어어어!!! 너어어어어!!

현수 (멈춰 더 들으려는데)

광모 어어어어어어이씨이이이!!!(타월로 싼 한쪽 귀 움켜쥐고 튀어나와 곧장 현관으로)··(맨발로 문 열다가 신발장에서 제 구두 꺼내 신고 나가버리는)

현수 (화장실로)······(움직이는)

S# 화장실 안

현수 (문 열다 바닥 보고)???

　　[뚝뚝 떨어져 있는 핏방울. 네댓 방울.]

현수 ??(주하 보는)

주하 (밀쳐져 주저앉아 있는)고호 만들어 줄라 그랬는데 실패했다. (안 보며)

현수 (보며)····

S# 원룸 앞

광모 (귀 싸쥐고 제 자동차로 뛰는/차 앞에서 자동차 키가 없는 거 인지하고 현수 층 올려다보며)아으 아으으으으으으.아으아으(하며 반은 뛰듯이 하는데)

[앞 가로막는 자동차.]

광모　?? 야아아아아!!!(하는데)

천　(차에서 내리는)

광모　E 아줌마 뭐야!!

천　아줌마 니 엄마다.

광모　??..

천　(아들 앞으로)광대 취직했어? 옷이 그게 뭐야 이눔아.(두 주먹 쥐고)

광모　(오버랩 대뜸 자동차로)병원. 응급실 엄마.

천　???.....(후다닥 차로)

S#　자동차 안

천　(타는데)

광모　(이미 탔고)아으으으 아으아으

천　(오버랩)뭐야 왜 그래. 왜 그래애애

광모　(귀에서 손 떼며)나 바느질해야 해 엄마.

천　?????

광모　아저씨 출바아아알!!

천　(오버랩)뭐해애애애애!!(기사에게)

S#　출발하는 자동차

천　E 어디 봐.

광모　E 아 볼 거 없어!!

천　E 보자구 이자식아!!

광모　E 귓밥 찢어졌어어어. 물어 뜯겼어어어.

천　E 끼약/그 기집애가 미쳤구나 미쳤어!! 지깐 게 뭔데 내새낄

78

물어뜯어어어!!

광모   E (오버랩)아 됐어. 할 만 해애애.

천   E 지가 주하야?

S# 차 안

천   (연결)지가 무슨 권리루 널 잡어어어!!!

광모   E ??? 엄마 이거 주하가 한 짓이야아.

천   E 엥?…(그럼)현수가 주하두 부른 거야?

광모   그거 아니구 엄마

천   (오버랩)아니 그 기집애 심뽀 고약하네에에.

광모   ?? 현수가 엄마 불렀어?

천   (오버랩/자기 말만)그거 개 지금 반 미치꽹일텐데 갤 불러대면
       어떡해.

광모   (그게 아니라)

천   (연결)물어뜯어 죽여버리라구 불러댄 거 아냐!!

광모   (오버랩)아 됐어이정도루 안죽어. 그리구 현수가 부른 거 아
       냐‥ 지가 처들어온 거야.

천   ??

광모   현수가 엄마 불렀어? 언제.

천   문자.

광모   ‥나 오줌 눌 때?(그때 보냈나?)

천   어이그으으으으‥어이그어이그으으으으.어이그으으으으으

S# 병원 응급실로 뛰어 들어가는 모자

[광모 앞서고 천여사 뒤쫓으며]

천   E 귓밥은 살아 있지? 붙어 있는 거 맞지? 나 귓밥 찾아와야 하

는 거 아니지?

광모 E 아 아니에요오오오‥

S# 현수 원룸

주하 (식탁 의자에 앉아 라면 냄비 내려다보며)

현수 ‥‥(보다가)뭐어.

주하 결혼식장에서 소박맞구 다리 부러지구 집에서 쫓겨나기까지
한 베프한테 너는그래/ 겨우 라면에 그것두 냄비째 /심한 거 아니
니?나 하루종일 쌀 한톨 못 먹어 쓰러지게 생겼는데 최소한 잡탕
밥 탕수육이라두 시켜줘야 하는 거 아냐?

현수 아무 것도 싫댔잖아.

주하 이 상황에 잡탕밥 탕수육 시켜달라는 건 내가 너무 웃기잖아.

현수 너 원래 웃기는데 뭐.

주하 ??

현수 찰싹 달라붙어 업혀 들어가 애 물어 뜯어놓구 나와 여기 탕수
육 하나아!!박주하가 뭐 어때서.

주하 (젓가락 집어 라면 거칠게 식히면서)그 자식이 글쎄 내가 키스했
더니 그걸 받더라구. 그걸 받는데 주책없이 내가 흐물흐물 하더라
니까? 순간 너무 비참하구 분해서 물어버렸어.

현수 ‥(보며)

주하 그 자식은 어떻게 된 눔이구 난 뭐하자는 기집애냐 도대체.

현수 미친엑스엑스.

주하 친구로서 그렇게 방관자 구경꾼이기만 하면 안 되는 거지이이.

현수 ‥(보며)

주하 위험한 눔이라는 경고를 했어야지. 결혼은 아니다 말렸어야

지영?

현수 상견례 펑크/약혼식 파토 / 너 모르는 거 있었냐? 우리 같이/
미친 놈 날 샌 놈 했었잖아. 그런 놈한테 맛이 가 흥분해서 결혼까
지 달린 건 너야.

주하 맛이 가 흥분했으면 흥분했다 냉정해라 너 그거 안했어.

현수 설마 그 자식이 결혼식장에서 뒤집어질줄 누가 알았는데, 내
가 노스트라다무스냐?

주하 그게 누군데.

현수 먹어. (침실 계단으로)

주하 (현수 움직이는 것 보다가 먹기 시작)

S# 원룸 침실

현수 (올라와 장에서 빈 쇼핑백 꺼내 침대에 던지고 아무렇게나 침대 발
치에 광모가 벗어놓았던 턱시도 집어 쇼핑백에 구겨 넣는다. 드레스셔
츠. 허리띠. 나비 타이.)·····(마지막 나비 타이 들고 보며)····

주하 E (갑자기)아아아아앙앙앙···(현수 고개 돌아가고)

S# 식탁

주하 아아앙앙앙앙앙(젓가락에 건져 올린 라면 보면서)···앙앙앙앙앙

S# 준구네 계단/거실

[가정부 따라 내려오고.]

은수 (타라라락 잰걸음으로 내려오며)옥수수 드시고 싶으셨어요 이
모님?

이모 (오버랩)(옥수수 뜯으며)오오냐. 이집은 먹을 게 너머어 차구 넘
쳐 먹을 때 놓쳐 개밥 만드는 게 지옥불 맞을 짓이야나무아미타불.
내가 진식구 아니구 객식구라구 저 여편네가 내 말은 개코딱지/그

저 다같이 불쌍한 중생이니 내가 봐주자아아 하구 있는데

준모 (이 여인은 한 알씩 따서 먹는/ 오버랩)짧게 해요. 안 먹니?

은수 (얼른 앉으며 옥수수 집는)먹어요 어머니.

이모 (오버랩)묵히지 말구 틈틈이 간식으로 쪄내라구 내가 분명 일
렀거늘. 옥수수라는 건 밭에서 따자마자 솥단지까지 달음박질해
서 쪄내야 최에고루 맛있는 건데/ 쯔쯔쯔

준모 (오버랩)아직 충분히 맛있어요.

이모 괴산서 이거 온지가 벌써 은제야. 괴산 옥수수 그은래 없이 맛
있는 거구먼. 몇달을 묵힌 거야.

은수 (오버랩)잘못했어요 이모님. 저두 깜박했어요.

이모 너 옥수수먹구/

은수 (보는)

이모 으흐흐흐 너 이집 자식 옥수수알만큼 낳거라.

은수 ??? 이모니이이임(너무하세요)

준모 (아우 정말/찡그리고 보는)

이모 (정색하고)아미타불 관셈보사아아알.

S# 어느 주차장

준구 (뚜벅뚜벅 들어오는)

다미 기사 (주차장 입구에 섰다가 꾸뻑)

준구 ?

기사 저 이다미 씨 로드매니접니다.

준구 아..(하면서 언짢고/실내등 켜져 있는 다미 자동차로 뚜벅뚜벅)..
(다짜고짜 문 열고 허리 안 굽히고)····

S# 차 안

다미　(거울 들고 얼굴 챙기다 돌아보고 상체 굽혀 내다보며)오빠아아.

S#　차 밖

준구　(딴 데 보며)내려.

다미　(내리고).....

준구　(기다렸다가 안 보는 채)두 시간을 기다리게 하니?

다미　(웃으며)그래두 네씬이나 내일루 넘어가 빨리 끝난 거에요.근
　　데 오빠 언제까지 기다릴 생각이었어요?..

준구　(돌아보며 오버랩)그따위 쓸데없는 짓을 왜 해.

다미　뭐…(입 잠깐 뿍 내밀었다가)그냥….별 생각없이. 첨엔 몰랐어요.
　　난 다른 사람 관심없으니까. 근데 무심히 봤는데 오빠 와이픈 거에
　　요.흐훗.　불란서 인형같은.. 홈쇼핑 완판녀/ 당근 금방 알았죠. 재
　　밌더라.흐흥.

준구　….(쏘아보며)

다미　진짜 별말 안했다니까요? 맹세.(한 손 들며)

준구　(오버랩)미장원 바꿔.

다미　??

준구　바꾸라구.

다미　….(보는)

준구　어엉?

다미　(웃음기 사라지는)오은수씨한테 바꾸라 그래요. 나 메이크업/
　　데뷔때부터 미선언니 따라다녀서 안돼요..

준구　….(쏘아보다가…달래야지)다미야..

다미　(오버랩)나 몸팔아 먹구사는 애/ 아니거든요?

준구　..(보며)??

다미 물론 오빠 앞에서 돈 얘기 하는 거 아니지만 나도 꽤 벌거든요?

준구 ?무슨 얘기야 지금.

다미 그렇게 많이 받냐 /니가 뭔데 그렇게 많이 주냐 정신빠진 것들 이라구 오빠 그랬죠. 나 그거두 기분 디게 나빴어요··

준구 지금 그 얘기가 왜 나오는 거야.

다미 (오버랩)물론 오빠한테 용돈 몇 번 받아 썼죠 웅. 흐읍.(가볍 게 들이마시며 손가락 끝 콧구멍 아래 만져보고)감기 걸리면 안되는 데··마지막에 /그만 보자 그러구 목돈 던져놓구 사라져 흡흡··(똑 같은 짓 하며)내 전화 따구따구따다가 결혼하드군요. 그리구 방콕 에서두

준구 (달래듯)처음부터 딴 생각 안하기로 했던 거였잖아.

다미 ·····(보며)

준구 피곤하다. 미장원 바꿔.

다미 (돌변)나두 피곤해요 나두.사흘 낮밤 끌려다니구 나두 피곤하 다구. 아니 내가 뭘 그렇게 잘못했는데 이 난리에요. 얼굴 아는 여 자 아는 척두 못해요?

준구 (조금 올라)니가 아는 척 하면 안되는 사람이잖아.

다미 ??(찡그리고 어이없이 보다가)···무슨/무슨 황태자비나 돼요? 아는 척 한 게 건방진가?

준구 이럴래?

다미 그간 일이 뭐라구 이렇게 예민하게 오빠(웃으며)

준구 (오버랩)메이크업 바꿔.

다미 ····(보며)

준구 너 착하잖아. 그렇게 해.

다미   ·····나 안 착해요··(주차장 입구에 대고)아저씨 가요오오오

기사   (뛰어와 다미 탈 문 열어주고)

다미   (차에 타는/기사 운전대로)

준구   (곤혹스럽게 보며)·····

   [창문 스스르 열리고]

다미   (준구 보며 울먹한)돈은 나두 번다구.

준구   돈 얘길 왜 하는 거야 너.

다미   가요··

   [자동차 출발.]

준구   ·····

S# 태원의 빌라 주차장(밤)

   [태원 차 들어와 주차되고]

태원   (내려 차 문 잠그고 차에 기대 서서)········

S# 태원 거실

태모   (목 늘어진 낡은 남자 러닝에 역시 오래 입은 인조견 고쟁이/머리에
   찍찍이 있는대로 말고 태극선 부채)이게 또 무슨 초를 뿌릴라구 입질
   시작이야 너어.

태희   ???(어이없어)

태모   팔모루 생각해두 지금 세상에 채린이만한 애 없어. 말 수 없구
   차분하구 어른 말에 고분고분/응? 응? 되도 않은 게 마디마디 토
   다는 어떤 년보다 일만 이천배는 훌륭해. 나느은 업구 다니구 싶게
   내 맘에 아주 쏙 들어.

태희   엄마

태모   (오버랩)있는 집 외동딸에 차암하겠다 자식 딸린 내 아들한테

와준다는 것만두 감지덕지 뭘 말이 많아. 너 조용해. 주둥이 본 드 발라 붙여버리기 전에.(두어 걸음)

태희 …(잠깐 보다가 비웃는)그래봤자 이혼녀야아아

태모 (돌아보며)반년살구 깻박쳤다잖어어어. 그 뭐냐 변태였다잖 어. 불쌍한 애구면. 사람이 양심이 있어야지. 내 아들/ 새끼까지 낳 구 사년을 살았는데 처녀장가 바래? 그건 도둑년 심뽀야 나는야 하늘 무서워 그렇게 안 살어.(돌아서는/들어가려)

태희 해해해.변태가 아니라 친정이 너무너무/ 상상할 수도 없게 짜 서 돈보구 결혼한 남자가 정나미 떨어져 헤어지자 그러구우 친정 에서는 저 도둑놈 그만 살어라 그랬던 거라네에.(주방으로)

태모 ??(돌아보는)

태희 (돌아보는)어느 정도로 짜냐면 엄마.(도로 다가오며)서른평짜 리 자기네 아파트에 살라 그러더니 사위한테 꼬박꼬박 월세 받아 챙겨갔대. 결혼하면서부터 일원한푼 없었던 건 기본이구 결정적 인 건 시어머니 간 이식수술 받게 생겨 딸이 도와달라 그랬는데 거 절했대.

태희 E 더 결정적인 건 사위가 여기저기 빚내서 겨우 수술했는데 글쎄 장인이 십만원 들구 병원 왔더래.

태모 쯔쯔 삼십은 넣었어야지이이 건 심했네.

태희 더 결정적인 건 그 시어머니가 수술 한달만에 하늘로 가버렸 대. 그러구 이혼 당한 거라네요.

태모 ……(보는)

태희 그러니까 엄마 있는 집 외동딸 며느리 꿈 깨라구,오케이?

태모 …(들어가는 것 보다가 문득 돌아서며)너 뭐야. 너 내가 사돈 덕

보자는 사람이야?

태희   .....

태모   처가 덕 보자는 놈이 나쁜 놈이지 야‥(하면서 좀 찜찜)‥‥(선 채로 괜히 부채질 활활)‥‥(쭝얼쭝얼)어쨌든 외딸인데 그 재산 누구꺼야‥

[현관 전자 키 소리.]

태모   (부르르 현관 쪽으로)

태원   (들어오는)다녀왔어요 어머니.

태모   오냐 그래 내 아들‥으흐흐흐. 채린이 전화 받았냐?

태원   아뇨‥안 왔는데요.

태모   에이그 그 속 깊은 게 천상 여자다. 놀이공원 저 따라가면 안되냐길래 안될 게 뭐냐 그러라구 했다.

태원   (오버랩)아니 저

태모   (오버랩)애가 너무너무 기특하구 이뻐서 내가 아주 자지러지겠다 엉? 미리미리 사겨놔야지 그럼. 어차피 지가 키워야할 건데 지가 먼저 알어서 그러는 거 얼마나 신통방통이야 엉?

태원   저 올라가요‥

태모   오냐오냐오냐오냐‥피곤하지이? 올라가올라가.

태희   (커피 잔 들고 나오는)엄마.

태모   (휙 돌아보며 나직이)본드으으으.

태희   돈 줘‥

태모   찍어두 못 당하겠다 엉?

S# 태원의 방

태원   (옷 벗고 있는/착잡한)‥‥

S# 슬기의 방

자모   (잠이 들락 말락 하는 슬기 안고 누워 토닥이면서 작게)자장자장 우리 새끼? 잘도 잔다 할미 새끼? 자장자장 우리 슬기?

슬기   (눈 감은 채 더 붙으며)낮에 나온 반달은.(노래로)

자모   (함빡 웃으며 따라 부르는)하얀 반달으으으은.(슬기는 노래 그치고 할머니 얼굴에 손 대고)해애님이 신다 버린 신짝인가요오오오··

S# 안방

　　[과거 은수가 출연했던 홈쇼핑 방송 중··오디오만.]

은수   E 안녕하세요 여러분.오은숩니다　엄마가 아이들과 함께 뭔가를 만든다는 것

자부   (막김치 작은 보시기/소주잔 비우고/비운 소주잔 든 채 화면 보는)

S# 화면의 은수

　　[에이프런과 모자/알프스 소녀 같은 꾸밈의 은수와 소년 소녀. 열심히 믹스 저으며]

은수   아이 낳아 키우시는 분들/ 키워보신 분들은 잘 아실 거에요.엄마랑 단 한번 만들어본 브라우니가 아이들한테 평생가는 추억이 될 거에요.네에에 다섯 살 정도 되는 우리 아이들/충분히 만들 수 있어요··

자부   ·······(빙그레 ···소주잔에 술 채워놓고 또 보는)·····(꼭 보여줄 필요 없으나 암튼 빈 시디 케이스 하나와 차 있는 다른 시디 여러 장이 옆에)

은수   E (젓던 것 멈추고)우리 엄마들 그 재료도 꼼꼼히 따지시죠?·· (믹스 상품 손짓하며)유명 백화점 대형 슈퍼에 들어가 있는 바로 그 상품입니다. 오늘은 믿을 수 없는 가격에 여러분을 모시겠습니다. 보시죠···

S# 은수의 침실

[전체 등은 꺼져 있고 나이트 스탠드만 두 개/]

은수 (제자리로 엉덩이 놓으며 돌아보는/한편 손에 바른 로션 문지르며)
우우웅. 이 얘기를 해주까 말까.

준구 (기대어 앉은//두 팔 머리 뒤로)뭐어 또 별 거두 아닌 얘길 거면서..

은수 별 얘긴데…별 얘긴데요?

준구 (상체 일으키며)흐흐 들어줄테니까 그럼 해 보십쇼 마담..

은수 (올라와 마주 앉으며)있지이? 오늘 언니 친구 결혼식. 신랑이 식
중간에 결혼식 취소하구 뛰쳐나갔어(다소 과장)

준구 ?? 뭐 강제 결혼이었나?

은수 아니 신랑 원래 그버릇 있어.. 상견례날 사라지고 약혼식하다
여행 떠나구

준구 으으응?

은수 우리 언니 잠깐 입 벌리구 멍하더니 밥이나 먹자/ 쿨하게 끝내
더라구요.

준구 허허 처형답네..

은수 언니랑 밥 먹구 /집에 들려 슬기 잠깐 봤어.

준구 아.. 안녕들 하시지.

은수 그런데..(남편 보며)지난주 아이 못 봤다구 슬기 아빠가/ 왔었어.

준구 아아

은수 까페 나가 잠깐 얘기했어. 내가 나가자 그랬어.

준구 ..

은수 슬기가 나한테 점점 더 서먹하게 굴어서.. 어쩌면 /아니 거의
즈이 할머니하구 고모 세뇌 때문인 거 같아서/ 그것 좀 신경써달라
구 부탁했어.

준구   아아..(기대면서) 누워.

은수   (자신의 베개 기대게 만들면서)언니는 인과응보다 식이구. 뭐··
        언닌 내 골수안티니까··상관없어. (기대며)맞는 말이기도 하구.
        (하다 문득 도로 일어나며)아 당신 혹시 이다미라는 탈랜트 알아?

준구   ??······아니···모르는데··

은수   으으응(모르는구나/도로 기대는)

준구   ····왜.

은수   깔깔··메이컵끝나구 일어나는데 어떤 아가씨가 아는 첼 하더
        라구.(일어나 남편 보며)보니까 아는 얼굴이야·· 인사 나눴지, 근데
        걔가 대뜸 결혼생활 행복하냐 그러는 거 있지? 초면에 대짜고짜
        질문이 좀 웃긴다 그러면서 어머님처럼 우아하게 네 행복해요 해
        주구 결혼식장 가는데 갑자기 혹시이이이?·····(남편 보며)

준구   ····혹시이···

은수   이 남자하구 뭐 있는 아이 아냐? (장난처럼)

준구   ····(보는)

은수   ????(표정으로/맞는 거 아냐?)

준구   벼얼/별 쓸데없는/(손가락으로 아내 이마 튀기고)정신 건강에
        해롭습니다··엉?다다미는 알어두 이다미는 모릅니다예

은수   (맞은 이마 문지르며)까르르르르.

S# 광모 오피스텔

천   E 그만하기 다행이지 코래두 뜯어먹었으면 어쩔 뻔했어 이 한
        심아(기운 빠져 꿍얼꿍얼)

광모   (귀 병원 처치/냉장고 앞에서 탄산 생수병째 마시는)

천   광모에 광이 미칠 광두 아니구 빛광인데/빛광에 모범몬데 왜

이름 값을 못하구 어이구우우 참 유구무언, (플럭플럭 침대 정리하면서)퇴마사 불러 귀신쫓는 걸 해보던지 원

천   E 도댓체 내력에 없는 물건이 웬말이야아.

천   번번이 몇천씩 위로금 바치면서 손이 발이 되게 빌게 만들구 (갑자기 치받혀 돌아보며)이눔아 이번에는 몇천으루는 어림없겠어어. 걔 이모들 날치는 거 보니까 우리 병원 세무조사 당하게 생겼구 명예훼손 손해 배상 꼼짝없이 당하게 생겼다구.

광모   (오버랩)아 엄마 닥치는대루 해애애. 달라는대루 줘어.

천   ???

광모   한 여자 일생에 오점을 찍어준 거잖아아. 그거 평생 따라다닐 스캔들이야. 내일이면 인터넷에 쫘악 다 퍼지구 신상파기루 금새/모모 여고 박모 수학선생 결혼식장에서 소박 맞았다 /완전 까발려져. 내가 정말 죽을 짓을 한 거야. 엄만 그걸 아셔야지이이..

천   (한심한 소리에서 힘 빠져)이눔아 내가 화수분이야? 패물루 간 게 벌써 얼만지 알아?

광모   그러게 너무 많이 해주지 말랬잖어. 엄만 항상 오바하는 게 문제라구.

천   (발끈)설마 또 미친증 발작할지 알았어? 마지막이다 고맙다 맘껏 앵겨줬지이이.

광모   줘줘 다 줘..다아 줘. 안 주면 나 죽어 엄마 걔 작은 아버지 육군소장이래. 작은 아버지 총 훔쳐다 나 쏴죽인대.

천   ??

광모   엄마 아들이 중해 돈이 중해. 응? 응?

S# 현수의 침실

현수   (강아지들 물그릇에 페트병 기울여 물 따라주는)먹어..먹구 쉬야
        랑 끙가는 화장실 알지? (강아지 방석)

주하   (침대 누워서)개엄마야..나 슬프구 외롭다..

현수   잘자.쭈쭈? 잘자 뽀뽀오?

주하   야아아아

현수   알었어.(침대 아래 펴놓은 침구로 올라가는)

주하   (자리 만들며)같이 자자아아아

현수   (그냥 자리에 앉는/누우려)

주하   야아아아

현수   시끄러. 그냥 자.

주하   ㅎㅎㅎㅎㅎ..결혼 첫날밤/나 오늘 호텔 스위트룸에 있어야는
        거 아니니? 내일 하와이루 날아서 사박 오일..열심히 허니문 베이
        비 만들자더니 허허허허...

현수   (그냥 눕고)

주하   ......현수야........대답 좀 해 야 이기집애야.

현수   자자구.

주하   ....(천장 보고 있다가)현수야.

현수   (천장 쪽으로 누워 눈 뜨고).....

주하   우리 몇 살 쯤까지 살 수 있을까.

현수   ....

주하   어엉?(고개 틀며)

현수   알게 뭐야.

주하   진지하게 얘기하자구 야아아

현수   내일일지 모렐지 /한달 후 깩할지 일년 후 꼴까닥할지 알게 뭐

야. 당장 십초 뒤에 펑 가스 폭발하면 죽는 거구 낼모레 출근하다
차에 쳐 죽을 수두/ 두달 뒤 태풍에 떨어지는 간판 맞구 죽을 수두
/ 들치기 해 토끼는 어떤 놈한테 부딪혀 지하철 계단에서 굴러 머
리깨져 죽을 수두 있구/

주하 (오버랩)그만해라 엉?

현수 (상관없이)삼년이나 오년 후 급성 불치병으로 죽을 수두 있구

주하 야아아

현수 단풍구경 가다 차 굴러 아녀엉할 수두 모기 물려 뇌염으로 갈
수두 있구

주하 (상체 일으키며/오버랩)그래애 더 해라 더더. 니가 언제 내 말 들
었냐? 밤새 애도록 해라 밤새도록

현수 (오버랩)도처에 매 순간 죽음이 지뢰밭인데 몇 살까지를 어떻
게 알아. 바보같은 소리 좀 하지 마.

주하 그래 일단 앞으로 십년까지는 너랑 나랑 광모랑 지뢰 안 밟구
살어있다구 가정하구 현수야.

현수 (고개 틀어 보는)…

주하 (도로 픽 누워 천장 보며)십년후 우리 어떻게 돼 있을까…너는…
광모는…나는..

현수 ……(보며)

주하 어떻게 살고 있을까.

현수 (고개 원위치)아줌마 아저씨 돼 있겠지.

주하 (돌아보며)우리 여행가자.

현수 (돌아누우며 시트 당겨 올리는)어디.

주하 친꿰레떼로 갈까 포지타노로 갈까.

현수 이태리냐?

주하 엉. 친꿰레떼는 북 포지타노는 남.

현수 깁스풀고 얘기하자.

주하 .....

F.O

S# 어느 해변 리조트 현관(정오쯤)

[들어와 멎는 두 대의 자동차. 종업원들 대기하다가 맞는.]

[앞선 차/ 준모와 이모 양쪽에서 내리고 뒷차에서는 은수와 준구가 내린다. 앞차는 기사, 뒷차는 준구 운전.]

리조트 사장 어서 오십시오 이모님.

이모 사장이 바뀌었나? (준구 돌아보며)

준구 네 이모님. 올 초에

이모 (오버랩)먼저 사장은 어디로 갔어?

준구 예 양평 새 프로젝트로 갔어요.

이모 승진이야 좌천이야.

준모 (오버랩)아으 별게 다 궁금해.(작은 소리로)수고 많으세요. 들어가요..

이모 (준모 따라 움직이며)승진이야 좌천이야.

준구 (웃으며)수평이동이지만 승진이라구 봐야죠.큰 프로젝트니까요.(은수 보며)들어가요.

은수 (나와 있는 직원들에서 방긋방긋 목례하며 들어가고)

준구 시즌 실적/뭐 비교적 괜찮드군요.

사장 예 죄송합니다.

S# 스위트룸

[안내받으며 들어오는 준모와 이모.]

이모　(들어오자마자 바다가 보이는 창 쪽으로)

[곧 따라 들어온 작은 가방 두 개. 짐 놓는 데 놓고 목례]

준모　고마워요. 수고하세요.(안내한 객실장한테)갑자기 연락 받고 바빴겠어요‥미안해요.

객실장　아으 아닙니다 사모님.

준모　사장님 쉬는 날일 텐데‥(불려 나왔지요)

객실장　예 (붙임성 있는)사모님. 낚시 가방 여시다가 부랴부랴 흐흐흐

준모　저런. 쯔쯔‥내려가 그만 들어가시라 그러세요. 우린 괜찮으니까요.

객실장　예. 점심은 일식으로 준비하라셔서

준모　아 그래요.

객실장　그럼‥편히 쉬십시오 사모님.

준모　수고하세요.

객실장　(아웃되고)

준모　(상의 벗는데)

이모　E 바다야아아아아아!!!!

준모　(그냥 움직이는/ 으레 하는 짓이니까)

S#　테라스

이모　내가 왔다 바다야아아아아아!!! (해놓고 금방)나무아미타불 관세음보살‥무엇에 번민하고 무엇을 탓하랴‥

S#　바다 위에

이모　E 사랑하는 사람을 가지지 말라 미워하는 사람을 가지지 말라 사랑하는 사람은 못만나 괴롭고‥미워하는 사람은 만나서 괴롭

느니..

S# 테라스

이모 (비질비질)인생은 바람같은 것이렸다 억겹의 세월속에 눈한번
감았다 뜨면/사라지고 마는… 인생은 그런 것이렸다….그런 것이
렸다…그런 것이렸다..

준모 (내다보며)언니 점심 일식으로 준비했다는데요.

이모 (돌아보며 아예 우는)저 흐르는 강물 속에 한방울 물처럼..인생
은 보잘것없고, 보이지 않는 것이렸다..?

준모 (또오오)아니면 고기 먹어요?

S# 은수의 객실(화장대 앞에서 옷 갈아입고/귀걸이 이것저것 대보는)

S# 양식 레스토랑

　　[와인 잔 부딪히는 네 사람.]

　　[각각 마시는데]

　　[준구 전화벨.]

준구 (꺼내보고 얼른 받는)네 아버지. 아직 라운딩 중이세요?

S# 골프장 마지막 홀. 걸으며

김회장 마지막 홀이야. 무슨 용건이야.

S# 레스토랑

준구 어머니랑 이모님 모시구 즈이 왔어요. 이모님이 바다 보구 싶
다 그러셔서요 아버지…네 그래서 아버지 여기로 오시면 어떨까
어머니 그러세요. 아니면 즈이 오후에 서울 가구요.

김　　E (오버랩)아냐아

S# 골프장

김회장 (연결)안 그래두 전화할 참이었어. 하루 더 있어야겠어..내일

96

구회장 식구가 운동온다는데 한 자리 빈다구 채우래서 그러자구
했어.응 니 어머니 신경쓰지 말구 푹 쉬었다 오라 그래

S# 양식 레스토랑

준구 아니 아버지 사흘 계속 너무 무리(하다가 끊으며 웃는)끊으셨
어요.

준모 (썰면서)평생 못 고치는 버릇.

준구 구회장님네 가족

준모 (오버랩)알았어. 먹자.

준구 통화 한 번 하실래요?

준모 내말은 들으셔?

이모 (오버랩)이제 겨우 마흔 여덟 청년을 뭘 걱정해.

모두 (이모 보는)

이모 치매 아니니 걱정들 마라. 누가 그러는데 자기 나이 곱하기 영
점 팔이 요즘 나이 계산 법이라드라. 김회장 육십이니 마흔 여덟
청년 아냐?

준구 그럼 즈이 둘은 이십대네요.

이모 어디 숟가락 디밀어. 육십까진 그냥 먹어. 늙은이들 보나스는
왜 탐을 내 인석.

준구 하하하 네에에.

이모 너두 마흔 여덟이다 나는 쉰 여섯이구..ㅎㅎㅎ 기분 한결 가쁜
하잖냐?

준모 예쁘다..(며느리에게)

은수 네..네 어머니.(활짝 웃으며 남편 보는)

S# 용인 에버랜드 로스트 밸리 투어

S# 버스 안

[투어 중인 슬기와 태원 채린.]

[슬기는 완전히 기분 좋아져 있고 태원은 최선을 다하고 채린은 뒷자리에서 창밖 보고 있고. 슬기는 끊임없이 수다 떨고 깔깔거리고 태원 맞장구. 별 재미 없는 채린 안 하는 척 하품하고.]

S# 식당가로 가는 길

슬기   (아빠 손잡고 앞뒤로 크게 흔들며)짜장면을 먹을까요 스파게티를 먹을 까요.(폴짝 아빠 보며 뛰고)짜장면.

태원   좋아 결정이야.이제 바꾸기 없기.

슬기   스파게티 스파게티.

태원   바꾸기 없기랬잖아.짜장면 스파게티/ 불고기/ 피자/햄버거 도대체 몇바퀴를 돈 거야.

슬기   (폴짝)햄버거.

태원   안돼 바꾸기 없기랬어. 짜장면.

슬기   햄버거햄버거.

태원   …(보는)

슬기   햄버거 아빠.

태원   좋아 진짜 절대 바꾸기 없기. 햄버거 오케이

슬기   스파게티/

태원   (눈 부릅떠 보이는)

슬기   까르르르르 아줌마 뭐 먹구 싶어요?

채린   응 나는 슬기 먹구 싶은 거 아무거나 다.슬기가 결정해애애‥

슬기   아으 나는 왜 이럴 때 결정을 못하겠는지 몰라. 짜장면이다 그럼 스파게티 먹구 싶구 스파게티 먹자 그럼 아 아빠 치킨치킨 후라

이드 치킨.

태원 떡볶이두 있을 걸?

슬기 아 떡볶이떡볶이.

S# **프라이드 치킨집**

　　　[놓여지는 음식.]

태원 (닭다리 하나 집어 껍질 벗기기 시작/슬기 턱 고이고 기다리고)

채린 …(잠시 보다가 태원 보는)

태원 (문득 눈 마주치고)아..애 엄마가 튀김 옷 벗겨 먹였어요.

채린 아아..

슬기 건강에 해롭대요.

채린 응..그렇기는 해..

태원 자..(닭다리 주는)

슬기 근데 아빠...

태원 왜.

슬기 쉬 마려워.

태원 아..(닭다리 놓으며 일어나는)

슬기 아냐 아빠 혼자 할 수 있어. 혼자 갔다 올게.

채린 슬기야 같이 가자.(일어나는데)

슬기 (벌써 종업원에게)죄송하지만 화장실이 어디에요?

종업원 어 (가르쳐주는)

슬기 (뛰어가고)

태원 앉으세요.

채린 (앉고)

태원 들어요.

채린　네…슬기 오면‥

태원　식어요‥(한 조각 집어서 주는)

채린　…(받아들고 태원 잠깐 보며 기다리는)

태원　(콜라 집으며)어머니께…슬기 데려오는 문제‥얘기했어요?

채린　…(닭다리 도로 놓고 콜라 컵 잡으며)네‥

태원　(콜라 마시는)

채린　그래야 하는 거…그게 맞는 거 같아서요‥

태원　…(컵 내리고 딴 데 보면서)

채린　(좀 기다리다가)외갓집에 있는 거‥엄마는 재혼했구…아빠가 없는 거두 아닌데‥ 자연스럽지 않은 거 아닌가…

태원　‥‥

채린　우리 부모님두 …할 거면 정리할 건 정리하구 시작하라구 ‥‥

태원　(시선 그대로인 채 오버랩)그게…(시선 탁자로)슬기 데려가는 조건으로 슬기 엄마/ 빈손으로 내보냈어요. (보며)어머니 조건이었지만.

채린　그쪽에서 헤어지자 그랬다면서요. 이유없이‥

태원　이유라는 게…슬기 엄마 쪽에서는 충분했어요. 나도 납득했고 ‥협의이혼이었어요.

채린　…(보며)

태원　어머니와 좋지를 않았어요.

채린　(끄덕이며)어머님을 싫어했다구‥

태원　‥‥(잠시 보고 그만두고 마시는)

채린　재혼할 경우에는 보통‥친정보다는 아빠한테 보내는 게‥태원 씨는 혼자였고 그러니까/‥의논 안했었어요?

태원 그 사람··친정에 두기를 원했어요.

채린 ···왜요··

태원 ·····(보다가 컵 들며)외할아버지 할머님이 아주 좋은 분들이에요··

채린 이해하기가 좀····슬기 엄마도 태원씨도···

태원 (마시는)

채린 (보는)···

태원 ····

채린 언제쯤으로··생각하는지····

태원 (보는)···

채린 우리···언제쯤····

태원 (쓴웃음)글쎄요··하기는 해야겠죠?

채린 (웃으며)언제쯤··요.

태원 슬기한테도 물어봐야하구··아직 좀 더 편해질 시간이 필요(하
   는데)

슬기 E 아빠아··

둘 (돌아보고)

슬기 (나풀나풀 와 털썩)

태원 왜 이렇게 오래 걸렸어.

슬기 응 (닭다리 집으며)사정이 있었어.

채린 무슨 사정?(친해지려는)

슬기 ??(잠깐 보고)응가.

채린 아아··

태원 (웃는)

슬기 (닭 먹으며)그리구?화장실에서 어떤 애 엄마한테 야단맞는 구

경했어. 동생이랑 까불다가 아이스크림을 엄마한테 뿌렸나봐‥ 초
콜렛 아이스크림. 응 하얀 부라우슨데 여기(제 가슴 복판 주먹으로
때리며)여기 이만큼.못살아 못살아 내가 못살아아아아

태원　(큰 소리로 웃는)

채린　오호호호 아이 귀여워.흐흐흐

S#　어느 7, 8층 빌딩 앞. 변두리 번화가 대로변

자모　(버스 정류장 쪽에서 와 서면서 활짝)안녕하세요오오.

청소 아줌마　(입구 바닥 대걸레로 물청소하다 돌아보고 고개만 대충 든 척
하고 청소 계속)

자모　수고가 많으세요오오‥저 오소장 집사람이에요오오. 새로 오
셨나봐요오.

청소　‥‥(그냥 자기 일)

자모　(뭐라고 말 더 하려다 저 안 계단 끝에 나타나는 남편 보고 그만두고
기다리는)‥‥‥

자부　(입구로)

자모　(활짝 웃으며 도시락 보자기 내민다)

자부　(받으며)허기졌어어어. 아무거나 먹으면 되는 걸 뭐어 힘들게‥

자모　나가는 길에‥ 집 밥 먹으라구.

자부　(아내 들고 있는 옷 보퉁이)자신 없다는 거 했어?

자모　아아니? 비싼 옷 잘못 건드렸다가 망치면 어떡해.

자부　잘했어.고생하구 망치구 싫은 소리 듣느니/그런 건 아예 손 안
대는 게 잘하는 짓이야.

자모　내가 당신 말 잘 듣잖아.

자부　허허 그래‥ 가봐.

자모   (손 내밀며)점심 값.

자부   어어..(주머니에서 천 원짜리 꺼내 다섯 장 중에 석 장 아내에게 주며)좀 잊어버리지 기어이 받아야겠어?

자모   <u>으흐흐흐흐</u>(받아 챙기고) 나/ 가..

자부   어엉....(아내 웃어 보이며 움직이는데)어 참 여보.

자모   (돌아보는)?

자부   광모랑 주하는 어떡하구 있대.

자모   응.. 점심 차려놓구 나갈까 전화했는데 안 받어.. 꺼 놓구 일하나봐.

자부   어엉.(그랬구먼)

S# 현수의 원룸. 침실

현수   (강아지 두 마리에게 간식 주고 있는/침대에서)

　　　[아래 거실에서 들리는 소리.]

천   E 그건..<u>으흐흐흐</u> 그건 너무 무리한 요구시네요 주하 어머니.

　　(잘 타협 보려는 노력으로)

S# 아래 원룸 거실

유   (식탁에 마주 앉아/이쪽도 같은 마음. 흥분하지 말고).....(보다가)
　　무리라니요 사부인. 아니 사부인 아니구 광모 어머니..우리 주하가
　　내 딸이 아니라 댁에 딸이라고 치고/ 광모놈이 내 아들인데 댁에
　　딸이 그 꼴을 당했어도 나한테 무리라 그러겠어요?

천   (아이구)그 쪽 입장 충분히 이해해요.그러니까 좋게좋게 마무
　　리하자구 내가 먼저 만나자 그런 거 아니에요..

　　　[소파 한쪽에 다리 하나 탁자에 올려놓고 병째 탄산음료 마시는 주하.
　　소파 다른 쪽에 귀 싸맨 광모 서서 두 엄마 쪽 보며.]

유　　E 그러게요. 좋게좋게 마무리 하자면서 그게 무리라니 도대체/
　　　그쪽 좋게좋게는 어떤 건지 한번 내놔 보세요··

천　　E 그러니까··· 예식장 경비며 예단이며 기타 소요된 일체 모두
　　　/우리가 다 책임지고

유　　그거야 당연한 거구요.

천　　····(보는)

유　　당연한 걸로 생색내지 마세요

천　　····(보다가 그만두고)위로금으로 오천.

유　　(보는)

천　　만들어 보겠어요.

유　　여보세요.

천　　···네.

유　　쟤가 얼마를 들여 저 나이 먹여논 물건인데/ 뭐라구요?

천　　(웃으며)누구는 공짜로 자식 키웁니까? 그 말씀은 좀 가당치가
　　　않군요.

유　　(올라서)내 새끼 똥통에 처박구 뭐라구요? 당장에/학교 선생
　　　이 어떻게 얼굴 들구 나가 교단에 서란 거에요. 평생직장 포기하
　　　게/실직자 만들어 놨잖아요. 아니 그 보상 누가 해야 하지요?

천　　아니 저기··결혼식장에서 파혼 당했다구 교사 자격증 무효되
　　　는 거두 아니구 학교 옮기면 되잖아요.(어디까지나 타협적)

유　　????(이 여편네)··아니 그게/ 아니 그게 그렇게 아무 일두 아니
　　　란 거에요? 지금 같은 세상에 응? 응? 옆집 강아지 방귀 꾼 거까지
　　　사흘이면 온 나라가 다 아는 세상에/ 학교 옮기면/ 이보세요 그런
　　　다구 결혼식장에서 소박맞은 내 새끼 낙인이 없어져요?

천   남에 말 사흘이랍니다.

광모   E 엄마아아.

광모   엄마 지금 실언하는 거에요. 지금 상황에 그건/ 그건 아니지
      이이.

천   시끄러 가만있어.(해놓고)내가요 주하 어머니. 주하가 내 새끼
      귀만 안 물어 뜯었어도 이보다는 후하게 나갔을 거에요. 아니 어떻
      게 된 애가 표독해도 표독해도

유   (식탁 치면서)내 새끼는 다리가 부러졌어요!!

천   그건 지가 넘어져 그렇게 된 거구

유   ??? 내 새끼가 왜 !! 공여언히 심심해서 넘어졌어? 엉?

천   그렇다구 물어요? 승냥이야 늑대야 진돗개야. 귓밥이 덜렁덜
      렁하게/아니 독해두독해두 어떻게 그렇게 독하게

유   (오버랩)귀 한짝이 대수야? 나같으면 눈알을 파버렸어어!!!

광모   ????(주하 보다가)???

주하   (양손 들어 손가락 두 대씩 구부려 광모에게 팍)

광모   (눈 꽉 감고)

천   E ???? 아우우우..아우우우우우.

유   (천여사 보며)

천   아우우우우우 사돈 안되기 정말 잘

유   (오버랩)큰 거 다섯으로 끝내요.

천   ???

광모   ???(좀 많다)

주하   (일어나려)

광모   왜애.

주하   내 다리 줘.

천   …에에에에?

유   (일어나며)아니면 합의따위 꿈도 꾸지 말아요.

천   ???(같이 일어나는)아니 세상에 말도 안돼.

유   (오버랩)내일 이 시간까지 (시계 보며)기다려주지요. 대답에 따
      라 우리 할 일 할테니까.

주하   (오버랩)잠깐 있어 엄마.

유와 천   (돌아보는)

유   뭐어.

주하   (식탁 쪽으로)……

유   (잠시 보다가 새삼스레)저꼴을 보라구요 저걸!!

천   (질린 채)광광광모야 이리 와. 너 이리와 이리와.

광모   (엄마 쪽으로)왜요 엄마.

천   (아들 얼굴 잡아 유 쪽으로 휙 돌리며)이거는 이거는 (부들부들 떨며)

광모   (얼굴 돌려지며 아파서)아아악.

천   안보여요 열여덟 바늘이나 꿰맸다구우우.

유   눈알보단 낫잖아 뭐어어!!!

천   (마주)세에상에 이런

주하   (오버랩)그만해애애애!!!!(빼액)

유   ??(딸 보고)

천   ??? 너 나한테 소리지른 거냐?

주하   죄송합니다(꾸뻑)어머님 아니에요.

유   어머님은 무슨 얼어죽을 어머님이야

주하   (오버랩)울엄마 손해보구는 못사는 사람이니까 예식장비 예

106

단비 기타 결혼식 준비에 들어간 건 어머님이 처리해 주세요.

천 　얘 그건 내가 당연히

유 　얘!!

주하 　(오버랩)내가 다섯장 짜리 밖에 안돼?

유 　올려? 올리까?

주하 　큰 거 천장이래두 돈으로는 엄마 내가 당한 일 없는 걸루 못 만
　　들어. 벌어진 일은 벌어졌어. 없는 걸루 돌릴 수 없어.

유 　그러니까 돈으로라도

주하 　(오버랩)먹고 살만 하잖아!! 왜 돈돈돈 돈으로 광모한테 날 치
　　사하게 만들어.

유 　??

천 　??

광모 　??

주하 　어머니.

천 　(덥석)오냐 주하야아.

주하 　어머니 주신 패물 얼마친지 모르지만 그거 그냥 저 주세요.

천 　오냐 그래 그건 애초부터 돌려받을 생각 없었어어어

주하 　(웃으며)감사합니다아.

유 　이런 드응신.

주하 　(오버랩)엄마 그만 가.

유 　(오버랩)야아아아

주하 　챙피해애애!! 그만 가라구우우우우우 !!!!(울음 터지는)

유 　????

현수 　(계단 중간에 앉아 있다가 옆에 두었던 광모 턱시도 들어 있는 쇼핑

백 들고 일어나 식탁 쪽으로)

주하 광모야.

광모 엉

주하 우리 엄마 좀 차에까지 모셔주라.

광모 응 어 알았어 그래‥(유 옆으로 다가들면)

유 (다짜고짜 광모 따귀 갈겨버리고)

천 ??? 여여여(보세요 하려는데)

현수 가만 계세요.(식탁 위 빈 머그잔 하나 치우려 집어 들며)

천 (현수 보고)

유 어이그 어이그으으으. (핸드백 휙 챙기면서)저런 반푼인줄 모르구 저걸 낳구 내가 미역국을 먹었으니이…어이그으으으으(그대로 나가버리고)

광모 (어쩌야 좋을지 모르다가 그래도 따라 나가는)

천 얘애 멀찌기 떨어져어. 가까이 가지 마아아아.(하면서 주하 보는/현수는 찻물 끓이려 포트에 물 붓고)

주하 (한 손으로 눈물 훔치는 중)‥‥

천 (미안해죽겠다)…

S# 원룸 앞

유 (식닥거리며 나오는)

　　　[대기 중이던 기사 라이트 켜고 내려 문 열고]

유 (획 돌아보면)

광모 (따라 나와다 주춤. 저만큼에서 꾸뻑)

유 너 이눔 뒤를 조심해애애!!!

광모 (무심코 획 뒤 한번 돌아보고)

108

유　나아압….뿐 놈!! 너 이눔 얼마나 잘되나 내가 산삼 먹어가며 지켜볼테니까.(픽 차에 오르는)

　　[문 닫히고 기사 운전대로/출발하는 차.]

광모　(꾸뻑)죄송합니다아아아..

S# 현수 원룸

현수　(티백 담긴 찻잔에 물 따르는)….

천　(주하 보다가)….내가 입이 천개래도 너한테는 할 말이 없다.

주하　(좀 웃는 듯)어머님이 뭘요. 광모 나이가 몇인데 /안 그러셔도 돼요..

천　세상에 어떤 에미가 저런 사고뭉치 자식 눔을 바라겠니.

주하　으흐흐흐. 그럼요.

천　…(보다가)그런데 너.. 패물 그거 팔지 말구 다리 낫거든 병원으루 갖구와라.

주하　??

현수　??

천　니가 들구 나가면 너 그거 제값 못 받아. 팔 때하구 되 사들일 때하구 보석상들 얼굴이 딴판이야. 그러니까

주하　(오버랩)괜찮아요 어머니. 그냥 제가/… 필요할 때마다 하나 씩 팔아 쓸께요.

천　???

주하　마음 써주셔서 고맙습니다아아.

천　아니 그게 제값 받구 팔어야지 헐값에 넘기면 아깝잖아아. 얘 그러지 말구 나한테 팔어라 내가 제값 쳐줄테니까 나한테 팔어. 저 눔 자식이 언젠가는 장가가는 날이 있겠지. 그때 예물루 쓰게(하다

가?? 주하와 현수 보는/자기도 이상한 말이다)

주하와 현수   ???

천   이상한 거니?

현수   네‥좀.

천   알았다‥너무 황당한 일 치르며 내가 잠깐 머리가 꼬였다. (일
      어나며)미안하다 주하야‥나를 용서해라.

주하   (그냥 혼자 좀 웃고)

천   (현수에게)미안하다 응?

현수   (못 들은 척 핸드백과 쇼핑백 챙겨주는)예복이에요.

천   (받으며)나한테서 어떻게 저런 눔이 나왔는지 정말 알 수가 없
      다. 자식이 하나만 더 있어두 내가/ 출생의 비밀이다 너는 내 자식
      이 아니다 그러겠구먼.(하며 현관으로)

광모   (들어온다)

천   ???(노려보는)

광모   엄마 먼저 나가세요. 나 주하랑 잠깐 할 얘기 있어요.

천   무슨 얘기.

광모   (엄마 밀어내며)아 있어어어 금방 나가요오오.

천   어으 어으어으 (아웃)

광모   (주하 옆으로)너 바보냐? 돈이라도 챙기지 개폼은 왜 잡어 야.

주하   귀 한 짝 더 뜯어주래?

광모   아니 그게 아니라

현수   (오버랩)가라.

광모   (현수 보는)

현수   (인상 쓰는)

광모   가..간다구..

S# 놀이기구 타고 있는 슬기와 태원. 채린. 행복한 슬기..

S# 리조트 공용 테라스

[주스 마시며 바다 향해 앉아 있는 준모와 이모.]

이모   책 볼 데가 없어 책 들구 왔냐?

준모   (그냥 좀 웃으며 책장 넘기고)

이모   날마다 보는 바다두 아닌데에에.아 물을 봐 무울.

준모   볼만큼 봤어요 난 숲길 걷는 거만 못해.

이모   (끄으응/초 치는 데는 암튼/주머니에서 염주 꺼내 굴리며 중얼거리
기 시작)무상심심미묘법 백천만겁난조우. 아금문견득수지

S# 해변의 은수와 준구. 허리 안고 어깨 안고

[잠시 걷다가]

은수   (준구 얼굴 올려다보며)바다 보게 해 줘서 고마워.

준구   (부러)?? 이모님 덕분에 덤으로 딸려 온 건데 뭐가.

은수   (흘기며)나 바본 줄 아나봐.

준구   <u>흠흐흐흐흐흐</u>

은수   이모님께 오늘 바다 보러 안 가실래요? 그러는데 내가 바다 보
구 싶다 그랬달까봐 뜨끔했어.

준구   자기는 바보 아니구 나는 바본가?

은수   (소리 내어 웃고)…

준구   행복하세요?(장난처럼)

은수   으으응 뭐..이만하면 괜찮은 거겠죠?

준구   ….(사이 두었다가)미용실에서는 행복하다 그랬다면서.

은수   생전 첨보는 사람한테 그럼 별론데요 그러나? 어 이상한 질문

이네 그러면서?

준구 (잠깐 웃는 듯)…(그건 그렇군)….언제쯤 그 대답을 들을 수 있을까

은수 언젠가는.

준구 언젠가는.

은수 언젠가는.

준구 슬기 때문에…

은수 ??(돌아보는)

준구 (보며)행복하면 안된다는 뭐 그런 게 있을지도.

은수 응. 아니….나. 스스로 벌 내리고 있는/그런 건 아냐·· 언니 말처럼 슬기한텐 왕싸가지 엄만데 뭐.

준구 (멈추고)우리 아이 하나 낳고··분가하면서 데려오자구.

은수 (끗떡)…

준구 (웃으며 품어 안는)어어 나는 왜 이렇게 당신이 이쁠까.

은수 싸가지 없어서 <u>으흐흐흐흐</u>

준구 흠흠흠··(입 내밀고)

은수 (가볍게 키스해주고 빠져나가 빠르게 달아나듯이)….

준구 뛰자구?

은수 <u>으으으응</u>(뛰면서)…

   [뛰는 두 사람.]

S# 리조트 풀장

   [수영하는 준구와 은수.]

S# 집으로 오는 길(어두워지기 시작한)

   [현수 자전거 타고 오고 있는/….여전히 뿌우한]

S# 대문 앞

현수 (와 자전거에서 내리고)

자부 (차 닦다가 멈추고 딸 보다가)왔어?

현수 (자전거 세우는)…

자부 주하가 와 있다면서

현수 네··(들어가고)

자부 애 괜찮어?

현수 네에.

S# 마루와 주방

자모 (저녁 준비에 바쁘다)

　　[문소리]

자모 현수니?….

현수 (대답 없다가 나타나는)

자모 (괜히 혼자 웃고)……(딸 주방으로 오기 기다렸다가)대답이 뭐가 힘들다구/시집가 시부모님한테두 그럼 미운 며느리된다니까.(여전히 웃으며)

현수 걘 좀 짭잘한 거 좋아하는데.

자모 간 봐봐.

현수 (끓고 있는 된장 간 보는)….

자모 된장 좀 더 넣어?

현수 비슷해요. (손 씻는)…

자모 (현수 갖고 갈 반찬들 담는/콩나물 시금치 무침 등)찬이 뭐 있어야지..

현수 (마른행주에 손 닦으며)불고기 다 먹었어요?

자모 아니 거기 꺼내놨어. 식으니까 그냥 갖구가 후라이판에 익혀 먹어. 쬐에끔 밖에 안돼.

현수 (싱크대에 조막만 한 고기 든 비닐봉지 집어 엄마 옆에 챙겨놓고)

자모 내일 시장보면 되지 뭐. 슬기가 갑자기 찾으면 안되니까.(무친 나물 도시락 반찬통에/두어 가지 더 들어가 있고)

현수 (보다가)좀 더 담어요.

자모 나물은 한끼에 먹어야 돼. 내일은 맛없어.

현수 고등어라두 조리지.

자모 떨어졌어‥

현수 오징어채라두 무쳐요.

자모 그래‥그건 돼‥(일하던 거 놓고 냉장고 오징어채 꺼내는데 거의 비어가는 중이다)이거두 사야겠네.

현수 (좀 싫다)좀 넉넉히 두구 먹어요. 슬기 앞으로 오는 게 얼만데 엄마는.

자모 슬기 먹일만큼 먹이잖어어어‥사람 일 어떻게 될지… 그 돈 다 쓰면 어떡해. 모아서 슬기 줄 거야‥

현수 (보고 포기/냉장고 물 따라 벌컥벌컥 마시고 컵 싱크대에 넣는데)

자모 (오징어채 무칠 준비하며)주하는 어떡해 딱해서 크은 일 났다.

현수 뭐얼‥

자모 사람이… 그런 일은 당하지 말어야지…

현수 (컵 씻는)

자모 그게 무슨 청천벽력이야. 딱해죽겠어

  [밥 다 됐다는 소리.]

현수 (밥주걱 꺼내 물에 적셔 공기에 넣고 도시락 밥통 밥솥 옆에)

자모 자꾸만 괜찮다구 해 줘‥나쁜 생각이라도 하면 어떡해.

현수 ‥‥‥

자모　그 너 감시 잘해 괜히. 니가 데리구 있다 사고 나면 너 어떡해.

현수　아이구 참 엄마. 아니라니까요오.

S# 원룸

주하　아 엄마 됐어 글쎄. 결혼했는데 딴 여자 애 데리구 나타난 거 보다 백번 낫구 식장에 딴 여자 식구들 처들어와 내 머리끄덩이 잡구 깽판 친 거보다 백번 나아.. 아 광모자식이 또라이지 나는 그냥 또라이한테 황당하게 당한 거니까 괜찮아아아.. 알구보니 그 자식이 정신병자였다 그래.감쪽같이 속았다 그러라구..??..전화 받지 마아아..이런 때 전화하는 인간들 다 뒷담화꾼들야 엄만 그거두 몰라?

S# 빌라 전경(밤)

[들어오는 태원의 자동차.]

S# 주차장

[자동차 멎고]

S# 차 안

태원　(시동 끄고 옆자리 딸 돌아보며)잠 다 깼어?

슬기　응..

태원　(웃으며 내리고/뒷자리 채린도 내리고)

S# 차 밖

태원　(슬기 쪽 문 열고 안아서 내려주는)아줌마한테 인사해.

슬기　안녕히 가세요오오

채린　아냐 아줌마 할머니께 인사 드리고 가야 해. 들어가자.(슬기에게 손 내밀고)

태원　(보는)……(차 문 잠그고 따른다)

S# 승강기 안

[잠시 침묵.]

태원 (자기한테 기대 얼굴 붙이고 있는 딸 내려다보며)아직 졸리구나.

슬기 응.

태원 (웃는)샤워하구 자야할텐데.

슬기 응..

태원 고생했어요.

채린 아뇨 즐거웠어요.

태원 …

S# 태원 거실

슬기 (앞서 들어오며)할머니이이이이..

태모 (말끔한 옷/소파에서 일어나며)어구구구구 내새끼 내새끼 오셨
나아아아.(팔 벌리고)

슬기 (통통통 뛰어 할머니에 안기고)

태모 우후후후후 잘 놀았나 재미있게 놀았나 할미 새끼.

슬기 네..할미새끼 잘 놀았어요.

태모 <u>으흐흐흐흐</u>..(하며 채린 보는)애 쫓아다니기 힘들었지?(슬기 빠
져 아빠에게)

채린 아뇨 저두 즐거웠어요 어머님.

슬기 (등 아빠에게/아빠 팔 앞으로 잡고)아줌마가 생각이 모자라서 할
머니/구두를 신어서 발이 까졌어요.

태원 슬기야(하지 마)

슬기 ??(하면 안 되는 거야? 아빠 올려다보고)

태모 저러언.쯔쯔쯔

채린 미안해. 다음부턴 안 그럴게 슬기야.

116

슬기 그래서 아빠가 갖구간 밴드 부쳐 줬어요. 여기 여기에 (뒤꿈치)

태원 (오버랩)채린씨 피곤할텐데 그럼

채린 네..어머니 그럼 저는 이만.

태모 (오버랩)아이구 무슨 그런 경우가..쯔쯔 이 사람이 이래서 문제
라니까 아 저녁 먹을 시간에 귀한 손님을 어떻게 그냥 가래. 저녁
먹구 가. 와..오라구.

채린 아니 저는

태모 아 여러 말 시키지 말구우우.. (아들 돌아보며)뭐하셔어어

태원 그럼 저녁 하구 가시죠..

태모 어이 옷갈아 입구 내려와..어이어이

태원 올라가자.

슬기 응

태원 (슬기 데리고 움직이는)

채린 E 태희씨는요 어머니.

태모 에이그으으으 몰라아..어디 백화점이나 기웃거리구 있겄지
이이..아줌마아아 얼른 상 차리세요오오오.

S# 댄스 교습받고 있는 태희/ 탱고쯤이면/제법

S# 태원 식당

태모 (쌈 싸면서)슬기야아아아

슬기 네에에

태모 채린이 아줌마 이쁘지이이이?

슬기 (채린 한번 보고)네에..

채린 (슬기 보고 웃는데)

슬기 근데 우리 엄마가 더 이뻐요.

채린   ..

태모   ???(자기도 모르게)아 채린이 아줌마가 더 이쁘지 무슨/(하다가 이러면 안 되지)으흐흐흐(채린이에게)어린 건 그저 모과같이 생겼어두 뭐냐 으응 아직 눈이 다 안 익어서 호호호호

채린   네에에..

슬기   (상관없이 먹으며)아줌마두 이쁘기는 이뻐.

태모   그렇지? 그렇구 말구 호호호호호. 오호호호호호.(쌈 입으로 가져가 입 벌리고 넣으려다 지나치게 쌈이 크다/얼른 아닌 척 쌈 펴고 내용물 덜어내는)

S#   슬기야아아아 엄마아아아아 꺼안는 모녀

S#   샤워하고 있는 은수

S#   주차장으로 나오는 채린과 태원

채린   (문득 멈추며)저기이이

태원   (보는)…

채린   어떻게 받아들이실지 모르지만…

태원   …네

채린   오늘··셋이 차 타는데…슬기가··앞 자리에…

태원   아아··쭈욱 그래서 당연히 그 자리가 걔 자리에요.

채린   아빠 옆에 타구 싶겠죠오··이해하는데…그런데 아이는 보호 차원에서도 뒷자리에 타는 게…

태원   (끄덕이며)그렇죠?··예…그게 맞죠·· 무신경했어요··미안합니다.

채린   아니 내가 앞자리 못타서 그러는 게 아니라··아직은 뭐…앞자리 탐낼 입장두 아닌데··저기 슬기하구 같이 뒷자리도 상관없어요.

태원   예...예..아이랑...얘기하죠.

채린   (웃으며)갈께요..

태원   예에..

채린   (차 타고 뜨고)...

태원   ....

S# 태원 거실

태모   (거울 보며 이 쑤시고 있는)

태원   (현관에서 들어오는)

태모   (거울에 이 비춰보면서)볼수록 고상하고 볼수록 조신하구 볼수
       록 내맘에 아주 왔다야.

태원   ....(소파로)

태모   (이쑤시개 처리하며)먼저 같이 억센 거 들어와 봐라. 슬기 위해
       서도 그런 건 끔찍한 일야.(태원 마주 앉는)여러 생각할 거 없어. 이
       번엔 덮어놓구 에미 믿어. 아이구 내가 왜 진작 어머니 말 안들었
       을까 그럴테니까.

태원   (오버랩)어머니.

태모   ??

태원   슬기한테 ..지 엄마 얘기..흉하게...안 하시죠?

태모   ?? 이게 무슨/....아니 너 나를 뭘루 보는 거야. 내가 사랑과 전쟁
       시에미야? 솔방울만한 거 붙잡구 지 에미 험담하게.

태원   .....(안 보며)

태모   ....(보다가 울먹하는 척)안 그래두 내가 그냥 어린 거 불쌍한 거
       생각하면 시두때두 없이 목이 메는 사람인데.

태원   (오버랩)헤어져 사는 엄마지만 엄마가 별로 좋은 사람이 아니

었다는 말은······아이한테 상처가 되니까 /그래서 다시 말씀 드리는 거에요.

태모 (좀 사나와지는)대체 어디서 무슨 말을 듣구 이러는 거야. 저게 지 할머니 할아버지한테 내가 지 에미 욕한다구 그러드래?

태원 아니에요. 그냥 ··어머니 애한테 잘하시는 거 알아요. 그래두 혹시 누나랑 지나가는 말루라두

태모 (오버랩)그년까지는 모르겠다. 그년이 애붙잡구 주책없이 뭐라는지 그거까지는 모르는데 난 이날이때 쓸데없는 소리 한 번두/ 달싹 한 일 없다. 성을 갈어.(불끈 일어나는)

태원 네에··

태모 저녁밥 자알 먹구 체하게 생겼네 이 사람아.

태원 (따라 일어나고)

태모 (자기 방으로 두어 걸음./문득 멈추고 주방에)약먹을 물 안 내오고 뭐하는 거야!!!

여인 E 네에에에

태모 어으 속터져.(방으로)

태원 ····(보며)

여인 (물그릇 들고 종종종)

태원 (계단으로)···

S# 슬기 방

슬기 (침대에 엎드려 만화책 보는··두 다리 들고 적당히 흔들며)

   [노크]

슬기 네에에에··(일어나는)

태원 (들어오는)

슬기   아줌마 갔어?

태원   응. 샤워해야지.

슬기   (침대 아래로 두 다리 내리면서)아빠 여기 앉아봐.

태원   …(침대로 앉는)할 말 있어?

슬기   응….아빠 진짜 아줌마랑 결혼할 거야?

태원   글쎄…

슬기   (고개 기울여 아래서 아빠 올려다보며)채린이 아줌마 좋아해?

태원   글쎄에..

슬기   싫어해?

태원   싫을 거까지…싫을 일이 뭐 있나?

슬기   아줌마는 아빠 좋아하잖어.

태원   으으으음…그렇게 보여?

슬기   응 느껴져..

태원   하하 느껴져?

슬기   응..

태원   (웃는)

S# 화장실

슬기   (욕조에서 나오는/머리 감았고)

태원   (타월 펴들고 서 있다가 감아주면서)시워어어언하시겠습니다
       아아.

슬기   깔깔깔깔…

태원   (작은 타월로 머리 닦아주면서)아빠 슬기한테 물어보고 싶은 거
       있어.

슬기   응..뭔데에?

태원   어제…외갓집에서 엄마랑 아빠 만났잖아.

슬기   ··응(수건 속)

태원   (수건 내려 아이 보며)그 뒤에 엄마하구 잠깐 얘기했는데…

슬기   (올려다보는)

태원   엄마…속상해 하더라…

슬기   ….(보며)

태원   엄마를….반가와 안했다면서….

슬기   (대꾸 없이 세면대로/칫솔질 준비)….

태원   뭐··엄마한테 화난 거 있어?

슬기   ….

태원   슬기야.

슬기   엄마 나 필요없는데 뭐.

태원   ….무슨…왜 그런 말을 해.

슬기   전화 날마다 하구 일주일에 한번 만나구 그런다더니 전화두 잘
      안하구 만나러 오지두 않구…

태원   ….(서늘해서 보는)

슬기   (이 닦기 시작)……

태원   ….(보며)….그건 ··니가 엄마를 이해해줘야 해 슬기야.

슬기   …..

태원   (움직여 뒤에서 아이 어깨에 손 올리고)사랑하는 우리 딸··이 닦구
      머리 말리구 잠옷 입구 그리구 왜 엄마를 이해해줘야 하는가 얘기
      해 주께··

슬기   필요없어.

태원   ….(거울 속 딸 보며)….

122

S# 리조트 준모 객실

　　[넷이 트럼프 블랙잭. 자유롭게/ 화기애애..]

준구　（딜러/한 장 열어놓은 것 킹）

준모　오/칠/(테이블 똑똑 한 장 더 2)아우우우

준구　이모님요.

이모　(한 장 퀸 한 장 10/느긋하다)난 됐구.

준구　(아내, 보는)

은수　똑똑/(한 장 더 에이스/4/10 중 10과 /에이스. 두 장으로 맞추면서)
　　까갈깔깔.(손뼉 치며)

이모　얘 또 먹었다.

준구　(오버랩)계세요 이모. 제가 있습니다/(엎어놓은 것 젖히면 5/한
　　장 더 보태면 또 킹)드세요.사모님.

은수　까르르르 (천 원짜리 신권 판돈 한꺼번에 /판돈 만 원 남짓)

S# 태원의 침실

태원　(선 채 양주 마시고 있는)……

슬기　E (울며)그러니까아아 그냥 그 집에서 행복하게 살라 그래애애.
　　나같은 거 필요없으니까아아아…

태원　……(마시는)

S# 현수 원룸

주하　(현수가 갖다 놓아주는 찻잔 집어 들며)우리 낼 일본가까?

현수　….목발.

주하　목발 짚구 가면 안되나 머?

현수　(앉으며 찻잔 집는)싫다.

주하　노래방가까?

현수 헛소리 귀찮어. 좀 조용하자.

주하 넌 어떻게 광모자식 욕을 한 마디도 안하냐.

현수 ....(보는)

주하 친구로서 그럴 수 있는 거야?

현수 (귀찮다/그냥 마시는)

주하 너 소올찍히 말해봐. 한 편으로는 고소하다아 그런 거 있지.

현수 ...(보는)

주하 니 불행 아니니까 머. 친구 불행 은근 즐기는 심뽀 우리 다 있잖어.

현수 솔직히/.....

주하 엉....엉..

현수 내 불행아니라 내가 니가 될 순 없어. 그런데 니 불행 즐기는 거 보다 광모자식 한심한 게 더 커.

주하 어 너 나보다 광모다 그거지. 나는 한심 안하구.

현수 너는 ..이 또한 지나가리라/정리하고 끝내면 돼.. 광모는 평생 그러구 살 거 같으니까.. 내가 몇 번을 더/... 그꼴을 봐야하나 ..그렇다구.

주하 만약 내 속에 지금 아이가 시작되고 있다면 현수야..

현수 ...(보는)

주하 아이가 크구 있다 그럼 그 자식 어떻게 나올까.

현수 그럼.... 결혼하잘 거야.

주하 맞지. 하자겠지. 하겠지.

현수 하자면... 하니?

주하 안 해? 아이가 있는데.

현수 ....(보며)

주하 아침 저녁 물어뜯으면서 평생 지옥에서 살게 하는 거야. 여자
　 의 양심이 얼마나 끔찍한 건지 처절하게 가르쳐주면서.

현수 정말 하구 싶었구나.

주하 귀엽잖아아아..

현수 (꺼내다 놓은 비닐봉지 들고 일어나며)씻자.

주하 엉..(현수/주하 다친 다리에 비닐봉지 두 장 한꺼번에 테이프로 붙
　 여 감는)......미안해.

현수 ....

주하 낄낄..(현수 머리 흐트리며)친구 잘못 둔 죄지 뭐..

S# 같은 거실

현수 (컴퓨터 켜고 답글 달고 있는데).......

주하 E (가만가만 노래)엄마 엄마 나 잠들면 앞산에 묻지 말고..

현수 (고개 돌리는)

주하 (소파에 잠자리/누워서) 뒷산에도 묻지 말고 양지바른 곳으로/
　 비가 오면 덮어주고 눈이 오면 쓸어 주/

현수 E 야아

주하 정든 그 님 오시거든 사랑했다 전해 주우.

현수 야아아아아!!!

주하 (울음 터지면서)엉엉꽃이 피고 새 울거든 울지 말고 웃어 주엉
　 엉 호숫가에 낙엽 져도 날 잊지 말아 주 웅웅웅

현수 (돌아보고 있는)

주하 E (아예 통곡으로) 비가 오면 덮어주고 눈이 오면 쓸어 주우우
　 우 엉엉엉.

제3회

S# 원룸 전경. 이튿날 오후 5시경

S# 현수 원룸

현수 (김광석 노래 틀어놓고 뒤로 많이 기대어 작업 의자에 앉아 책 보다
가 문득 몸 일으키며 강아지 간식 비스킷 통 집어 들며)쭈쭈 뽀뽀 까까
먹자아아아. (의자 조금 돌리며 통 여는)쭈쭈 뽀뽀 오오오.

주하 (소파에 바닥에 한 다리 뻗치고 앉아 탁자에 거울 놓고 들여다보며
입 테두리 한껏 잡아당기고 있다가)너는 태어나 키스 한번 못해본 티
를 그렇게 팍팍 내야하냐?

현수 (못 들은 척)자 랑랑이두 (고양이 간식)

주하 쭈쭈뽀뽀. 키스키스. 첨부터 내가 반대했지?

현수 재밌다 짱 귀엽다 그랬어.(반대 안 했어)

주하 끄으으응. 오죽 키스가 하구싶으면 강아지 이름이 키스키슬
까/ 그래애애 그 덕으로 진짜 키스키스해주는 남자라도 붙어라 그
런 거지.

현수 ....(못 들은 척)

126

주하   내가 해주까 키스?

현수   (의자 돌리며 책 집어 들고)

주하   와. 해주께. 입하구 입이 악수하는 게 키스지 키스가 별거냐?

현수   ....

주하   (거울로)얼마나 무능하면 키스한번 못하구 푹푹 썩냐엉?(거울
보며 입 한 번 또 쫙 늘리는)

현수   ...

주하   쭈쭈뽀뽀 쭈쭈뽀뽀 칙칙폭폭 칙칙폭폭.

　[주하 전화벨.]

주하   (보고)어엉..(심드렁)아직...(좀 짜증)오면 문짜 칠게. (아)뭐하
는 거 알아서 뭐할려구.그냥 있어.엄마 (내)지갑 안 빼먹었지? ..나
지금 기분 별루거든?..(듣다가)누가 벼슬했대? 그만 좀 갈구라구.
..(듣다가)어떡하라구우우.. 뻔뻔하지 말구 그럼 뛰어내려? 목 매
달아?..(듣다가)나 역시야 나 역시 당분간 엄마 안 보구 싶어. 당분
간 보지 맙시다. (끊어버리면서 전화에 대고)엄만 나한테 감사해야
해애애. 머리 풀구 팬티 바람으루 이히히히히 거리로 뛰쳐나가면
어쩔 건데. (전화 놓고 거울 들고 입 찢으려다 전화 다시 들고 단축)......

　[벨 가는 소리 서너 번.]

광모   F (자다가 받는)네에에에..

주하   자냐?

광모   F 아으 아으으으으..왜 이렇게 졸리냐. 자두자두 끝이 안난다
..아흐으으으(하품)

주하   E (돌아보고 있는 현수)니가 한게 뭐 있어서 자두자두 끝이 안
나냐. 웃겨 진짜.

S# 광모 오피스텔

광모 (엎어진 채 잠에 취해서)왜애애애.

주하 F 이집에 먹을 거 아무 것도 없다. 과일 좀 사와.

광모 (졸려 죽겠다)뭐…뭐 사다 줘‥

주하 F 과일이라고 생긴 건 다 사와.

광모 (일어나며)알았어.

S# 현수 원룸

주하 고추김밥두 하나/(하다 돌아보며)두 개 사라 그럴까?

현수 (그냥 돌아앉고)

주하 (전화에)너 먹을라면 니꺼두 사. 가만 있어 끊지마. 햄버거두
　　　갖구와.(현수 돌아보며)피자 먹을래? 어 그리구 마스크팩두 좀 사
　　　와라‥(끊으려다)야야 라면두 다 됐어‥라면

S# 은수의 거실

은수 (주방에서 빠르게 나와 서재로/문에 대고)준비 다 됐어요 아버니임.

김　　E 오냐아‥

은수 ‥‥(기다리고)

김　　(나오는)

은수 (방긋 웃는)아버님 먼저 오셨을 줄 몰랐어요.

김　　흠흠‥오랜만이다 잘 지냈냐?

은수 네 아버님.

김　　(주방으로 움직이며)객실 인테리어 좀 나아졌든?

은수 훠얼씬요.

김　　헛돈 쓴 거 아니면 됐다.

은수 (그냥 웃으며 따라 들어가는)

S# 주방

[호텔 주방장과 조수. 들어서는 김회장에게 꾸뻑 인사]

주방장 안녕하십니까 회장님.

김 안녕하신가. 잘 부탁해요.

주방장 최선을 다하겠습니다. 회장님

김 최선 좋지 그래 하하..

준구 (아버지 의자 빼주고 섰고)

김 (앉으며)바다는 안녕하시든가요 보살님.

이모 (준모와 앉아 있는)나 보고 싶어 외로웠다 그러드군요.

김 흐흐(아내 돌아보며)안녕하세요.

준모 피곤하지 않으세요?

김 움 뭐.후반은 좀 그렇드군…구회장이 병원 들어갔다 나와 얼마 안돼 그러는지 걷는 게 전만 못하더라구.

준모 사흘 계속은 무리에요.

김 알아서 해요.

[이러는 동안 준구는 은수 챙겨 앉고/주방장과 보조는 식사 준비 같이 진행.]

준모 당신 /사께죠?

김 어 그렇지.

주방장 곧 올리겠습니다 회장님.

김 괜찮으니까 천천히 해요

준모 언니는 와인해요 사께할래요.

이모 (괜히)막걸리는 없냐?

준모 (흘기고)

김   허허허허.

준구   사오랄까요 이모님?

이모   아냐아냐으ㅎㅎㅎ 관셈보사알

S# 같은 주방/시간 경과/식사 중

김   (은수에게)늬들 공 쳤냐?

은수   ?? 아우 아버님 저 아직 안돼요오.

준구   시작한지 얼마나 됐다구요··

김   아직두 헛스윙 다섯 번하구 화장실 가 우는 거야?

은수   까르르르 이제 다섯 번까지는 아니에요 아버님.

김   열심히 해라. 구회장네 며느리들 데리구 나와 운동하는 거 부럽더라구.

은수   네 아버님.(녹을 듯이)

S# 태원의 거실

슬기   ·····(말갛게 할머니 보며)

태모   응?·······응?····(아이 얼굴 들여다보듯)응?

태희   (패션지 뒤적이다가 보며)너 눈뜨고 자니?

슬기   (고모 보는)···

태희   자지두 않으면서 왜 대답 안해? 할머니 늙은이야.늙은이는 기운 없어.

태모   (오버랩)누가 늙은이야.

태희   ?? 늙은이 아냐?

태모   너는 중늙은이다 엉.

태희   대답 안하구 엄마 기운빼니까 그렇지. 누가 저 해롭게 하자는 거야?

130

슬기   (오버랩)할머니.

태모   옹 오냐오냐 그래.

슬기   그런데…

태모   응… 그런데..

슬기   …(보며)

태희   아으 애!! 말을 해 말을. 짱구 굴리지 말구 그냥 확확 하란 말야!!

태모   가만 좀 있어 이 기집애야.

태희   아 코딱지 만한 게

태모   (오버랩)눈 코 입 달린 코딱지가 어딨어!! 맹구 동생 맹순이야?
      딴에 저두 사람인데 그럼 /지 생각 있는 게 당연하지 애 입은 왜 틀
      어 막어.

태희   말을 하라구우

태모   (오버랩)할라 그러는데 틀어막었잖어어어

태희   아으 아으아으..짜증나.(불끈 일어나는/잡지 든 채)

태모   쯔쯔쯔쯔.

태희   (이 층으로)

태모   (슬기에게)그런데 뭐….그런데..

슬기   채린이 아줌마가 백설공주 계모처럼 구박하면 어떡해요.

태모   ???(했다가)아이고 이게 무슨/ 무슨 가당찮은 걱정이야아아
      아. 아줌마가 널 왜 구박해. 할머니랑 고모랑 아빠가 있는데 어떻
      게 감히 널 구박해 엉? 지가 죽을라구 환장을 하면 모를까 그건 있
      을 수 없는 일(하다가 문득)..아줌마가 너한테 뭐라구 했어?

슬기   아니요?

태모   그런데 왜 그 걱정을 해?

슬기　친 엄마 아니니까요.

태모　어이그 으흐흐흐흐 (만지며)그게 걱정이구먼 내 새끼가. 그
　　　건 말짱 쓸데없는 걱정이네 흐흐. 채린이 아줌마는 마음이 천사야
　　　..마음 나쁜 사람이면 너 데려오잔 말/ 안해. 아줌마가 너　데려오
　　　자구/친자식보다 더어 친자식처럼/자신있다 그런다니까?

슬기　…(보며)

태모　응?……응?….

슬기　(말갛게 할머니 보는데)

　　　[슬기 핸드폰 울리고.]

슬기　(얼른 꺼내서)응 아빠 세차 다 했어?….벌써? 알았어.내려 가께
　　　..(끊으며)아빠 왔대요.할머니(일어나는)

태모　오냐 그래. (따라 일어나고/ 슬기 배낭 메는)할머니가 뭐라 그랬
　　　다는 소린 절대 하면 안돼. 알았어?

슬기　네에..안녕히 계세요.(꾸뻑)

태모　오냐아아 내 새끼이..

슬기　(주방으로 쪼르르르) 아주머니 안녕히 계세요오오오

임실　E 어어어어 슬기 가니이이?

슬기　네에에에..

임실　(주방에서 나오며)잘가아아. 토요일에 보자아아.

슬기　(웃으며)네에에.

S#　승강기 안

슬기　(숫자판 보며)….

S#　주차장 승강기

슬기　(승강기 문 열리고/웃으며 손 내미는 태원/내려 손잡고)금방 내려

132

왔는데.

태원 　응 (배낭에 손)아빠 줘.

슬기 　(배낭 아빠에게)

태원 　뭐 먹나 결정했어?

슬기 　?? 아..아직(웃으며)

S# 현수의 원룸

주하 　(우적우적 먹으며)…

광모 　???(먹다 멈춘 상태)

주하 　(콜라 벌컥벌컥 마시고 트림)그으으윽.

광모 　….(보며)

주하 　(음식 넘기고 먹던 피자 입으로 가져가다가 멈추고 보며)왜.

광모 　그냥 다닌다구?

주하 　엉.

광모 　그 학교 그냥?

　　[식탁/마주 앉아 피자와 김밥 먹고 있는 주하. 광모.]

　　[현수는 봉지봉지 과일들 냉장고에 구겨 넣고 있는 중.]

주하 　그래.뭐/내가 제자 꼬셔 동성연애하다 잡혔냐 유부남 선생하
　　구 모텔에서 뜨거운 밤 보내다 들켰냐 내가 뭐.왜.

광모 　…(보며)

주하 　너 안 먹어?(현수 돌아보며)

현수 　(대꾸 안 하고 손 씻는)

광모 　챙피하잖아 학교 옮겨어어.

주하 　달나라 학교로?

광모 　(보며)…

주하 아니면 화성 금성 목성 토성?

광모 야.(피자 놓으면서)너 저번에 얘기했잖아. 우리 교포들 많은 카나다나 엘에이로 가면 수학 과외선생 떼돈 번다구 니 사촌이 꼬신다구(남아 있다)

주하 (오버랩)화성 목성 금성 얘기하는데 교포 많은 엘에이 토론토? (갖고 온 접시에 피자 한쪽과 김밥 몇 개 옮기는 현수에게) 얘 바보 아니니?

현수 하루 두 번 씩은 바보야.

광모 충격먹어서 그래

현수 ??

주하 니가 무슨 충격을 먹어 이걸 그냥 입을 확 찢어버릴까부다.

광모 야 결혼식장에서 튕겨나온 미친 놈 되기는 뭐 쉬운 일인줄 아냐? 너 뽀뽀하다 물어 뜯겨 본 적 있어? 내 충격두 장난 아냐.

주하 .....(멍하니 보는)

현수 (접시 들며)그만 가라.

광모 아니이이 나두우/··물론 처음부터 마지막까지 전부 다 몽땅 내 잘못인줄은 가슴 아프게 알지만 그렇다구 와아아/ 호랑이 굴에서 구사일생 살았다 야호 그건 아니라는 그런 얘기야.

현수 (책상 의자로 가며)가라구.

광모 (현수 보며)····(잠시 있다가 주하에게)나말야. 어제 밤에 케이블 틀어놓고 깜박했는데 너한테 총 맞구 죽었어··심장을 정통으로 맞었는데 꿈인데두 야 죽게 아프더라. 으으으 아아아아 하다 깼는데

광모 E 심장이 벌떡벌떡/그러다 심장 스톱하는 거 아닌가 진짜 겁났어. 기도했잖아.(두 손가락 마주 끼고 눈 감고)살려주십쇼 하나님.

134

광모 삼 세 번 끝났습니다 네 번째는 절대 그런 일 없습니다 제발 살려만 주십쇼.

주하 눈 떠 광모야.

광모 (눈뜨고) 뻥 아냐..

주하 지금 니 하나님은 나거든?

광모 너....나 용서했잖어.

주하 ....(보는)

광모 아냐?

주하 (광모 보며) 이게 사랑이겠지.

광모 ...(멍하니 보는)

주하 너는 / 내꺼야.

현수 (자판 두드리던 손 멎는)....

주하 E 여어엉원히

주하 E 내...꺼

광모 ......(보다가) 아니 그건..그럴 수는...하하하..야 영원이라는 말처럼 허무한 게 어딨냐. 이 우주도 끝이 있을 거라는데 영원 따위가 어딨어어.

주하 너 / 죽는 날까지 여자는 끝났어. 내가 절대로 그 꼴 안 봐.

광모 ???

주하 확실히 해두자.그게 내 사랑이구 복수야.

광모 야 주하야

주하 (오버랩) 작은 아버지 총 / 훔치게 하지 마라 엉?

광모 주하야 하하 주하야.하하하하

주하 으흐흐흐흐 (웃는) 깔깔깔깔.

광모 ???

S# 어느 스파게티집

　　[놓여지는 스파게티.]

태원 우우움 맛있겠는데?

슬기 (아빠와 함께/우우움에 연달아) 맛있겠는데?

태원 하하하. (슬기 접시 갖다 섞기 시작하는)

슬기 ·····(가만히 보고 있는)·····

태원 ·····

슬기 ···(보며)

태원 (접시 놓아주며) 먹어. (자기 것 섞다가??) 먹으라니까.

슬기 응····(스파게티 입으로 가져가다 놓으며) 있잖아. 아빠.

태원 응··(스파게티 말다)

슬기 ····(보는)

태원 뭐.

슬기 나 아빠랑 살면 안돼?

태원 ??(잠깐 멈칫)····(보는)

슬기 (보며)······

태원 (포크 놓고 물컵 집으며) 할머니가 뭐라 그러셨어?

슬기 아아니?··(강하게 부정)

태원 ·····(보다가 마시고 컵 놓으며) 그럼 그냥··(알지만) 니가/너혼자
생각한 거야?

슬기 응····

태원 갑자기 왜 ··할아버지 할머니가 얼마나 너를··너라면 /널 얼마
나 사랑하시는데··

136

슬기 그건 알지만 으응…응 아빠네 살면 아빠 날마다 보잖아..

태원 그건 그렇지..

슬기 ….(말가니 보는)아빠는 나 싫어?

태원 ?? 뭐라구? 아니 어떻게 / 어떻게 그런 말을 해.

슬기 그런데 왜 나랑 같이 안 살아?

태원 ….(보며)

슬기 응??

태원 ….(보며)그거..그거는 말야. (물컵 다시 집으며)아빠도 그러고 싶지만 그게/엄마가….(보며)왜냐하면 엄마아빠 헤어질 때..

태원 E (보는 슬기)엄마는 너 하나만 원했어. 무슨 일이 있어두 너는 엄마가 데려가겠대서 내가 오케이 한 거거든.

슬기 엄마 딴데 살잖어. 같이 안 사는데 뭐.그리구 일주일약속두 안 지키는데 뭐.

태원 …..(사이 두었다가)그건 슬기야 엄마가 너 안보고 싶어서가 아니라

슬기 …….

태원 ….(보며)……

S# 준구 거실

은수 까르르르르.(준구와 김회장도 함께 소리 내어 웃고 준모는 소리까지는 안 내고) 이모님 그런 얘기는 어디서 수집하세요?

이모 흐흐흐흐 법회 나올 때마다 수첩에 써갖구 나와 웃겨주는 쉰살짜리 과부 보살이 하나 있어. 언젠가는 전설의 고향으로 웃기더니 지난 번에는 난닝구 호텔로 웃겨주더라구. 집에 오자마자 해줘야지 관셈보살 대신 란닝구란닝구 하면서 왔었는데 언제 놓쳤는

지 놓쳐버리구는 끄응.. (찻잔 집으며)나 다 됐어어어.

김 불경을 그렇게 달달달달 외시면서 뭘요.아직 하안창이세요.

이모 사십년 달달거린 걸 못하면 그 땐 다 된 게 아니라 곡기 끊구 눈
감아야지요오. 사랑과 미움, 이 모든 것은 마음에서 비롯된 것인즉
마음을 비우고 무심으로 살라 산이 물이 될수없고..물 또한 산이
될수 없으니.

준모 언니.

이모 산은 산이어야 하고 물은 물이어야 하느니라 하나를 채우면
또 다른 하나가 욕심나는것이 세상 이치인즉 무엇을 바라고 무엇
을 기다리는가..

준모 언니

김 가만 있어요.

이모 (울먹울먹)한번 가면 다시 못올 인생이니 무엇에 번민하고 누
구를 탓하랴 잠시 들른 이 어지러운 세상을 미친듯 쫓다보면

김 아 이렇게 줄줄줄인데 보살님 총길 누가 따라갑니까.

이모 마음까지 흩어져 그끝이 보이지 아니하니..탓하지도 말며...바
라지도 말것이며...기다리지 말며..응응 미워하지 말라. 응응응..

준모 (남편에게)안 피곤해요?

김 음. 괜찮아요.. 차에서 내쳐 잤어요..

이모 (오버랩)야 늬들 아가아가.

은수 네 이모님.

이모 세계에서 국민들이 바느질 제에일 잘하는 나라가 어딘지 아냐?

은수 (준구와 눈 맞추고)

준구 알아요?

은수   아뇨.

이모   회장님은.

김   허허 당신 알아요?

준모   몰라요.

이모   (오버랩)가아봉 가봉이다가봉.

은수   <u>오호호호</u>

준모   아이구 참. 애두 아니구

이모   (오버랩)국민이 제일 거만한 나라는 오만 국민들이 꾀가 제일
        많은 나라는 수단

        [다 같이 웃어주는‥]

S# 자매 부모집 대문 앞

        [들어와 멎는 태원 차.]

S# 차 안

태원   (벨트 풀며 딸 돌아보는)…

슬기   (부어서 아래 보며)‥‥‥

태원   ‥‥(보다가)슬기야‥

슬기   (대답처럼 벨트 풀고 내리려)

태원   있어.(내리는)

S# 차 밖

태원   (문 열어주려 움직이는데)

슬기   (벌써 내린다)

태원   (잠깐 잡아주고 뒷좌석 열고 배낭 꺼내는데)

슬기   (빼앗듯 당기고)

태원   아빠가 들어주께.

슬기 (그냥 빼내려)

태원 (안 놓치며 키 높이 맞추고)실망한 거 아는데/그래서 미안한데‥ 우리 시간을 좀 갖자 응? 아빠가 생각해 본다니까‥

슬기 ‥‥

태원 이런 얼굴로 들어갈 거야? 할아버지할머니 슬기 왜 그러냐 그러심 뭐라 말씀드릴 거야‥‥‥ 웃는 얼굴로 들어가야지 응?

슬기 (그냥 들어가려)

태원 (잡아 세우며)뽀뽀 안해주구?

슬기 ‥(보며)

태원 안되겠다. 우리 슬기 기분 풀어 들여보내야지 아빠 이대로는 못 가. 차 타‥우리 나가서 아이스크림 먹으면서 다시 얘기하자 응? (몸 일으키는데)

자부 E 슬기 온 게야?(좀 거리감)

태원 아 예 아버님‥‥‥

자부 (대문 열면서)호호 딱 지금쯤 아닌가 싶어 나왔는데 정말 딱이네 호호‥

태원 네에(웃으며)

자부 잘 놀았어?(아이에게/하는데)

슬기 (그냥 들어가버리고)

자부 ??(태원 보는/ 왜 그래)

태원 제가 좀/‥ 나무랬더니 삐졌어요 호호.

자부 왜.

태원 별일 아니에요‥신경쓰지 마세요.

자부 그렇잖어두 애 기분 별룬데 나무라지 말지. 원래두 예민한 애가 커갈수록 더 한 거 같아. 어리다구 깔보면 안돼..부모 떨어져 사는 거 자체가 힘든 건데. 웬만하면 건드리지 말어..

태원　네에..

S# 마루

자모　(탁자에 스탠드 따로 켜놓고 수선할 옷 뜯고 있는 중)...

　　　[현관 소리.]

자모　(돌아보고)

슬기　(들어온다)

자모　(함빡)아이구우우우 내 강아지 왔네에에에? 할아버지 못봤어? 할아버지 마중 나가셨는데에?

슬기　...(그냥 제 방으로 픽픽 들어가버리고)

자모　??.....(보다가 일감 놓고 슬기 방으로)

S# 슬기 방

자모　(들어오는)???

슬기　(침대에 걸터앉아 있는/배낭 옆에)

자모　(다가들어)화났어?

슬기　....

자모　왜애..

슬기　.....

자모　?? 왜 화가 났어?

슬기　말하기 싫어요.(배낭에서 물건 꺼내기 시작)....

　　　[현관문 소리]

자모　(돌아보고 나가는)

S# 마루

자모 (나오며)애가 기분이 나뻐 여보.정서방 안왔었어?

자부 좀 나무란 모양이야.

자모 왜애??

자부 별일 아니래. (스탠드 앞에 앉으며/같이 수선 옷 뜯던 중이었음)애비가 야단 칠 일 있으면 쳐야지 그럼.

자모 (작업 중이던 곳으로)뭐때매에.

자부 (그럴만 해서 그랬겠지)지 새끼한테 뭐란 거 꼬치꼬치 알자구 들거 뭐 있어.

자모 ......(남편 보다가)...(일감 집으며)야단을 왜....애 맘 상할 정도루....(불만이다)

자부 .....(일감)

슬기 (나오며)할머니

자모 (펄쩍)엉 엉 그래..(일어나는)뭐 주까 왜..

슬기 (울먹)할머니 나 토하구 싶(하면서 그대로 왁 토해버리며 쭈구리고 앉는)

자모 아이구머니나 슬기야. (달려들며)

자부 (얼른 휴지통 집으러 움직이고)

자모 (슬기 잡고)체했어? 뭐 먹었는데. 체한 거 같어?(슬기는 왝왝거리고)아빠가 밥 먹을 때 야단쳤어? 응? 그랬어?

자부 (휴지통 놓아주며)토하다 잘못되면 큰일나.말시키지 말어.

자모 (그런가).....(남편 보다가 혼잣소리)못 알어듣는 애두 아니구 왜 야단을 쳐어어어..(고개 슬기에게 /슬기 왝액 왝액)

S# 운전 중 태원

슬기 E 아빠는 나 싫어?

142

태원 .....

슬기 E 엄마 딴데서 살잖어. ·····일주일 약속두 안 지키는데 뭐.

태원 ...

태모 E 서방이 바람을 피기를 했어 하루걸러 무식하게 두들겨패기를 해 돈없어 배를 곯려 마약중독자길 해/

S# 태원 거실(과거/ 가을)

태모 (길길이 뛰고 있는/탁자 두드리며)천지에 내 아들 같은 서방이 어딨다구 응? 간이 배밖에 나와두 분수가 있지 어디서 건방지게 사네 못 사네 깨춤을 춰 어엉?

태희 (팔짱 끼고서 있는)?? 엄마 붙잡는 거야?

태모 (버럭)골이 뼜어?!!

태원 (오버랩)어머니이(조용히 하세요)

태모 (힐끗 아들 보고 바꿔서)그래·· 내가 얼척이 없다 못해 뒷목 잡구 넘어갈 일이지만···물 좀 다오(딸에게)순식간에 입이 소태다. 끄응··· 그래 어차피 늬들끼리 정리하기루 합의 봤다니까 그래 뭐··

은수 (가만히 보고 있는)

태모 E 기어어어이 안살겠다는데야 뭐/평양감사두 저 싫으면 그만이라잖다든?/속 아퍼두 힘없는 내가 어쩌겠냐.

태모 그저 인연이 여기까진가부다아 하구 접을 수 밖에.

은수 (그저 보며)

태모 E (딸에게서 물그릇 받아들며)으흐흐흐흥 내가 귀신이지.너 처음 봤을 때부터 그래.(벌컥벌컥 마시고 컵 내리며) 뭔지 모르게 찜찌임한 게 여엉 내키지를 않더니(컵 탁자에)그래서 마지막까지 말렸건만 쯔쯔쯔 /자식이기는 부모 없다구 꺾여줬더니만 쯔쯔쯔쯔

/결국은 니가 이렇게 내 자식한테 흠집을 내는구나‥

태원　그만 하세요. (오버랩)

태모　그래. 니가 싫어 박차구 가는 거니/(하다가)얘 그 너 그 눈 좀/
나 너 그 눈꼬라지 무섭다니까.

은수　(그대로)말씀하세요.

태모　얘가 이래요‥얘가 이렇게 날 깔봐요 응.

태희　할말이나 해.

태모　응‥내 아들에 아무런 하자가 없구?/아무런 이유없이 니가 박
차구 나가는 거니까/ 위자료 내라 소린 못하겠지.

태희　무슨 위자료…위자료는 슬기 엄마가 내야지이.

태모　그렇지. 맞지. 니가 내놔야지.

은수　(오버랩)걱정마세요 저 위자료 필요없습니다.

태모　오오 그래두 양심은 있다는 거냐 아니면 그동안 뒷구멍으로
챙길만큼 챙겨서 통통한 소리 하는 거냐.

은수　누가 뒷돈 챙길만큼 돈관리 허술한 집 아니잖아요.

태모　위자료 필요 없달 때는 그만한 뭔가가 있으니까

은수　(오버랩)당신 마무리 해. (일어나 핸드백 집어 들고 움직이는)

태모　저런저런 건방진 것. 야아아.

은수　(그냥 나가고)

태모 태희　(태원 보는)‥‥

태원　‥(앉아서)‥

태희　무슨 마무리?

태원　슬기는 저 사람이 키워요 어머니.

태모　??

태원   (일어나며)그렇게 아세요.

태모   ?? 뭐어?

태희   슬기를 왜 주니?

태원   엄마니까요.

태모   아니 지가 뭔데 앨 데려가.

태원   엄마니까요.

태모   (올라서)씨가 정씬데 저 싫어 뛰쳐나가는게 무슨 에미 자격있다구 엄마 타령이야..

태원   (말하려는)

태모   지 애비 멀쩡하구 내 눈이 시퍼런데 우리 집 자손을 왜 무슨 권리로 지가 챙겨간대 엉?

태희   (오버랩)재판해 엄마 재판하면 돼.

태원   (오버랩의 기분)가만히 좀 있어요!!

태희   ?? 너 어디다 건방을 떨어.

태원   슬기는 저 사람이 키워요. 이건 내 결정이에요. 어머니 누나 참견하실 일 아니에요.

태희   애(오버랩)

태원   (오버랩)저요 어머니/저두 제 뜻대로 결정하는 일 한가지 쯤 있어두 돼요.네에에.

태희   (오버랩의 기분)무슨 소리야.. 너 니 맘대로 결혼한 거잖아

태원   (쓰라리다)결혼하지 말았어야 했어요. 저 사람 위해 내가 포기했어야 했어요. 그렇게 안했던 게 내 인생 최대 실수였고 나는 바보였어요.

태모   (오버랩)도대체 왜 못살겠다는 건데!!!

태원   전요....저 사람이 나를 떠날 만큼 우리 집이 힘든줄 정말 몰랐어요.

태모   뭐가/뭐가 그렇게 힘들었대 저 여시가!!!

태원   ......(눈물 크렁해서 보다가)고맙습니다.. ..감사합니다.(하고 빠르게 현관으로)

S# **운전하는 중 태원/현재**

태원   .....

S# **빌라 건물 근처(과거/밤)**

은수   (타박타박 걸어오고 있는).....(별 표정 없이).......

　　[빌라 쪽에서 나타나는 태원 자동차..........은수 옆에 서고]

은수   (돌아보는)......

태원   (차에서 내려 은수 쪽으로).....

은수   ....(보며 /다가와 서자 웃는)배고파. 뭐 좀 먹여줘. 우리 어디 팬찮은데서 폼나는 저녁 먹자 응?

태원   ...(그저 보며)

은수   고마워…

태원   (그냥 안는다)…

은수   (마주 안으며)......미안해··

S# **운전 중 태원**

은수   E 정말 많이 미안해.

태원   그러지 마. 나는 내가 너무 한심해…그 말도 할 수 없는 사람이야.

은수   (눈 감는).....

S# **어느 최고의 레스토랑(과거)**

146

은수 (통장 펴들고 보다)??? 이렇게 많이? 나 옷사주구 신발 사주
고 우리 엄마 용돈두 한번 씩 드렸는데 쌈짓돈이 이렇게나 있었
어?(도장과 비닐, 통장, 지갑)

태원 그게 뭐가 많아.(와인 따라주면서)

은수 (비닐에 통장 넣으며)응··됐다··너무 지쳐서 한 반년은 그냥 아빠
밥 먹으며 팽팽 놀라 그랬는데 횡재했다.(와인 잔 들며)한 달 백씩
슬기랑 내 밥값내구 용돈 오십씩 써두 일년 놀겠다.

태원 (제 글라스에 따르며)슬기 몫 매달 넣어줄 거구

은수 (오버랩/깜짝)아 그거두 있지 참. 괜찮네에에.

태원 (오버랩)대출 받아서 당신 꺼두 얼마쯤

은수 (오버랩)아 그건 필요없어.

태원 ···(보는)

은수 위자료 필요없습니다했잖아. 그래놓고 뒤로 그런 거 받는 거
싫어. 위자료는 내가 줘야하는데 그치?

태원 (와인 병 놓는)···

은수 그치?···그렇지??

태원 당신···진심으로 그렇게 아무렇지도 않아?

은수 응····응 뭐냐 ···그게 뭐냐···응 좋아. 이제부터 학대받는 며느리
역할 안해두 되니까.

태원 ···(보며)

은수 ?? 지구 멸망 아니야··얼굴 좀 풀어 엉?

태원 소용없는 말이지만/그 정돈 줄 알았으면 무인도라도 잡아놓
고 당신 데리고 나갔어.

은수 (웃음기 없어지며)얘기했지(잖아)매일매일 당신 엄마누나 악

행 고발해서 당신 괴롭히기 싫었다구. 교만하게도 극복할 수 있을 줄 알았다구. 달콤하게도 살다보면 좋아질 줄 알았다구.

태원　….(보며)

은수　무인도에 가 살면 어머니 …(웃으며)아마 헬기에 폭탄 싣고 나타나 떨어트릴 거야.

태원　마시자.

은수　응

S# 같은 장소

은수　?? 어 그건 안돼..매주 토요일 오후/일주일에 한 번.그 이상은 안돼. 자기 내키는대로 들락거리면 나도 우리 부모님도 생활리듬 깨져서 안돼. (포크 나이프 놓으며)우린 이혼한 사람들이야.

은수　E (보는 태원)이혼을 했는지 안했는지 그런 거 재미없어.

은수　슬기 아빠 건 죽는 날까지 불변이지만 이제 난 당신 여자 아니야.

은수　E 사랑해서 결혼해 아이 낳고 살았던/……(응)나를 누구보다

은수　좋아해줬던…. 착하고 좋은 사람…(웃으며)사람 너무 좋아 쭈욱 친구로라도 지내고 싶은/ 전 남편…(하다가)아 중요한 일 까먹었다. 나 이혼신고서 접수시켰어··

태원　…(보는)

은수　지구 멸망 안했다니까?

태원　(보며)지구 멸망이 이보단 나아. 내가 얼마나 힘든 결심이었는지 좀 알아주면 안되겠니?

은수　….(웃음기 없이 보다가)위로받고 싶어?

태원　위로가 아니라 너무 아무 일 아닌 거처럼 구는 거…보기 싫어.

은수　…스물 아홉에 애 데리고 이혼녀.아무 일 아닐까?··그럴 거 같아?

148

태원   (무슨 말인가 하려는데)

은수   (연결)아무 일 아닌 걸로 연기하는 건 쉬운 줄 알아? 나 구질구질하면 좋겠어?

태원   한번씩은 구질구질해도 괜찮아.

은수   불평하지 마. 사년동안/

S# 커브 트는 태원(현재)

은수   E 당신 모르게 나 혼자 최악으로 구질구질 비참했어.....

S# 은수의 침대(현재)

[침대 위에 등 마주 대고 앉아 서로 당겨 구부리는 운동 중인 은수와 준구.]

은수   (제껴지면서)이게 시원한 거보면 나 어느새 늙었나봐.

준구   엄청 늙었지.

은수   스물 둘까지 성장하고 셋부터는 늙는 거랬나? (멈추어진 채)십년이나 늙었으니 아오오오

준구   태어난 순간부터 늙는 거 아냐? (풀어주며)

은수   자라지두 않구 늙기부터 해? (돌아앉으며)

준구   자란다는 거두 늙는 거 아냐? 태어나면서 바로 죽는 날로 가기 시작하는 거니까.

은수   이모님 말씀에 대입하면 우린 아직 스물 넷 청춘이야.

준구   (얼굴 다가들며)그래 청춘 후회없이 아낌없이 치열하게 즐기자.

은수   (얼굴 뒤로 빼는)또오오? (펄쩍)

준구   왜애애애

은수   (밀어내며 오버랩)한 가지 생각밖에 없는 사람 같아.

준구   우리 엄마가 어렸을 때 보약 많이 먹여서 그래.

은수　(가볍게 때리는)낭비하지 마. (누우려 엎드리는데)멍청이 자식 낳으면 안돼.

준구　(쓰러트리며)걱정마. 멍청이 안 나와. 나만 믿어.(목에 입 처박듯)

은수　으흐흐 깔깔‥뭘 믿으라는 거야. 아으아으 간지러 간지러어어어‥

S#　태희의 방(현재)

태원　(좀 딱딱하다)난 아직 준비두 안됐는데 그 사람 생각이 어떻든 왜 이렇게 서둘러요.

태희　(내일 입고 나갈 옷 고르는 중이다)준비하다 할배되겠다.엄마가 서두는 거지 난 아니다 얘.사주팔자 개떡이라 이러구 썩는 내가 / 니 재혼에 무슨 관심이겠니. 그냥 노인네 비위 맞추느라 거드는 척하구 있을 뿐야.돈주머닌데 어떡해.

태원　(오버랩)(아직)일곱 살이에요. 아무 생각없이 잘 있는 애/ 왜 쓸데없는 소리로 혼란을 줘요.

태희　(글쎄)나 아니라니까.(하다 벌컥)만만한 게 나야? 신경질 나게 굴지 말구 엄마한테 해.

태원　‥‥(보다가 돌아서는데)

태희　걘 누굴 닮아 그렇게 입이 싸냐.

태원　(돌아보는)

태희　똑부러지게 약속했다든데.

태원　(그냥 돌아서는)

태희　채린이가 맞다 너? 재혼했는데 애를 왜 전처 친정에 놔둬. 우스운 거 아냐?

태원　(돌아보며)난 아직 안했어요.

태희　왜그 모양이야아. 결정을 해. 안할 거면 채린이 정리해 치우구

150

할 거면 빨리빨리 해버려.이것두 저것두 /바지/입지두 벗지두 /
허벅지 걸쳐 놓구 머엉한 놈처럼.

태원　뭐가 잘하는 일인지 몰라서 그래요.(좀 반발)

태희　(비웃듯)오은수 학대해 쫓아냈다는 누명 억울해/ 채린이 들여
　　　여보란듯 살아 보여주겠다잖아아. 노인네소원 들어줘어.

태원　아직도 누명이에요? 아직도 은수가 정신병자에요?

태희　(발끈)그럼 나랑 엄마가 환자냐?

태원　‥‥‥그만 합시다.

태희　(오버랩)간신히 밥만 먹구 사는 집 딸 홈쇼핑 바람잽이하다 굴
　　　러들어와/ 왕비처럼 안 떠받들어 준다구 뛰쳐나간 게 정상이야?

태원　‥‥‥(보며)

태희　왜‥‥뭐‥할 말 있으면 해.

태원　(나가버리고)

태희　(옷 정리로)한 꺼풀 누명 벗으려다 두꺼풀 뒤집어쓰든 말든‥흐
　　　흥‥암튼 노인네 꿈이니까 뭐‥

S# 복도

태원　(자기 방으로 움직여서‥‥‥들어가는)

S# 태원의 방

태원　(들어오며 전등 켜고 옷 벗기 시작하는)…

슬기　E 아빠는 나 싫어?

태원　‥‥‥

슬기　E 엄마 딴 데서 살잖어.

태원　‥‥‥

슬기　E 애들이 나 고아래 아빠‥나랑 안논대애애‥

태원 (벗다 말고 침대에 걸터앉는)‥‥

S# 슬기의 방

자모 (옆으로 눈 감고 있는/동화책 읽어주고 있는)‥‥‥

S# 마루

자부 (수선 옷들 큰 바구니에 넣어 한옆으로 옮기고 바닥 쓸어내는)‥‥

  (쓰레받기 들고 현관으로 가다가 슬기 방 앞으로)‥‥안 자아?

자모 E (책 읽다 멈추고)어엉‥

자부 뭐 안 먹여두 되겠어?

자모 E 싫대

자부 하기는 그냥 자는 게 나아‥(현관으로)‥‥

S# 현수 원룸

주하 (소파에 마스크 팩 얹고 누워)양 아흔 일곱 마리 양 아흔 여섯 마
  리 양 아흔 다섯 마리/‥‥(멈추고 있다가)광모 자식 지금 뭐하구 있
  을까.

현수 (빈 컵 싱크대로 옮기던 중/돌아도 안 보고)신경 꺼.

주하 내가 너무 착했나?

현수 (책상의 핸드폰 집으러)

주하 심심해서 토꼈나? 나 안 심심한데.착하면 심심하다더라.

현수 너 안 착해.

주하 고맙다.

현수 귀뚜라미 발작증이라잖아.

주하 ??(일어나며 팩 때는)진짜 그런 병두 있는 거냐?

현수 (싫증나서 스탠드 끄고 핸드폰 집으며)자자.(하는데)
  [현수 전화벨‥]

현수 (보고)????…어··효진 씨.오랜만이에요.…근데 웬일이에요?…
???? 어떻게 알았어요?……(좀 길게 듣는)아아··에 친구에요.………에
에?…(하며 주하 돌아보는)

주하 누구야.

현수 잠깐만요.(전화 막고)너 웨딩 드레스 빌린 샵 주인 딸이 인터넷
에 올렸대. 신랑 안 엑스엑스 신부 박 엑스엑스 결혼식 난장났다.
그 집 딸이 약혼식 망친 여자 친구에 친구에 친구래··

주하 ????

현수 상견례 약혼식/ 광모 귀뚜라미 발작 피해녀 둘이 너 좀 만나게
해 달래.

주하 ?? 나를…. 왜애애?··뭐할라구?

현수 (전화에)만나서 뭐할라구요 효진 씨….(막고 돌아보며)안광모
피해녀들 뭉쳐 같이 술먹잔다··

주하 …..(멍하니 보다가)으하하하하··좋지이이 좋다 그래. 만나자 그
래·· 좋다 그래 현수야. 좋아좋아.

현수 (멍하니 보며)…..

S# 광모 원룸

광모 (삐딱하게 거의 눕다시피 하고 티브이 채널 들고 헤매고 있는 중)

S# 자매 부모 집 마당(밤)

S# 마루/어둡고

　　[잠시 사이 두었다가]

자모 (안방에서 나와 슬기 방으로 가만히 문 열면/불이 켜져 있다)??

S# 슬기의 방

자모 (들어오며)?? 내 강아지 언제 깼어? 배고파서 깼어?

슬기 (침대에 앉아 있다가 보는)....

자모 속은 괜찮아? 할머니가 단호박 죽 좀 만들어 만들어주까?

슬기 (오버랩)할머니.

자모 엉 왜.

슬기 ....(보며)

자모 (걸터앉으며)왜애애.

슬기 할머니 나...

자모 ...(기다렸다가)응.....

슬기 아빠한테 가서 살래요.

자모 ????......왜...왜...왜 갑자기...우리가/ 할머니 할아버지가 싫어졌어?

슬기 그게 아니구..

자모 그러엄....아빠가 그러재?

슬기 그게 아니구 아빠네서 살면 고아 아니잖아요.

자모 ....(뭐라고 대꾸해야 할지를....일어나 잠시 어쩔 줄 모르다가)있어봐 슬기야..할아버지 할아버지 한테 말씀드려..나 /나 뭐랬으면 좋을지 모르겠어. 있어봐 있어봐.

S# 마루

자모 (황급히 나와서 안방으로)

S# 안방

자모 (들어오며)여보..여보여보.(불 켜는)여보 일어나봐. (남편 옆에/ 흔들며)여보여보.

자부 (눈 찌그려 뜨고 왜애)..

자모 슬기가 여보

154

자부 (펄쩍 잠 깨 몸 일으키는)아퍼? 열나? 병원 가야해?

자모 (아니아니 손 휘저으며)아니 아니구 이상한 소리를 해애.

자부 ??

자모 자는 줄 알았는데 말짱하게 있어어.

자부 무슨 이상한 소리를 해.

자모 누워 있는 거두 아니구 앉아있어어

자부 무슨 이상한 소리를 하냐구우.

자모 배고플 거 같아서 호박죽

자부 (오버랩)이상한 소리가 뭐냐니까.

자모 지 아빠한테 간대.

자부 ??

자모 우리가 싫어진 거 아니라 (울먹)고아라 소리가 그으렇게 가슴
　　　에 맺혔나봐.여보..지 아빠한테 가 살면 고아 아니라구.

자부 (일어나는)

자모 저걸 어떡해 여보..(시선 남편 따르며)지 애비가 데려갈라나봐.

자부 (나가는)

자모 어떡해애애애애…(혼잣소리)…어떡해어떡해..

S# 슬기의 방

슬기 (옆으로 누워 있다가 방문 소리에 돌아보며 일어난다)

자부 (들어와 슬기 옆으로/걸터앉는다)

슬기 (보며)….

자부 아빠랑 살구 싶다구?

슬기 (끄덕이는)

자부 아빠한테… 말했어?

슬기   (끄덕이는)

자부   그래서…아빠가…뭐래.

슬기   엄마 때문에 안된대요‥

자부   ‥‥‥그래서 골났던 거야? 토하구?

슬기   (끄덕이는)

자부   고아라 소리가 그렇게 …싫어?

슬기   학교 안 갈 거에요.

자부   ‥‥‥(보며)그래두 그건 안되는 일이지이‥학교는 가야지이이이‥

슬기   싫어요.

자부   ‥‥‥할아버지가 이모하구 의논해서‥학교 친구들 모두 다…치킨 집이나 그런데 초대해서 너하구 잘 지내라구 그런 거 해볼까 그러 는 중이야.

슬기   필요없어요. 치사해요.

자부   ‥‥(보며)

슬기   (보며)할아버지가 엄마한테/ 저 보내라구 말해주세요.

자부   …(보며)

슬기   네?‥‥‥‥네?

자부   슬기야‥

슬기   (보는)

자부   엄마가 너를…여기 있게 하는 건…이유가 있어서야.

슬기   그게 뭔데요?

자부   엄마는 니가 여기서 크기를 바래.

슬기   (울음 터뜨리려 하며)그러니까 나는 고아잖아요 할아버지.

자부   아냐아아. 니가 왜 고아야

슬기 (오버랩 울음 터뜨리며)애들이 그러니까 나두 내가 고아같아서 속상하구 슬프단 말이에요 잉잉잉잉 아빠한테 갈래요 잉잉

자부 ....이리 와..이리 와 슬기야..(잡아서 안는)

슬기 엉엉엉엉 엉엉엉엉..(안기면서)

S# 마루

자모 (슬기 방 문 앞에 서 있다가 /큰일 났네 서둘러 안방으로)

S# 안방

자모 (들어와 집전화 들고 거는/ 아주 옛날 전화기)....잤어?....여기 큰 일났어 현수야...슬기가 슬기가 지 애비네루 간다구 대성통곡을 해애애

S# 원룸. 화장실

현수 (와이셔츠 잠옷으로 칫솔질하다가 멈추는)???

자모 F 지금 늬 아버지가 데리구 얘기하는데 대성통곡을 해애.

현수 (칫솔 빼면서)걔 지 아빠네 갔다 왔잖아요.

자모 F (오버랩)어쩐지이이 들어오자마자 홀랑 다 토하구 그게/ 그런 생각 하느라 신경을 너머어 써 속이 뒤집힌 거야.

현수 (칫솔질 다시)

자모 F 어떡해애 큰일났어어 애. 어떡해애애애

현수 뭘 어떡해요오.

S# 안방

자모 (쭈그리고 앉아)딱 지 엄마 빼다 박아서 고집 한 번 세우면 하늘이 무너져두 저 하구싶은대루 하고야 마는데 ..(괜히 방문 쪽 돌아보는) 이일을 어떡해 어떡해애애애.

S# 마당(밤)

S# 자매 부모네 골목 입구(아침)

현수 (자전거 타고 집으로)·····

S# 현수 시각으로 대문 앞에 서 있는 아버지

S# 대문 앞

현수 (와서 내리며)왜요.

자부 정서방 온댔어.

현수 기어이 안 간대요?

자부 포기했어.(학교 보내는 것)

현수 (집으로)

S# 마루

현수 (들어오는)····(엄마가 안 보인다)엄마아아·····

자모 E 여기 있어어어··(현수 슬기 방 쪽으로)

S# 슬기 방

현수 (들어온다)

자모 왔어?

현수 (침대에 두 다리 세워 모아 안고 고집스럽게 앉아 있는 슬기와 엄마. 가운데 아침 쟁반····)뭐에요.

자모 밥을 안 먹어.

현수 그럼 굶어··/(쟁반 책상으로 치우며) 뭐얼 꼬라지부리는 애한 테 절절절/엄마가 이러니까 애가 툭하면 삐지구 픽하면 꼬라진 거 에요.

자모 그거 아니야아아

현수 (돌아보며)학교 진짜 안 갈 거야?

슬기　안가.

현수　….(보다가)학교 때려엎구 뭐할 건데.

슬기　…

현수　누가 뭐라든 너만 아니면 그만이지 무슨 상관야. 아빠 있구 엄마 있구 절대 고아 아니잖아.

자모　애들이 자꾸 그러니까 저도 지가 고아같대. 속상하구 슬프대.(시선은 아이에게)

현수　너 아직 미성년자라 니 맘대로 못해. 아빠가 안된다 그랬다면서.엄마두 절대 안될 거구 그럼 너 안 되는 거야.

슬기　(반발하는)엄마가 뭔데.

자모　??

현수　엄마가 엄마지 엄마가 뭐냐가 뭐야.

슬기　결혼했잖아. 애기 날 거잖아.

현수　애기 나면 니 동생 생기는 거지.

슬기　동생 아냐. 싫어. 엄마두 내 엄마 아냐. 싫어.(자모는 입만 뻐끔히 열리고)

현수　누가..서초동 할머니가 그러시대?

슬기　아냐. 내 생각이야. 내가 바본 줄 알아?

현수　….(보고)

자모　(딸 올려다보는)….(어떡해)

S#　대문 앞

[태원의 차 들어와 서 있고..마주 선 자부와 태원..상황에 대한 얘기는 끝났다.]

자부　(뿌우우)…..

태원   (시선 내리고 있다가 고개 들며)걱정끼쳐 죄송합니다.

자부   그건 아니구.....그게 문제가 아니라...자네까지 재혼하면 애가 어떤 생각을 할까...사춘기를 잘 넘겨야할텐데...그런 걱정은 ··했지만서두 설마 이렇게 빨리··

태원   ...알아듣게··데리고 얘기해보겠습니다 아버님.

자부   (오버랩의 기분)재혼할 사람 있다면서.(보며)

태원   그건...어머니께서

자부   (오버랩)해야지 그럼. (고개 좀 다른 곳으로 돌리며)언제까지 그러구 있을 거야. 우리는 그렇게 생각해.

태원   ...네.

자부   (보며)...자네 생각은 어때.

태원   애엄마가 동의 안할 거에요.

자부   (보는/ 동의하면 데려가고는 싶구면)....자네 어머니··애는 이뻐하시는 거 같던데··어머니는 어떤 생각이셔.

태원   원하시죠··데려갔으면 하세요.

자부   하기는...은수 재혼할 때두 그러셨으니까.....착한 사람이야?

태원   ??

자부   결혼할 사람··

태원   (아아)아직은 잘.....결정한 거 아니에요.

자부   슬기가 쭈욱 여기 있어두 /착하구 좋은 사람이래야 해.(보며)

태원   네.

자부   들어가 봐.

태원   네··

자부   학교를 안 가면 어떡해.

160

태원   염려 마세요. 제가 보내겠습니다.

자부   (좀 끄덕이듯 하며 움직이는/출근)

태원   …(보며)…

S# 준구의 정원(아침)

　　[나오는 준구.]

준구   (돌아보고 서서 은수 나오기 기다렸다 손 잡아당겨 가벼운 키스)

은수   (답례 키스 빠르게 보내고 거실 쪽 돌아보는)

준구   (웃으며)잘 지내. 아버지 저러시다 어느 날 나가자아 그러실 수도 있어.(스윙 흉내)열심히 해.

은수   알았습니다(스윙 흉내 /장난)

준구   수고.

은수   수고.(든 손에 손바닥 때려주고)

준구   ……(대문으로)

은수   ………(보고 있다가)김준구씨.

준구   어 왜.(돌아보는)

은수   누가요/ 빠이 하고 돌아서 한 번도 안 돌아보고 사라지는 사람. 믿으면 안된다 그러든데?

준구   그거 당신 반성문? 내려주고 차타면서 돌아보면 어느 새 등보였던 사람 누구였더라.

은수   까르르. 그 땐 차도녀 설정이었으니까..

준구   주객전도지? 복수한다 그랬잖아.

은수   복수는 복수를 낳고 복수는 복수를 낳는 건데?

준구   좋았어.어떤 복순지 기대할게..(가볍게 손 한 번 더 들어 보이고)

은수   (손 흔들어주고/준구 사라지면서 현관으로)

S# 거실

은수 (들어오는데)

준모 (침실에서 나오면서)지압 선생님 연락했니?

은수 네..시간 맞춰 오신댔어요.

준모 (주방으로 움직이는)···

은수 (따르며)진짓상 볼까요 어머니?

준모 생각 없으시대··무리하지 말라니까 우기더니 쯔쯔··

S# 주방

  [들어오는 고부.]

준모 (들어오며)호텔에 열두시 맞춰 불도장 좀 만들어 보내달라고
  하렴.

은수 네··출근시간 되면 통화하겠습니다. (하고 아줌마 설거지로)

준모 아줌마한테 맡기고 나 연잎 차 한잔 마시자.

은수 네에··(바로 준비로)

준모 아버지 쉬시겠다니 너 혼자 갔다 와야겠다.

은수 ??(돌아보는/어디요?)

준모 얘기 안했니?

은수 네.

준모 큰일났다 한다 생각하고 한줄 알아. 차여사 막내 딸 갤러리 오
  픈했잖아. 오픈 파티에 안갔더니 섭섭해 교분 끊재. 너 데리구 나
  가 들여다 보구 점심 먹기로 했는데 어째(어떻게 해)··통화는 했어··

은수 네에··

준모 (식탁 화병 꽃 만지면서)많이 지껄이지 말구 그저 조용히/묻는
  말에나 예의 벗어나지 않게 대답하구/혹시 거북한 소릴 해두 티내

지 말구 지혜롭게 대처해.

은수 ....(무슨 말인지)

준모 그다지 써억....애한테 다른 사람 흉보는 거 같아 좀 그런데/자기 혼자 우리 집이 라이벌이라구 생각하는 분이야.자꾸만 너 보자 그러는 게··무슨 얘기꺼릴 만들려구 그러나 걱정스러워 하는 말이야.

은수 네에··(좋은 집안 딸 아니니까)....(찻물 붓는데)

이모 (들어오며)지압 선생 약속됐냐?

은수 네 이모님.

이모 스케줄이 어떻대. 나 떡본 김에 제사 지낼라 그러는데.

은수 네 알아볼께요. 이모님 차 드실래요?

이모 오냐··그러자꾸나.(은수는 찻잔 챙겨 물만 따르면/앉으며)칠팔 오십육 소용없나봐··또 막히나아아 한쪽 팔이 자꾸 시려워.

준모 이상한 취미야. 하랄 때는 싫다싫다 그러구는 꼭 저러드라.

이모 부자 돈은 돈 아냐? 돈 애껴줄라 그러는 거지.

준모 (찻잔 놓는)어우··(그냥 웃어버리는)

이모 (찻잔 접시 당기며)눈칫밥이 달래 눈칫밥이야? 초가삼간이래두 내집에서 내돈 내구 하는 게 편치/끄으으응/내 돈 낸다면 속보이는 헛소리라구 통박이나 주구 칫/잠 안오는 날 누워 곰곰이 생각하면 얼마나 처량맞은데.

준모 원하는 게 뭐에요.

이모 인도 여행.

준모 ???

이모 <u>으흐흐흐</u> 스님들 단체 여행간댄다.

준모　언니이!!

이모　아이구 깜짝이야. 배곯은 언내 떨어지겠네. 손교양여사가 웬
　　　비단 찢는 소리야?

준모　거길 몇차례나 갔다 왔는데요. 인도에서 쓰러져 죽을 뻔 한 사
　　　람 이제 겨우 살만하게 만들어노니까 또 인도/ 아우 참.

이모　누가 자꾸만 오래애.

준모　누가요.

이모　곱슬머리 미남자 내 애인 샤카무니.

준모　(흘겨보고)

이모　하하하하하하

　　　[아줌마 은수 웃는다.]

S# 원룸 앞

광모　(주하 업고 나와 제 차로/목발은 주하가 가로로 들어 광모 목 아래
　　　에).....(차 문 열어놓고 주하 내려주고 목발 빼서 놓고 주하 타는 것 거들
　　　어주고/ 땅바닥에 떨어진 목발 집어 뒷좌석에 넣고 운전석으로)

S# 차 안

광모　(타며)벨트.

주하　(벌써 채우고 있다)

광모　(시동 걸고)어디로 모실깝쇼 사모님.

주하　학교.

광모　???

주하　학교.

광모　어디 학교.

주하　돌대가리. 내 직장이 어디냐.

164

광모   ??? 학교 간다구?

주하   그래.

광모   사표 내러?

주하   ??

광모   급할 거 뭐있어. 우송해. 인터넷으론 안돼?

주하   출근.

광모   ??? 야…야..너..창피해서 어떻게 /너 진짜 출근/한다는 거야?

주하   뭐가 창피해..결혼식장에서 드레스 틀어져 알젖이 튀어나왔
니 깝데기가 벗겨져 날궁뎅이가 나왔니 뭐가 창피해.

광모   ?? 신랑이 날랐잖아아. 개망신 당한 거잖아아아.(남의 얘기다)

주하   걱정마. 완전 반전 시켰어.저녁이면 너 또라이 지존 돼 있을 거
구 나는 또라이한테 만신창이된 가련한 순정녀/ 동정 몰표로 서울
시장두 될 수 있어..

광모   ??(찌그리고)뭔 소리야 대체.

주하   우리 여자들만 들어가는 싸이트에 올려버렸어..성은 안이요
이름은 광모. 머리 속에 귀뚜라미 한 마리 키우고 있다는 싸이코
변태.

광모   ???

주하   상견례 파토 약혼식 파토/ 결정판 결혼식 파토 주인공. 성은
안이요 이름은 광모 안 광모 미친 놈놈놈놈.

광모   야 너..너어…너어너너너너 너어!!!

주하   제 사/ 제 오/ 제 육/제 칠팔구십십일십이십삼

광모   (오버랩)현수가 안 말렸단 말야?

주하   십사십오 희생자를 막는 게 내가 이 땅에 태어난 이유같아서..

광모	(오버랩)현수는 뭐하구우우!!
주하	현수가 니 엄마냐?! 현수 지집가 없었다 왜.
광모	싸싸싸이트가 어디야.
주하	퍼질대로 퍼진 뒤에 가르쳐 줄게.
광모	(황당해서)아으..아으아으 아으으으으으.
주하	가자.
광모	어딜 가.
주하	학교.
광모	내가 창자가 빠졌냐? 싸이코 변태 만들어논 기집애 운전기사 하게. (거칠게 내려 조수석 문 열어젖히며)내려. 빨리 못내려?!!
주하	(그냥 보고)

S# 차 안과 밖

광모	아 빨리 내려!! 병원가 간호사들한테 알아보게에!!!
주하	학교 가자구우우!!!
광모	너 너어어 내가 고소한다.
주하	광모야..
광모	이름 부르지 마 너/소름끼쳐.등골이 오싹해 엉?
주하	...(보는)
광모	내려. 빨리 내려. 피곤하다.(팔 잡으며)내려내려.
주하	E 이게 사랑이겠지.
광모	?? 사랑은 무슨/개방귀같은/전국적 변태 싸이코 만들어 놓고 그거두 이름 석자 뚜렷이 박아서
주하	E (오버랩)차마 못하겠더라.
광모	???.....(몸 굽혀 들여다보는)...

166

주하　이게…사랑인 거야..

광모　???……(보다가 얼른 운전석으로)

S# 차 안

광모　(타면서)어느 게 진실이야. 했어 안했어.

주하　너 하기에 달렸어. 언제라도 할 수 있어.

광모　……(보다가)학교가자구.(편해져서/학교 간다구?)

주하　엉.

광모　……(보다가 아주 부드러운)그렇더라두 며칠 더/결혼 휴가래두
　　채우구 나가지

주하　(획 돌아보며)나 결혼했냐?

광모　아니..아냐.아냐 그래..알았어. 원하는대로/원하는 건 뭐든
　　지..(출발하며)결혼만 빼구 뭐든지 다.

S# 와앙 자리 뜨는 차……

S# 자매 부모 집 마루

　　[할머니한테 안겨 대성통곡하는 슬기…]

자모　아으 어떡해 아으 어떡해 내 강아지 어떡해애.

태원　…(보고 있는)

현수　……(보며)……

　　[현수 전화벨.]

현수　(보고) 네..

자부　F 학교 갔어?

현수　아뇨..

자부　F 정서방은.

현수　아뇨…잠깐만요..(현관으로 나가는)

[슬기는 계속 울고]

자모 그만 울어. 됐어 아가야 그만 울어어어어

S# 현관 밖

현수 (나와 문 닫으며)네.

자부 E 울잖어.

현수 우는 걸로 버텨요.. 말 안 먹혀요..

자부 F 아으으 참..

S# 관리 사무소

자부 (서서)....아으.......

현수 F 어떻게 생각하세요.

자부 글쎄 그게... 이럴 수두 저럴 수두..니 동생/ 까무라칠 거야...

현수 F 걔 까무라치는 건 뭐..애가 마음이 뜬 게 문제지..

자부 며칠 ..두구 보면서 가라앉을 때 기다리는 게

현수 F (오버랩)죽어두 간대요..

자부 ?? 죽어두?

현수 F 집 나가 없어진대요..

자부 무슨...무슨 어린 게 그놈 쫓

현수 F 은수죠 머..

자부 .....(할 말이 없다)

S# 주하 학교 정문 앞(남녀공학)

[와서 멈추는 광모의 차. 학교 시작 직전.]

광모 (목발 먼저 꺼내 들고 주하 내리는 것 도와주는)

[지각하게 생긴 학생들 뛰어 들어가다 ??? 보고 멈추거나 뒤돌아 보며
학교 건물로 뛰거나.]

주하 (내리며)업어.

광모 ???

주하 현관에 내려주구 기다려.

광모 야..야 그렇지만.

주하 (오버랩)싫어?

광모 꼴이 우습잖아아.

주하 니꼴 내꼴.

광모 아아아..아으으으(별수 없이 목발 넘겨주고 등 돌려댄다)

  [광모/주하 업고 현관으로..학생들은 우다다다 먼저 뛰어 들어가고/소
  문내려고.]

S# 일학년 교실 복도

  [문마다 엉겨붙은 학생들.]

  [목발 짚고 제 교실로 움직이고 있는]

주하 .....(입 꽉 다물고 전진하다가 문득 멈추며)참 예의들두 없다. 그
  렇게 노골적으로 구경들 하고 싶냐엉?(애들 슬금슬금 빠져주고)

S# 담임 교실

  [망 보던 여학생 하나 급히 제자리로/일제히 자세 정리]

주하 (들어온다).......(목발인 채 교탁으로 서고)

반장 차렷/인사.

아이들 안녕하십니까.

주하 늬들 보기에 나 안녕한 거 같냐? 좀 창의적일 수 없어?하다 못
  해 유감입니다 선생님이든지 목발이 웬일이십니까라든지 엉?

아이들 ...

주하 다시/(다시 인사해)

반장　(아이들에게 작은 소리로)유감입니다.(다시 하자)차렷 /인사/

아이들　유감입니다 선생님.

주하　(인사 받고)그래. 선생으로서/담임으로서/…아름다운 결혼식에 꿈같은 하니문 마치고 와 완벽하게 행복한 품절녀로 늬들 만나고 싶었는데/……나 역시 유감이다그러나/….그러나 나는 내 선택을 후회도 안할뿐더러 내 인생 망가졌다 좌절하지도 않아. 물론 상처 받았어. 아파. 그렇지만 난 죽지 않았어. 댓츠 오케이/난 계속 살 거구

주하　E (빈 책상에 놓여 있는 꽃과 여학생 사진)상처는 곧 회복될 거구 스캔들은 내 삶 가운데 하나 /웃겼던 해프닝 에피소드가 될테니까. …

주하　(어조 바꿔)내가 왜 굳이 서둘러 나와 이 얘길 하는가 머리 안 나쁜 인간은 알아먹을 거야.

학생들　네에..

주하　미진이 떠난지 백일..잊어버렸으면 늬들 운동장 백바퀴였다. 고맙다 모두.

학생들　..(작게)

주하　미진이 떠나 보내는 날 늬들하구 함께 하구 싶었다. 자 모두 눈 감고 미진이한테 작별 인사하자. 삼분동안 미진이 한테 하고 싶은 말 다 하도록. 알았내?

학생들　네에에

주하　눈 감아.

학생들　(눈 감고)….

주하　…(보다가 눈 감는)…

S# 교문 밖 차

광모 E (통화 중)아 엄마 그냥 두구 가요.

S# 차 안

광모 (연결)나 사우나 왔어..

S# 광모 원룸

천 (바닥의 베개 집어 들다)?? (펄쩍)얘가 정신 어따 팔아 먹은 거
야. 그 귀루 어떻게 사우나야!! 돌았어?! 의사 맞어!!??

광모 E 아 으 아 엄마 그게 그러네 흐흐.아직 도착 전야.가는 중야
엄마. 걱정마걱정마.

천 아으으으 아으아으..빨리 와 밥 먹어!!

S# 차 안

광모 들어가 먹을 테니까 두구 가라구요

천 F 식어빠져 맛 없어 빨리 들어와.

광모 볼일 끝나고 들어갈게. 데워 먹음돼.

S# 원룸

천 무슨 볼이일!!

광모 F … 아으 참.

천 무슨 볼일 엉?

광모 F 그런 게 있어요.

천 그런 거라니. 그런 게 뭐야.

광모 F 아아아 진짜. 뭘 꼬치꼬치/ 엄마가 이러니까 내가 자꾸 사골
치는 거라구.

천 ?? 얘가 이게 무슨 헛소리야.

광모 F 여자는 시끄럽다/골수에 박혔다니까? 시끄러운 여자 데려

다 놓구 평생 같이 살 거 생각하면 정신이 번쩍들어/그래서 사골 치는 거라구 엄마.

천　(오버랩)이눔 자식. 누구한테 뒤집어씌워 너. 니 아버지 조상 대대로 물려받은 빌어먹을 피를 어쩌구 씨두 안 먹을 수작이야!!

S#　차 안

광모　낄낄낄낄‥엄마 반찬 뭐뭐해왔는데.(하다 보면 앞 유리로 저만큼 남학생한테 업혀 나오고 있는 주하. 딴 학생 하나 목발 들고 따라나오는) 엄마 끊어‥아 나 운전해애애. 여기 복잡해.

S#　자매 부모 집 마루

자모　(마루 걸레질하며 계속 눈물 훔치고 있는)‥‥

슬기　(제 방에서 나오며)할머니 나 주스.

자모　주스? 응‥주스. (걸레 놓고 일어나 주방으로)그래 주께‥주스 주 께‥(울먹한 채)

슬기　‥‥‥(보며 입 나오는)

자모　(물 틀어 적신 손으로 눈두덩 닦아내고 손 씻고 주스 따르며 또 눈물 훔치는)

슬기　(비질비질)할머니 울지마아아.

자모　우는 거 아냐아‥눈에 뭐가 들어갔어 안 울어어어어(하다가 울 음이 작게 터져 소리가 새어 나오고)‥‥

슬기　울지 마아아아‥

자모　알었어 그래.알었어어어어어.

S#　준구 거실

은수　(옷 두 벌 옷걸이에 들고 서서 기다리고 있는)

준모　투피스가 낫다.

이모 원피스.

준모 가벼워요.

이모 하찔 여편네 무겁게 대우할 거 뭐 있어.

준모 그러니까 정식이 나아요. 트집꺼리 벼르구 기다릴텐데.

이모 지금 세상에 원피스가 트집꺼리야?

준모 투피스.

이모 원피스. 화사하고 귀엽구 이뻐.

준모 누구 며느린데에.

이모 금박 스란치마/ 한복 입혀 내보내라.

은수 (소리 내어 웃는다)

S# 대문 앞

  [은수 차 대어져 있고/기사 대기 중. 은수 나오는 것 보고 목례/문 열어
  주고]

은수 (투피스)네 감사합니다..(차로 오르고)

  [출발하는 자동차.]

  [전화벨]

은수 E 네에 안녕하세요. (뭐해)어머님 심부름. 지금 막 출발하는
  중임다...(무슨 심부름) 한주 차여사님하구 점심 약속/나 데리고 나
  가실 거였나봐. 그집 막내딸 갤러리 오픈 했대. 아버님때매 못나가
  시니까 혼자 다녀 오라구. 왜 이렇게 한가 해?

S# 본사 구조조정실

준구 (책상 정리하며)종잇장 같은 틈 내 전화하면 꼭 이러드라.이보
  세요 아주머니. 오줌 눌 새도 없거든요? 이제부터 전자 영업 상무
  님 따까리로 순례 나가야 해. 나 애기 끙가에 워리워리라니까. 가랑

이 찢어져 꿰매야겠어..

S# 이동 중 차 안

은수   실 바늘 준비해 노게 걱정마. 우리 엄마 꿰맴질 유전자 받아서 나두 잘 꿰매. 아. 녹는 실 준비해야 하나? (듣다가)까르르르르. ?? (문득)아 여보 나 아버님 불도장 주문해야 해. 끊어요.(끊고 번호 찾는데)

   [걸려오는 전화]

은수   ?? 네 어머님.

준모   F 너 도로 들어와야겠다.

은수   ?? 네?

S# 거실

준모   아까는 너래도 내보내라드니 갑자기 전화해서 다른 날로 다시 잡재.

S# 은수 차 안

은수   네 어머니. 차 돌려 금방 들어갈께요. ...아니에요 어머니. 네.. 네에…

S# 현수 회사 입구 현관 앞

   [회사로 오고 있는 현수]

   E 전화벨

현수   (보고/ 받는)네에.(왜요)회사 앞이예요.... 아니 못들었는데 (잠깐요 전화기 체크/ 부재중 전화 떠 있는 화면)(서두르며)지금 들어가요.(뛰듯이 건물로 들어가는)

S# 사무실

   [현수 다소 격양된 얼굴로 들어오는]

174

현수　(들이닥치듯 하며)나 지금 공장에서 오는 길인데 무슨 소리
　　　　예요?

동료　전화 안받으셔서 회사로 왔더라구요. 리본 도착했는데 불량이
　　　　너무 많다고, 그래서 사진 보내달라 그랬어요. (하는데)

　　　　E 카톡 들어오는 소리 / 동시에 현수한테도.

둘　　(동시에 각자 그림 띄워 확인)

현수　····· (할 말 잃은)

동료　····· (사진 보며) 진주장식을 글루건으로 떡칠을 했나봐요.

현수　(사진 확대해 뚫어지게 보는데)···

대표　(들어온다고)?? 무슨 일야. 뭔데?

현수　호피리본 원피스요··

대표　엉.

현수　리본이 공장에 도착했는데 그게··· 하청업체에서 글루건으로
　　　　작업을 한 모양이예요. (동료 자기 의자로 슬그머니)

대표　도대체 어떻게 작업을 한 거야 어디 봐

현수　(사진 보여주는)

대표　(보며)아주우 일하기 싫어 죽을 지경이었구먼. 덕지덕지 이게
　　　　뭐야. 작업 지시는 똑바로 한 거야?

현수　(뿌우한 채 좀 반발)분명히 손바느질이라고 했죠오. 왜 이러는
　　　　거야 진짜.

대표　스케줄 맞추려면 작업시간 너무 부족한데 큰일났네. 그래도
　　　　이 업체는 안되겠다.일단 작업한 건 어쩔 수 없고 나머지 전부 회
　　　　수해 오도록 해.

현수　·····

대표　현수씨 이런 실수 안하는 사람인 거 알아. 그래서 우리 일은 나만 빈틈없고 잘한다고 되는 게 아니란 노래를 부르지. 심심하면 한번씩 이렇게 말도 안되는 일이 일어나니까…

현수　(그냥 나가려는)

대표　어디 가.

현수　상태 확인하고 방법이 없는지 볼려구요.

S#　사무실 밖

현수　(나오면서 부아 터져 한주먹 부르쥐고)<u>으으으 으으으으으</u>!!!!!

S#　광모의 자동차(시간 경과)

S#　차 안

광모　(핸드폰으로 게임하고 있다가)‥‥(하품/하품 마지막과 함께)아아으/이 가시나 뭐하구 있는 거야아아(이 소리는 하품과 함께라서 불불명하다)‥‥‥(주하에게 전화 거는/)

　　　[전원이 꺼져 있어.]

광모　미치겠네.언제 나올꺼야아아.아으…(전화 내려다보며)

S#　현수 사무실 밖

현수　(사무실에서 식닥거리며 나오는데)

　　　[전화벨]

현수　(꺼내면서 택시 잡으로 길가로/보고)왜.

광모　F 바쁘냐?

현수　바빠 끊어‥(끊고 택시 잡으러 손 휘젓고/잠시 후 와서 멎는 택시로 올라탄다)

S#　택시 안

기사　어서 오십시오

현수　안녕하세요. 잠깐만요.(백 안 옆구리에서 명함 예닐곱 장 꺼내 목적지 것 골라내는데)

　　　[전화벨.]

현수　(무시하고 명함 내밀며)부탁합니다.

기사　예에에.(주소 네비게이션에 입력하는 한편)

현수　왜애애.

광모　F 바쁘냐구.

현수　공장 하나 때려부시러 가는 중야. 말해 택시 탔어.

광모　F 야 주하 얘 기어이 학교 데려다 달래서 데리고 왔는데(현수/? ··기어이)

S#　차 안

광모　들어가더니 전화 꺼놓고 함흥차사다. 얘 수업하나봐. 두시간 채우게 생겼어. 나 언제까지 기다려야 하는 거냐.

현수　F 기다려.

광모　언제까지

현수　F 나올 때까지.

광모　내가 박주하 운전기사냐? 그냥 결혼할 걸 잘못했다 후회하구 있어 야. 얘 나 골탕 먹일라구 작심한 거 같아. ·····끊었냐? ··현수야···

S#　택시 안

광모　F 오현수.

현수　애들 보고 병가 내구 병가 동안 메꿔야할 수업이랑 등등 처리 하구 있을 거야.

광모　F 너 알구 있었냐?

현수　당장 누구 죽는 거 아니니까 며칠 있다 하랬어.

광모   F 아으으으 야 난 드라이브 시켜달라는 줄 알았어어.

현수   (오버랩 버럭)날더러 어쩌라구우!! 니일 니가 알아서 하지 뭐 왜.왜 나한테 왜 칭얼거려 너.

S# 차 안

광모   (휴지 새끼손가락에 싸 코 후비며)너 아니면 어따 칭얼거리겠냐 좀 봐주라.

현수   F 재수없는 자식. 끊어.(끊어지고)

광모   (전화 보며)오현수 지대로 뚜껑 열렸다 공장 니들 다 죽었다. (픽 기대며)아아 오줌 싸겠네에에에

S# 골프 연습장

은수   (레슨 코치 세워놓고 연습 중)····

S# 태원 사무실/아웃도어 매거진 편집실

[두 가지 시안 화면에 떠 있고]

편집   (같이 화면 보며)어느 쪽이 나은 것 같으세요?

태원   (보는)으음······ (화면 가리키며)난 두 번째가 더 나은 것 같은데 요. 색감도 이쪽이 좋은 것 같고 시즌이나 특집과도 잘 맞는 거 같 은데…어떤 게 맘에 들어요.

편집   (화면 보며)전 첫 번째 시안이 더 좋게 보이는데요. 가을이라 좀 더 감성적인 느낌을 주는 게 좋지 않을까 싶고, 지나치게 본격 적인 아웃도어보다는 이게 낫지 않나 하는 생각이 들어서요. 컬러 감이나 임팩트면에서는 두 번째가 더 좋긴 해요.

태원   첫 번째 건 좀 가라앉아 보이지 않아요? 그리고 아웃도어보다 는 패션지에서 찍은 캐주얼 같은 느낌이 좀 많이 나는 것 같은데…

편집   (모니터 보며) 음······ 그런 냄새가 좀 나긴 하네요.

태원   두 번째로 가는 게 낫지 않을까?

편집   (고민스러운 듯 턱 만지며 모니터 보다가)그게 좋을 것 같습니다. 그럼 이걸로 결정할까요?

태원   (웃어주며)그래요. 인쇄소 스케줄은 차질없는 거구?

편집   부지런히 마무리해서 발행일 맞춰야죠.

태원   일정 촉박해도 인쇄 사고 나지 않도록 꼼꼼하게 잘 챙겨줘요.

편집   네 대표님.

S# 회사 옥상

태원   (음료 한 잔 들고 들고 터벅터벅 무겁게 나와 난간 쪽으로)

S# 등이 켜지고 있는 시각의 거리‥

S# 옥상

태원   (천천히 마시는)…. (과거로)

은수   E 안돼 절대로 안돼!! 슬기랑 같이 행방불명이 되는 한이 있어 두 내가 데리구 가. 애 괴물 만들 수 없어.

태원   E 당신 너무 심하다.

은수   E (오버랩)당신 어머니 돈 말고는 사랑하는 거 아무 것도 없는 사람이야. 누나는 자기 엄마 장단치는 사람이구우!!!!

태원   여보!!!

S# 한강변(밤)

은수   돈돈돈돈 화제는 오직 도온/ 누구는 주식으로 얼마 벌었구 누구는 쪽박찼구 누구네는 땅거지구 누구네는 아들이 쪽쪽 망해먹어 부도 나게 생겼구

태원   슬기야

은수   (오버랩)나는 찢어지게 없는 집 딸 순진한 아들 꼬여 한방에 출

세한 불여우구 아줌마는 늙어빠져 내쫓아야 하는데 봐주는 거구

태원　(오버랩)그만 해.

은수　(오버랩)국수 먹자 그래놓구 밥 안했다구 그릇 날리구 세탁기
　　　냉장고 에이에스 부속값 내란다구 죽일 놈 살릴 놈 빌라 들썩들썩
　　　난리치구

태원　(오버랩)그만하라구!!

은수　심심하면 시장값 떼먹었다구 세워놓구 주머니 뒤집으라 그러
　　　구우우우!!!

S# 옥상/현재

은수　슬기 어떻게 교육시켰는지 알아? 원래는 너무너무 좋은 할머
　　　닌데 화내는 병에 걸려 아파서 그런 거라구우우우!!!

태원　……

S# 더 어두워진 거리/ 옥상 아래

S# 자매 친정 마당(밤)

S# 빈 마루

　　　[현수 슬기 방에서 나와 안방으로.]

S# 안방

현수　(문 열고)……

부모　(보는)……

현수　가요.

자모　뭐래애애.

현수　두둘겨 패줄래다 참았어요.

자모　??(남편 보고)……

현수　(문 닫는다)……

자모   (일어나려)그냥 가면 어떡

자부   (오버랩)놔 둬어…

자모   (돌아보는)……..

S# 대문 앞

현수   (나오는데)

  [메시지 음.]

현수   (걸으면서 체크)

은수   E 언니. 아빠 생신 예약 어디로 할까.

현수   ………(보다가 그냥 걷기 시작하는)…….

  [메시지 음.]

현수   (걸으면서 체크)

은수   E 김서방은 작년에 일식했으니까 중식으로 하라는데. 근데 엄마 일식 별루잖아.

현수   …..(그냥 걷는)

  [메시지 음]

현수   (체크)

은수   E 뭐하는데 침묵?? 답 줘.

현수   (문자 찍는)

S# 은수 침실

은수   (남편 속옷 다림질. 다리미판에 전화.)

  [메시지 음. 왔네. 집어 들면]

현수   E 지금 아버지 생신타령 할 때 아니다. 니 딸년 서초동 보내달라고 꼬라지 부리고 있어 엄마 초죽음이야.

은수   ……(굳어버리는)

제4회

S# 현수 원룸 앞길(밤)

현수 (강아지 두 마리 끈 매어 산책시키고 들어오는 길)

  [뒤로 은수의 차 와서 옆에 멎고 차 문 여는]

현수 ....(보는)

은수 애들 올려 놓고 내려와.

현수 ....(보며/뭐라 그러구 나온 거야)

은수 아빠 편찮으시다 그랬어.

현수 (편찮기야 편찮지)가자아 집에 가자 쭈쭈뽀뽀오오(움직이는)

은수 (주차장으로 차 움직이는)

S# 근처 공원 같은 곳

  [자매 들어오며 얘기 연결]

현수 (북북북북)지딴엔 친하다구 어떤 애한테 지 얘길 했다나봐. 그 게 소문이 돼서 이젠 애들이 다 안대.

은수 무슨 소문

현수 (멈추고 보는)

은수   …(보는)

현수   고아라구.

은수   ??

현수   엄마하구두 아빠하구두 안 사니까 고아 맞다구..

은수   ….(보며 입만 뻐끔 벌어지고)

현수   (걷기 시작)애가 이유 모르게 기분이 나쁘다 그런 게….한 두달 쯤 됐나..

은수   ….(보며)

현수   (그냥 걸어가고)

은수   (현수 옆으로 따라 붙으며 언니 보는/그래서)

현수   광모 결혼날두…. 아버지 애 업구 노래부르시더라…. 전날부터 그랬대. 토일 지 아빠네 가 있다 왔는데 애는 부어 들어오고 지 아빠는 별일 아니라더래..(멈추고 돌아보며)애/먹은 거 다 토하구 잤는데

현수   E 한 밤중에 깨서 지 아빠네로 간다 그랬대. 오늘/ 학교 안간다 버티고

현수   지 아빠 불려와 달래두 막무가내 대성통곡/ 엄마 혼비백산/ 아버지 납덩어리 삼키구/

은수   (오버랩)학교는

현수   안갔어.

은수   ?? 어른 넷이 어떻게 (애 하나 어떻게 못 해) 학굘 빼먹게 해.

현수   …(보며)

은수   종아리 때려서라두 학교는 보내야지 (남아 있는데)

현수   (오버랩)서초동 못가면 집나가 사라진댄다.

은수 ???....

현수 지 아빠네 집 가면 고아 아니라구.

은수 ??...그거 하나 이해 못시켜?

현수 (좀 올라서)재주 있으면 니가 해. 한달 두번 겨우 두세시간 보면서/ 스물네시간 애가 전부인 엄마 아버지한테/(기막혀) 너 대체 뭐야.

은수 지 아빤 왜 못해.(따지듯)

현수 .....

은수 지 아빠 좋아하잖아 지 아빠가 알아듣게 얘기하면

현수 (오버랩)니딸 우리 다 손들게 했어. 어린 게 너무 못돼 처먹어서 나 하마터면 두둘겨 팰 뻔했어..염병할 누구 작품이야!!

은수 .....(보다가 잠깐 고개 옆으로)....(있다가 고개 현수에게)지 할머니 세뇌받은 거야.

현수 니딸 말은 백퍼센트 저 혼자 결심이란다.

은수 그걸 믿어?

현수 믿고 안 믿고가 중요하냐?

은수 지 아빤 뭐래. 지 아빠 태도는 뭐야.

현수 ....(싫증 난다. 손가락 끝으로 이마 가로로 북북 긁어주고 보며)직접 알아 봐라.(스적스적 나가는)

은수 ....??(보다가 부르르르 현수 앞으로)어떻게 이럴 수가 있어.

현수 뭐어.....

은수 ....(보며)

현수 뭐어어어.

은수 (오버랩)남에 일이야?!!

현수   내 일이야? 내 새끼야?

은수   언니이!!

현수   어떻게 너 좋은 거 너 하구 싶은 거만 하구 살면서 니가 싼 똥은
       다 우리가 치워야 하구/ 골치아픈 건 다 우리가 해결해야하구/ 다
       우리 탓이야!!

은수   내가 언제!!

현수   애 팽개치구 가 날마다 꿀맛인데 왜 골 아프게 하냐는거잖아.

은수   (두 주먹 쥐고)비약하지 마아아!!

현수   ……(보다가 휙 돌아서서 가고)

은수   ……(보다가)내가 언제 팽개쳤어어!!!

현수   (휙 돌아보며)아니면 뭔데에에!!!

은수   ……(노려보다가 구두 한 짝 벗어 현수에게 던져버린다)

       [날아와 떨어지는 구두]

현수   ‥(잠깐 구두 보고 있다가 제 신발 한 짝 벗어 은수에게 던지고)…

둘   ……(서로 보며)….

       [은수가 먼저 움직여 구두로/현수 곧 움직여 제 신발로.]

       [각각 집어 신는…]

S# 자매 부모의 마당(밤)

S# 마루

현수   (소주 술상 차리고 있는)….

S# 슬기의 방

은수   엄마가 너 사랑 안해서가 아니야. 너 아직 어려서 모르는데 여
       자가 결혼해서 시아버지 시어머니/어른들하구 같이 사는 게 그렇
       게 쉬운 일이 아냐.

은수　E (침대에 둘 다 올라앉아/아이는 말가니 보고 있는)나두　날마다 전화하고 싶구 날마다 보구싶지만 그렇지만 참는 거야.

은수　어르신들 신경쓰시게 안할려구/ 엄마빨리/ 어른들께 인정/ (애가 알아들을까)어른들 마음에 들려구 노력하는 거야. 그래서 아저씨랑 살림날 때 너 데려가두 좋다는 허락/편하게 받으려구.

슬기　….(보며)

은수　(바꿔서)그까짓 애들이 뭐라든지 상관안하면 되잖아. 늬들이 뭐래두 나는 고아 아니다. 아빠두 있구 엄마두 있다 웃기지 마라 그럼 되는 거잖아……(보다가) 엄마 이해해주구 조금만 참으면/ 조금만 기다리면 되는데 근데…(아이에게 손) 왜 심술부려.

슬기　(손 피하는)데려간대놓구 엄마혼자 갔잖아.

은수　……(말문 막혀 입 꾹 다물고 얼굴 잠깐 돌렸다가 되돌리며 안 보는 채)그건……그건 정말 미안해. 엄마 어쩔 수 없었어··잘못했어··그렇지만

슬기　(오버랩)엄마는 약속 안 지키는 사람이야. 아빠는 안 그래.

은수　….(보며)

슬기　아빠는 날마다 전화하구 문자 하구 아빠는 토요일 일요일은 정슬기 날이라구 다른 약속두 안해.

은수　니 아빠 그러는 거 알어.

슬기　….(보며)

은수　나두 약속 꼭/ 지킬께 슬기야. 삼학년 때까지만 참아. 그럼 엄마가 꼬옥 (새끼손가락 내밀며)꼭 데려갈게.

슬기　아저씨랑 살기 싫어.

은수　……(보는)

슬기 그 아저씨 나 좋아하지두 않는데 머. 아빠랑 살 거야.(침대 위에 서 그렸던/그리던 그림 도구들 간추리기 시작하면서)

은수 ·····슬기야

슬기 (오버랩)아빠가 있는데 왜 아저씨랑 살아?

은수 ····아빠네는 엄마가 없잖아.

슬기 아빠 결혼한대. 새엄마두 착하면 엄마된대. 채린이 아줌마 착해.

은수 ···· 할머니··화내는 병 때매 밤낮 소리 지르시구 그러는데 괜찮아?

슬기 (스케치북 크레용 들고 침대 내려 책상으로)나한테는 안 그래. 채린이 아줌마한테두 안그래.채린이 아줌마를 얼마나 이뻐하시는데.일하는 할머니한테는 화내지만···

은수 ····(보며)

슬기 (스케치북 등 제자리에 치우고 동화책 한 권 집어 들고 침대로 올라가 앉아 펴든다)

은수 ···(보다가)할머니가 오래?

슬기 아아니? 내 생각이야.

은수 아빠는.

슬기 엄마때매 안된대.

은수 그래안돼. 너는 여기 있다 삼학년 때부터 엄마랑 살아야 해. 절대 안돼.

슬기 (반발)그럼 학교 안가!!!

은수 (미워서 두 주먹 불끈 쥐어지며)학교는 가야 하는 거야!!가야 해!!

슬기 아빠네서 다닐 거야!!그럼 애들 /엄마 아빠 이혼한 거두 모르구 채린이 아줌마가 엄만줄 알 거란 말야!!

은수 ….(서늘해서 보는)….(그러다가)너…너 이럴 수 있어? 엄마한테
   는 화가 났다 그래두 할머니 할아버지한테 어떻게 (이래)

   [전화벨.]

은수 ··(그냥 아이 보며)

   [전화벨 계속.]

슬기 (책장 넘기며)….

은수 (전화 꺼내 보고 호흡 다듬고 받는)네에에··

S# 은수 침실

준구 (들어오면서)나 가야 하는 거 아냐? 많이 나쁘셔?(잠깐 듣는)··
   어디가 문제신 건데·· 병원은 다녀 오셨어? ··어 지금 들어왔어.(상
   의 벗으며)나 가야하는 거 같으면 옷 바꿔입구 갈려구.

S# 마루

은수 (아이 방에서 나오며)안 그래두 되니까 그냥 씻구 쉬어. (진짜야?)
   정말··성의는 고마워. 온다는 거 말렸다구 얘기 할게.

S# 은수 침실

준구 (선 채)그러지 말구 입원시켜드려 여보. 병원이 빨라 노인들 감
   기 우습게 보면 안된다잖아.

S# 마루

은수 우리 아빠 아직 그 정도 노인 아니니까 걱정말아요.··응 그 정도
   는 아냐··응···응··

S# 안방

자부 (소주 마시고)….(내려놓고)

현수 (아버지한테 따르고 제 잔 채워 집어 드는데)

자부 (등 돌리고 누워 있는 아내)안 들어? 한 알 더 먹어? (두통약)

자모 나아지구 있어어..

은수 (들어온다. 현수 마시는)

자부 에미 들어왔어 .....(보다가) 웬만하면 일어나.

자모 (무겁게 일어나는)....(머리 쓸어 올리며/올려다보는) 알어들었어?

은수 (털퍽 앉으며) 나 물 좀 줘. (현수에게)

현수 ...(잠깐 보고 벌떡 일어나 나가는)....

자모 뭐래..

은수 내말.....들을려구두 안해.

자부 (보는).....

자모 (보는)...

은수 애가 ... 변했어..지 아빠만 아빠구 나는... 아니야.

자모 자주 못 보니까. 지 아빠만큼 못 챙기니까아..(위로하듯)

자부 (오버랩) 머리가 컸잖어어.. 학교두 다니게 됐구..보구 듣는 거
두 많아지구.

현수 (물컵 갖고 들어와 주고)

은수 (벌컥벌컥)

현수 (앉으며 제 잔에 술 따르고) 할래? (은수에게)

은수 아니.

현수 (병 그냥 놓고 제 술잔 드는데)

은수 노인네가 바람 넌 거야. 나 쓰레기 만들어 애 세뇌시킨 거야.

자부 보잖은 말은 할 거 없어.

은수 아님 애가 갑자기 왜 저렇게 돼.

현수 우리한테 갑자긴 거지 /..그 동안 저 혼자 무슨 생각을 어떻게
하구 있었는지 우리 모르잖아.

자모　(오버랩 작게 아무도 안 보며)아이구 그래애··저게에 올봄까지만 해두 하루 몇 번씩 마당에 나갔다 들어왔다···엄마 올 거 같은데에에··엄마 올 거 같은데에에

자부　(오버랩)그만둬어.

자모　그거 안하는지 한참됐어··안하더라구.

은수　(오버랩)정서방 뭐래요.(아빠에게)

자부　으응···

은수　(보며)····

자부　아직이라구는 하는데···재혼할 생각이 있나부더라··

은수　그 얘기 아니구 아빠.

자부　너한테 한 약속이 걸려서 못하는 거지 정서방두 데려가구 싶은 거 같어··

은수　··(보며)

자부　당연한 거구··그집 할머니 /애한테 무슨 소리를 했건··그 입장두 당연하구···눈치가 ···지 어머니두 데려오라 그러는 거 같어.

은수　거기 보내면 아빠/ 애 정상적인 인간으로 못 자라요.

현수　(푹)슬기 아빤 정상이야

은수　?? 보내라구?

현수　붙잡구 있을 명분이 없잖아.

은수　약속했단 말야.

현수　너 재혼했어.

은수　우리 집에 두는 거 이해하구 양해했어.

현수　슬기 아빠두 재혼한대. 그러구두 여기 두는 거 웃기잖아. 우유부단한 정서방 특기/너랑 한 약속 때매 엉거주춤인 거지 애가 간

다 그러구 그 집에서 데려간다면 너/막을 권리 없어.

은수 나 슬기 위해서 안된다는 거란 말야.

현수 언제부터 그렇게 위했는데

은수 ?/뭐라구?

현수 너 슬기 버렸잖아!

은수 또 그 소리.

현수 지 엄마 남자따라 가느라 여기 버려졌을 때 슬기 맘 어땠을 거 같아. 날마다 엄마 기다리다 실망하면서/ 그러며 애들한테 놀림 받으며/ 왕따 당하며

자부 야아.

현수 어땠을 거 같아. (너 몰라?)재 상처투성이야. 몰라? 재 지금 니가 저한테 한 대로 갚아주는 거야. 너에 대한 분노로/니가 저 팽개친 거처럼 저두 지 엄마 내버리는 거란 말야.

은수 (마시다 남은 물컵 집어 끼얹어버리고)

자모 ?? 은수야.

현수 이 기집애가 이게 순 개싸가지 (왈칵 덤벼들며)이게 어디다

은수 (마주 이 악물고 엉켜 붙고)

자모 아이구 얘들이 (말리면서)이러지 마 이러지 마 얘들아아아아

자매 (거의 치고받는 형국)

자부 (상 엎어버린다)

자매 ??

자모 ??

자부 사내자식들두 아니구 늬들··늬들 아아무리 보잘 거 없는 부모지만·····(어디서)

[둘 떨어지는……]

현수 (중얼중얼)얘가 먼저 덤볐어요..

자모 너는 왜 그 버릇을 못고쳐어어어(은수에게)

현수 (벌떡 일어나며)너 언제구 내가 제대루 손 봐 줄거야..

은수 (울음 터지며)제발 버렸다는 말 좀 하지 말란 말야아아아.

현수 (나가버리고)…

은수 …(얼굴 가리고 울고)….

부모 …..

S# 어느 카페

태원 (들어오는/창 쪽의 채린 일어나는)……(조금 웃는 듯하면서 다가와)
저녁은요.

채린 그쪽은요.

태원 어..전이면 나가시죠.

채린 영화보기 전에 친구하구 샌드위치 먹었어요.태원씨 식전이면

태원 (오버랩)아니/ 운동끝내구 물을 너무 많이 마셔서요

채린 아아

태원 앉으세요.

채린 네..(앉고)

태원 (앉으며)영화 ..좋았어요?

채린 뭐…좀 지루했어요.전 화면이 너무 컴컴하구 지저분한 사람들
나오는 건 별로에요.

태원 (그냥 웃어주고)

채린 그냥 들어갈까 하다가 친구랑 주차장에서 헤어졌는데…..어머
니께서/태원씨 이쪽에서 운동 한다 그러셔서 혹시…

192

태원 아 네.

채린 운이 좋았어요.

태원 네에

채린 어머님이 부르셔서 …점심 먹여주셨어요.

태원 네(하는데)

　　[메시지 음.]

태원 아(잠깐/주머니에서 꺼내 보면)

슬기 E 아빠 집에 들어갔어?

태원 (채린에게)슬기요.

채린 아.

태원 E (문자 치는)아빠 좀 있다 전화할게.(보내고)

태원 차 (종업원 찾는) 뭐 드실래요.(하는데)

슬기 E (보는)응. 슬기 그림그리고 있을게.

태원 E (보고)알았어 (찍어 보내고)

태원 (전화 티테이블에 놓으며)저기 잠깐‥(일어나는)물을 너무 마셨
　　어요(웃으며)

채린 네‥(태원 빠지면서)

태원 (마침 다가온 종업원)난 아이스티 부탁해요.

종업 네 알겠습니다.

채린 (태원 빠지는 것 보다 종업원에게)모히또요.

종업 알겠습니다.(아웃)

채린 (종업원 빠지면서 옆자리 가방에서 콤팩트 꺼내 상체 옆으로 돌리고
　　얼굴 체크하고 콤팩트 집어넣고 미스트 꺼내 얼굴에 서너 번 뿌려주고 물
　　휴지 꺼내 손바닥 닦는데)

[태원의 전화벨 울린다.]

채린 (저도 모르게 조금 기웃이 보면)

[슬기 엄마.]

채린 ‥‥‥

[계속 울리는 전화음‥]

채린 (주변 돌아보면)

[이쪽 보고 있는 손님들 두어 팀‥]

채린 (망설여지기는 하지만 별수 없이 전화 집어)저기… 지금 태원씨

S# 골목 빠지는 은수 자동차. 운전 중 통화

채린 F 잠깐 자리 비우셨는데요.

S# 차 안

은수 …회산가요?

채린 F 아니 아니에요.

은수 ‥‥‥그럼 ‥혹시 ‥요즘 슬기아빠 만나는 분이에요?

채린 F 네.

은수 ‥‥

채린 F 전해드릴께요.

은수 네 부탁해요. (끊고)‥‥‥

S# 카페

채린 ‥‥(전화 들고 내려다보며)‥‥‥(있다가 제자리에 놓고 날라온 찻잔 놓이는 거 보는데)

태원 (들어와 앉으며 괜히 좀 무안해서 웃는)

채린 (마주 웃어주고 태원이 찻잔에 손대는데)저기‥

태원 ??

194

채린　방금 슬기엄마 전화왔었어요..

태원　(보는)

채린　계속 울려서.... 다른 손님들이 쳐다봐서 받았어요..

태원　(그냥 전화 집어 들며)잠깐(하고 나가고)

채린　...(보며)...

S# 카페 밖

태원　(나오며 통화)

　　　[벨 가는]

은수　(금방) F 당신 데이트 방해 미안해. 지금 어디야.

태원　헬스 쪽.

S# 은수 차 안

은수　내가 그 쪽으로 갈게 나 잠깐 봐. 어디서 볼까.

S# 카페 밖

태원　슬기 얘기 들었어?

은수　F 응.

태원　.....당신 지금 어딘데..

은수　F 미아리..금방 순환도로 타..

태원　알았어..어디서 볼까..

S# 포장마차

광모　(들어선다)....(마시고 있는 현수 옆자리로)...뭐냐아..(옆에 앉으며)

현수　(따르며)....

광모　술 먹으면 안되는 놈 불러놓구 고문할 참이냐? 아줌마. 여기 **
　　*** 좀 주세요. 안주나 죽여야겠다.

현수　(마시고 내려놓고 다시 따르는).......(다시 단숨에 비우고 따르는)

광모   (보고 있다가)아예 병째 들이붓지 그러냐.

현수   ....(술잔 내려다보며)

광모   숙취 혐오증 끝났구먼. 이러구 또 한달 금주할라구.

현수   ...

광모   이상하더라..적당적당 마시면서 즐기지 왕창 먹구 한달 굶구/ 진짜 그거 이해를 못하겠어…….(보다가)주하는 뭐하냐.

현수   모른다.

광모   ....(보다가)너 이거 박주하 스트레스지.흐흐 혼자 있다가 엄청 성가스럽지.

현수   ....

광모   그래두 봐줘라. 어쩌냐 친군데.

현수   ....

광모   싸웠냐?

현수   백일 전 자살한 제자 빈 책상에 사진 치우구 들어와…. 조용히 보내야한다구 누워 멍때리구 있다.

광모   ….참 세월 빨라. 그 사건이 벌써 백일이니……그럴만하다. 걔 꽤 괴로워했었거든. 그날 나랑 술타령하는데 걔/ 죽은 애 전화 왔었거든/선생님 저 죽어요. 안녕히 계세요 그러는 애한테 그래 그 정도밖에 안되면 죽어라…주하 그랬었거든.

현수   ……(아는 얘기다)

광모   걔 나꼬시느라 바쁜 찰나였구 아 또 그게 진짜 마지막 에스오에슨줄 어떻게 알았겠냐.

현수   어쨌건 선생의 자세는 아니었지.(마시는)

광모   (나오는 안주)예에 고맙습니다아..(젓가락으로 안주 건드리며)술은 안되겠지?

현수　……(제 생각에)

광모　(안주 입에 씹으며/술 못 마시니까)돌겠다.

현수　주하‥

광모　(보고)

현수　아직 너 못끝낸 거 같더라.

광모　어 나두 그래서 걱정이야.(아무렇게나)얘가 아직두 이게 사랑
　　　일거야 소리나 하구.먼저 친구들은 전화에 대구 개새끼 소새끼 몇
　　　번 하다 얼마나 잘 사나 두고 보자로 정리됐는데/ 주하 앤 뭔지 감
　　　이 쫌 별로야.

현수　임신 바라구 있어.

광모　?? 뭐 이상하대?

현수　(술잔 내려다보며)‥‥

광모　설마아… 아닐 거야. 내가 얼마나 운좋은 싸나인데 ㅎㅎ

현수　주하가 니임자라고 생각했는데.

광모　(오버랩)하하 그래서 토낀 거야야. ㅎㅎ 나 잘 토꼈지.

현수　(오버랩)너한테 여자는 뭐냐.(보는)

광모　??‥‥(보다가)됐어. 그냥 욕해.그 질문 해놓고 내가 무슨 대답
　　　을 하든 너/마지막은 욕이잖아. 뭐냐 최악이 뭐였더라‥엉 그래.딸
　　　일곱 낳아 곱게곱게 키워 일곱 몽땅 딱/너같은 놈한테 똑같이 당
　　　해라. 참 나두 대단한 눔이지. 그런 저주를 받구두 아직 너랑 이러
　　　구 있으니 내가 착하긴 무쟈게 착한 눔이다‥

현수　(마시고 놓으며)이러다가 결국은 내가/ 너 죽여 버릴 거 같다.

광모　??

현수 (따르며)응 그럴 거 같아‥내가 널 죽이고 끝낼 거 같아.

광모 아니…아니 내가 뭘‥내가 뭘 그렇게까지‥

현수 ….

광모 내가 무슨 성폭행범두 아니구 나 좋다는 여자랑 합의하에 잘 지내다 피차 시들해지면 빠이빠이 하구/ 그게 무슨 그렇게 큰 죄냐.

현수 (오버랩)그 얘기 아니잖아.

광모 그건/ 그건 현수야 나는 별 생각 없는데 여자가/주하두 너/ 누가 결혼하자 그랬나 주하한테 물어봐. 하늘에 맹세하는데 주하가 밀어부친 거라구.케이스가 다 그래‥다 여자들이 들이댄 거야 난 아니었단 말야.

현수 ….(보는)

광모 너 바보야 왜 안해. 난 바보야 맞어. 여자 그렇게 나오면 난 그거 아니다 소릴 진짜/ 못하겠어. 상처주기 미안해서.

현수 너 말이 되는 소리 지껄여 이 자식아.

광모 정말 진심이라니까 왜 안 믿어주냐 너.

현수 …(노려보는)

광모 너만은 믿어줘야잖아. ……차암 안타까운 일이다 엉?(안주 건드리는)

현수 사고칠 땐 상처 상관없구?

광모 귀뚜라미 토껴토껴 /그땐 내가 나 아냐아.

현수 ….(멍하니 보는)

광모 (보며)그결론적으로 내가 너무 착한 게 문젠 거야 현수야. 내가 조금만 덜 착하면

현수 (오버랩)신이여…

광모 ?? 웬 신?

현수 (두 손 짚고 일어나 한 손 광모 뺨에 대고)

광모 ??

현수 부디 이 대책없는 영혼을 불쌍히 여기소서.(꽤 많이 취해 있다) 계산해.

광모 어 그래..아주머니 여기 얼마죠?(아줌마 대답하고/ 나가는 현수 보면서 돈 꺼내 계산)

S# 포장마차 밖

광모 (나오다 보면)

현수 (서너 걸음 떨어진 곳에 쭈그리고 앉아 중얼거리며)너는 임마 대 가리에.. 똥만 찬 놈이야..너는 혼이 없는 자식이야. 너는..좀비야 이 자식아.(그러며..머리 풀었다 다시 묶는데 취해서 집게 떨어트리고 제대로 안 된다)

광모 대체 얼마나 마신 거냐. 업자 업어.

현수 (밀어내고)

광모 좀비 너 안 잡어 먹어. 업자구 어엉?

S# 원룸으로 가는 길(밤)

      [현수 업고 오는 광모..]

광모 ….내가 늙었냐 니가 쪘냐. 왜 더 무거워졌어.

현수 (눈 뜨고 업혀서)….

광모 자냐?….잠 들었어?

현수 …..

광모 언제 쩍처럼 업힌 채 토하지만 마라. 속 뒤집혀 죽는 줄 알았다.

현수 ….(눈 뜬 채 가만히)……

[김광석]

어느 하루 바람이 젖은 어깨 스치며 지나가고/

내 지친 시간들이 창에 어리면 그대 미워져

너무 아픈 사랑은 사랑이 아니었음을/

너무 아픈 사랑은 사랑이 아니었음을

S# 원룸

주하 (소파에 누워 책 보고 있는데)

[뾱뾱뾱 현관 전자음.]

주하 (무심히 책장 넘기는)

[한 팔 걸어 잡고 허리 안아 현수 데리고 들어오는/]

[기척이 이상해서]

주하 (보고)?? (몸 좀 일으키며)뭔 시츄에에션?

광모 (계단 쪽으로)현수 떡됐다시츄에이션.

주하 지 동생 왔다구 나갔는데 어떻게 된 거야?

광모 불려나가보니 혼자 퍼드시구 계시더라.

주하 혼자?

광모 올라가 올라가.

주하 왜애애?

현수 (광모 밀어내고 거의 엉금엉금 기어 올라가는)·······

광모 ······(여차하면 잡아줄 참으로 따라 올라가며)하하 엉뎅이 하나는

섹시하지 호호

현수 (냅다 뒷발질)

광모 (다리 걸려 엎어질 뻔)어어어

S# 태원 거실

200

[태모와 태희 코미디 프로 보면서 와하하하 낄낄낄 웃고 있는 중.]

[아줌마 막 찻잔 갖다놓은 참. 쟁반 들고 서서 히죽이 웃고 있는데]

[현관 벨.]

태희　(힐끗 현관 쪽 돌아보고)안들려요? 아줌마 큰일났어어어 누구 왔잖어요오오

아줌마　(어어 하는 느낌/서둘러 현관으로)

태모　이지가지다이지가지.끄으응.

[잠시 후…]

아줌마　채린이 아가씨 왔네요.(열어주고 들어오며)

태희　(얼른 리모컨 집으며)얘들 왔어 엄마, (끄며)엄마 똑바로똑바로

태모　(얼른 자세 바로/ 고개 틀어 돌아보면)

채린　(아이스크림 들고 나타나며)어머님.

태모　오오오.

채린　아이스크림 사왔어요..

태모　아이고오오 총기도 좋아라. 안잊어버렸네에.

채린　지금 드시겠어요?

태모　그러어엄. 안잊어버린 성의가 있는데. 아줌마 주구 이리 와.

채린　(손 내미는 아줌마)제가 할께요.(아줌마와 주방으로 돌아서는)

[모녀 보다가…]

태희　태원이 못 만났어?

채린　만났어요.

태희　난 주지 마. 살쩌어.

채린　E 네에에.

태모　(소리 죽여)내가 복채 안받는 무당이야.녀석 또 변변치 못하게

굴었다.

태희 (잡지 집는)무당아닌 나두 알겠네.

태모 어이구우우.답답한 녀석. 딱 지 애비 닮아서는 우물떠억 주물떠억/사람 속터져 죽이기 딱인 녀석.

태희 (잡지 넘기며)아무래두 반푼인 거 같어.

태모 ?? 뭐?

태희 그 나이에 여자 고파서라두 해야하는 거 아냐?이혼한지가 언제야.

태모 그래서 반푼이야?

태희 (그렇다구)어디 대충 풀구 다닐 주제두 못되구. 평생 수절할 생각 아닌지 몰라.

태모 ???

태희 오은수한테.(수절)

태모 (버럭)미쳤냐!?

태희 엄마아아(소리 지르지 마아)

태모 어떻게 됐나 들어가봐.

태희 태원이 들어오잖아. 기다려.

태모 에이그으으 고게 귀찮아서 쯔쯔쯔쯔..점잖은 체신에 내가 들어가 물어봐?

채린 (아이스크림 하나 들고 등장)..

태모 어엉..왜 채린이는 안 먹구?

채린 네..저는…(쟁반 놓고 아이스크림/스푼 집어 태모에게)

태모 (받으며)에이고오오 조신하기도 하지 내가 그냥 손짓발짓 어느 하나 맘에

202

태희   (삣쭉 태모 보는)

태모   안 드는게 없어. 앉어 웅? (녹을듯)

채린   네‥(앉는)

태희   (채린 보고 있다가)만났는데‥(어떻게 됐어)

채린   (보는)…

태희   뭐라 그래. 무슨 생각인 거래.

채린   얘기 …못했어요.(태희 보며)

태희   왜애.

채린   그게…

태모   어이그으으으 둘이 똑같이 그럼 어떡해. 둘이 똑같이 이쪽 저쪽에 서서 이 다리를 건너나 마나 어엉?

채린   (무슨 말인가 하려는데)

태모   내 아들은 부끄럼이 많아서 지가 먼저 우리 합시다가 어려우니까 채린이가 좀 웅? 그거 어떻게 못해? 여러 가지 면에서 부족한 게 많지만 나는 당신 안사람이 되고 싶어요 웅? 슬기도 내 자식으로 생각하고 열심히 잘 키울수 있어요 웅? 웅? 제대로 본심을 내보이라니까.

태희   자존심이 있지 엄마 그건 무리야.

태모   자존심이 밥 먹여 줘? 이 사람이면 됐다 그럼 말라비틀어진 자존심 잠깐 핸드백에 처넣구

채린   (오버랩)저기….

태모   ….(보는)…뭐.

채린   (망설이는)

태모   아이구 답답해. 뭐어어어!!!

채린 ??(조금 놀라고)

태희 까르르르. 울엄마 비위 맞추기 쉽잖을 걸? 답답하면 속터진
다 난리구 시원시원하면 건방지다 혈압올리구

태모 (오버랩/바꿔서)아으 내가 안타까와서 그래..생각을 해봐..이
여자두 싫다 저 여자두 마다 사년이야 사년옹.. 어떡/해서든 이번
만은 성사 시킨다 내가 아주 결심/을 했기 때문에..으흐흐 나는 우
리 채린이가 딱이니까 놓치기 싫어서 응?

채린 얘기할 시간두 분위기도 아니었어요..

태모 ???

태희 무슨 소리야?

채린 말씀 안드릴려구 했는데

태모 ...(보다가)지가 먼저 딴 소리해? 아니래?

채린 (그게 아니라)슬기 엄마 전화가 왔었어요..

모녀 (서로 보는)...

채린 나가서 받았는데..들어오더니..차만 마시구 일어났어요..슬기
엄마 만나러 가는 거 같았어요.

태모 ...(채린 보며)

태희 (엄마 보는)

채린 E (그 위에)아이스크림 사오라셔서..그래서

태모 (오버랩)이게이게 이 여우 방맹이가 이게 뭐하는 짓이야 엉?
(딸한테)이것들 아직두 보구 있는 거야?

태희 아닌데에..걔 재혼하구는 안 보는 거 같던데에

S# 강변 한적한 공터

　　[태원의 차 세워져 있고/]

S# 차 안

태원 ……

　　　[저쪽에서 들어오는 자동차‥]

태원 (기웃이 보고/라이트 잠깐 켜고)

S# 차 밖

태원 (차에서 내리는)

　　　[옆으로 세워지는 은수의 차.]

태원 (다가 들어 차 문 열어주는)

은수 ……(운전대에서 앞 보며)……

태원 (들여다보는)……

은수 ……

태원 ……내가 타?

은수 (대답처럼 벨트 풀고 내린다)

태원 (조금 물러섰다가 차 문 닫고 은수 보는)

은수 ……(안 보며)

태원 (보며)……

은수 (그대로)당신 재혼‥ 해?

태원 …(보며)

은수 (그대로)결정한 거야?

태원 ……(그대로)

은수 (보며)응?

태원 (시선 잠깐 내렸다 보며)그래야하는 거 아닌가……할까 해‥

은수 ……(보며)

태원 어머니‥ 원하시구

은수 (오버랩)당신이 결정할 일이지 어머니 핑계댈 건 없어.

태원 (쓴웃음)한번은 내 고집으로 했었으니까…그리구 결과적으로
실패했구.. 이번에는…그래 뭐/언제까지 이 상탤 수는 없으니까
……그래.

은수 당신 어머니 좋아하신다면서.

태원 (끄덕이는)마음에 들어하셔.

은수 소원성취하시겠네. 괜찮은 여자야?

태원 그래보이는데 모르지…지금이야 피차 조심스러운 단계니까

은수 (오버랩)좋아해?

태원 …(쓸쓸하게 웃으며 고개 잠깐 땅으로)글쎄…(고개 들며)그런 감
정이 너무 아득해서…예의 바르구 ..부드러워..합치면..나는 충실
할 거구…살다보면 괜찮아질…괜찮겠지.

은수 …(보며)

태원 뭣보다 슬기 데려오구 싶어하는 게 고마워··

은수 ……(보다가)그 여자 입김두 있는 거구나 그러니까.

태원 어머니 주장두 무리 아니구

은수 (오버랩)안돼. 약속 지켜./

태원 ….(보며)

은수 지금 데리구 가면 나랑 슬기 사이 끝나구 말아.

태원 ….안 그래.

은수 (오버랩)당신 집에가 배울 게 뭐 있는데.

태원 그 얘긴 이제 그만하자. 나두 내 어머니가 마음에 드는 거 아
냐. 당신 생각 엉터리없다구 안해. 말했잖아 나/어머니 부끄러워
하며 자랐어. 그렇다구 어머니가 아니랄 순 없잖아.

은수   ….(보며)

태원   슬기 괜찮아. 나 있으니까 걱정하지 마.

은수   (오버랩의 기분)벌써…당신 어머니가 얼마나 세뇌시켰는지 난 상대도 안할려고 들어.(울음 차오르며)내 말은 들을려고도 안해. 앵무새처럼 간다 소리만 해.

은수   E 갠 벌써 날 떠났어. 나같은 거 어떻게 되든 상관없어.

은수   나한테 문을 닫아 버렸단 말야.

태원   그렇게 생각하지 마.

은수   (조금 오르며 /오버랩)문을 닫았다구. 얼마나 쌀쌀맞은데/ 얼마나 냉정한데/ 얼마나 고집스러운데!

태원   하나 목적만 생각해서 그래. 슬기는 지금 애들한테 받는 상처에서 도망치고 싶은 거 밖에 없어. 이해해 주라.

은수   ….(눈물 줄줄 흘리며)…..

태원   …..(보며)울지 마..슬기 괜찮아..

은수   (고집스럽게)준다구 안했어.(손으로 눈물 닦는)준다 그런 것처럼 왜 그래.

태원   …..(보다가 손수건 꺼내 내밀며)슬기는 물건이 아니야.

은수   (받아서 닦으며)내가 양육권자야.

태원   당신 못하구 있잖아.

은수   삼학년 때 데려간댔어.

태원   슬기가 믿어?

은수   (울음 터지면서)안 믿어. 비웃어 응응응응

태원   ………(보다가 안아주고)

은수   (안겨서)응응응응응..엉엉엉엉엉……..

S# 같은 장소··

　　[두 대의 자동차.]

　　[벨 가는 소리]

은수　E 안 받아··(전화)

S# 은수 차 안

은수　이젠 전화두 안받어.(끊으며)당신 해봐··

태원　설마··자나부지··(전화 꺼내 거는)

　　[벨 가는···세 번··]

태원　자나봐.

은수　(얼마쯤 괜찮다)깨우지 마.내일해.(하는데)

슬기　F (새어 나오는 소리)응 아빠.

은수　(태원 보는/서늘)··

태원　자다 깼구나 미안.

S# 슬기의 방

슬기　아냐 안 잤어·· 엄마 왔었어 아빠. 삼학년되면 같이 살수 있다
　　는데 내가 싫댔어.

태원　F 그래 슬기야··지금 아빠랑 엄마 얘기하구 있어.

슬기　?? 엄마 뭐래?

S# 차 안

태원　응 엄마가····엄마가 생각할 시간이 좀 필요하대··우리 엄마한
　　테 시간 좀 주구 기다리자 응?·····

태원　E (보는 은수)아빠가 열심히 얘기하구 있어. 엄마가 이해해 줄
　　거라구

태원　(은수 돌아보며)아빠는 믿어.

은수　그런 말 한 적 없어.

태원　그런데 슬기야 내일부터 학교랑 미술 학원 피아노 학원 가야
　　해…니 생각 충분히 알았으니까 너 할 일은 하라구. 너 이러는 건
　　장난감 사내라구 흙바닥에 누워 떼쓰는 거랑 같아. 그건 별로거든
　　…그래 약속…응 아빠두 약속…응 잘자.(끊으며)..당신하구 얘기하
　　구 있다니까 학교 간대.

은수　(고개 앞으로)…..

태원　…(보다가)너무 늦어지잖아..

은수　응……조금만..오분만.

태원　…(보며)

S#　흐르는 차들(밤)

S#　운전 중인 은수

S#　홈쇼핑 외경(결혼 전 과거 어느 날)

은수　E 우리 어머님들 그러시죠? 갈치가 맛은 있는데 지불한 돈, 다
　　듬고 조리하는 시간과 정성에 비하면 먹을 게 없다. 오늘은 우리
　　어머님들 그 고정된 생각을 깨는/

S#　스튜디오

　　[남자 쇼호스트와 함께 한창 진행 중이다.]

은수　이 어마무지 크고 싱싱한 왕갈치, 먹을 거 없다는 말씀 절대 하
　　실 수 없는 맛도 왕 크기도 왕인 제주대왕 은갈치를 권해드리겠습
　　니다. 사이즈가 어떻게 된다구요?

남자　하하 원물 사이즈가 최소 일 미터 십센팁니다

은수　(입 벌리며)일미터를 넘어 십센티나 더요?

남자　네에 이건 갈치 사이즈로는 상위 10 퍼센트 밖에 안된다고 하

네요. 보통 시중에서 큰 갈치다 그러는 게 85센티 내외라고 합니다.

은수 어쩌면 흠 집 하나 없이 매끈하게 날씬한 은빛깔이 이렇게 아름다울까요.

S# 홈쇼핑 로비

은수 (다른 사람들에 섞여 승강기에서 내려 서둘러 현관으로/ 의상 바뀌어 있다)‥

　　[전화벨.(전화 7년 전 모델)]

은수 (보고 받는/활짝 웃으며)시계만 노려보고 있었어? 그렇게 한가해?

S# 어느 은행 앞

태원 (출입구로 나오면서)말마. 펀드 잘못 사래서 십억이 오억된 할아버지한테 두시간 가까이 시달렸어.은행이 못 물어내면 내가 물어내래. 아니지이이. 하두 펀드펀드 하시길래 그럼 조금만 해보시겠냐구/일억 정도만 하시랬더니 당신이 우리보다 낫다구 늬들 하구 거꾸루 간다 그러구 십억 한꺼번에 지르시더니 점장까지 불러올리구 나 거의 죽을 뻔했어. 그건 그렇구 오은수 탄생하신 날인데 어떡하냐 점장님이 회식하잔다.

S# 홈쇼핑 건물 앞

은수 (멈추며)뭐야아아 그건 꼼짝마라잖아아아.‥(듣다가)알았어알았어.됐어 깨갱할게‥응 괜찮아…괜찮다니까?…안 괜찮으면 머 점장님 회식 뺀찌놓구 나올 수 있어? 그러니까 됐다구우우…응…응…응 그래‥응 기다릴게‥(전화 끊어 가방에 넣는데)

　　[전화벨.]

은수 (받는)네에 네.어머니.

S# 태모 거실(7년 전 과거/여름)

[주방에서 차 쟁반 들고 나오는 함안댁]

[앉아 있는 태모 태희 은수.]

태모　E 내가 아주 몇날며칠을 골이 빠개지게 고민은 하구 또하구 하구 또하구/ 어미로서 어떡하든지 내 자식 가슴 아프게는

태모　만들지 말아야지이/ 내가 희생을 해야지이이 했는데도 이건 도오저히 답이 안나와. 아니 답이 없어.그러니 우리 정리를 하자.

태희　떨어져 나가라구.

은수　(태희 보는)....

태모　E 어지간해야 한나절 벗을 한다 소리가 있다.(은수 시선 태모에게)

태모　뭐하나 건질 게 있어야지. 깡통만 안 들었다 뿐 찢어지게 없는 집에서 간신히 밥만 먹구 큰 니가 우리 집 며느리가 되겠다는 게 그게 애초부터 말이 안되는 허영이야.

은수　(오버랩의 기분)지나치시네요 어머니.즈이 집 그 정도로 찢어지게라고 하실 정도로 그렇지는 않아요.(태희/애 좀 봐)

태모　??

은수　넉넉한 건 아니지만 그래두 저 대학마쳤구 언니두 자기 하고 싶은 공부 마쳤어요.

태모　아버지 평생 남의 집 운전기사 어머니 파출부하면서 자식 공부 시킨 게 그렇게 큰 자랑이냐?

은수　???

태모　그건 자랑이 아니야. 냉수로 배 채워가면서도 자식 공부는 시키고보자는 게 지금 세상 풍속이야.

은수　....(보는)

태모   그거 말고 내세울 게 뭐야 그래. 내 세울 거 있으면 어디 한번 내놔봐. 공부했다구 니가 무슨 박사기를 하냐 니 언니가 어디 대학교수기를 하냐 엉?

태모   E 느이 집에서 니가 제일 출세한 인물인 거 같은데 너 제대로 된 방송국 아나운서두 아니구 겨어우 홈쇼핑 장사 바람잡이밖에 더 되냐구.

태모   너는 그래 니가 우리 태원이한테 걸맞는 상대라구 생각하냐? 니가 자격이 있다구 생각하냐?

태희   (오버랩)아 그냥 봉 물은 거라니까아아.

은수   ??(시선 태희에게)

태희   ?? 왜. 우리 입장에선 그렇게 생각하는 게 당연해.

은수   (오버랩)네‥저 봉 물었습니다. 한번 문 봉을 어떻게 간단히 놓겠어요.

태희모녀   ???

은수   없는 집 자식이 있는 집 자식하구 결혼하면 일가멸족 법이라도 있나요? 저 제 부모님도 제 직업도 부끄럽지 않아요.그래서 제가 자격이 없다는 말씀 납득 못합니다. 우리는 둘다 성인으로 만나 사겼고 태원씨는 우리 집 경제 사정 전혀 상관안해요.

은수   E (모녀 위에)태원씰 설득하세요. 그 사람이 무너지면 그때 저도 포기해요.

은수   (소지품 챙기면서)봉이 스스로 빠져나가기 전에 제가 먼저 포기하진 않겠어요.

태희   야아!!

은수   제 이름 야 아니에요. 이름으로 불러 주세요.

212

모녀 ???

S# 대문 앞(밤/과거 같은 날)

[집에서 입는 옷으로 기다리고 있는 은수.]

[태원 자동차 들어와 멎고/7년 전 자동차/]

은수 (웃으며 운전석 옆자리로/태원이 운전대 앉은 채 열어주는 문으로)

S# 차 안

은수 (타면서)선물선물선물.

태원 이차 토끼구 허둥지둥 온 사람한테 어떻게 선물부터 챙기냐.

은수 (오버랩)알았어. 고마워. 낄낄 (가볍게 얼굴 내밀어 쪽 한 번 하고 떨어지며)선물.

태원 (별수 없이 웃는/ 뒷좌석에서 쇼핑백 집어 주는)선물.

은수 에에이 선물은 사이즈가 작을수록 값나가는 건데 사이즈 큰 거 보니까 별볼일이다.

태원 뭘 기대했는데.

은수 (바쁘게 기다란 박스 꺼내 포장지 뜯으며)오캐럿짜리 다이아몬드 반지.

태원 꿈도 크다.

은수 깔깔··(포장지 다 뜯었다)??··부츠 샀구나.

태원 응.

은수 (열어보고)····

태원 저번에 신어봤던 거 맞지?

은수 응··(부츠 꺼내면서)우리 헤어지겠다.

태원 응?

은수 신발 선물하면 헤어진다는 거 몰라?

태원   그 신발 신고 도망간다더라. 도망갈 거야?

은수   응..(한 발에 신으면서)우크라이나루.

태원   왜 하필 우크라이나야.

은수   몰라 그냥..맞는다아아. 깔깔, (다리 치켜올리며)이쁘지 멋있지
　　　근사하지 응? 응?

S# **준구 집 앞(현재)**

　　　[들어와 멎는 은수 차.]

은수   (내리고)

관리인   (대문 열어놓고 기다리던/꾸뻑)

은수   (인사하고 대문으로/관리인 자동차로)

S# **정원**

은수   (천천히 들어오고 있는)

S# **거실**

은수   (들어오는데)

이모   (물 들고 자기 방 앞에서)늦었구나.

은수   네 이모님.

이모   그래 사둔양반은..

은수   네. 저 감기가 좀..

이모   지금 감기가 독하지이..

은수   네에..

이모   니 어머니 들어간지 하안참이야..그냥 올라가..

은수   네..안녕히 주무세요 이모님.

이모   오냐.

은수   (자기 방 계단으로)……

214

S# 이 층

[올라와 침실 앞에서 잠시 서 있다가]

S# 침실

은수 (들어오는)

준구 (기대어 앉아 경제 잡지 보고 있다가)안녕하세요?

은수 (웃는)안녕하세요?

준구 (몸 일으키며)늦으셨네요.

은수 (드레스 룸으로)네 좀 그렇죠?

준구 나 안 갔어도 되는 거야? 뭐라 안하셔?

S# 드레스 룸

은수 (핸드백 놓고 상의 벗으며)아니..

S# 준구 침대

준구 (침대에서 내려서며)날 불편해 하셔서 말야..

S# 드레스 룸

은수 …(갈아입으려 잠옷 챙기며)

준구 E 이제 좀 편해지실 때도 됐는데 사위가 여영

준구 (드레스 룸 입구)맘에 안 드시는 거 같아. 맨 처음 찾아뵀을 때나 (멈춘 은수)지금이나 똑같으셔. 나한테 문제가 있나?

은수 나….(해놓고 남편 쪽으로)거짓말했어.

준구 ??

은수 (남편 쪽으로 나와 서며)아빠 편찮으신 거 아냐. 슬기가 말썽피 가봐야했어.

준구 무슨…무슨 말썽.

은수 (보며)지 아빠한테 가겠대.

준구   ‥‥

은수   학교도 안가고 애먹인대서 가봐야했어.

준구   그래서

은수   애 문제라고 말씀드리기 좀 그래서 아빠 핑계댔어

준구   (오버랩)그건 상관없구 그래서/잘하구 왔어?

은수   (좀 웃듯)잘 안됐어. 내말 안 통해.

준구   곧 데려올 거라구 안했어?

은수   안 믿어. 당신 저 안 좋아한대.

준구   ‥(잠깐 말문 막혔다가)그건‥그건 내탓만은 아냐 여보. 애가 처
       음부터 다가오려 들지를 않았잖아.당신두 아는 일 아냐.

은수   (약간의 원망)지엄마 뺏어간 낯선 사람한테 애가 어떻게 다가
       들어.당신이 해줬어야지.

준구   내가 애를 /생전 애를 본 적이 있었어야/애가 좀 부침성이 있
       으면 나도 편하고 저도 좋았을텐데 당신 애/나 뭔가 모르게 관찰
       당하는 거 같았단 말야.

은수   서너번 밖에 안 봤잖아. 어떤 사람인지 모르니까 절 좋아하는
       지 싫어하는지 관찰하는 게 당연한 거 아냐?

준구   ‥‥(보며 할 말이 없고)

은수   학교에서 고아로 소문나 왕따래.

준구   ‥(보며)

은수   (돌아서며)애아빠 잠깐 봤어.

준구   ‥‥

은수   당신한테까지 거짓말할 수 없어.(속옷 꺼내 놓는)

준구   ‥‥‥(보다가)뭐래‥

216

은수 재혼한대. 데려가구 싶어해……안된댔어.

준구 ….(보며)

S# 태원의 거실

태원 (들어와 제 방 쪽으로 가다 문득 보면)

태모 (부채질하고 있는/티브이 켜놓고)

태원 안 주무셨어요?

태모 (티브이 끄며)자식이 안 들어오구 있는데 에미가 어떻게 잠을
      자.(예사롭게)

태원 늦었어요. 들어가 주무세요.

태모 오냐……(자기 방으로)

태원 (맥없이 계단 올라간다)…

S# 자매 마당

자모 (쭈그리고 앉아 멍청하게 한 곳 보면서)……..

      [현관문 소리.]

자모 ….(의식 못하고)

자부 (나와서 보고 …있다가)뭐하구 있어..

자모 …..

자부 여보.

자모 (돌아보는)

자부 자다말구 나와 뭐해..

자모 (고개 앞으로)답답해 숨이 안 쉬어져서…숨 좀 쉴라구….

자부 …숨을…그러구 있으면 시원해져? 일어나 가슴 내밀고 심호흡
      을 해..

자모 ….

자부 어엉?

자모 (일어나며)지 에미 좀 편하게 살게 내버려두지이이..(혼잣말처럼/남편 스치면서)저 때문에 그으 구박에두 이 악물구 참았었는데 에에..(들어가는)

자부 애가 그걸 어떻게 알어어어....

S# 은수 화장실

은수 (욕조에 들어앉아. 얼굴에 물 연방 끼얹는데/흑흑 느껴 울고 있다).....

F.O

S# 골프 연습장(낮)

준모 (연습 중)

은수 (음료 들고와)잠깐 쉬세요 어머니.

준모 (골프채와 음료 바꾸면서)어떡하니 강제로 끌려나가는 거두 괴로운데 구박까지 받게 생겼어.

은수 삼년이나 쉬셨다면서 잘 치시는데요 머.

준모 거리가 다 똑같잖아. 다 칠십이야.호호.

은수 레슨 선생님 금방 온댔어요. 바로 해결될 거에요 어머니.

준모 그래 어디 보자.(의자로 가며)니 아버지 어거지는 당할 재간이 없으니까 끄으응..(앉으며)젊은 게 좋다. 너는 뻥뻥 잘 나가.

은수 오호호 어머니 열 개에 두 개요오오.(하는데)

[은수 전화벨]

은수 ??(골프 백 뚜껑에 전화 꺼내 보고)그이에요.

준모 으응(받아라)

은수 네에..어머님 모시고 연습장 와 있어요.(준모 보며)

S# 회의실

218

준구 (회의 직전/10인 회의 정도/회의 자료와 뚜껑 덮인 찻잔 이미 준비
되어 있는/들어오며)어머니 급하셨군(웃으며)아니 영업 전략 회의
오분 전. (창 쪽으로)어머니 옆에 계셔? 그럼 곤란한데…그래..기다
릴게……(시계 잠깐 보고 기다리는)..어..생각해봤는데 나한테 반성
할 부분이 없잖아 있어.. 나 당신 딸한테 신경 못썼어. 당신 알아서
하겠지 맡겨두구 잊어버렸던 게 맞어.

S# 연습장 입구

은수 (듣고 있는)

준구 F 심지어는 어른들 눈치보여 아이 보러 가는 거 줄인달 때
두..당신이라는 여자 참 영리하다 우리 아이 생기구 분가해서 데
려오면 되니까

S# 회의실

준구 그걸로 끝이었어. 무신경했어 미안해… 대답 안하는 거 보니까
나한테 화나 있는 게 역시 맞군. 흠흠. 갑자기 겁이 나서. 당신 아닌
척 하고 있다가 폭발하면 무섭잖아.

S# 연습장 입구

준구 F 알아서 기는 거니까 봐줘.

은수 (좀 웃는)알았어.봐주께.

준구 F 땡큐.살았다.

은수 일해요. 나 들어가 봐야 해..

준구 F 잠깐.

은수 …(기다리는)잠깐 뭐.

준구 F 당신 좋아하는 거 알지?

은수 알아(픽 웃는)

준구 F 한 마디 더. 솔직해 줘서 고마워.

은수 (뭔가 대답하려는데)

준구 F 끊어. 열심히 해.

은수 (전화 내리는데)…

태모 E 도댓체가 갈라선지가 언젠데 엉?

S# 자매 친정 마당/현관 쪽

태모 (삿대질이 자모 눈을 찌를 지경)저 싫다구 뚜드려엎구 뛰쳐나가 멀쩡한 내 자식 등신 만들어 놓구두 엉? 애 핑계 무슨 핑계/ 쩍하면 불러내구 찍하면 만나 히히덕거려 내 오장을 썩히더니 엉?(삿대질할 때마다 자모는 상체 피하며 조금씩 뒷걸음/그만큼 태모는 다가서며)내가 그냥 분해서 거품 물구 자빠지게 하더니 엉?

자모 아으 저저..(삿대질 좀)

태모 머리 악쓰며 데려간 자식새끼 개밥에 도토리 만들구 엉?딴 놈 페차 팔자고친 년이 엉?엉?

자모 아으 아으 진정 진정하시구

태모 (오버랩)진정? 내가 지금 진정하게 생겼냐구우!!

자모 아니이이 이렇게 사납게 사납게

태모 (오버랩)또 무슨 훼방을 놀라구 이년이이이!! 이 여우 방맹이 같은 년이이이!!!!

자모 ??

태모 지년은 시집가 해해호호 사는 년이 왜!!뭐때매 내새끼는 불러내냐 말야.어? 뭐라구 꼬드겨 내새끼 앞길 망칠려구우 엉?엉?

자모 (얼빠진 채)이보세요(그래도 순하게)슬기 할머니

태모 (오버랩)도댓체 내 집안하구 무슨 웬수가 졌길래 엉?엉? 무슨

개수작이야 망할 년이/ 이 아작아작 씹어먹어두 시원찮을 년이
이이!!

자모 욕하지 마아아.

태모 ??

자모 욕하지 마 욕하지 마아아아아아아!!!!

S# 마루

자모 (집전화/쿨쩍쿨쩍 울면서)무서워서 기절할 뻔 했어 얘. 자기 혼
자 소리소리/ 기차 화통 열 개 삶아 먹구 왔나봐.사는 게 너머 차이
나 결혼 못시킨다구 그때는 아주 양반이었던 거 같애. 아니이 그
냥 마당 쓸구 있는데 들어와서는 /들어오자마자 난리를 치는데/

S# 원룸 식탁

현수 (커피 따르다 멈추고)뭐라구요

자모 F 애를 갖구 그냥 우리는 이 기집애 소리 한번 안하구 키운 애
를 욕을욕을 / 이년 저년 무식하게 삿대질 막하면서/옛날에 너두
봤잖어어

현수 (오버랩)바보같이 또 당하기만 했어요?머리*끄덩*이라두 *끄*들
러주지이이!!

자모 F 깔깔깔깔 참다아아참다 나두 소리질렀어. 왜 욕해 욕하지
마아아아아.

현수 (어쩔 수 없다)왜 왔대요…온 이유가 있을 거 아냐.

S# 마루

자모 ?? 응 우리 은수가 정서방 불러내 만났나봐. 자기 아들 앞길 망
칠라 그런다구 우리 은수를 씹어 먹는대 현수야. 아니 씹어먹어두
시원찮대. 정말 씹어먹을 거 같더라구.

현수 F 걔들 언제 만났다는데요.

자모 몰라‥그거 물어볼 정신두 없었어‥자기 혼자 그냥 마아악 난리 치니까 나는 정신이 나가서

S# 원룸

자모 F 나는 말할 새 없었어.

현수 슬기 얘기 안했어요? 슬기때매 온 거 아니냐구요.

자모 F 그 얘기는 안하던데?

현수 은수 전화 안왔어요?

자모 F 왔어‥슬기 학교 갔냐구.

현수 슬기때매 만났을 거에요. 딴세계 사람이니까 엄마 냉수 한 사발 들이키구 신경 쓸 거 없어요. 끊어요.(끊고 커피 따르는)

주하 (식탁에 앉아 보고 있다가)누가 왔는데.

현수 ‥‥(커피 잔 주하에게 밀어주며)

주하 엉?

현수 (제 커피 들고 책상으로)

주하 말 좀 해라. 뭔 일이 벌어지고 있는 건데.

현수 …(대꾸 없이 찻잔 테이블에/핸드폰에 문자 찍다 말고 후다닥 계단으로 뛰어 올라간다)

주하 ???

S# 태원 매거진 건물 앞

현수 (와서 멎는 택시에서 내려 움직이며 전화 꺼내는)

S# 현관 안

태원 (승강기에서 내리는데)

　　　[전화벨]

태원   지금 나가구 있어요…네..

S# 현관 앞

태원   (나오고)

현수   (보고 먼저 한쪽 그늘로 퍽퍽)

태원   ..(잠깐 보고 그쪽으로)

현수   (기다렸다가 와 앞에 서자마자)슬기 아빠 혹시… 바보에요?

태원   ??

현수   슬기 할머니 처들어와 우리 엄마 혼비백산 만들어 놓구 가셨 대요.

태원   ???

현수   우리 엄마 쌈할 줄 모르는 사람이에요. 고스란히/벼락 맞았 대요.

태원   어머니가 왜

현수   (오버랩)은수 언제 만났어요.

태원   어제 밤에..

현수   E 어머니 어떤 사람인지 아직도 몰라요? 은수 만난 얘기는 뭐 하러 해요.

태원   …(보며 아연하고/그걸 노인네가 어떻게/하다가 채린으로/고개 아 래로)…(입맛이 쓴데)….

현수   은수가 애 안 보내겠다는 거 할머니가 이윤거 알 거에요. 그래 두 나는 그게…. 우리가 슬기 붙잡고 있을 정당한 구실은 못 된다구 생각해요. 은수도 결국은 납득할 거에요.시간을 줘요. 그리구 슬기 핑계로 두 사람 …만나지 말아요. 그집에서만이 아니구 애 시집에 서도 알면 문제될 수 있어요..

태원 알았어요 처형.

현수 ……(보다가)이제 처형 아니죠 태원씨··

태원 …예··

현수 우리 집(과)··은수…보호해줘요··

태원 예…알겠어요.

현수 …··(잠시 보다가 큰길로 나가고)

태원 ……(보고 있다가 타이 당겨 느슨하게 만들며 터벅터벅 건물로)…··

S# 큰길 걸어와 버스 정류장에서 잠시 기다렸다가 버스에 오르는 현수

S# 버스 안

현수 (자리 잡고 앉자마자 문자 찍기 시작하는)

S# 드레스 룸

은수 (샤워하고 나오는데)

[문자메시지 음.]

은수 (빠르게 침실로)

S# 침실

은수 (침대 위 전화 집어 열면)

현수 E 슬기 빨리 보내고 끝내. 니 주장은 정당하지 못해.

은수 E (기분 나빠져서 답장 쓰는)언니 재판관 아니야. 내가 알아서 해.

S# 버스 안

현수 E (문자 찍는)우리 집 너 때문에 더 이상 모욕당하게 만들지 마.

S# 침실

은수 E (문자)꿈꿨어? 무슨 소리야

S# 버스 안

현수 E (문자)멍청한 니 전남편 너 만났단 소리 지 엄마한테 지껄여

그 노인네 집에 들이닥쳐

S# 은수 침실

은수   ??

현수   E 멍한 우리 엄마한테 행패 장난 아니었단다. 엄마 울면서 전
화했어. 나 날아간 뚜껑 주워 덮고 슬기 아빠한테 가 주의줬다.

은수   E (문자 찍는)슬기 내노라구?

S# 버스 안

현수   E (찍는)늬들 어제 만났다구.. 만나기는 왜 만나. 니 시집 상관
없어?

S# 은수 침실

은수   E 마귀 할머니 그걸 어떻게 알구.

S# 버스 안

현수   E 니 전남편 아니고 누가 있어. 그만하자.

S# 은수 침실

은수   E 미쳤으면 모를까 그럴 사람 아니야.. (보내놓고/알겠다)...(그
여자)

[메시지 들어오는/열면.]

태원   E 미안해 슬기 엄마. 처형이 왔었어. 진심 할 말이 없다. 나 가
엽게 생각해 줘.

은수   .....(전화 내려다보며).......

S# 동대문 종합시장 / 원단 부자재 시장

[원단 가게들 즐비한 / 가게 앞엔 소재 견본들 진열대.]

[걸어가며 눈에 띄는 소재 견본 만져보거나 들쳐보며 걸어오는 현수]

[한 가게에서 소재 견본 만져보는]

현수   (소재 견본 들고)사장니임

사장   (가게 안에서 어슬렁 나오며 꾸뻑)

현수   이거 스왓치 좀 주세요.

사장   무슨 원단이죠?

현수   글리터 사십사인치짜리요.

사장   예 (안으로 들어가 서랍 같은 데서 견본 꺼내는 모습 위로)

현수   (다른 견본 들고 들춰보며 손가락으로 부벼 질감 느껴보는)사장님 이거 크림색은 없어요?

사장   (먼저 말했던 것 들고 나오다)그건 없는데/ 비슷한 거는 있어요.

현수   좀 보여주세요. 어느 거예요?

사장   어느 거더라 … 여기 있네 (크림색 다른 원단)

현수   (받아서 색 살피는)이거 1 야드만 올려 주세요. 스왓치도 같이 좀 주시구요.

사장   예 잠깐만 기다려요. (챙기러 들어가는)

현수   후후후후 (머리가 아프다/이마 툭툭 치고 가방에서 물병 꺼내 벌컥 벌컥 마시고 내리며)사장님 여기 약국 어딨어요!!

S# 도심 밤 풍경

S# 원룸

광모   (냄비에서 끓는 토마토 수프 간 보고 있는/어질러진 조리대/펼쳐져 있는 요리책 토마토 수프 레시피/한 숟갈 떠서 맛보고 다시 떠서 주하에게 내민다)

주하   (간 보고)왜 샐러리 향이 하나두 안나냐.(식탁에서 만화 보다가/ 요즘 많이 보는 만화/한편에 쌓아두고)

광모   내가 요리사냐? 샐러리한테 물어 봐.

주하 비율이 안 맞았단 거잖아.

광모 레시피가 하라는 대루 했어.간이 어떠냐구.

주하 싱거워.

광모 너는 간이 쎄. 그냥 먹어.

주하 그럴 걸 뭐하러 물어보냐.

광모 빵 몇쪽..

주하 두쪽.

광모 (냄비 불 끄는)

주하 먹고 살로 가겠냐?

광모 (돌아보며)뭐어.

주하 뭐 터졌잖아.

광모 총각 파티가 있는 놈/ 장봐다 스프 끓여내라는데 내가 뭘 그렇게 잘못했는데 니 종노릇이냐 말야.

주하 ....(보는)

광모 아 그래 됐다됐어...관두자 관둬.(냉장고에서 식빵)

주하 ....(그만두고 만화로)

광모 (봉지 열며)미련을 버려.

주하 ??

광모 너만 아플 뿐이야.(토스터에 빵 집어넣으며)현수도 그러드라. 너 아직 나한테 안 끝났다구.

주하 어디서 개가 짖냐.(하는데 키 전자음)...(돌아보고 현수 들어오자) 하아이

현수 쭈쭈뽀뽀오오(강아지들 안고 들어오며)무슨 냄새야.

주하 토마도 스프.

현수　(들어와 광모 보는)안광모가?

광모　(손 들어 보이고)

현수　먹을 수 있겠냐?

광모　독은 안 탔으니까..

현수　(빠지며)참회하느라 애쓴다.(계단 쪽으로)

광모　인간성 끝내주잖아. 빨리 내려와 먹자아아.

현수　E 랑랑아 랑랑이 어딨냐아아

S#　한강 풍경(밤)

S#　강변의 태원

태원　두 다리 세우고 앉아 양주를 병째 들이키고 있는 태원.

S#　오케스트라 연주회에 가 있는 준구 일가족. 이모 포함

[김회장 두 여인 사이에 앉아 느긋하게 기대어 앉아 졸고 있는…졸음이

잠으로 옮겨지면서 코 고는 소리]

준모　???(놀라서 팔꿈치로 치고)

김　　???(펄쩍 깨서 아닌 척)…

이모　나무관세음보사아아알.

준모　???

이모　(손가락 입에 대고 쉬이이이 시늉)

준모　(흘기는)

이모　(모르는 척)

준구　(부모 쪽 보며 웃다가 아내 돌아보면)

은수　(연주 집중해 보고 있는데 눈물이 투두둑 떨어진다)

준구　???(상체 좀 앞으로/아내 보는)

은수　(얼른 나이트 백에서 손수건 꺼내 눈물 찍으며 웃어보이는)…(손수

228

건 넣으며 남편 돌아보면)

준구   (심각한)

은수   (고개 잠깐 흔들고 입 모양만으로 감.동.)

준구   (안심하며 웃는)

　　　[남자들 정장. 여자들 성장.]

S# 자매 부모 마루

　　　[슬기/그림 그리고 있고 자부 기웃이 보고 있고/자모, 포도 씻은 것 들
　　　고 나온다.]

자모   (탁자 접시 내며)포도 먹자아아아.

슬기   어엉..(계속 칠하고)

자모   (한 알 떼어 입에 넣어주는)

슬기   (씹고)시어 할머니.(도로 뱉는)

자모   (손바닥에 받으며)시어? (한 알 씹어보고 찡그리는)아으 사면서
　　　맛본 거랑 다른 건가봐. 착한 사람인데 그 아줌마 왜 그랬지?

자부   (한 알 떼며)먹어둬. 신게 몸에 좋다잖어.(입에 넣고 깨물고 잠깐
　　　찡그리고)허허..시기는 시네...

자모   (한 알 떼어 슬기 입으로)그래두 먹어

슬기   (고개 돌리고)

자모   몸에 좋대애애.

슬기   (살래살래)

자모   (남편 보며 뿌우우)돈 아까워 어떡해.

자부   참구 먹어 둬.

자모   설탕 뿌려주까?

슬기   으으응(고개 흔드는)

자모 몸에 좋대애애

슬기 (칠하던 크레파스 떼면서)다 그렸다아아. 할아버지? 할머니? (가운데)이건 나.

자모 아이고오 잘 그렸네. 지금까지 그렸던 거 보다 훠얼씬 잘 그렸네에?

슬기 (밀어주며)할아버지 이거 특별히 그린 거니까 할아버지 방에 붙여놓구 슬기 보구 싶을 때 보세요.

자모 (아이 보는)

자부 어어..어어 그런 깊은 뜻이 있었구나 이게··

슬기 네에··

자부 (그림 당겨 보면서)으응··고맙네··우리 슬기가···할아버지 할머니한테 그러니까··깊은 뜻이 있는 선물을···생각했구나.

슬기 네에.

자부 그래 고오맙게··자알 ···흐흐 잘 받을게.

자모 (슬그머니 포도 쟁반 들고 부엌으로)

자부 (아내 돌아보고)

슬기 (아무 상관없이)할머니이이.

자모 (돌아보며)으응(맥없다)

슬기 망고쥬스 없어요?

자모 왜애. 있어있어. 주까?

슬기 네에··(하고 그림 도구 챙기며)쥬스 먹고 이 닦고 책 보다 자야지.

자부 ····(가만히 보며)····

S# 연주회 인터미션 스탠드 파티 홀

　　[한 코너에 몰려 있는 남자들 사이에 김회장. 서로 인사 나누고 아들

들 인사시키는 것 받고 하다가 다 같이 크게 웃고는 하는 그림. 준구 포함.]

[다른 쪽에 여자들··은수/시어머니 지시로 여인네들에게 인사하기 바쁘고/이모 다른 할머니와 손잡고 오랜만 안부 인사가 다정하고·· 그러는데 60대 디자이너 끼어들어 준모에게 인사하고 준모/활짝 반가와하고/]

S# 음악 홀 복도

허 왜 그리 토옹 안 나오세요. 사모님 저 미워하시나봐아.

준모 호호··나갈 일이 있어야 나가죠오오.

허 우리 한복 좀 살려주세요오. 사모님같은 분이 자주 입어주셔야 우리 한복이 날개펴고 비상하죠오오.

준모 허선생 날개 펴고 뉴욕으로 빠리로 맹활약이시던데요 뭐.

허 (멈추며)아으 우리끼리만 기를 쓰면 뭘 해요. 결혼식 부모 아니구는 입어주지를 않으니 힘빠져 죽겠어요오. 좀 도와주세요.

준모 내가 어떻게 내가 무슨 힘이 있나요.

허 그래서요 사모님 제가 담달 초에 패션쇼가 있어요.

준모 (끄덕이며)아아 초대장 보내주세요.갈께요.

허 아으 감사합니다 감사합니다 사모님,

준모 (웃으며)아으 뭐 내가 감사하죠오오오.손 씻으러(안 들어가요?)

허 (오버랩)네 저기 그런데 사모님 제가 특청이 있는데요.

준모 ??

허 새며느님 제 무대에 좀…

준모 ??

허 볼 때마다 제가 아주 감탄을 해요. 기품있고 고아한 우리 옷을

너무너무 아름답게 소화할 수 있는

준모 (오버랩)허선생.

허 네 사모님.

준모 무리라는 거 알고 이러시는 거죠?

허 네 알죠오오 알면서도 너어무 탐이 나니까 제가 이렇게

준모 (오버랩)안됩니다…미안해요…(어디까지나 웃으며)

허 그렇게 단칼에 자르지 마시구 사모님

준모 안돼요…우리가 그래요 미안해요 허선생.

S# 인터미션 스탠드 파티 홀

[웅성웅성 속에서]

[이모 지시로 아직도 인사하고 있는 은수.]

준구 (남자들 사이에 서서 한번씩 아내 쪽 돌아보고)

[준구 시선으로 은수 모습.]

S# 어느 슈퍼 앞 의자에서 소주 마시고 있는 태원……

S# 원룸 근처 길(밤)

광모 (현수와 같이 걸으며)지 집으로 보내애.(강아지 한 마리)

현수 ….(나머지 한 마리)

광모 불편 안하냐? 뭐야아 지집 두구 왜 너한테 들러붙어 덥게 구냐구.

현수 나 안 더워.

광모 ?? 내가 덥다 내가…이건 완전히 종이야 종. 문서없는 종.

현수 …..

광모 좀 쿠울하면 얼마나 좋으냐. 그럼 나두 진짜 미안한 맘으루 깊이 반성할텐데 애가 너무 노대기로 저러니까 남아있던 정두 급속

하게 사라진다.

현수 너같은 인간 정말 싫어.(걸음 멈추며)

광모 ??

현수 저 좋은 건 저혼자 다 해야하는 것들. 저 하구 싶은 거 하느라 지가 망치구 어질러 논 건 다 딴 사람더러 치우라 그러구 저 싫은 건 안하겠다는 것들.

광모 아니 이 그게 아니라

현수 (오버랩)재수없는 자식.(걷기 시작)

광모 ....(멍해서 보다가 따라붙으며)야 나는 너 위해서 한 말이야아 아. 니가 힘드니까 지 집 두구 왜

현수 (오버랩)개 지금 나한테서 지혈하구 있는 거야 야!!

광모 ?? 지혈? 어디서 피나오구 있어?

현수 지 집에 가면 엄마 아버지에 매일 몰려오는 이모들에/결혼식 장에서 소박맞은 애가 있을 데야? 너 진짜 이럴래? 너 나한테 소박 맞구 싶어?

광모 ....(멍하니 보는)

현수 포차에선 봐주라더니 너 귀찮으니까 보내래?주하한테 최선 다 해 너. 죽으라면 눈 뒤집구 자빠지구 기라면 네 발루 겨.주하가 원하는 한/ 넌 해야 해.

광모 (아아 난감)...

현수 (광모가 잡고 있는 강아지 끈 잡으며)이리 내.

광모 (피하는)알았어. 놔 둬.. 하께..(같이 걷는)

현수 .....

광모 ....

둘   ....

광모   (눈치 보는)

현수   (상관없고)

광모   내가 정말 내 첫째 소원은 너한테 안 까이구 평생 니 옆에 있는
       거다.

현수   ....

광모   알잖어 엉?....엉?...엉?(들이대듯)

현수   병원 안나가?

광모   나가야지이. 아아아 세계여행가나 될 걸 재미없다. 여행지 마
       다 하룻밤 사랑/부담없이 즐길 수 있는데··

현수   (무시하고)....

광모   핸드폰에 여자들 사진이랑 이름 좌아악 저장하면서....(눈치
       보며)

현수   ....

광모   그럼 주하가 자자 그러면 나 그거두 해야하냐?

현수   (멈추고 쏘는)···

광모   (괜히 하늘 보며)비 올라나아아아

S# 태원의 거실

태원   (비틀거리며 들어오고 있다)

태모   (아줌마한테 머리 찍찍이 마는 것 맡기고 있다)아니 (아줌마 손 밀
       어내고 일어나며)아니 얼마나 마셨길래··(아들 쪽으로)몸 상하게
       에.웬 술을 이렇게 잡쉈어 이 사람아아.

태원   ···(서며 고개 아래로 꺾고)···

태모   뭐야. 책이 안 팔려? 광고가 자꾸 떨어져 나가?

태원   ...

태모   그냥 편하게 건물관리나 하구 이이쁜 경매 물껀이나 잡아들
      이면서 편하게 살자니까 그깐 잡지는 뭐하러 시작해서는

태원   (오버랩)왜 그러셨어요.

태모   ??

태원   (보며)왜요.

태모   밑두 끝두 없이 무슨 소리야.

태원   왜 그러셨어요오!!(버럭)

아줌마   (물 들고 나오다)???…

태희   (제 방문 열고)???

태모   ….(멍하다가)태원아.(무슨 소리냐)

태원   슬기 외갓집에는 왜 가셨어요.

태희   (나오는)..

태모   E 어어 아아..

태원   대체 어디까지 하실 거에요. 어머니가 하실 수 없는 일이 뭐에
      요 예??

태모   (달래는)그 망할 년이 대체 왜 아직두 널 불러 내냐 말야. 채린
      이랑 같이 있는데 너 그년한테 불려나갔다면서. 채린이 맘이 어땠
      겠어 엉? 저는 잔뜩 부풀어 결혼하자 소리 떨어질 때만 목빼구 있
      는데 엉?(태희 합류)지 맘에 결정된 사내가 전처 전화에 허둥지둥/
      그 꼴 보는 여자 맘 엉?‥그게 할 짓이야?

태원   저 재혼 안해요.

태모   ??

태희   ??

태원   그 정도 생각도 배려도 없는 경솔한 여자 필요없어요.

태모   태태태태태원아.

태원   (오버랩)사랑은 커녕 좋아하지두 않아요.(아무렇게나 자조하 듯)그런 사람 어떻게 같이 살아요.

태희   얘

태원   (오버랩)단념하시구 제발 저 슬기 엄마한테 창피하게 만들지 마세요.

태모   고년이 이러니까 내가 질색팔색을 하는 거야아아!! 그년만 보 면 사단이 나니까아!!

태원   (오버랩)어머니이!!

태모   ???(뒤로 주춤 상체)

태원   (오버랩)그만큼 하셨으면 됐어요!!!(정말 올랐다) 이제 그만하 시라구요 예? 어머니 때문에 우리 못살았어요!! 어머니 때문에 슬 기한테 못할 짓 했어요!! 어머니 때문에 보내기싫은 사람 떠나 보 냈어요. 어머니 덕분에 어머니 자식 예에..한심합니다아아.(울음 머금어지는)

태모   …(잠깐 보다가 부드럽게)그래 에미가 죄가 많다응. 모오든 게 그저 다 내 죄야 그래..그저 내가 다 뒤집어쓸테니까 그만 올라가 쉬어라 응?

태원   허..허허허허허허 허허허

태희   (오버랩)진상 그만 부리구 올라가.

태원   (손바닥으로 탁탁 제 가슴 두 번 때리고)여기이/.....멈추면 그만 이에요. 눈감으면 다아..모든 것이 다 끝입니다..예.....(잠시 흔들흔 들)아아아아아 그만 죽어버리구 싶다아아…그런 맘 들게 하지 마세요..부탁입니다..

태모　....(아들 보며)

태희　너 그게 무슨 공갈이야.

태원　(계단 쪽으로 그냥 움직이고).....(계단 초입에서 비틀)

태모　가봐(딸에게)

태희　재 나한테도 감정 있어어..계단에서 밀면 어떡해.

임실　내가 하께..(태원에게 가 잡아주고)

태원　감사합니다아아..고맙습니다 아주머니..(올라가는).....

태모　.....(보고 있다가 소파로)촉새같은 년. 주둥이를 으깨놓던지 그냥.

태희　(따르며)건 너무 했다 그랬잖어. 채린이 입장 봐서 참으랬더니
　　　못말려 노인네.

태모　저것들 끊어진 게 아니라니까. 수시루 전화질 하는 게 맞다니까.

태희　통화기록 떼보는 거 알아봐?

태모　(푹 앉으며)어이구어이구우우우 나는 어떻게 평생을 순진하냐
　　　아. 평생 순진해. 평생 속아..

S#　태원의 침실

태원　(침대에 어푸러진)

임실　(아무렇게나 벗은 옷 챙기고 있는)

태원　죄송합니다 아주머니...죄송합니다아아....

임실　(안됐어서 보며)....

S#　주방

태희　(엄마 잔에 전통주 따라주며)꽁생원이라 진짜 접을지두 모른다
　　　니까? 경솔한 여자 싫다잖어.

태모　(술잔 집으며/선 채)술김에 한 소리 뭐얼..걱정마. 다 익었어. 뜸

만 들면 돼. 영 싫으면 저 인사가 그렇게 봐? 여태 두 번 본 적 있어?

태희　채린이가 좀 그렇기는 했어 엄마. 어 저 얘기는 하는 거 아닌데 애가 경솔하다 그랬거든? 하하 아직 엄마를 모르는 거지이.

태모　(술잔 놓으며)누구 위해선데..에미가 하는 일은 그저 하나서부터 다아아 새끼 위해선 거야. 여기서 파토나면 어떡해영? 채린이 만한 애 얘/ 오십년 기다려두 다시는 없어 내가 장담해. 따러.

태희　오십년이나 더 살라구?(따르고)

태모　아이구 이 산삼쟁이 왜 소식이 없어어.

임실　(들어오는)

태모　(술잔 들고 움직이며)감닢차 우려 얼음 너 갖다 주지.

임실　예에.

S#　거실

태모　(팔자걸음으로 침실로 가며 한숨 같은 호흡)주정두 느는구먼. 에미한테 공갈두 치구우우… 지 애비 닮어 못나 빠져갔구는..

S#　태모의 방

태모　(들어와 술잔 놓고 고쟁이 바람인 채 침대로 기어 올라 술잔 집어 들고 마시는)….(술잔 내리며)그년이 들이받으랬겠지 흐훙..

S#　김회장 거실

[음악회에서 들어오고 있는 일가족.]

이모　(마중 나와 인사하는 가정부에게)엉엉 나 국화 차 좀.

가정부　네에..

이모　김회장 고마워요. 너머어 좋았어요. 나 지휘자한테 반해서 울렁울렁 쉬이 잠이 안올거 같아 국화차 한잔 마셔줘야겠어요.(주방으로)

238

김 허허허허 아직두 울렁거릴 수 있는 가슴에 경하를 보냅니다 보살님.

이모 (돌아보며)어째 비웃는 소리로 들리누.

김 하하 아니에요 아닙니다. (들어가는)

은수 안녕히 주무세요 아버님.

김 E 오냐..

준모 올라가라.

준구 네.

은수 안녕히 주무세요.

준모 그래.(들어가고)

준구 (상의 벗으며 운동실로)나 좀 뛰어줘야겠어. 과식했어.

은수 아니라더니.(따르며)

S# 운동실

준구 (들어오며 옷 벗어 은수 주기 시작하는/은수는 받고)

준구 (그러다 문득 은수 당겨 안으며)역시/ 당신 광채는 어떻게 할 도리가 없드군. 당신 주위로 무지개 광채가 삼미터는 쫘아아악 둘러싸고 있는데 아아..새삼스레 뿌듯하더라.

은수 아 오글오글. 나..성모 마리아?

준구 성모 마리아한테는 /(입 쪽 맞추고)이럴 수가 없지. 벼락 때리니까.

은수 까르르르르.

S# 은수 침실

은수 (옷걸이에 남편 옷 걸다가 멈추고)·····(옷 걸고 핸드백에서 전화 꺼내 들고 드레스 룸 거쳐 화장실로)

S# 화장실

은수 (들어와 욕조 가장자리에 자리 잡고 앉아)....(전화 내려다보며)....

S# 김회장 침실

준모 (침대 위에서 베개 만지며)한복 쇼에 모델로 세우구 싶다구요.

김 (기대앉아 와인 글라스 집어 들다가)??(돌아보는)

준모 안된다 그랬어요..그렇잖어두 말꺼린 앤데...

김 그 참 물색 모르는 사람이구먼.

준모 앞에서는 이쁘다 너무 곱다 그래놓구는 자기들끼리 소근대구
..애 데리구 다니는 거 너무 눈에 띠어서....

김 질투야 질투 시기(마시는)

준모 키는 왜 그렇게 커서.. 애 옆에 있으면 나랑 언니 여엉 볼품없
어 보이구.

김 허허허허..

S# 욕실

은수 (전화하며 찢어지게 울고 있는)미안해 엄마..이말 밖에는 할말이
..없어...

자모 F 괜찮어 은수야..괜찮어어. 얘... 애애.

은수 (오버랩)나 아니면 그런 일 당할 이유가 없는데.. 나 때문에 엄
마랑 아빠....미안해 정말 미안해..

S# 안방

자모 (남편 앉아 있고/잠자리에서)괜찮다니까아아? 니 언니가 그랬
어 은수야..다른 세상 사람이니까 신경쓰지 말라구..그래서 나 신
경 안써..(은수 우는 소리 새어 나오고)..얘...은수야....에미야..(남편에
게)얘 울어 여보..당신이 달래애.

자부 그러다 김서방보면 어쩔려구‥그만하구 끊으라 그래.

자모 너 그러다 김서방 보면 안된다구 그만 끊으래 은수야.

S# 욕실

은수 (전화 끊고 두 손으로 입 막으며 우는)‥‥

F.O

S# 시내 어느 카페(다른 날 낮)

은수 (앉아 있고)‥‥(찻잔은 그대로)‥‥

채린 (잠시 후 들어온다‥‥은수 찾아내고 은수 자리로 가 서는)

은수 (보는)‥‥

채린 슬기‥‥엄.

은수 맞아요 앉으세요.

채린 (앉는)‥‥

은수 (가만히 보며)‥‥

채린 (보며)‥‥

두 여자 ‥‥‥

제5회

S# 시내 어느 카페(다른 날 낮/4회 마지막)

은수 (앉아 있고)……(찻잔은 그대로)….

채린 (잠시 후 들어온다……은수 찾아내고 은수 자리로 가 서는)

은수 (보는)….

채린 슬기….엄.

은수 앉으세요.

채린 (앉는)……(소지품 따로 놓는)

은수 (가만히 보며)….

채린 (보는)….

두 여자 ……

S# 같은 카페

　　　[찻잔이 놓여지는 중.]

은수 ….(놓여지는 찻잔 보며)….

채린 (같은 시선)…

은수 (시선 들어보는)‥

242

채린 (거의 동시에 함께)

은수 …(찻잔 들어 한 모금 마시고 내려놓으며)우리 슬기/데려가고 싶
　　다 그랬다면서요.

채린 네..

은수 (보며)내가 데려가요. 삼학년 쯤으로 예정하고 있어요.

채린 …(보며)

은수 낳지 않은 아이 키우는 일 나도 잘 몰라요..어떤 마음인가요.
　　어떻게 얼만큼 챙겨줄 수 있을까요..

채린 그게….같이 지내다 보면 서로 친해지고 정도 들고 …기른 정이
　　라는 거두 있다니까요.즈이 부모님두 한살이라도 어릴 때가 좋다
　　구..(하다가 좀 기막힌 듯 웃으며)그런데 안주신다면서..저…면접시
　　험 치는 거같은/그런 기분이 들어요.

은수 (오버랩)아니 그런 건 아니에요..부탁할 게 있어서요.

채린 (보는)

은수 그저께 내 전화/ 슬기아빠 대신 받았었죠.

채린 ..네.

은수 그걸 할머니한테 얘기했드군요..

채린 ….네.

은수 슬기 할머니/나에 대한 감정/최악인 건 혹시 아시나요?

채린 자세한 건 모르지만 대강 짐작은…..

은수 할머니 우리 친정에 오셔 난리치셨고 언니가 슬기아빠 만나
　　싫은 소리 했대요.슬기아빠 아무 말 안해요?

채린 아뇨…(보며)

은수 우린 헤어진지 한참 된 사람들이구 난 다른 집안 여자에요. 그

렇지만 태원씨하구 나 사이에는 슬기가 있어요·· 슬기 문제로 같이 고민하고 의논하는 건/ 두사람 공동 책임이고 ··권리에요.

채린 ····

은수 아이 문제로 한번씩 만나야 할 때 마다 굳이 채린씨한테 비밀일 필요도 없고 또 굳이 채린씨 허락을 받아야할 일도 아니에요. 그런데 할머니는 모르셨으면 해요. 아시면 우리 쪽만 아니라 슬기 아빠도 괴로워져요. 혹시 같은 상황 또 생겨도 할머니한테까지 전달되는 일 없기 바래요.

채린 ···(보며)

은수 무슨 얘긴지 이해하죠.

채린 (오버랩)제 생각은 슬기 저하구 태원씨한테 맡기시고 정리하시는 게

은수 (오버랩)안보낸다니까요.

채린 슬기 엄마는 재혼한 남편이 전처 만나구 다니는 거 괜찮겠어요?

은수 ··그건 불쾌한 의미로 들리네요.

채린 둘 사이가 나빠서 헤어진 거 아니라면서요. 당연히 신경쓰이죠.

은수 신경 안 써도 돼요. 약속해요.

채린 ····

은수 우리는 그냥 슬기 가운데 두고 공동으로 풀어야하는 숙제를 가진 사람들/친구일 뿐이에요.

채린 ···(보며)

은수 E 슬기 데려가겠다는 거

은수 그만 두세요. 보낼 생각 없어요.

채린 ····(보며)내 전화···태원씨가 가르쳐 줬어요?

244

은수 ...네..

채린 ...(찻잔 집어 올리는)...

은수 ....(가만히 보며)

S# 어느 백화점 명품 구두 가게

태희 (구두 여러 켤레 내놓고 신어보고 있는 중)....(몇 걸음 걸어보며 거울에 비춰보다가)아니다. 비슷한 거 있다. 비슷한 걸 또 사서 뭐해... 아이 신경질 나. 왜 마음에 딱이 없지?(점원 지쳤다)내 신발요.(점원 얼른 대답하며 태희 신발 놓아주고/바꿔 신는)

[핸드백에서 전화벨.]

태희 (꺼내서 누구지? 받는)누구세요.

은수 F 슬기 엄마에요.

태희 ?? 어 오랜만이다. 무슨 일이야? 나하구 전화할 일이 뭐있어?

S# 운전하는 은수

은수 이제 제발 그만 좀 하시라구 전해주세요. 다시한번만 또면 나두 가만 안있어요.

S# 백화점 구두 매장

태희 ?? 얘가/ 야아 진짜/야 너 그게 무슨 공갈이야. 가만 안있으면 어쩔 건데.

은수 F 유치하지만 나두 당하기만 하지는 않겠어요.

태희 너 옛날부터 유치했어. 어떡할 건데..

S# 차 안

은수 .....

태희 F 어떡할 건지 말해봐 어디 엉?

은수 애 아빠 편하게 재혼하게 할려면 나 건드리지 말아요.

태희　F 뭐라구?

은수　꼭 전하세요.

S# 구두 매장 통로

태희　(매장 나서면서 흥분)니가 이러니까 늬들이 이러니까 울엄마가
　　가만 안 있는 거란 말야. 이딴 전화 안해두 너 태원이 안 놔주구 수
　　작부리는 거 다 알아. 뭐 태원이 재혼한다니까 실망이니? 무슨 심
　　뽀야 너.

S# 운전 중 은수

은수　말 안되는 소린 거 알죠?

태희　F (빽액)그거 아니면 뭐야 너!!

은수　그 여자한테 내가 그 집에서 무슨 일을 어떻게 당하구 살았나
　　있는대로 다 얘기해 줄 거에요. 나 겪은 일 전부 다요.

S# 백화점 에스컬레이터 쪽

태희　(멈추며)얘.너랑 채린이는 근본이 다른 걸 모르는구나. 걘 꽤
　　있는 집 무남독녀야. 너처럼 거기로 호박씨도 안까고 독하지도 않
　　아. 너무너무 예의바르구 순하고 착해. 엄마랑 얼마나 좋은데 얘가
　　무슨 헛소리야. 흐흥. 해볼테면 해 봐.

S# 운전 중 은수

태희　E 걔 곧이 안들을 걸? 나는 입 없고 엄마는 바보니? 너 정신병
　　자 만들기 간단해.훼방놓지 마 야.

은수　(오버랩의 기분)이런 전화할 일 다시 없기 바래요.(끊는)

S# 백화점

태희　(끊긴 전화 내려다보며)이게 어디서 지가 먼저 끊어 (걷기 시작
　　하며)그지같은 년.(지나다 보는 손님들)··(모르는 척)

S# 패턴실

[앞의 재단사를 다른 사람으로 바꿔주시고/ 먼저 재단사는 패턴사로 바꿔 갑니다.]

[패턴사와 현수 넓은 책상에 마주 보고 앉아 있고 /패턴사 호칭은 실장입니다. 테이블 위엔 잡다한 스크랩북과 잡지책 / 각종 털 견본들 산만하게 펼쳐져 있고 /]

[패턴사 샘플 옷 미싱 마무리하고. 겉 원단에 패딩 함께 박은.]

실장　현수씨 여기 넣을 리본 줘야는데?

현수　(테이블에 앉아 이것저것 만져보고 있다가) ? (일어나 리본 통에서 까만색 리본 롤 두 개 꺼내는)지금 이것밖에 없는데… … 좀 두껍겠어요.(미싱 옆으로 다가가 강아지 옷 허리춤에 대보고/ 가위 집어 리본 세로로 조심스럽게 잘라내기 시작하는)

실장　(혼잣말처럼)이거 고무줄 넣으면 비치지 않을까?

현수　(안 보며)안 비치더라구요.(문득)잠깐요.(단축 찾아/귀와 어깨 사이에 전화/가위질 계속하며)오현순데요.사장님. 평직리본 그거 미리수가 어떻게 나오죠? /(네에)평직 하나밖에 없는 거죠? 이사 (24미리)요 (어 그럼) 이사보다 하나 작은 게 얼마예요. 18 미리요. 알겠습니다.(끊고 가위질 계속) 일팔로 오더해야겠네요.

실장　(옷 보며)이거 양쪽으로 구멍을 낼 필요는 없죠.

현수　(가위로 자르다 /들고 다가가보는)한군데서 양쪽끈이 나오면 돼요.

실장　(리본 잘라지는 거 보며)그 정도면 될 것 같은데요? 중간에 고무줄 넣을 꺼니까 그렇게 길지 않아도 돼요. (리본 아랫단 잡아주면)

현수　(가위로 싹둑 자르는)

실장　(리본 받아 미싱에 놓고 약간 미심쩍다)이게 주름이 잘 나올라나

모르겠네‥

현수　리본 묶는 것까지 연구해 놨어요.

실장　어련하시겠어. 근데 현수씨는 항상 어려운 것만 갖고 오니까
　　아주 내가 죽겠어.

현수　패턴을 워낙 잘 만들어 주시니까요.

실장　그럼 내 일 어려운 게 내 탓이네?

현수　그런 거죠.

실장　(소리 내어 웃어주는데)

　　[문자음.]

현수　(보면)

은수　E 언니 바빠?

S#　어느 카페 앞

현수　(빠른 걸음으로 와서 카페로)

S#　카페 안

현수　(들어와 찾는데 없다. 자리 잡고 앉으며 전화 꺼내며 무심히 출입구
　　보고 전화 도로 집어넣는다)

은수　(들어와 현수 자리로/핸드백 놓고 앉는데)

현수　그 여자는 뭐하러.

은수　어떻게 생겼는지 궁금하기도 하구.

현수　무슨 상관이야.

은수　우리는 슬기 때문에 한번씩 만날 일 있을수 있으니까 경솔하
　　게 꽈바쳐 문제 만들지 말라구. 경고.

현수　‥‥(보며)

은수　애 데려갈 생각 하지 마라. 안 보낸다‥

현수   뭐라 그래.

은수   왜 데려가야하는지 데려가 어떻게 키울 건지 아무 생각이 없어. 남자가 좋구 꼭 그 남자 여자가 되겠다 그럼/걱정마라 잘 키우겠다든지 잘 크게 열심히 노력하겠다든지 일단 그런 자세라야/그런 거 아냐? 안되겠어

현수   자세 체크하러 만났냐?

은수   중요한 문제잖아.

현수   안 보낸다면서.

은수   안 보내.

현수   ….(보며)..(다가온 종업원)아이스 티요.

은수   레몬티. 아이스 아니구요.

종업   (인사하고 아웃되면서)

현수   (종업원 아웃과 상관없이)지 아빠한테 보내고 털어.

은수   (보는)…

현수   결혼할 때 안 받아준 니 시집이 나중엔 받아줄 거 같아?

은수   약속했어.

현수   결혼때도 했었잖아.

은수   분가할 거야.

현수   분가하면 허락할까? 그럴 거 왜 처음부터 용인 안해. 그건 꺼린다는 의미지.

은수   …(보며)

현수   적어도 태원씨 집에서는 슬기 꺼릴 사람 없잖아.

은수   새로 들어가는 여자.

현수   ….(보다가)지 할머니랑 태원씨가 보호할 거야.고모두 있구.너

는 너 뿐이야 슬기 편.

은수 (시선 내리고)…

현수 떼놓고 갈 때는 언제고 웬 집착인지 모르겠다.(핸드폰 꺼내며)

은수 평생 혼자 살았어야 한다는 거야?

현수 (메모 펜 빼 조작하며)애 안되면 안한다 그러다 했잖아.

은수 이년 뒤에 데려가‥

현수 (메모한 것 불러 보며)이제 애가 널 싫대‥ 니가 준 상처를 생각해.

은수 거기 가면 상처 안 받아? 착하면 얼마나 착할 건데. 계모/전실 자식 한계 없어?

현수 (보며)우리 집에선 학굘 안가겠다는데 다 깽판치겠다는데 방법 있어?‥‥(보다가)친구들한테 지 얘기 정직하게 하면 안된다는 교훈 얻었으니까 다신 실수 안 할 거구, 아빠랑 사니까 고아아니구 친엄마아닌 새엄마 쯤/감당하라 그래. 전부 다 누구나 완벽한 행복 따윈 없어.

은수 ‥‥(보며)

현수 보내고 완벽하게 끊어. 슬기 대학생 되면/지가 만나고 싶다면 그때 만나. 애한테도 그게 좋아‥

은수 (무슨 말인가 하려다 종업원 와 차 내는 바람에 그만두고 기다리는)‥‥‥(종업원 사라지면서)어떻게 그런 지독한 소릴 할 수 있어?

현수 (비위 뒤집어져)엄마 너/‥‥(쓰라려서) 겨우 욕하지만 한 마디 한 게 자기 딴엔 굉장한 일 한 사람이야. 우리 엄마 너 몰라?

은수 ‥(시선 내리며)다시 그런 일 없을 거야‥

현수 대체 우리가 뭣때매 그 할망구한테 그딴 말도 안되는 행팰 당해야해.이러다 나 기름통 들구가 불 지를 거 같아. 완전히 다끊어.

끊구 우리 좀 편하게 살게 해.

은수 (보며)…

현수 너 혼자 다 마셔. 더 있다가는 또 붙겠다.(챙겨들고 나가는)

은수 ⋯⋯(있다가 전화 꺼내들고 내려다보며)

S# 사무실. 편집장 자리

태원 도입부터 편하게 읽히질 않네요‥ 제품 브로셔 그대로 옮겨놓는게 아니라 기사가 돼야죠네?

여기자 네‥

태원 (웃으며)부탁해요.(하는데)

　　　[전화벨.]

태원 (보고)응.

은수 F 만났어.

태원 ⋯전화 받았어.

은수 F 뭐래.

태원 뭐 별로⋯주의받았다구⋯

은수 F 할 얘기 했어.

태원 잘했어⋯⋯슬기 엄마.(부르는)

은수 F (오버랩)나/‥당신 누나한테 전화해서 유치하게 굴었어‥

태원 ⋯⋯뭐‥어떻게.

S# 앞의 카페

은수 (그 자리에 앉은 찻잔 들고 내려다보며)할머니 다시 한번만 또 그럼 나두 가만 안있는다구. (쓴웃음)그 여자한테 당신 집에서 나 당했던 일 다 꽈바쳐 판 깨버릴 수도 있다구⋯그런데‥

S# 태원 사무실

은수　F 바로 반격 들어오더라. 나랑은 근본이 다르다면서?

태원　....

은수　F 내가 당신 안놔주구 있대·· 내가 훼방놓는줄 알어··

태원　그런 얘긴 신경쓸 거 없구···당신보기에 어때···

S# 카페

은수　.....

태원　F 응?

은수　당신 어머니 좋아하신다면서. 누나두 그런 거 같구··그게 제일 중요한 조건 아냐?···모양새도 안 이상하구 괜찮더라··당신 그만 홀아비 청산해.

태원　F ....

은수　끊어.

S# 사무실

태원　응··(끊기는 전화··전화 내리며)······

S# 카페

은수　....(혼자 티 마시면서)·····

S# 한남동으로 가는 은수의 자동차

현수　E 그거 버티고 깩이야? 애 떼놓고 갈 만큼 좋아하는 거 아니라 더니 일주일 상관에 갑자기 뺑 돌만큼 좋아졌어?

S# 자매 부모의 안방/가을 밤. 과거

은수　그런 거 아냐.

현수　그럼 뭔데.

은수　남자 괜찮아. 집안 훌륭해. 내 조건보다 얼마든지 나은 며느 리 욕심내실 수 있는데도 상관안하시고 부모님 나 편하게 대해주셔. 다시는 그런 자리 차례 안올 거야. 슬기때문에 포기하는 건 아까워.

현수 계산기 두드렸구나.

은수 꼭 그렇게 말해야 해?

현수 슬기 아빠 때 그러지. 아버지 엄마 나/똑같이 아니랬는데도 기를 쓰구 니 고집대로 해치우더니

은수 (오버랩)맞어 두번 실패 안할려구 이번엔 계산기 두드렸어 왜‥잘못이야?

현수 두드려봤더니 슬기 팽개쳐두 엄청 남는 장사라?

자모 (오버랩)그러지 마아아.

자부 (오버랩)왜 그래(현수 나무라는)

현수 왜 꼭 뻑적지근 있는 집 자식이래야 해. 세상에 널린 게 남잔데 왜 꼭

자부 (오버랩)지가 고른 거 아니잖어. 저쪽에서 목매구 쫓아다닌 걸 그렇게 얘기하는 거 아니지이.

자모 (오버랩 달래듯)은수는 사주가 귀부인이라구 했어어.

은수 (오버랩)세상에 널린 게 남잔데 언닌 왜 그러구 있어.

현수 ??

은수 나 두 번 갈 때 언니는 왜 이러구 있냐구.

현수 넌 어떻게 그렇게 남자 인심이 좋은데.

은수 무슨 취급을 하는 거야 대체!!

현수 자식한테 잡힌 옷고름 가위로 자르고 남자랑 야반도주하는 과부랑 똑같아.

은수 ????

현수   남자가 그렇게 좋니?

은수   ??

   [현수는 그냥 드라이하게 툭툭. 은수는 점점 약이 오르고.]

자부   동생한테 그게 할 말이야?!!

현수   말하자면요.

자부   (오버랩)말하지 마. 말하지 말구 입 다물구 있어. 묻는 말두 반은 떼어먹는 애가 왜/···(현수에게 눈총 주며)

현수   ···(그만두고)

S# 한남동 집 앞

   [대어지는 은수 차··]

은수   (내리고)

자모   E 그냥···평버엄한 보통 사람.(관리인 인사하고 차로)

은수   (집으로)

자모   E 착한 사람만나···슬기두 같이···그럼 얼마나 좋아.세상에 착한 사람두 많은데···솔직히 나는 별루야 은수야.

S# 태원의 거실

태희   (쇼핑백 두 개 들고 들어오면서)엄마아아아···

S# 주방

태모   (식탁에 아줌마가 봐온 식품들 쌓아놓고 계산서 가격과 숫자 대조하고 있는)무슨 채소값이 이렇게 비싸아아··시금치가 왜 한단이야 여긴 둘로 돼 있는데

임실   (야채들 속에서 시금치 하나 꺼내 놓는)

태모   그래. 있어야지(계속하는데)

태희   (들어오며)뭐하느라 전활 안받아아아아

태모 전화 북망산천 갔어.

태희 또 집어던졌어?

태모 자살했어.

태희 엥?

태모 통화하구 놨는데 목욕물에 빠진걸 몰랐어.깝데기 벗겨 금방 드라이루 말리구 껐다키구 별짓 다했는데 먹통이야.

태희 집 전화두 빠트렸어? 안받던데?

태모 씻구 나와 소주 반병 먹구 죽여놓구 잤다. 니 에미 요 며칠 밤 잠 못잔다니까 귓구멍 맥혔냐?

태희 집에 강도 들어 엄마랑 아줌마 묶어놓구 집 터는 줄 알았네.

태모 아이구 헷갈려 죽겠네. (오버랩)말 시키지 마.

태희 (오버랩)엄마 혈압 터질 일 있어. 궁금하면 나와.

태모 ??

태희 (나가며)아줌마 아이스커피 좀 만들어요.

임실 예어.(시큰둥)

태모 (계산서 든 채 따라 나가며)뭐야또. 태원이 녀석 판 두드려 엎었대?

S# 거실

태희 (소파로 움직이며)엄마 하는 거에 달렸어.

태모 ??? 무슨 소리야 이 기집애야. 내가 뭐얼.

태희 ……(빙글거리며 소파에 앉아 한 발 잡고 발가락 주무르며)나 쪘나 봐. 구두가 째여.

태모 (부르르르 소파에 앉으며)내가 뭐얼.

태희 (발 만지며 오버랩)오은수 친정에 쫓아간 거 잘한 거 아니랬지.

태모 아 뭔데에에.

태희 나 걔 전화 받았어.

태모 ?? 그년이 왜. 뭐라구.

태희 (발 내려놓으며)엄마 다시 한번만 그럼 태원이 결혼 깨놓는대.

태모 ??

태희 E 편하게 재혼시키구 싶으면 숨죽이구 가만 있으래.

태모 별..벼얼 개가 뜯어먹을 년같으니라구. 내가 뭐랬어응? 그년이 목적없이 우리 태원이 구멍구멍 불러내는 줄 알어? 칠푼이 니 동생 장가 못가게 할려구 그러는 거라니까?

태희 나두 그 수작 다 안다 그래주기는 했는데 그건 아닌 거 같아.

태모 아니면 뒤집어라.

태희 태원이 초쳐 지가 뭐할려구. 할 게 없잖아.

태모 나한테 복수우.

태희 ??? 그건가?

태모 이혼장에 도장 찍구두 왜 내 새끼랑 히히덕거리구 얼렸는데.그거 나 혈압터쳐 죽일라 그랬던 거야. 저 그런다구 내가 죽어줘? 나 쉽게 안 죽어주지 세월은 가지/ 그러다 얼빠진 놈 덥석 물어 간 거야. 그거두 내 약 올릴라구. 약은 올랐지.흥.사내 무는 거 보면 여시가 분명하다니까 재주는 좋아 좌우간. (하다 문득)그래서/너 뭐랬어.그거 아주 죽여놓지 가만있었어?

태희 내가 엄마 딸인데 가만 있었겠어? 너하구 채린이는 근본이 다른 걸 알아라. 있는 집 무남독녀에 너처럼 거기로 호박씨도 안까고 독하지도 않다.. 예의바르구 착하고 순해서 엄마랑 완전 찰떡궁합이다 해볼테면 해 봐.

태모 그랬더니

256

태희   (오버랩) 채린이한테 지가 우리집에서 얼마나 당하구 살았나 있는대로 다 까발려준대. 어 이 소릴 해서 내가 웃기지 마라 찰떡궁합이다 그랬다.

태모   ?? 뭘. 뭐얼 까발려.

태희   채린이 곧이 안들을 거랬어. 그리구 난 바보구 엄만 입 없냐..너 정신병자 만들기 간단하니까 꿈깨라.

태모   흥.흥흥흥흥흥흥..깔깔깔깔

태희   ?? 무섭게 왜그래.

태모   너 당장 전화해.

태희   아냐 엄마 안 건드리는 게 좋아. 건드리지 말자구 응?

태모   해 빨리?!!

태희   참아참아. 참아 엄마

S#   준구 거실

준모   (피아노 치고 있고)

김   (비스듬히 앉아 찻잔 들고 신문 경제면 보고 있고)

이모   (바닥에 앉아 붓펜으로 불경 베끼기 중)

은수   (들어오다 보고 조심스런 걸음으로 이모에게 얼굴 들이대고 웃는)

이모   (웃으며 오냐오냐)

은수   (김회장에게 눈인사하고 등 뒤로 가 귀에 대고 뭐라 소곤거리고)

김   (돌아보며 끄덕이고)…

은수   (이 층으로 올라가는데)

　　　[전화벨]

은수   ?? (놀라서 계단 뛰며 전화 가방 안에서 소리 죽인다)

S#   태원 거실

[수신거부 메시지 /가입자가 전화를 받을 수 없어]

태희   ?? 얘 전화 따는데?

태모   따?

S# 은수 침실

은수   (들어와 전화 꺼내 화장대에 넣고 드레스 룸으로 들어가는데)

   [울리는 전화.]

은수   (전화로/번호 보고……잠시 있다가 받는)네.

태희   F 어 받네. 엄마(받어)

태모   F 나 혈압 올라. 니가 해.

태희   F 뭐라구.

태모   F 해 볼테면 해 보자. 말해.

태희   F 해 볼테면 해보자.

S# 태모 거실

태모   눈에는 눈 이에는 이.(손짓으로 하라는 시늉)

태희   눈에는 눈 이에는 이

태모   까불지 마라.

태희   까불지 마라. (해놓고)뭐야아(기껏)

태모   이혼하고도 뻔질나게 내 아들 꼬여내 새새거린 주제에/딴 남
   자 생기고도 쭈욱 양다리 걸쳤던 주제에/하물며는 지금도 만나고
   있으면서

S# 은수 침실

태모   F (약간의 거리감)그집에서 그거 알면 너는 온전할 거 같아 이
   배워먹지 못한 것아?

은수   (전화 끊고 드레스 룸으로)

258

S# 태모의 거실

태희 (엄마 보며)….

태모 해. 왜 안해.

태희 그렇게 한꺼번에 하면 어떻게 옮겨.

태모 새대가리야?

태희 이혼하구 만나구 남자 생기구두 만나구 지금도 만나면서 누구 한테 협박공갈이야. 너 죽구 싶어? 그거 니 시집에서 알면 넌 무사 할 거 같냐? 어디서 공갈협박이야 엉?··여보세요··오은수 죽었니? ···(핸드폰 보고)얘 끊었어.

태모 어디까지 듣구 끊은 거야.

태희 몰라.

태모 이러언. 여태 먹은 쌀이 아깝다.

S# 은수 드레스 룸

은수 (옷 갈아입을 준비하는데)

[울리는 전화벨.]

은수 (나와서 전화 들어 보고 아예 전원을 꺼버리고 드레스 룸으로)

S# 집으로 가는 길(저녁이 시작되고 있다)

현수 (자전거 타고 집으로)……

S# 현수 원룸

주하 (소파에 누워 아이패드 세워 들고〈크리미널 마인드〉보고 있는 중)…..

[현관 뽁뽁뽁.]

주하 (그대로)

광모 (비닐 주머니에 죽 몇 개/들어와 식탁으로/죽 꺼내며)특전복죽 다섯 개.이거 왜 이렇게 비싸냐. 단호박죽 두 개. 야채죽 세 개.합이 열 개.

주하   ……

광모   냉장고 너야지.

주하   ……

광모   (죽 냉장고 넣으며)현수가 굶기냐?

주하   조용히 좀 해라.

광모   ……(입 다물고 죽 다 넣고 주하 옆으로/기웃이 보며)어어 이거? 난 몇 개 보다가 싸이코들 범죄 너무 끔찍해 그만뒀어. 하치가 매력 있지 왜.

주하   (눈은 화면에/손가락 하나 입에/조용하라고)

광모   ……(잠시 더 보다가)꿈자리 어지럽게 뭐 이런 걸 보냐. 안 무서워?…난 디게 무섭던데……야야 보지 마 보지 마.(아이패드 집어내려 하며)

주하   왜 이래애‥(잡으며)

광모   이런 거 니 인생에 도움 안돼. 니가 무슨 범죄 심리학자거나 프로파일러라면 혹시 모르는데

주하   (오버랩)싸이코 중에서 제일 으뜸인 거 골라 너한테 고대로 해줄라 그래.

광모   ??

주하   제일 잔인하고 제일 지능적이고 제일 고통스러운 걸로.

광모   농담이 넘 쎄다.

주하   ……(물끄러미 보는)

광모   힐링에는 만화가 낫잖을까? 아무 생각없이 낄낄거릴 수 있는 거. 아니면 순정만화.눈물 콧물 짜면서 보다보면 마음이 굉장히 착해지는데. 빌려와?

주하 (화면 보며)놓쳤잖아아아.

S# 마당

현수 (들어와 현관으로)

S# 마루 주방

현수 (들어와 주방으로)

자모 (칼국수 썬 것 흐트러트려 그릇에 담고 있는 중)왔어? 다 됐어.

현수 김치는

자모 해놨어. (큰 병에 멸치 국물/옮겨놓으며)멸치 국물 짙게 뺐으
니까 물 섞어 써. 국수 익으면 푸기 바로 전에 김치 넣어 휘휘 저어
서 먹는 거 알지?

현수 (보자기 꺼내는데)

자모 국물은 들고 가‥

현수 (국수와 김치 그릇 싸는데)

자모 잠깐만. (냉장고에서 반찬 그릇 두 개 꺼내 딸에게)오징어 채하구
초마늘.

현수 (그냥 받아 같이 싸는)피아노 학원 갔다왔어요?

자모 그럼‥ 갔다와 자랑 하더라. 지 아빠네 가면 피아노 사달란다구.

현수 뭐해요.

자모 몰라‥그림 그리거나 책 보거나 하겠지. 화가가 되거나 작가가
되거나 그럴 거야 아마.(웃으며)

현수 가요.(보따리 들며)

자모 슬기 안 보구?

현수 보면 뭐해요.(움직이는데)

자부 (들어온다)

자모   아버지 들어오시네.

자부   왔어?

현수   네. (그냥 현관으로)

자모   주하가 칼국수 먹고 싶단다구..국수 밀어 줬어.

자부   그럼 우리두 칼국수겠구먼..(안방 쪽으로)

자모   호호 으응..밥두 한 공기 있어.

자부   슬기는

자모   있어..

S# 안방

자모   (남편 따라 들어오며)아주...정말 갈라나봐..(남편 시중 들면서)즈
        이 아빠하구 따루 한 얘기가 있는지 피아노 치구 와서는 지 아빠네
        가면 피아노 사달라 그럴 거래. 그럼 지 아빠가 사줄 거래.

자부   .....

자모   그건 맞는 얘기지 뭐..

자부   ....

자모   우리하구/ 사는 게 영판 차이가 나니까..아마 그런 거두 어린
        마음에 여기 보다는 거기가 낫다 그랬을 거야.

자부   ....

자모   어쩌면 애를 위해서 그게 훨씬 좋은 일일 수도 있을 거구...할
        머니만 미친 사람 아니면 차암 좋은데...하기는 애한테는 안 그런
        다니까.....설마 손주한테야 그러겠어. 자기두 사람인 거 같으면..
        (자부는 옷 갈아입기 계속하고 시중 계속하면서)

자부   ....

자모   설마 사람이 아닌 거는 아니겠지 여보..

262

자부　사람이겠지이..

자모　나는 여보..그렇게 무섭게 난리만 안치면 한번/ 붙잡고 진심으로 물어보구 싶어..

자부　뭐얼.

자모　우리 은수가 왜 그렇게 미웠냐구..은수가 뭘 그렇게 /우리가 모르는 무슨 크은 잘못을 한 게 있냐구.

자부　그걸 뭘..그거 알아서 뭐해.

자모　아무리 생각해두 우리 애가 자기 음식에 독을 타다 들킨 거두 아닐 거구(남아 있는)

자부　(오버랩)밥 줘..

자모　응..금방돼..끓이기만 하면 돼..(나가고)

자부　....(뿌우우우)....

S# 태모 주방

[삶은 게 맨손으로 들고 먹으며]

태모　내눈에 흙들어가도 안된다 그러는데 너 엿먹어라 애 꼬드겨 직장 때려치구 살림부터 차린 배워먹지 못한 걸 어떻게 이뻐해.부처 가운데 토막두 그건 못하는 일이야. 너는 그런 거 내며느리내며느리 이뻐라 할 수 있어?

태희　(같이 게 먹으며)살림을 차린 건 아니지. 그냥 둘이 행방불명돼 울릉도서 이주일 같이 있다 왔지.

태모　(게다리 쭉쭉 빨고)죽으라면 죽는 시늉까지 하던 내 새끼를/예 알았어요/예 그렇게 하죠 어머니/백번이면 백번이던 녀석을 /왼갖 요사질로 정신 흐려놔서 (딸 보며)응? 어이구우우우(한숨 같은/ 게다리 쟁반에 던지듯)혼이 반은 빠져 쫓아간 내가 (물수건에 손가락 닦으며)저년이냐 나냐 사생결단하자는데 (잠깐 비질거려지며) 눈물 처얼철 흘리면서 어머니 저 어머니 자식 안하겠습니다…어떻게 키운 내 새끼네··얼마나 착하고 살가운 내 새끼네 그걸 그렇게 만들어놨더라구. 그게 그런 요물단지야··

태희 낄낄낄 그날 엄마 들어오는데 눈이 완전히 붙어버렸었잖어. 난 벌집 건드려 온통 쏘였는줄 알았다니까.

태모 그때 생각을 하면 내가 지금두 머리부터 얼음물에 거꾸로 처박히는 거 같아. 어으 지독한 년, 어으 나쁜 년.

태희 그래두 지딴에는 우리 맘에 들려구 열심히 노력 했어.

태모 지가 어째. 다리 밑 거렁뱅이 딸년이 순진한 내 아들 홀려 하루 아침에 출세했는데 그거두 안해?

태희 (먹던 게 쟁반에 /손 닦으며)엄마 고약은 암튼 알아줘야 해.

태모 허헝 별거두 아닌게 초장부터 날 무시했어. 무시했으니까 뒷통수 갈기고 살림차리구 무시했으니까 앞통수 갈기면서 결혼했지. 내가 누군데 언감생심 어디서 겁대가리없이··어디서 누굴 잡어먹을려구허. 당돌하구 빤빤스런 거.

태희 만만한 애는 아니지.아으 냄새. 아줌마아아··이 아줌마는 밥상 차려놓구는 꼭 사라지더라. 옆에 좀 있으라 그래.

태모 아줌마아아아아

임실 E ·····

태모 아줌마아아!!!

임실 (들어오는)··

태모 대답하다 죽은 귀신에 들렸어? 제발 대답 좀 하라니까!!어디서 뭐하다 들어와요.

임실　화분에 물뿌려주라면서요.

태모　이거 좀 다 치워요. 냄새 때매 속 뒤집혀 죽겠어.

태희　(수전 물 틀어 씻으며)아으으 게는 왜 먹재서.

태모　(비닐 들고 다가서는 임실)꽉꽉 싸서 어디 머얼찌기 버려요..

임실　(건드리지 않은 게 두 마리 쟁반)저거두요?

태모　?? 아줌마 일부러 그러는 거지.

임실　아니 이 다 치우라니까

태모　(오버랩)쯔쯔쯔쯔..뒀다 매운탕 끓일 때 쓰지 손두 안 댄 걸 왜 버려 돈주구 산걸.

임실　(뿌우우/치우는)....

태모　(불끈 일어나며)게는 이게 파이야. 일어났다앉았다 밥 다 먹었다.

태희　(마른 수건에 손 닦으며)글쎄 게는 왜 먹재애애.

태모　(수전으로)맛은 있잖어.

태희　(손가락 냄새 쿵쿵/짜증)레몬이 얼마나한다구 엄만 그걸 못 사게 해 진짜.

태모　....(씻으며)

S#　현수 원룸

[김치 칼국수 식탁.]

광모　(칼국수 국물 떠 맛보고)현수랑 결혼하는 놈은 일단 먹을 복은 있는 거다. 손맛이 제법이야. 니들 그거 알어? 인물 좋은 여자는 소박맞어두 음식 맛 좋은 여자는 아무리 박색이래두 소박 맞을 일 없다.

주하　지엄마 면에 지엄마 김치에 지엄마 국물에 끓이기만 한 건데 소박씩이나 끌어부쳐 추켜줄 일은 아니다.

광모 음식 손맛은 엄마한테서 딸로 고대로 받는 거거든.

주하 실험적으로 통계학 적으로 증명된 거냐?

광모 니가 한 말인데?

주하 (보는)

광모 너 내 오피스텔 난장판 만들고 이름만 볶음밥 해 놓구

주하 (오버랩)아 그래. 울엄마 음식 꽝/ 유전이다 그랬어. 내가 한 말 맞어.

현수 (일어나는)

광모 지가 해놓구 뒤집는 건 웃기는 거지.

주하 현수는 덮어놓고 백점 때려주는 거 꼽아서 그랬다.

광모 솔직히 쟤 (돌아보며)빠지는 거 없잖아.(하다 멈추는)

현수 (소주잔에 반쯤 따르고 있다)

광모 야 나두 한잔 주라.

현수 (그냥 소주잔 들고 식탁으로)

광모 야 (나)괜찮어어.

현수 너 주면 얘 나두 괜찮어 할 거 아냐.

주하 나두 괜찮아 현수야.

현수 닥치고 국수나 먹어라들.(혼자 컵 비워놓고 국수로)

주하 닥치고 먹으란다.(국수로)

광모 엉..(먹으려다 소주 빈 컵 들어 고개 젖히고 털어넣는/아예 흔들기 까지)

　　　[현수와 주하 모른 척/ 광모도 그만두고 먹기 시작/잠시 사이.]

광모 (돌연)후루룩 후루룩.(국수 빨아 들이는)

주하 현수 (동시에 본다)

266

광모   일본 사람들은 면을 이렇게 먹는 게 예의래. 엄마랑 시고쿠 갔을 때

주하   너 일본 녀석이야?

광모   (현수에게)가을 타냐?

현수   (잠깐 보고 그만두고 그냥 먹는)

광모   뭐 잘 안 되는 일 있어?

현수   성가셔.

주하   …나?

현수   모두 다⋯⋯ 나까지.

둘   …(보는)

현수   몽땅 다 한심하구 몽땅 다 귀찮구 몽땅 다 …몽땅 다 그래.

둘   (보며)⋯⋯

S# 같은 원룸. 시간 경과

광모   이게 말야. 남자가 먼저 재혼하고 아이 내놔라 그런다면 무슨 소리냐. 계모한테 죽어도 못 보낸다. 난 평생 딴 생각안하구 애랑 살테니까 너 너대로 살아라. 얘기가 되는데/ 니 동생이 먼저/ 재혼 했잖아.

주하   슬기 아빠가 지금 평생 재혼안하구 애만 쳐다보며 살테니까 내노라는 거냐? 그쪽두 한다는데 누가 먼저가 약점일 건 없어야..

광모   내가 키운다 그러구 못 키우잖아. 슬기 아빠는 내가 키운다 데려가 키울 수 있는 거구. 은수가 불리하다니까?

주하   은수 이년 뒤부터 가능하다잖아.

광모   좌우간 지금 현재 상황으로는 은수가 불리한 거라구. 게다가 슬기가 지 아빨 선택했다면서. 그럼 게임 오바. 은수 완패. 깨끗이

손드는 거야.

주하 위자료 한푼 안 받고 애하나 챙겨 나왔는데 어떻게 그렇게 간단히 손 드냐. 이년 후면 데려갈 계획이 확실한데.

광모 아 참 답답하네. 애가 지 아빠한테 간다/ 시작이 그거라며. 여기서 우리가 우선적으로 존중해야하는 건 아이 의사야.

주하 그저 학교가 싫어서 그러는 거야. 학교 애들이 싫어서.

광모 그저가 아니지 박주하. 그건 아주 중요한 핵심이야. 왕따 놀림/그건 애한테 굉장한 시련이야. / 거기서부터 탈출할 수 있는 유일한 수단이 아빠다. 그걸 어떻게 그저로 가볍게 날릴 수 있어. 너 교육자 맞어?

주하 .....(할 말이 없다)

광모 너 이 모양이니까 제자 죽는다는 전화에 그래 죽어라했다 진짜 죽게 만들었지.

주하 ??? 너 당장 내가 낼 새벽 저기서(창 쪽) 뛰어내려 투신자살 시체로 발견되면 어쩔래.

광모 얘기가 왜 느닷없는 데로 빠지냐.

주하 내가 안 죽구 있는 게 너가 잘나선줄 알아?너같이 시시한 놈한테 내 목숨 바치는 거 아까워 안하는 거다.

광모 시시한 놈한테 왜 그렇게 매달렸냐.

주하 눈깔이 뼈서.

현수 (샤워하고 나오는)

둘 (돌아보고)

현수 뽀뽀 쭈쭈 올라 와 놀자아아‥랑랑이두우우.

주하 야 광모는 말이다

현수 (강아지들 챙기며 오버랩)늬둘 한 주머니에 쳐너 한강에 던지기 전에 광모 가고 넌 입 닥치고 이어폰 끼고 크마나 봐..

주하 어 야 참 개들 왜 연락 안하니. 안광모 피해녀들.

광모 ?? 얘 무슨 소리냐.(현수에게)

현수 (올라가며)효진이 전화했더라..

광모 왜,(일어나며)

주하 셋이 모여 깜직한 완전범죄로 너 죽이는 모의하자구.

광모 (찡그리고)????(주하 봤다가 현수 봤다가)

S# 준구의 거실

[준구 부모 앉아 있고 은수와 도우미. 차와 쿠키 내고 있는 중....]

이모 (나오면서)나는 국화차로 할 걸.

은수 네 이모님.

도우미 제가 할께요..(이모 찻잔 들고 들어가고)

이모 (움직여 소파로 오며)소슬한 가을 바람이 가슴으로 파고들어/ 이리 뒤척 저리 뒤척 잠들기가 쉽질 않아.

준모 (찻잔 들면서)부처님이 가을병은 안 고쳐주시나부네..

이모 부처님이 불면증 고치는 의사냐?

준모 아니이..백사에 다 부처님찾는 사람이니까.

이모 이기죽거리지 마라. 야실야실 웃으면서 너 나 이기죽거리는 거두 부처님 욕보이는 거구 악업이야. 공중에서도 바닷 속에도 산 속 동굴에도 이 세상 어디에서도 피할 곳은 없나니 일찍이 내가 지은 악업의 재앙은 이 세상 어디서도 피할 수 없나니.(앉으며 쿠키 하나 집어 드는)앉어라.

은수 네에..(앉고)

준모　차 드세요.

김　어‥(경제 주간지 말아 쥐고 보다가 놓고 찻잔 드는)

이모　(쿠키 베어 물다 문득)어 얘 참 아가.

은수　네.

이모　너 아까 외출했다 들어와서 늬 아버지 귀에 뭐라구 소근거렸니.

은수　??

김　??(잠깐 은수 보고)허허 그건 왜요.

이모　아니 이 그냥 궁금해서‥

은수　아버님 일찍 들어오셨네요 그랬는데요 이모님,

이모　…그래 별 말이야 했겠냐. 그런데 니 어머니가 피아노 두드리
느라 못봐서 말인데 ‥‥(하고 과자 씹는)

준모　??

김　왜요오‥

이모　보기가 아주 좋더라구요. 어여쁜 며늘아이 시아버지 귀에 소
곤소곤/시아버지 좋아서 싱글벙글 /보기가 좋았어요.

김　그런데요.

이모　스스럼없이 귀염떠는 며느리 이쁘기는 한데 시어머니두 여자
라는 걸 니가 모르는 거 같아서.

김　예에?

은수　??

준모　무슨 말을 할려구요.

이모　며느리 사랑 시아버지라는 거 머리로는 알면서도 시아버지 며
느리가 너머어 눈 맞추구 좋아라 하는 거 편안해할 시어머니 별
반 없을 게야. 더구나 별명이 손교양일 만큼 점잖구 조용한 니 시

270

어머니가 감추고 있는 시기 질투 발톱을 니가 전혀 모르구 있는 게 걱정이 되는구나.

준모 ???(입이 벌어지고)

김 껄껄껄껄…껄껄껄껄.

준모 아니 어떻게 애 한테 (그런 소릴)저녁 잘 자시고 왜 그래요··

이모 (오버랩)니가 아까 못봐서 그래.

김 아니 보고 안보고 우리가 뭘 어떡했는데요.

이모 너머어 좋아하드라구요. 시어머니 아닌 시이모가 실쭉해지던 데 애가 봤어봐요.아이고오 내 영감이 며느리 너머 이뻐해 보기에 좋구나 그럴 거 같아요? 나 밥값하는 겁니다. 아가야.

은수 네 이모님.

이모 시아버지를 존경하고 좋아하는 건 괜찮다만 귓속말 소곤소곤 은 너머 격의없어보여 니 어머니가 싫어할 거 같다.

은수 네 주의하겠습니다 이모님.

이모 내가 틀린 거냐? (준모에게)

준모 ….

이모 응?

준모 우리는 감히 못해본 일이지요.

이모 (은수에게)봐라.

은수 네에··이모님.

김 (잡지 집어 들며)딸 없는 집에 딸 같은 며느리가 뭐 어때서··여 자들은 뭐가 그렇게 복잡한지 골치가 아파요 좌우간.(일어나는)

이모 (은수 따라 일어나고)화나셨수?

김 아니에요 허허. 볼만한 기사가 있어 들어갑니다··<u>흐흐흐흐</u>(서

재로)

준모　차 서재로 넣어드려요?

김　됐습니다아아아.. (들어가고)

도우미　(국화차 들고 나오고/찻잔 놓여지고)

준모　그만 들어가 쉬어요.

도우미　네 사모님….(아웃되면서 은수는 않고)

이모　(국화차 잔 들여다보며)찌글찌글 말라빠진 거에 뜨건 물만 부면 다시 꽃이되니.늙은 사람두 뜨거운 물 한판 뒤집어쓰고 국화차모 양 이렇게 새로 피어났으면 좋겠다.

준모　많이 늦는댔니?

은수　(찻잔 들며)많이 늦지는 않는댔어요 어머니.

S#　어느 룸살롱

친구　아니긴 뭐가 아냐. 언제 기면 기란 적 있냐? 완전 닭잡아먹고 오리발에 고래싸움에 새우등 터진 거지.(술 마시면서)

준구　그렇게 큰 새우가 어딨냐.

친구　새우가 좀 크지 하하. 꼬박 석달 애먹으면서 골터져 죽는 줄 알 았다. 야아아아 마트에 우리 카드 안받는다구 써붙이고 배쩨란데 진짜 질기더라 종수하고 주먹다짐직전까지 갔었다‥ 기분좋게 술 마시다 종수는 내가 먼저 갈궜다 그러구 내 생각에는 종수가 먼저 갈궜구 하하

준구　집안 싸움붙으면 자식들 친구관계도 우스워지잖아. 화해는 했냐?

친구　했지.하기는 했는데 언제까질진 모르겠다. 우리 아버지 종수 네 언짢아 돌아가실라 그러니까.

준구 하하하.

친구 접때 우리 셋째형 불려와 된통 깨졌다. 우리 집은 날마다 비상이야.그래봤자 도토리 키재긴데 매출순위에 왜 그렇게 예민한 거냐. 서로 내가 이겼다 아니다 내가 이겼다 해가면서

준구 매출이 자존심이니까..

친구 (따르면서)너 이다미한테 너무 심한 거 아니냐?

준구 (보는)..

친구 걔 늬 냉장고 광고/ 최종단계서 니가 재뿌렸다면서..

준구 누가 그래.

친구 다미가. 엉덩방아 찐 기획사가 그러드래. 너때문이라구.

준구 …(그냥 마시는)

친구 지금 제일 핫한 아이야. 걔 잡을려구 모두 난린데 모르는 척하지 안 그래두 다 잡은 고기 놓쳐 분해 죽는 애한테 그럴 거까지 뭐 있어.

준구 찝찝하잖아. 우리 제품 광고에 걔 뻔질나게 나오는 거.

친구 낄낄 한 조각 양심이냐? 와이프는 와이프 여자는 여자야. 지겨워 집밥만 먹구 어떻게 살아. 그만하면 훌륭하잖아.

준구 (씨익 웃으며)집밥만 먹구 살랜다

친구 늬들 방콕서두 한침대 썼다면서.

준구 ??(보는)

친구 너 결혼 석달만에.

준구 (곤혹스러운)많이 취했었어.(하는데)

　　[노크.]

친구 네에..

다미 (들어온다)

준구 ??

친구 (일어나며)얘기해라.(일어나는 준구)나 처가 가야해. 처제 잠깐
      다니러 왔거든. 와이프랑 애 녀석 기다려.

준구 (째려보는)

친구 낼 통화하자. (문으로)다미 잘해봐라.

다미 오빠 땡큐우.

친구 (뒤로 손 들어 보이고 나가고)

다미 (준구 앞으로).....(보는)

준구 ....(보다가)너 광고 많이 하잖아.

다미 (오버랩처럼 소파/준구 앉았던 자리에 푹 앉아 준구 잔에 술 따라 단
      숨에 털어 넣고 또 따라 털어 넣고 또 따르는)

준구 (선 채 보다가 앉으며 술병 뺏는데)

다미 (순식간에 달라붙어 키스)...

준구 ....(미동도 안 하고 그대로 놔두는).....

다미 (어느 순간 얼굴 떼고 따라놓았던 술 훌쩍 마신다)

준구 .....(보며)

다미 ....(탁자 내려다보며)

S# 준구의 주방

은수 (마지막 찻잔 씻은 것 건조대에 넣고).......(돌아서 거실로)

S# 거실

은수 (나타나).....(잠시 있다가 일간지 쌓아놓고 경제 관련 기사들 색매직
      으로 고르고 있는 준모 옆으로)

준모 (문득 보고)올라가라

274

은수 네 저 잠깐 드릴 말씀이 있어요 어머니.(웃으며)

준모 ?? 그래 앉어.

은수 (앉는)…

준모 ….(보며 기다리는)

은수 이번 /금요일 토요일 이틀동안 저 외박 좀 허락해 주세요.

준모 ….이유는?

은수 아이가…제 딸애요 어머니.

준모 ..응

은수 헤어져 살면서 애가 ..저한테 많이 서먹하게 굴어요.

준모 할아버지 할머니께서 잘 보살피실텐데 왜.

은수 아무래도 절 자주 못 보니까 그런 거 같아요 어머니.

준모 ….(보며)

은수 게다가 /그런데 학교에서 상철 많이 받고 있나봐요. 외갓집에
     서 산다 그랬다가 엄마아빠한테 버려진 고아가/ 고아가 됐대요··

준모 *쯧쯧쯧쯧.*

은수 그래서 아이가/·· 지아빠랑 살겠다구 고집을 펴서 지금··머리
     가 아파요 어머니. 전 거기로는 보낼 수가··보내고 싶지가 않아요.

준모 걔 아빠는 재혼했니?

은수 아직. 곧 할 건가봐요.

준모 지가 간다면 갈수는 있구?

은수 네. 그집에서도 데려가구 싶어해요.

준모 아빠는 아이 잘 챙기는 사람이야?

은수 지금까지 단 한 주말만 빼고 매번/ 토요일에 데려갔다 일요일
     오후에 데려다 주고 전화, 문자 하루에도 몇차례씩/너무 잘 챙겨

왔어요.

준모 그런 아빠면 애를 위해서도 보내주는 게 좋을 거 같은데 왜.

은수 ·····(보는)

준모 내 생각은 그렇구나··안 보내고 싶은 이유가 뭐야.

은수 제가 엄마잖아요 어머니. 우리 아이 낳고 분가하면서 데려오 자고 그이가 약속했어요. 제가 키우고 싶어요.

준모 ····(보다가)니 마음 알겠고 아이도 측은하다만 ···분가가 쉽 겠니?

은수 ····(보는)

준모 회장님 허락 떨어져야 가능한 일인데 근석/ 약속 허사되면 어 쩔려구.

준모 E 자식이라구는 딱 하나,이 큰 집 놔두구 느이끼리 나가 살라 그러실까?

준모 니 위주로 너무 편하게 생각하구 있구나. 우리는 손주 태어날 날 학수고덴데 너는 두고 온 아이 때문에 산란한 거/ 솔직히 반갑 지 않아.

은수 죄송합니다··

준모 그래서 자식 있는 여자 재혼이 만만치 않은 일일 거야. 데리고 있어도 못 데리고 있어도 마음고생은 평생 기본일 테니까··

은수 ····

준모 (그래서)이틀 외박으로 뭐할려구.

은수 같이 있으면서···(눈물 뚜르르/고개 숙이며)얘기 좀 해볼려구요··

준모 ····(보다가)야박하게 들었니?

은수 아니에요 어머니.

276

준모 ….그래 다녀 와.

은수 (꾸뻑)감사합니다….(일어나는데)

준모 준구하고는 얘기 했어?

은수 어머님께 먼저 말씀드렸어요.

준모 그래…(스크랩으로)

은수 …(잠시 보다가 계단으로)….

S# 계단 올라가는 은수……

S# 침실

은수 (들어와 문에 기대면서)……

S# 룸살롱

다미 (마주 앉아/준구가 자리를 옮겼다. 술잔 들고 다리 꼬고)너 착해.
착하니까. 착해서 이뻐.오빠 나한테 최면 걸지 마 이제 최면 안 걸
려. (술 털어 넣고)나 나쁜 애야. 무지무지 나쁜 애야.(술잔 탁 놓고)
근데 대체 나한테 왜 이러는 거야. 내가 잘못한 게 뭐 있는데.

다미 E 나한테는 오빠가 사랑인데. 진짜 진심으로 미치게 좋아하
는 남잔데에.

준구 (오버랩)다미야.

다미 (오버랩)멋있어서/잘 생겨서/내가 좋아서/사랑하구 싶어서
사랑했는데.그래서 엉뚱한 생각안하기다 오케이/그냥 잠깐 잠자
리 파트너다 오케오케/말썽 안 피운다 약속해라/오케오케오케!!!

다미 E 그러다 하루 아침에 나가떨어져 맨날 술퍼먹구 스케줄 펑크
내 배역두 날렸는데(울음 터질 듯 보며)왜 그래. 나한테 왜 그래..도
와는 못줄망정 광고를 짤라? 그거 딸려구 회사에서 얼마나 공을
들인 건데에.

준구 다른 거 해. 너 핫하다면서. 우리 꺼 아니라두 얼마든지 있잖아.

다미 왜 안되는 건데.

준구 안된다면 안되는줄 알아..

다미 왜요!!

준구 내가 거북해. 우리 광고에 너 나오는 거 안 보구 싶어.

다미 ……(보며)

준구 왜소리 하지 마. 너는 덮어치우고 싶은 과거야. 나 우리회사 제품 광고에 나오는 너 보면서 아무렇지도 않을 만큼 선수도 아니고/ 살가죽이 두껍지도 않아.

다미 ….(보며)

준구 내가 싫다면 싫은 거야. 나 너한테 빚진 거 없어

다미 이쁘다구 귀엽다구 했잖아.

준구 이쁘지두 않은 애랑 자냐?

다미 ??

준구 이쁜 게 유셀 건 없다. 또 /남자는 안 이쁜 여자하구두 얼마든지 잘 수 있어.

다미 도대체 그 여자가 나보다 난 게 뭐야.

준구 ……(보는)

다미 홈쇼핑 호스트가 탈랜트보다 비싸? 아니잖아. 난 결혼두 안했어 애도 없어.

준구 (오버랩)이다미.

다미 (오버랩)그 여자보다 내가 빠지는 게 뭐야. 나보다 그 여자가 훌륭한 게 뭐야. 왜 나는 안되구 그여자는 된 거야.

준구 (오버랩)내가/….반했어. 너한테는 그게 없었구 /간단해.

다미 ……(보며)

준구 많이 번다면서. 광고 하나 못했다구 대세 지장 있는 거두 아닐 텐데 뭐 좋은 소리 듣자구 정수까지 동원해 이러냐.

다미 ….(보며)

준구 쫌 쿠울해라 엉?

다미 (술 따르고)

준구 웬만큼 하고 일어나라. 또 스케줄 펑크내구 과로 입원 인터넷 도배하지 말구.

다미 (마시는)

준구 (일어나며)간다.(나가고)

다미 ……

S# 룸살롱 복도

준구 (룸에서 나와 몇 걸음/쟁반 들고 다른 룸으로 들어가려던 웨이터 비키며 목례/손 들어 보이며)윤사장 나왔나?

웨이터 예 과장님.안녕히 가십시오.(해놓고 보다가 돌아서며 무선 이어폰에 작게)왕자님 나가십니다.

S# 룸살롱 밖

준구 (나오고)

[누군가 따라 나오고]

[곧장 대어지는 준구의 차. 술 먹는 날은 기사 대동]

[따라 나온 직원 차 문 열어주고 준구 타고 인사받으며 출발.]

S# 차 안

준구 (핸드폰 꺼내 통화 시도)….(기다렸다가)김준굽니다사장님..예 안녕하셨어요..네..좋습니다 흐흐..저기 나 있던 방 아가씨 꽤 마신 거 같은데 수습해서 들여보내 주세요··예··예 부탁합니다··(끊고)……

S# 빌라 근처 공원(밤)

[들어오고 있는 태원과 채린.]

태원 …(바지 주머니에 손 넣고 고개 조금 꺾고)….

채린 (고개 떨궈 땅으로)……이 시간에…좀 ··우습죠.

태원 에…아뇨··우습지는 …아니에요.(잠깐 보고)

채린 (땅 보면서)갑자기…(보며 웃으며)갑자기 우욱 치밀어서··내가 이게 뭐하고 있는 건가…전쟁터 나간 남편 기다리는 여자두 아니구··하염없이……기다릴 필요없는데 괜히…부담만 주는거 아닌가….그런데·· 이 애매한 입장에서 슬기 엄마는 왜 만났어야 하나… 여러가지 생각이 들어서요.

태원 (오버랩)나는 ··나라는 사람은··원래 방이 덥혀지는데 오래 걸려요··

채린 (멈추며)덥혀지는데 오래 걸리는 방이 식는데도 오래걸린다 그러든데요.

태원 (같이 멈추고)흠흠··네 그런가봐요.

채린 ….슬기엄마가··아직 방을 안 비웠어요?

태원 …(보며)

채린 솔직했으면 좋겠어요.

태원 그 사람 남의 아내에요.

채린 솔직 안하시네요.

태원 나 때문이에요··나 자신 때문.

채린 …(보는)

태원 (벤치 있는 곳으로 천천히)

채린 (잠시 보다가 따라가고)

태원 (점퍼 벗어 깔아주는)앉으세요.

채린 (점퍼 집어 내밀며)입으세요....

태원 (받고)

채린 (앉는)....

태원 (앉으며)나는 친화력이 좋은 사람이 못돼요. 벌써 파악됐겠지만..

채린 네....

태원 재미 되게 없는 사람이지만... 친해지면 의리는 있어요.

채린 (좀 소리 내어 웃는다)친화력보단 의리가 좋아요.

태원 (보며 웃고).....(고개 앞으로)

채린 ...(보며 기다리는)....

태원 우리 어머니...지금 채린씨 대하시는 모습이 다가 아니실 거에요.

채린 ....

태원 굉장히 괄괄하구 급하시구...욕심두 많으시구...매사에..거의 부정적이시라...어떤 때는 감당이 어려울지도..때로는 이해가 안 될 수도 있어요.

채린 내부모님도 한번씩은 그렇잖아요..완전 생각이 반댈때두 꽤 있어요.

태원 ....(보며)

채린 그럴 땐 아 나는 아닌데 저렇게 생각하시는구나..그렇게 넘기고 신경 안써요.

태원 ……(보다가)슬기도 ··만약 오게 된다면 슬기도 함껜데···그녀석 도 예민한 편이에요.

채린 자신있다고는 못하지만 열심히 잘하면··괜찮겠죠.

태원 내 조건이 그다지 괜찮은 거 아닌데 채린씨는 왜···

채린 글쎄 그걸 어떻게···나쁜 남자는 아닌 거 같아서요··나쁜 남자가 많거든요··

태원 ……(보며)

채린 우리 부모님··태원씨 언제 보냐구요··

태원 ……(아 그게 있구나)····에··(끄덕이며)··

채린 (보는)··

태원 뵈야죠··우리···몇차례 더 만나구···

채린 ……(웃는)······

태원 (앞쪽 보며)가을 풀벌레들··연주회 하나봐요··(풀벌레 소리 요란)

채린 호호 네에··되게 시끄럽네요··

S# 준구네 마당

준구 (들어오고 있다. 좀 무거운)····

도우미 (마중. 목례)

준구 이 사람은요.

도우미 말씀드렸는데···

준구 (들어가는)

S# 거실

준구 (들어오는)

준모 (읽던 책갈피에 끈 넣어 닫아놓고 일어나 들어오는 아들 편으로)

준구 안 들어가셨어요?

준모 많이 늦지는 않았네.

준구 네. 쉬세요.(움직이려 하며)

준모 니 처 두 밤 외박하겠대서 허락했어.

준구 ?? 외박요?

준모 애 데려간다 그런다는 거 알지?

준구 네.

준모 애는 간다 그러구.

준구 네.

준모 이년 후 분가 약속했다면서.

준구 네.

준모 약속 가볍게 하는 거 아니야. 자신 있어?

준구 이모님이랑 같이 도와주시면요.

준모 ......(보며)

준구 (보며)뭐라 그러셨어요..

준모 모두 다 자신이 바라는대로 살아지면 얼마나 좋겠니. 쉽지 않
      을 거라구 했어.

준구 ...(보며)

준모 올라가.(침실 쪽으로)

준구 (잠시 보다가 계단 뛰어 올라가는)

S# 은수 부부 침실

은수 (작은 바퀴 가방 펼쳐놓고 이박짜리 짐 챙기는 중)

준구 (들어오는)

은수 (활짝)열두시 넘을 줄 알았는데?

준구 (오버랩)어머니랑 얘기했다면서.

은수　응. (작은 바퀴 가방 펼쳐놓고 이박짜리 짐 챙겨 넣고 있는 중/잠옷/ 속옷 화장품 등등 침대 위 화장대 것 집어다 넣으며)난 아직두 정신 못 차렸나봐. 어머님 말씀 들으니까 당신 출마공약에 깜박/ 내가 또 넘어간 거 같아. 난 왜 그러지? 한번 속았으면 됐지 두 번 또 왜 속 아.(드레스 룸으로)기분 나빠 죽겠어. 그래서 마중안내려갔어.(옷 두 벌 옷걸이째 떼어내며)어머니/ 말씀은 고상하게 하셨는데 내가 한심하신가봐. (드레스 룸에서 나오며) 애 모자란 거 아닌가‥다 읽 혔어.

준구　(오버랩)여보‥

은수　(오버랩)난 왜 의심할 줄을 모를까 (옷 접으면서)번번이 그냥 믿 고 싶은대로 믿어버려. 언니가 그러드라. 이년후는 확실한 거냐구. 언니는 항상 내 문제엔 초치는 사람이니까 그러구 말았는데 어머 니 말씀 들으면서 정신이 번쩍 들었어. 언니가 맞았다.(드레스 룸 으로 들어가며)나 또 바보짓했다.

준구　(오버랩)어머니랑 이모님 도와주실 거야.

은수　‥‥‥(모자 두 개 챙겨 나오는)

준구　걱정 마 내가 할게.

은수　‥‥(그냥 움직이는)

준구　아직도 먼 얘기잖아. 내가 한다구. (옷 벗으며)옷이나 받아.

은수　싫어.

준구　??

은수　내가 시녀로 들어왔어? 해 주구 싶을 때만 해. 의무로는 안해.

준구　나두 기분 그다지 안좋아. 알아들었으니까 나한테 맡기고 풀어.

은수　싫어.

준구　…(잠시 보다가 상의 침대에 던지고 넥타이 풀다가)싫어가 어딨어!!

은수　??

준구　우리 어머니는 아무리 불편하셔두 내색없이 할일 하셔.

은수　어머니 아래층에 계셔..나는 나야.

준구　??

은수　나 어머니 복제품 되라구? 안 그래두 점점 나 아닌 나 돼가는 거 느끼는데 아예 내놓고 어머니 판박이 요구하는 거야?

준구　??

은수　날마다 새벽같이 일어나 방싯방싯 네 어머님 네 아버님 네 이모님. 자유 시간 거의 없이 낮잠 한 숨 못자구 골프 배워라 네에/ 요리 배우럼 네에 /영어는 얼마나 하니 네에 /지압선생 연락해라 침선생 모셔라 네에네. /어떤 순간엔 내가 가정비서 취직했나 싶어. 웃다보면 아구가 아파. 그래도 표 안내고 즐겁게 즐거운 척 해. 나 사랑받는 며느리 되고 싶으니까.

준구　조용해.. 언성이 높아.

은수　이방에서는 싫으면 싫달 거야…(짐 퍽퍽 꾸리는)

준구　…(보다가 피식 웃는)어떻게 하나두 안 변하냐..

은수　….(그냥 짐 싸는)

두 사람　…

　　　　　　　　　　　　　　　　　　　　　F.O

S#　준구의 집 정원(금요일 낮)

이모　(찻잔 들다가 보는)??

준모　…(찻잔 젓는)

이모　그런 꿍꿍이가 있었던 거야?

준모 녀석이 약속했다네요.

이모 ....(그냥 마시는)...

준모 가당찮은 약속을 왜 해요.

이모 흐흥흥...지 사람 만들어놓고 보자 부도수표 떼어 준거지.

준모 근석 언니랑 내가 도와주면 되겠지 하나봐요...

이모 될 일이 따로 있지. 지가 김회장 눈밖에 나 쫓겨나면 모를까 어림없다.

준모 섯불리 지 아버지 건드렸다가 그렇게 될까봐 걱정이에요.

이모 끌끌끌끌.. 에미는 그렇지.. 자식 눈에 밟혀 괴롭지 그럼. 하물며는 개두 지새끼 분양돼 없어지면 몇날며칠을 새끼 찾아 온 집안을 헤매구 다니는데..

준모 힘들죠오.

이모 옛날옛적 나 후암동에서 키우던 송이 말이다..첫 배에 두 마리를 낳았는데 젖떨어진 새끼들 난 그냥 다 키웠으면 좋겠는데 개 싫어하던 니 형부라는 인간/집안 개판 만들거냐 생 난리에 입양보낼 수 밖에 없었어.그랬는데 글쎄 (울먹해지며)그날부터 어미가 밥두 안 먹구 물두 안 먹구 잠두 제대루 안자구 며칠을 새끼찾어 방방이 뒤지구 다니는데 내가 /송이야 송이야 애 껴안구 얼마나 울었는데..

준모 기회봐 며늘애한테...분가 생각은 포기하는 게 좋을 거라구 해 줘요.

이모 분가 /하구 싶지이이..애들은 하구 싶은 게 자연스런 거야..

준모 하나는 포기해야죠. 결혼 허락만두 얼마나 큰 맘 먹은 건데..

이모 그 아이는 참 어떻게 잘 산다니?

286

준모   (보는)···

이모   아 준구 물먹인 아이이.

준모   뭐가 궁금해요.

이모   나는 한번씩 궁금해. 양쪽 집안 홀까닥 뒤집어놓구 그러구 가
      /첫사랑하구 잘 사나 어쩌나.

준모   잘 살겠죠··

이모   잘 살어야지 그럼··사랑이 죄냐··우격다짐으로 애들 엮었던 부
      모들 잘못이지.

준모   써얼렁하네에에··숄 갖구 나오래요?

이모   뭐얼·· 얼마나 더 앉었을려구··

S# 자매 부모의 마당

자모   E 은수가 여보 슬기 데리구 이박 삼일 여행간다구 와서

S# 마루

자모   (일하던 중/탁자 옆에 쪼그리고 앉아서) 쥬스랑 샌드위치 만들어
      갖구 슬기 데리러 학교 갔어.

S# 관리실

자부   ??? 시댁엔 뭐라 그러구.

자모   F 슬기랑 보낸다구 말하구 허락 받었대··당신은 설마 은수가
      허락두 안 받구 그럴까

자부   ····

자모   F 그 양반들 정말 인품이 좋으신가봐여보

자부   뭐하러 이틀씩이나··어려운 시집인데 철없이.

S# 마루

자모   응 나두 그랬는데 여보. 괜찮대··

S# 슬기 학교 교문 밖

   [끝나고 나오는 초등학교 1학년생들·· 애들과 떨어져 혼자 타박타박 나

   오는 슬기.]

은수   E 슬기야아아

슬기   (멈추고 보는)····

은수   (슬기 앞으로 웃는 얼굴)슬기야 (나)엄마.

슬기   ···(그냥 보는)

은수   엄마 슬기랑 여행갈려구. 우리 둘이서만.두밤 자구 올 거야.

슬기   집에 가 밥 먹구 미술학원가야 하는데··

은수   (손 내밀며)오늘 하루 빠져.할머니 전화한다 그러셨어.

슬기   (엄마 손 피하는)

은수   ??

슬기   아빠는?

은수   연락했어.물론 연락했지 안했을까봐?

슬기   가래?

은수   그럼.

슬기   ···(땅 보며)

은수   ···왜··가기 싫어?

슬기   응.

은수   ····왜.

슬기   ····(보며)

은수   슬기가 엄마를 슬프게 한다. 엄마랑 여행가기 싫어?

슬기   할먼네 집에 그냥 살라 그럴라구 이러는 거잖아.

은수   ····(보며)

288

슬기   (걷기 시작)

은수   …(잠시 보다가 아이 옆으로)그 말 안하면 가는 거야?

슬기   (멈추고 보는)..

은수   응?

슬기   아빠한테 가두 돼?

은수   아직…아직/ 아직 아냐. 아직 그럴 생각없어.

슬기   곳봐. 내말이 맞지.

은수   그건 엄마랑 아빠가 의논해서 결정할 거야. 기다려.

슬기   기다리구 있어.(걸으며)

은수   그래서 안 간다구?

슬기   (돌아보며)아빠랑 같이 가면 안돼?

은수   그건 안돼.

슬기   엄마는 재미없어.

은수   (보며).....

S# 영동고속도로

   [경쾌한 영어 동요.〈더 파이브 패밀리〉또는〈파이브 리틀 몽키즈〉]

S# 운전하는 은수의 차 안

은수   (운전하며 아이 눈치 보고)

슬기   (그냥 앞 보며)....

은수   배 안고파?

슬기   (잠깐 보고)아직.

은수   샌드위치 싫음 휴게소 들어가 우동 먹을까? 아님 다른 거.

슬기   엄마가 만들었다며.

은수   응.

슬기 햄에그?

은수 응.

슬기 샌드위치 먹을래.

은수 (좋아서)체리 쥬스랑 파인애플쥬스. 보리차도 있고.

슬기 아빠 왜 전화 안해?

은수 바쁜가보지. 할거야 한다 그랬어.

슬기 아빠는 바쁘면 문자라두 해.

은수 …(보는데)

　　　[슬기 전화벨.]

슬기 왔다. (전화) 아빠!! 응 출발했어. 엄마 그거 꺼.

은수 (음악 꺼주고)

슬기 몰라 여기 어디야?

은수 영동 고속도로 들어왔다 그래.

슬기 영동고속도로래아빠.

S# 태원 사무실

태원 (책상 정리하며)슬기 오랜만에 엄마랑 좋겠네‥

슬기 F 별로.

태원 별로가 어딨어 임마. 아빠두 이렇게 기분이 좋은데.

슬기 F 정말?

태원 아빠 거짓말하는 거 봤어?

슬기 F 아니?

태원 너 엄마 섭섭하게 만들지 말구 얘기 많이하구 즐겁게 보내는

　　　거야. 그러구 와서 에 슬기 안 고단하면 아빠랑 저녁 먹자.

S# 차 안

슬기 안고단해안고단해.저얼대 안고단해.

태원 F (소리 내 웃으며)알았어 그래 엄마 잠깐 바꿔줘.

슬기 응 아빠.(엄마 귀에 전화 대주는)

은수 응.

태원 F 애한테 정신팔지 말구 운전 조심해.

은수 알았어.

태원 F 이 세상에서 제일 사랑하는 두 여자야. 사고나면 안돼.

은수 고마워.

태원 F 잘 다녀와..

은수 응. (슬기에게)됐어.

슬기 슬기는 아빠 사랑해.

태원 F 아빠는 슬기 사랑해..

은수 (운전하며 쓸쓸한)....

S# **달리는 자동차**

[동요 다시 시작되고]

S# **광모 동물병원 앞길**

[밤낮 세워져만 있던 자매 집 자동차 와서 멎고]

[병원 유리에 광견병 예방접종 붙어 있고]

현수 (내려서 뒷자리 아이들 내린다)쭈쭈 뽀뽀 내리자. 내려내려..(한 마리 꺼내 안고)너도오. 으으으? 이리와아 꽁무니 빼 봤자야아아..주사 맞아야 해 빨리이이? 말 직살하게 안듣는다 진짜.(아예 몸통 집어넣어 나머지 꺼내 안고 문 닫고 차 문 잠그고 병원으로)

S# **병원 안**

광모 (조제한 약 봉지 큰 봉지에 넣어 나오면서)하루 세 번 식후에 먹이시고 우선 사료양을 좀 줄여주세요. 그리구 우유 치즈 끊으세요. 간식도 당분간 주지 마시구요.

현수 (들어온다)

여자 (카드 내밀고 약봉지 챙기는)선생님 말씀 들었지 응? 으이구우우 이 꼴통아아아 내가 너 때매 아주 죽겠다아아. (카드 사인하고) 안녕히 계세요오오

광모 네에 안녕히 가세요.

현수 (체중계에 한 마리 올리며)변선생은.

광모 애놈 백일사진 찍으러 끌려 나갔어.

현수 벌써 백일이야?

광모 세월이 전광석화야. (체중계 보고)똑같다. (안아 내리며)주사 맞 자아아.

현수 (한 마리 내리면서 나머지 체중계에)산책가는 줄알구 좋아라 쫓 아나왔다가 차 보더니 주저 앉어. 차타면 병원 어떻게 아는지.

광모 얘 백 줄었다..

현수 그럴 줄 알았어. 먹는 게 좀 그래.

광모 가만있어 움직이지 마.(테이블에 놓고 주사 준비)

미용사 (안 보이는 구석에 미용 끝난 강아지 데리고 나오며)오셨어요?

현수 어..오랜만.

미용 네에..(강아지 데리고 광모 테이블 뒤 문 열고 들어가는)
  [처음부터 닫힌 문 안에서 개들 소리 들리다가 문 열자 더 짖어대고/이
  내 나와 문 닫는 미용사. 제자리로/미용 공간 따로 있음.]

광모 (주사 들고 와서)누가 먼저 맞을까아아..언니가 먼저 맞자. (주 사 놓고) 안아퍼요오. 바늘 들어갑니다아아(놓고/주사기들은 쓰레

기통에 던지는) 재택이냐?

현수 엉.

광모 주하는.

현수 크마시리즈 4편 들어간다더라.

광모 계속 보는 거야? (나머지에 주사)

현수 아직 이거다 못 찾았대. 완전범죄 살인 수법

광모 치이(주사기 던지고)

현수 얼마야.

광모 놔둬.

현수 지질한 거 갖구 생색낸다.

광모 내지두 않을 거면서 물어보긴 꼭 물어보더라. 이번 일요일이야

현수 (애들 안고 문으로)

광모 영화보까?

현수 목발 짚은 애 데리구?

광모 둘이 가면 안되는 거냐?

현수 나까지 완전범죄 희생자 만들구 싶어?

광모 둘 한꺼번에는 어려워 야.

현수 (나가고)

광모 (따라 나가는)

S# 병원 밖

    [광모 따라나와 현수가 여는 문 열고 뒷자리에 강아지 둘 태워주고 문 닫아주고]

    [그동안 현수 운전대로.]

광모 천천히 가.

현수　(그냥 타고)

광모　너 일년에 두 번 밖에 운전 안하잖아.

　　[차 출발.]

광모　(혼잣소리)사고 안 친 게 기적이다…

S# 태원의 거실

태모　(임실 쟁반 갖다놓고 꼭지가 아주 기이다란 주전자 집으려는데)됐
　　어요 내가 해. 아 티백을 넣구 물을 따라야지 덮어놓구 물부터 따
　　라요?

임실　(꿍얼꿍얼)이랬다저랬다 하드구먼

태모　??

임실　(돌아서 들어가는)

태모　(혼잣말)무식하기는··(소리 죽여)무식한 건 못말린다니까아 으
　　<u>흐흐흐</u>

채린　연세가 너무··

태모　(컵에 물 따르며오버랩)아으 말두 마. 쓰구 싶어서 쓰는 게 아냐
　　아.(채린 얼른 티백 열어 빈 컵에 넣는)아구아구 얘기하느라 깜박했
　　네 <u>으흐흐흐흐</u>.(물 따른 컵 채린에게 밀어주고 채린이 밀어준 컵에 따
　　르며)나보다 나이 많은 사람 부리는 거 남보기도 거북하고/ 괜히그
　　냥 내가 나쁜 사람같잖아? (주전자 놓으며)나두 아주 골/치가 아파··

채린　다른 사람으로 바꾸시면

태모　(오버랩)갈데가없어갈데가. 갈데가 아무데도 없는 사람을 어
　　디로 내쳐. 나 그런 짓 못하는 사람이야.

채린　네에

태모　(티백 담갔다 뺐다 하며)게다가 아직도 까야할 게 얼만데.

채린 ??

태모 (얼른)아니 이 그까짓거야 내가 눈 딱감구 포기하면 그만인데 저 여편네가 의지가지 몸 붙일 데가 없는 게 문제지. 저 여편네 남편이 우리 아들 아버지 먼 친척이야.

채린 네에

태모 사람 한정없이 좋았던 우리 영감/ 나 모르게 돈을 꿔줬지 뭐야. 하우스 자금이래나 뭐래나. 오천이나. 그런데 그게 실패하면서 남자가 농약 마시구 죽었어.

채린 ...(입 조금 벌어지고)

태모 아들 하나 뒀는데 그 아들이 또 찢어지게 어려워 지 엄마 데려 갈 형편이 못돼.

채린 네에.

태모 그런 사연이 있다구 으흐흐흐.. 그래 부모님께서는 어떻게 좋아하시나?

채린 훨씬 가벼워하세요.. 가능하면 이해 가기 전에 집에서 나가라구...

태모 (오버랩)그러엄그럼그럼. 뭐하러 꾸물거려. 꾸물거릴 일이 뭐야. 쇠뿔 단김에 빼야지 잉?

채린 네에..

태모 다른 건 하나두 손댈 거 없구 슬기애비방 도배하구 가구만 바꿔 너면 끝나. 가구는 바꾸구 싶을 테니까 응?

채린 네..

태모 아우 간단히 하지 뭐. 사람이 중요하지 까짓 물질이 중요한 건 아니니까 응?

채린 네에.

태모 으으으으 곱기도 해라··젊음이 좋지 그저··나두/보는 사람마다 이쁘다 곱다 그랬었는데 야속한 세월에 어느 틈엔가 그만 이 모양이 됐네.

채린 아직도 젊고 이쁘세요.

태모 아으아으 하하하하하 하하하하

　　　[핸드폰 전화벨]

태모 (보고)어엉.

태희 F 엄마 어디야?

태모 어··집.

S# 어느 클리닉

태희 ?? 에에? 엄마 치매야? 보톡스 맞기로 해놓구 아직 집이면 어떡해. 나 벌써 병원 와 있는데에.

S# 태모 거실

태모 아으 그게··너 혼자 마/너혼자 볼일봐 나 지금 채린이랑 얘기 중이야.

태희 F 보톡스 맞구 내가 홀드시켜 논 거 보러가자 그랬잖아아.

태모 아 너혼자 해애. 나 바뻐. 끊어.(끊고)아우우우 이 애물단지두 하루빨리 치워버려야 하는데 왜 그렇게 남자 운이 없는지이이··(채린 보며)주변에 추천할만한 친척이나 누구 없어?

S# 고속도로 휴게소

S# 휴게소 안

슬기 (자리에 앉아 바깥 보며 두 다리 흔들며 샌드위치 먹고 있는)

은수 (매대에서 쟁반 받아 들고 딸에게)····(식탁에 놓으며)슬기야.

슬기 응.(기분 좀 나아진 상태)

은수   식탁 매너.

슬기   (웃으며 다리 멈추고)깜박했어.

은수   (웃고)…(우동 돈까스 꺼내 놓는)

슬기   우우움 맛있겠다. 아빠는 그러는데.

은수   응 아빠 꼭 그러지..

슬기   우동 먼저.

은수   그래.(우동 그릇 슬기 앞으로)

슬기   엄마두 같이 먹어.

은수   (수저 들며)샌드위치 맛없어?

슬기   아니 맛있어..엄마 맛이야.(우동 가락 건지는)

은수   (보는)……

S# 준구 회사

준구   (컴퓨터로 문서 작성하고 있는데)….

      [전화 들어오는…]

      [제이슨 리.]

준구   …..(거부하고 전화 놓고)…..(하던 작업 계속)….(사이 두었다가)

      [문자 들어오는..]

      [제이슨 리 문자]

다미   E 오빠 나..약 먹었어.

준구   ????

S# 복도

준구   (자기 사무실에서 뛰쳐나오는/한 손에 상의 들고 전화)차 좀 빼나
      주세요.

S# 로비

준구　(빠른 걸음으로 현관으로/인사하는 사람들 상관없이)

S#　**현관 앞**

준구　(나오면서 차가 대어지고 곧장 차로 오르고)

　　　[부웅 출발해 나가는 준구의 차.]

제6회

S# 다미 고층 주상복합 빌딩

S# 승강기 멎고 문 열리고 준구 빠르게 내려 다미 현관으로 빠르게

준구 (현관 비밀번호 누르고 들어가는)

S# 다미 거실 현관

준구 (들어오는)....(곧장 거실로).....(주방 쪽 보면 와인 병 두 개와 술 마신 자리에 약병 하나)....???(식탁으로 빠르게 움직여 약병 집어 열고 손바닥에 알약 쏟아보면 삼십여 알 /약 도로 넣어 약병 주머니에 넣고 침실로/문 열고 보면)

S# 침실

　[흐트러진 채 비어 있다.]

준구 ....(침실로 들어와 욕실로)

S# 욕실 안

준구 (문 여는)

다미 (욕조에 들어앉아 와인 마시려다 문소리에 잠깐 멈췄다가 그냥 잔 비우고 놓고 천천히 다시 따르는)

준구 얼마나 먹었어.

다미 응 별로. 한병..(글라스 드는데)

준구 약은.

다미 흐흥 아직.

준구 ??

다미 (마시는)

준구 뭐하는 짓이야

다미 어떻게 반응하나 궁금해서.

준구 ??

다미 걱정돼서?(보며)

준구 ....(그냥 보며)

다미 아니면 겁나서? 내가 혹시 유서라도 써놓고 사고침 오빠 망쪼
　　　들테니까?

준구 ...

다미 (글라스 놓고 욕조 바 잡으며)가운 좀 줘 오빠.

준구 ....(별수 없이 걸려 있던 가운 떼어내 펴들고 욕조로 다가들고)

다미 (일어나 등 돌려대 팔 꿰어 입고 허리끈 묶으며 욕조 밖으로 나오다
　　　미끌)

준구 (잡아주고)

다미 고맙습니다.(중얼거리듯 하고 그대로 욕조 밖으로)....

준구 ....(보며)

S# 침실

다미 (나와서 나이트 스탠드에 술 따라 벌컥벌컥 마시며 걸터앉는/다시
　　　따르는)......(준구 나오는)이렇게 해야 볼 수가 있군 흥. 이걸 몰랐어.

300

준구   ·····(서서 보는)

다미   (보며 좀 웃는)안 왔으면 진짜 약 먹었을지도 모른다? 취하면 내 정신 아니니까. 쭈욱 죽고싶다 죽고싶다 죽어버리고 싶다 그런 상태니까.

준구   ····(보며)

다미   (술잔 들고 내려다보며)쿠울하라구? 나두 쿨하구 싶어. 쿨하려구 했어·····(한참 가만 있다가)그런데···· 안 되는 걸 어떡해··(홀쩍 마시고 다시 따르며)적당히···· 아무렇게나 대충 놀아버릴까도 했는데 그것도 안되는 걸 어떡해····오빠는 나한테 ··나한테 /··나를 어떡했는지 알아? (준구 돌아보며)기인 칼로···이순신 장군 기인칼로 내 목을 뎅강 /눈하나 깜짝 안하고 한 순간에 뎅강 날려버렸어꼭···볏짚으로 만든 인형 자르는 거처럼.

다미   E 나는 볏짚인형 아니라 살아있는 사람야. 따뜻한 피가 통하구 심장이 뛰고···희/노/애/락

다미   사랑 미움 절망 희망 다 느끼는 감정이 있는 사람.

준구   그래서 뭐어.

다미   ???(그래서 뭐어?)

준구   그래서 뭐.

다미   (벌떡 일어나는)난 플라스틱 장난감 아냐. 오빠 나 그 취급했어.

준구   섭섭찮을 만큼 뒤처리 했잖아.

다미   도온.그래 돈으로 계산 끝냈지. 내가 다방 티켓녀야?

준구   내가 너한테 해줄수 있는 게 그거말구 뭐가 있어. 사랑 놀음 따위 애초부터 아니라고 분명히 밝혀뒀었구 너 혼자 어쩌고저쩌고 관심 한푼어치도 없다 소리 수십번 했어. 니 입으로 장난감 소릴

했으니까 말인데 장난감까지는 심해도 그래/ 너하고 한동안 편하게 즐겼을 뿐이야. 언제나 너한테 솔직했어. 쓸데없는 꿈 꾸지 말라고 몇 번이나 경고했었고 애초에 못박아 둔대로 결혼할 사람 생기면서 널 청산했을 뿐이야.

준구 E 새삼스럽게 왜 이래.

다미 뎅강 날아가 떨어진 머리 주워 흙털어 제 자리 올려놓는데 한참 걸렸어. 멍청해서 정신 차리는데 또 한참 걸렸어. 방콕에서 우리 다시 하루 밤 보내고 당신 사라진 뒤에 나…당신 놓고 간 돈/그 잘난 돈 움켜쥐고 울면서/…울면서 그렇게라도 어쩌다 한번씩이라도/평생이래도 좋다 그랬어.

준구 ???

다미 당신은 나한테 미안하다는 말도 안하고 미안해하는 척조차 안했어.단 한번도.(이 갈듯)나 티켓 아니야. 플라스틱 아니야.

준구 ·····(보며)

다미 나 장난감 아니라구!!!

준구 ····(보며)

S# 코스모스 만개한 들판

　　[슬기 종종종 뛰어들어 오고 은수 몇 걸음 처져 따라 움직이는/]

은수 (핸드폰 카메라)슬기야 잠깐.

슬기 (돌아보면)

은수 (사진 찍고/슬기 돌아서려 하면)잠깐 잠깐 한번 번.(슬기 돌아보고 다시 찍고)

슬기 (쌍쌍이 붙어 나는 잠자리떼 보며)·····(신기하다)····(손가락으로 가리키며 엄마 돌아보고)···

302

은수 (웃으며 다시 찍고)

슬기 저거 남자 잠자리가 여자 잠자리한테 사랑하자고 데리고 가는 거래.

은수 ?? 누가.

슬기 아빠가‥근데 오늘이 사랑하는 날인가봐‥저기 봐. 저기두 ‥저 기두‥‥많아. 굉장히 많아.

은수 그런가보네‥ 사랑하는 날인가 보네‥ 엄마는 꽃이 좋은데‥코스모스.

슬기 응‥코스모스는 한꺼번에 피어있는 게 이쁜 거래. 한송이 한송 이는 별로 안 이쁘대아빠가.저번에 (걸으며)학교에도 코스모스 폈 는데 이렇게 많이가 아니라 덜 이뻐.

은수 코스모스 좋아?

슬기 꽃이니까 머 꽃은 다 이뻐. 근데 특별히 이쁜 거 같지는 않아.

은수 특별히 이쁜 꽃은 뭔데‥

슬기 으으응 몰라 생각 안해봤어‥(걷기 시작)

은수 ‥‥(따라 걷는)

슬기 ‥‥(그냥 걷는)‥‥(그러다 멈추고 돌아보며)호텔 가서 우리 뭐할 거야?

은수 뭐하구 싶어‥수영할까?

슬기 (고개 흔들고)

은수 바다에 나갈까?

슬기 재미 없잖아.

은수 재미있는 게 뭘까‥뭐가 재미있는지 얘기해봐 뭐든지 다 할 수 있어.

슬기 ‥‥(그냥 걷는)

은수 응?

슬기 아빠랑 팝콘 먹으면서 만화영화 보는 거.

은수 ……그럼 여기두 만화영화 하는데 있나 찾아보자. 엄마랑 팝콘 먹으면서

슬기 (오버랩)아냐 됐어.(걷기 시작)

은수 ….(보다가)엄마랑은 재미없어?

슬기 ….

은수 응?

슬기 아빠는 만화영화 좋아해. 나보다 더 좋아해.

은수 나두 좋아해애.

슬기 아빠랑은 몬스터 대학교 두 번 봤어.

은수 그래? 정말 재밌었나보구나.(멈추고 보다가)

슬기 ….

은수 그만 가자 슬기야.(슬기 멈추고)호텔 체크인부터 해야지.

슬기 (돌아서 엄마 쪽으로)

은수 오랜만에 고속도로 운전했더니 엄마 좀 피곤해. 호텔 들어가 잠깐 쉬고 저녁먹자 시간이 벌써 그래.

슬기 응.(걷기 시작)

은수 …(보다가 따르는)

슬기 ….(걸으며)내년 여름 방학때 아빠가 나 유럽 여행 데리고 간댔 어. 프랑스랑 이태리랑 영국이랑 또 스위스랑

은수 …슬기…. 정말 좋겠다.

슬기 이주일 동안··열네밤.

은수 응 누구는 좋겠네에…

S# 어느 레스토랑

채린 (종업원에게)미디움웰던으로요.

종업원 네 알겠습니다.(물러나는)

채린 가구 보러 다녔어요.

태원 ?? 아.

채린 도배는 어머님께서 하신다 그러셔서요. 몇가지 봐놓긴 했는데 결정은 도배 끝나고 해야 거 같아요. 도배하고도 어울려야 하니까.

태원 ..네..

채린 빈티지 풍이 좋기는 한데…(눈치 보듯)

태원 …(와인 잔 들며)마시죠.

채린 아..(잔 들고 부딪치고)…(태원 한 모금 마시고 내리는 것 보며)혹시 좋아하는 칼러 있으면 침구 준비에 참고할께요.

태원 별로… 그런 거 없어요.

채린 매트리스는 최상으로 할려구요. 잠자리는 편해야 하니까..

태원 ….(그저 조금 웃는 듯)

채린 우리 결혼 전에..슬기 오나요?

태원 그거..아직 결정된 거 없어요.

채린 엄마가 특히 더..결혼 전에 데려와야 한다구..그러세요.

태원 …(안 보며)

채린 아무래도 마음에 걸리신다니까 ..자꾸 물어보시는데 뭐라구 확답을 할 수가 없어서 좀..

태원 (오버랩)혹시 슬기 데려오는 게 조건이에요?

채린 ???

태원 안데려오면 하지 말라 그러세요?

채린 아니 그런 건 /그런 건 아니에요.

태원 슬기엄마한테… 강요하고 싶진 않아요.

채린 …(보며)

태원 시간이 필요하다고 생각해요.

채린 얼마나요.

태원 ‥알 수 없죠‥그쪽에 달린 거니까.

채린 친권도 주셨어요?

태원 ‥아뇨‥

채린 그럼 아무 권리 없잖아요‥

태원 …(잠시 보다가)권리 다툼 같은 거 할 생각 없어요.

채린 어머님은 재판이라도 해서

태원 (오버랩)채린씨.

채린 (보는)…네‥

태원 나 그 사람하고 그런 거 안해요.그냥‥내 생각 얘기했고 그 사람도 생각할 거고 어느 쪽이든 나는 그 사람 결정 존중할 거에요.

채린 슬기 장래를 위해서도

태원 (오버랩)그 문제를 슬기 엄마하고 나보다 더 걱정할 사람/‥없습니다.

채린 ‥‥(보며)

태원 맡겨둬요‥그래주면 고맙겠어요.

채린 …네…

태원 (분위기 바꿔서)내일은 직원들하고 산에 가요.

채린 슬기 데리고요?

태원 아뇨.슬기 제 엄마랑 여행갔어요,

306

채린   ....(보며)할머니 아세요?

태원   채린씨만 알고 있어요.(웃으며)어머니 반갑다 안하실테니까‥

채린   (좀 웃는듯)네‥(빵과 수프 나오는 사이)....(문득)나 따라가면 안
         돼요?

태원   ?? 아‥그건 아직 …거북해요

채린   알았어요. 그럴 줄 알았어요.

태원   (웃어 보이며 빵에 손 대는)

S# 다미의 침실

다미   (준구 허리 감아 안고 붙이고 서서 엉망진창 흐느끼는)그래두 나
         착하잖아‥ 누구한테두 안 떠들구 입 꼭 부치구 비밀 지켜주잖아.
         우리 일 아는 사람 정수오빠밖에 없잖아 응?(올려다보며)

준구   (그대로 내려다보며)....

다미   그냥 이대로 조용히 아무도 모르게 계속하면 되잖아.오빠 와
         이프 자리 탐내는 거 아냐. 나 진짜 진심 정말이야 오빠. 많은 거 바
         라지 않아.와이프는 집안에 여자 나는 바깥 여자/ 왜 안돼.내 전화
         받아줘‥받기 힘든 땐 안 받아도 돼. 나중에 전화 한통 해주면 돼.
         그거두 못해줘? 한달에 두 번만 만나서 안아줘‥한달 딱 두 번‥그
         거두 못해?

준구   다미야.

다미   돈 안줘도 돼. 돈 필요 없어. 그냥 오빠 여자면 돼. 오빠 도덕 선
         생 아니잖아.

준구   (다미 한쪽 어깨에 손 얹으며)이다미.

다미   응

준구   끝난 건 끝난 거야. 질질거려봤자 좋을 일 없고 나는 이런 거 질

색인 놈이야.또 너한테 흥미없어진지 이미 오래됐구

준구　E 내가 너한테 바라는 건 너/ 괜찮은 사람 만나 결혼한다는 기사 뜨게 만들어주는 거 뿐이야.

준구　우리 일은 잊자. 한 때 얼마동안 놀았어 그래. 그 이상의 의미 두지 말고 너도 그만 철 들어라. 내가 첫남자도 아니면서 왜 이리 민하게 굴어.

다미　(서늘해서 보는)

준구　그래…너는 그게 아니라는데 피도 눈물도 없는 놈처럼 굴어서 미안하다. 그렇지만 정리는 깨끗하게 해야잖아?어쨌든 니 감정은 어디까지나 니 문젠 거고 나는 너에 대한 부채감은 없다.

준구　E 그러니까 다시는 약먹었다느니 그따위 협박 문자 보내지 말고/ 늑대와 양치기 소년 너 알지. 그딴 문자 다시 보내도 나 한 발자국도 안 움직일테니까 그렇게 알고 장난질 치지 마.

준구　이렇게 젊은 나이에 몸값 비싼 스타가 얼마든지 화려하게 누리고 살 수 있는데 개죽음을 왜해. 시간 낭비 마. 아깝다.(허리의 다미 팔 스르르 풀어지고)….(다미 뺨 토닥이듯)응?··알아들었지?

다미　…..(보며)

준구　그만 마시고 자라. 간다.(하며 돌아서는데)

다미　(따귀 올려붙이고)

준구　(맞아주고)……..(그대로 잠시 있다가 다미 팔 홱 낚아채 침대로 밀고 가 거칠게 밀어 쓰러트리고 빠르게 나가는)

다미　……

　　[현관 쪽에서 들리는 전화벨 소리 약하게]

준구　E 어 나야.(거의 안 들리게)

S# 다미 현관 밖에서 승강기

준구   (나와서 승강기로 움직이는)

은수   F 왜 전화 안해.

준구   어 바빴어. 지금 막 하려던 참야.

은수   F 좀 전에 호텔 들어왔어. 슬기 졸리대서 재우고 전화하는 거야.

준구   (승강기 벨 누르며)당신도 한숨 자지 왜. 간만에 긴 시간 운전 피곤할텐데.

S#   호텔 화장실

은수   (세면대 앞에서)그러고 싶은데 자지지가 않네.(거울 속 제 얼굴 보며)……끊었어?

준구   F 애랑 화해했어?

은수   ….애가 누군데..

준구   F 무슨 소리야.

은수   이름 잊어버렸어?

준구   F 잊어먹기는.

은수   그런데 왜 이름두고 애라 그래.

준구   F 그럴 수도 있는 거지 까다롭기는.

은수   ….

준구   F 잘 지내다 와. 미팅 들어가야 해.

은수   알았어··끊어··(끊고)……(좀 있다가 객실로)

S#   객실

은수   (나와서 침대 쪽으로)….(잠들어 있는 슬기 옆에 걸터앉아서 보며) ……(그러고 있다가 자는 아이 사진 찍는. 찰칵. 각도 바꿔 찰칵)…..(핸드폰 내리고 아이 보며)….

[전화벨.]

은수　(보고)네 엄마.

자모　F 잘 도착했어?

은수　그러엄.

자모　F 슬기는 어때.

은수　지금 자. 졸립대.

자모　F 좋아해? 좀 풀렸어?

은수　응..괜찮아요.(아이 잠깐 돌아보며)

S#　부모네 마루

자모　(작업 중이던 수선 옷 접으면서)얘 너 모레가 생일인데 미역국 어
떡해. 내가 멍청해서 달력에 표해놓구두 니 아버지가 안 챙겨주면
아아무 생각없잖어,흐흐흐.아버지 쫌 전에 전화했어. 모레 생일인
데 저녁때라두 까먹지 말구 미역국 먹이라구.

은수　F 안 먹어두 돼 엄마.

자모　생일 미역국은 아침에 먹어야지 무슨 소리냐구 내가 그랬지.
그러니까 너 호텔에다 모레 아침에 미역국 좀 끓여달라구 부탁하
면 안 들어주까?

은수　F (오버랩)엄마.

자모　(은수 엄마 상관없이 자기 말만 하는)호텔이 얼마나 비싼데 미역
국 한 대접 끓여주는 거 못한다면 양심이 없는 거지 얘 응?

은수　F (오버랩)알았어 엄마. 엄마 하라는대루 할게.

자모　집에 미역국은 내가 끓여놓게 흐흐. 아침에 먹구 저녁에 먹
구 응?

S#　호텔 객실

은수　웅 그러자구··웅··네··웅 슬기 깨겠어 그만 들어가 엄마··으웅··
(끊으면서)

태모　E (펄쩍)아이고 아이고오오 내 정신. 늙으면 죽어야지 쩌쩌쩌
쩌쩌쩌.

S#　태원 식탁(슬기 네 살 때 과거)

[태모 아들이 빼준 의자에 앉으려던 찰나다.]

태모　(아들 돌아보며) 아으으으으. 쯔쯔쯔쯔 (앉으며)내가 그냥 신경
쓰는 게 너머어 많아서 세무사 만났지 니 누나 중매쟁이 봤지/판
교 땅 보러 갔다왔지 머리 염색했지 경락 받았지

태원　(오버랩/상 차리는 아줌마에게)아주머니두 깜박하셨어요?

임실　(안 보는 채)어 네 그게.(어물거리는)

태모　(오버랩)아이구 애 내가 깜박했는데 무슨/돌아서면 깜박하는
사람한테 뭘 물어.

태모　E (뻔한 거짓말 아이구/임실 위에)나보다 열배는 더해애. 나이
가 얼만데에에.(임실 싱크대 쪽으로)오뉴월 하루 볕이 어디야. 나보
다 다섯이나 더 먹은 사람인데 어으으으

태모　(임실 돌아보며)내가 저런 사람을 믿구 산다. 나 머리 복잡한 사
람인줄 뻔히 알면서 그 정도는 아줌마가 좀 챙겨줬어야지 웅? 멀
쩡하게 같이 들었으면서 뭐하는 일 있다구 같이 깜박해서는 아들
앞에 얼굴 뜨겁게 만들어 엉?

태원　됐어요 어머니.(하는데)

은수　(슬기 앞세우고 들어오는)슬기야 인사.

슬기　할머니 안녕히 주무셨어요.

태모　오냐오냐오냐 내새끼 으흐흐흐 내 새끼. 잘 잤나아아··이리 할

머니 옆에 이리.

태원 (태모 옆 아이 의자에 슬기 올라가는 것 도와주는)

태모 으이구 이뻐 으이구 이뻐라 내 새끼. 으흐흐흐흐.

태원 (거들려 임실 옆으로 가는 아내에게) 생일 아침 미역국이 빠졌어 여보. 어머니 깜박하셨대.

은수 어 괜찮아. 신경쓰지 마.

태모 (나박김치 뜨면서) 며느리 귀빠진 날 참 내가 면목이 없구나 웅. (김칫국 넣고) 미안하다 아가야.

은수 네에 어머니. (국 쟁반 갖고 오며)

태모 내년에는 내 하늘이 두쪽이 나두 절대 안 잊어버리마 웅?

은수 (그냥 웃는) 네에

은수 E (국그릇 놓으며) 하늘 벌써 여섯쪽 났습니다. 내년 오늘이면 여덟쪽 될 거구요.

태희 (하품 퍼지게 하며 들어오는)

태모 밥상 받으러 나오면서 웬 하품이야.

태희 아우 나 두 시간두 못잤어. 죽을 거 같어.

태모 뭐하느라!!

태희 투 캐럿짜리 물방울 반지가 없어.

태모 ?? 없어?

태희 온 방을 홀까닥 뒤집어 이잡듯 뒤졌는데 없어.

태모 그게 얼마짜린데에에!!

태희 그러니까 한 숨 못자구 꼴랑 샜지이이. 말 시키지 마. 신경질 나.

태모 아줌마 얘 반지 못 봤어?

임실 어디 있겠지요.

태모   속 편한 소리 말구 못 봤냐구.

임실   한두번인가. (중얼거리고)슬기엄마.(밥 퍼)

은수   네.(임실 나가는)

태모   어디 가요!!

태희   놔둬. 찾아 낼 거야.

태모   쯔쯔쯔쯔 간수 좀 잘하구 살어어어어!!집안 도둑 손타기 시작
하면 것잡을수 없어. 금고는 폼으로 들여놨어?

태희   아 됐어어어.집에 도둑 안 키우는데 뭐얼··아줌마 손 깨끗하
잖아.

S# 객실/현재

은수   (아이 가방에서 책 두어 권, 스케치북, 크레파스 등 꺼내 화장대에 반
듯하게 놓으며)

자모   F 미역국 먹었어?

은수   E 응 엄마 그럼 먹었지. 맛있게 한 대접 다 먹었어.

자모   F 잘했네에··아버지랑 니언니랑 우리두 미역국 끓여서 니 생
일 축하하며 먹었어 은수야.

은수   (스케치북 열어보면)·····(아빠와 슬기로 보이는 그림)····(넘기면 큰
나무 아래 혼자 앉아 있는 소녀)····(넘기면 눈물 두 줄기가 과장돼 흐르고
있는 소녀 얼굴. 저 자신을 그리고 있는 듯)

은수   ···

S# 준구의 집 정원(밤)

S# 거실

준구   (부모 침실 앞에 서서 기다리는)····

회장   (나와서 주방으로)

준구   (따르는)….

S# 주방

준모   (도우미와 상 차리고 있고)

이모   (식탁에 앉아 찬그릇들 만지고 있는)

회장   (들어오고)

준구   (따라 들어와 의자 빼주고)

회장   (앉는다)

준모   (생송이 얇게 저민 접시 내놓으며)송이가 좋은 게 왔어요.

회장   점심을 송이로 시작해 송이로 끝냈어요.

이모   호텔 송이도 이만 못해요. 싱싱한채로는 한철 잠깐 먹구 마는
       거니 자셔두세요.

회장   (자리에 앉는 준구 보며)너/분가를 생각한다구?

준구   ??(좀 긴장해서 보는)

회장   우리가 분가 얘기를 한 적이 있냐?

준구   없습니다.

회장   그런데 뭘 믿구 분가 꿍꿍이야.

이모   (오버랩)아 자식 떼놓고는 안 온다니까 애 끌어들이느라 미끼
       던졌어요.

회장   분가가 미끼로 쓸 떡밥이야? 너 물고기 잡았어?

자모   (오버랩)저녁 들구 말씀 하세요.

회장   (오버랩)분가 조건 내 걸면서 그게 실현 가능성이 있다구 생각
       했어?

준모   (오버랩)여보.

회장   (오버랩)가만 있어요. 실현가능성 몇프로나 보구 낚시 던진 거야.

314

준모　이모님과 어머니께서 도와주시면

회장　(오버랩)이 자식이 내가 니 엄마한테 조종당하는 로보트야?

준모　아우 여보오.

회장　뭐요.(버럭)

준모　식사하구 나중에 말씀하세요.

회장　성격 뻔히 알면서 밥 먹으러 나오기 전에 그 얘길 왜 해요. 역적모의 하는 눔하구 같이 밥을 어떻게 먹어요.

준모　알았어요 실수했어요.

이모　(오버랩)역적모의하는 눔 나중에 먹어라.

준구　(일어나려)

회장　어딜 일어나!!

준구　(도로 앉는데)

준모　안되면 안된다 한마디면 될 일을 뭐얼 부르르르해서는/알아듣게 얘기했다니깐

회장　사람이라는 게 고마운 걸 알어야지 엉? 너 임마 개 들일 때 우리가 얼시구나 박수쳤냐? 집안끼리 묶어 시켰던 결혼/어처구니 없는 망신살로 끝나고/ 너한테 못할 짓 시켰다 그 죗값치르느라 욕심 버리고 넘어갔던 거야.

회장　E 딱 하나 애는 못받아준다가 조건이었는데 군소리 안 붙이고 들어와 눈에 걸리는 거 없이 살길래 내심 그만하면 됐다 했는데/ 느이끼리 뭐 분가음물 꾸미구 있어?

이모　(오버랩)아하하하 아무리 아무 거나 다 음모라는 세상이라지만 무슨 음모씩이나.

준모　(오버랩)언니.

이모 부모자식은 천륜 아닙니까 회장님. 새끼 떼어놓고 온 어미 심정이 오죽 쓰라리겠습니까. 지 처 사랑하는 마음에 그저 대만 이어노면 먼저 애 데려다 같이 키우게 해줘야지 이이 그럴 수 있어요.

회장 (오버랩)누구 맘대루요.

이모 아 측은지심으로 아이 하나쯤 품어줄 수도 있는 거지 너무 그렇게 내 핏줄 내 새끼만 챙기지 마세요. 그렇게 사시다 죽으면 화탕지옥, 철상지옥, 검수지옥, 발설지옥, 거해지옥, 독사지옥, 한빙지옥, 풍도지옥 두루두루 다 돌면서 고통이 말씀이 아닐텐데 그걸 어쩔려구 그러나요.

준모 언니(좀 화나서)

회장 아니 갈데없는 아이도 아니고 지 친가에 생부가 멀쩡한데 그 아이까지 우리가 왜 맡습니까. 그랬다가 그 집에서 소송이라도 들어오면 그런 불쾌한 일을 겪을 이유가 뭡니까. 소송 조용히 치러요? 발없는 말 천린데 이구석저구석 이말저말

이모 (오버랩)우우웅‥듣고보니 그런 일도 있을 법 하네요. 그 생각까지는 미처 못했네요.

회장 들어왔는데 식구가 하나 비어. 왜 안보이냐 그랬더니 지 딸이랑 지낸다구 휴가 달래서 보냈대. 거기까지는 넘어갔어. 그런데 뭐 분가? 너 이눔 정신대가리가 어떻게 된 거야!!

준구 …

회장 저 좋은대로 저 갖고 싶은 거 다 끌어안고 희희낙락 살아지는 인생은 없어. 얻는 게 있으면 잃는 것도 있는 법이야. 포기 시켜.

준구 …

회장 못 들었어?

316

준구　알겠습니다.

준모　(오버랩)나중에 드실래요?

회장　…(수저 드는)

준모　국 새로 떠요.

도우미　네에 사모님.

S#　호텔 로비 승강기 앞

　　[승강기에서 내리는 / 저녁 먹으러 나오고 있는 모녀. 손은 잡았는데 슬
　　기는 덤덤, 은수는 아이에게 최선/다소 눈치도 보는…]

은수　(레스토랑 쪽으로 움직이며)…..아직이야? ….. 결정이 안나?

슬기　아무 거나.

은수　아무 거나? 그럼 청국장?

슬기　??(좀 인상 쓰며 올려다보고)

은수　<u>으ㅎㅎㅎ</u>

슬기　(뿌우)청국장만 아니고 아무거나

은수　너 좋아하는 스파게티?

슬기　…

은수　그래 스파게티 먹자.

슬기　점심에 우동 먹었잖어.

은수　아..깜박했다.

슬기　아빠는 안 그래.

은수　?? (아이 보며)

슬기　(그냥 걸으며)..매운탕.

은수　??..어 매운탕? 매운탕 먹구 싶어?

S#　호텔 일식당

은수   (주문은 끝냈고/물컵 들고 딸 보는)

슬기   (창밖 보면서‥얼굴 돌리고)‥‥

은수   더 자구 싶은데 깨워서 기분 나빠졌어?

슬기   ??(잠깐 돌아봤다가 다시 고개 창으로)아니야.

은수   ‥‥그럼‥

슬기   ‥‥

은수   응?

슬기   (오버랩)핸드폰 좀 줘.(손 내미는)

은수   ?? 니꺼 갖구 나왔잖어.

슬기   내꺼 아니구 엄마꺼 필요해.

은수   ??(한 채)그래.(꺼내주는)

슬기   (조작 시작/엄마가 찍은 사진 불러내서 보는)‥‥

은수   (상체 움직여 뭐하나 보는)

슬기   ??(엄마 보는)

은수   (도로 앉으며)궁금했어?(웃으며)엄마는 아빠만큼 잘 못 찍어.

슬기   자는 건 왜 찍었어?

은수   이뻐서.

슬기   바보같은데 뭘. 지울래.

은수   안돼. 지우지 마.

슬기   (보는)‥

은수   지우지 마 냅둬.

슬기   (조작하며)아빠한테 보내 줄려구.

은수   ‥‥(보는)‥‥

S#   뮤지컬 극장 안

318

[마악 자리 잡고 앉으려는 순간.]

태원　(채린이 가방 들고 채린 앉게 하고 가방 넘기고 자리에 앉다가 주머니에서 전화 꺼낸다)….(열어서 사진 보며 슬그머니 미소)…

채린　??(기웃이)

[사진 키워서 보여주며]

태원　애 엄마가 보냈어요.

채린　??(잠깐 보고 그렇지만)와아 코스모스..

[다음 사진]

태원　(채린 보여주는)

채린　(보며 웃고)…(웃기는 하지만)…

[전화 브르르르]

태원　(받는다)어 여보. 아니 슬기 엄마.

채린　??

태원　(잠깐 당황해서 전화가 귀에서 좀 떨어지며 눈으로 사과하는데)

슬기　F 아빠 나야.

태원　어 어.

슬기　F 사진 받았어?

태원　응 받았어. 저녁 먹었어?

슬기　F 지금 먹을 거야. 아빠 뭐해?

태원　응 아빠 (채린 잠깐 보며)채린이 아줌마랑 뮤지컬 보러 왔어.

채린　(몸 움직여 전화에)슬기 안녕?(태원은 채린이 움직이자 어정쩡한 채 비켜주는)

S# 호텔 일식당

슬기　네 아줌마 안녕하세요.

은수   …(보는)

슬기   E (아줌마두 니 사진 봤어)네에..(엄마랑 같이 좋아?)네 아빠 바꿔
      주세요.

S# 극장 객석

채린   (몸 떼며)바꾸래요.

태원   어 슬기야.

슬기   F 있잖아 아빠 아까 코스모스 밭에서 있지 잠자리들이 수도
      없이 많은데?

태원   (오버랩)어 근데 슬기야 나중에 아빠가 전화하면 안될까? 지
      금 여기 손님들 막 자리채우구 있는 중이라 편하질 않거든? 공연
      끝나구 편할 때/아빠 집에들어가 전화할게 응?

슬기   F 알았어 끊어.

태원   슬기 미안. 사랑해.

슬기   F 나두우우.

태원   (끊으며 채린 보고 웃는)

채린   (웃어주는)

S# 호텔 일식당

슬기   (은수 전화 내밀면서)채린이 아줌마랑 뮤지컬 보러 갔대.

은수   (전화받으며)응..

슬기   엄만 줄 알구 여보 했다가 놀래서 슬기엄마 그랬어.

은수   ..(보며 웃을 수도 울 수도)바보같아. 옆에 그 여자/ 기분 나쁘겠다.

슬기   응 그럴 거 같아.아빠가 실수한 거지.(물컵 집어 마시는)

은수   ….(보며)

S# 같은 식당/시간 경과

320

[매운탕 저녁 나와 있고]

은수 (공기에 매운탕 덜고 있는데)

슬기 E 그 동안 더 친해진 거 같아.(은수 딸 보는)

슬기 둘이 뮤지칼두 보러가구.

은수 지금까지는 공연보러 가구 그런 거 안 했어?

슬기 응··처음인 거 같아. 아빠는 나한테 뭐든지 다 말하거든? 처음
이 틀림없어.

은수 (매운탕 공기 슬기 앞에 놓아주며)그 여자··아줌마라는 게 날까?

슬기 ·····(생각하다가)아줌마가 날 거 같아··내가 아줌마라 그러니까.

은수 그 아줌마··좋아?

슬기 (숟가락 들며)······뭐··싫지는 않아··착해··

은수 아빠랑 결혼하면 새엄마가 되는 건데··안 싫어서 다행이다.

슬기 나두 같은 생각이야.(국물 떠 호오호오 부는)····

은수 ····(보며)

슬기 (맛보고)덜 끓은 거 같아.

은수 그래? 어디··(맛보고)더 끓여달래자.

슬기 그냥 먹어··귀찮아.(밥 떠 입에 넣고 매운탕 뜨는)

은수 ····(보며)

S# 광모 오피스텔

[냉장고에서 엄마가 해다 넣어준 반찬통들 꺼내 시장바구니에 넣어주
면서/작은 반찬통들에 두 개는 중간 큰 통.]

광모 찝찔 쿰쿰 꼬랑꼬랑 우리 반찬들은 전부다 왜이러냐.김치 냄
새는 더구나 대박이구. 냉장고 베린다구 절대 싫대두 울엄마 마이
동풍 미치겠다.

현수 (물병 들고 마시다가)너 좋아하는게 찝질 쿰쿰 꼬랑꼬랑이잖아. 엄마가 알아서 챙겨다 주시는 건데 뭐 말이 많아.

광모 여자지 뭐.

현수 ?? 뭐?

광모 안을 때는 좋은데 아닐 때는 재미없는 거.

현수 미친 놈. 고기 있다며.

광모 어 고기.

　　[냉동고에 긴 플라스틱 용기에 담긴 고기 세 덩어리 꺼내 바구니에]

광모 스테이크/불고기/국거리. 스테이크 해 먹자.

현수 ....(바구니 건드려 제대로 담기게 만들며)...

광모 주하 고기 좀 먹여야겠더라. 한 쪽 다리 삐꾸돼 제대로 걷지도 못하지 너한테 엉성하게 얻어먹지 근육 다 빠지고 시들시들하더라. 눈만 더 커져서 딱 늙은 수리부엉이야. 스테이크다 엉? 야채스프는 내가 끓일게.

현수 열두시에 저녁 먹어?

광모 그렇게까지 걸릴 게 뭐야. 스테이크 간단하잖아.

현수 소금 후추 마늘 밑간해서 와인에 좀 담가놔야지 생고기 그냥 궈 먹냐?

광모 야 대충대충 먹어어 밥통에 들어가면 그게 그거야.

현수 다 나온 거야?(갖고 갈 것들)

광모 그런 거 같은데?

S# 동네 마트

　　[야채 시장 보고 있는 광모 현수.]

현수 (브로콜리 한 덩어리 집어넣고)

322

광모 (당근 감자 집어넣으며)야 양배추 들어가야지.

현수 슙 끓일 시간 없어.관둬.

광모 좌우간 끓여노면 니들이라두 먹잖아. 양배추 어딨냐 양배추.
(양배추 찾아 넣는)

현수 (시금치 한 봉 넣으며)스테이크 소스. 타바스코.

광모 그건 저어기 가 찾아야해.(깐 마늘 한 봉 넣으며)야 샐러드꺼리
사야는 거 아냐?

현수 그러셔야겠지이.

광모 (샐러드 재료 부지런히 주워 넣으며 낄낄거리는)

S# 소스 통로로 오는 둘

광모 현수야.

현수 ??(보는)

광모 우리 딱/장보러 나온 신혼부부같잖냐?(카트 밀며)

현수 (묵살하고 앞서는데)

광모 이상하다 너랑 장본 게 한두 번이 아닌데 여태 이런 느낌 절대
없었거든?

현수 ....

광모 그런데 왜 이 순간 그런 기분이 들지?

현수 (매대 소스 집어내며)발사믹 좀 찾아.

광모 어..어 그래..

S# 현수 원룸

[들어오고 있는 현수 광모.]

현수 ....(앞서)식탁에 다 꺼내놔.

광모 옛써.

현수　(침실로/광모는 장바구니 들고 주방으로)

S# 침실

현수　(올라와 보면 주하가 없다)??

S# 근처 어느 주점.

　　　[모여 있는 주하 효진 시연/광모 피해녀들. 나이 고만고만.]

　　　[소주잔 짱 부딪히면서 시작. 첫 시작은 아니고 중간입니다. 약간은 취기가 올라 있는 상태. 고기도 시끄러우니까 이미 구워진 것들 몇 쪽 뒹굴고 있고.]

　　　[다 같이 잔 비우고]

주하　크아아아아.(잔 내리며)그니까아 나는 우리 셋이 여기서 도원결의를 맺고 머리 짜내서 해치우면/ 안광모 악마새끼 하나쯤 쥐도 새도 모르게 처치해 버릴 수 있단 거야.

시연　언니 있잖아요근데/우리가 안광모자식한테/손을 더럽힐 만한 가치가 과연 있을까요?

주하　가치가 없으니까/ 그런 자식은 살아있을 가치가 일전어치도 없으니까 지구 정화를 위해서 우리가 합십해 제거하자는 거지이이. 효진씨 자네는 어떻게 생각해?

효진　시연씬 딴 사람 만나 불만없는 결혼생활하구 있으니까 소극적인 거에요. 난 그 인간한테 당한 후유증으로 남자는 누구도 믿을 수 없는 불신병에 걸려/ 되는 일 암것두 없이 서른 둘이나 됐어요.

주하　곰방 셋이야.

효진　나는 대찬성이에요.(한 손 들고)

시연　제거를/정확하게 어떤 뜻이에요?

주하　(주하 전화벨 울리는)간단해애애.(주머니에서 꺼내며) 지구에서

324

사라지게 만드는 거지이이.네에 박주하 올시다.

현수 F 어디야?

주하 어 근처. 안광모 피해녀들 뭉쳐 안광모 제거작전 짜는 중.

S# 원룸

현수 (실내복 갈아입은) 너 술먹냐?··미쳤구나····(광모는 씻은 양배추 적당한 크기로 썬 것 쿠커 위 냄비에 넣으며 돌아보고 있고)그만 먹고 들어와 저녁 먹어. 스테이크 할 거야···그만 마시라구우우.

광모 (전화 뺏는)야 박주하 인내심 벌써 바닥났냐? 어디서 술을 먹어 벌써어어.

S# 주점

주하 ?? 야 니가 내 서방이나 되냐? 웃기구 자빠졌어.

광모 F 이거 벌써 취했군, 너 빨리 못 들어와?

주하 얌마. 너 살날 얼마 안 남았어어.스테이크? 스테이크 소화되기도 전에 너 죽은 목숨으로 발견될 수도 있어어. 끊어.(끊고)우리 어디까지 했지?

S# 현수 원룸

광모 (전화 식탁에 놓으며)얘 크마 너무 봤다. 말이면 다하는 줄 알어 기집애 이러니까 내가 토낀 거야.

현수 (고기 팩들 냉동고에 넣고 문 닫는 중)뭐라는데

광모 스테이크 먹고 소화되기 전에 죽은 목숨으로 발견될 거란다.

현수 조심해라. 안광모 피해녀 셋이 모여있단다.

광모 ?? 왜애.

현수 (반찬통들 중에 중간 박스 하나 열어보고)이거 갈비찜 아냐.

광모 왜애애.

현수 너 없앨 완전범죄 꾸밀라구.

광모 ???

현수 이거 데워 밥 먹자.(냉장고에 불린 쌀 그릇 꺼내 밥솥에)

광모 재애섭게…아 그래 맘대로 하라 그래. 완전범죄 좋아한다.(당
근 썰면서)완전범죄 벌써 끝났다 엉? 내가 죽으면 곱게 죽냐? 쪽지
한 장 써 베개 밑에 넣어두면 끝이야. 모월모시 모처에서 세 여자
모여 완전범죄 모의했다/모든 것은 오현수가 알고 있다.

현수 …..(대꾸 없이 그냥 밥솥 코드 꽂아 조작)

광모 (칼질 멈추고)아니/내가 지들 옆구리 쿡쿡 찔렀냐? 지들이 내
옆구리 살살 긁어서 자빠트리구는 어디 누구한테 뒤집어씌워엉?
솔직히 말해서 너두 알다시피 난 여자에 별 흥미 없는 놈이야. 단/
단 나한테 결정적인 약점은 여자를 거절해서 창피하게 만들면 안
된다는 거/그 뿐이야.

현수 ….(다른 일로)

광모 나 지들이 원하는대로 해줬을 뿐이야. 상견례하자 오케이 약
혼식하자 그래 하자 결혼식하자 해야지 그럼/난 거절을 못해.거절
을 할 수가 없어.

현수 밥 얻어먹구 갈라면 닥치구 조용해라.

광모 ….(중얼거리는)기집애가 말이면 다하는 줄 알어.

S# 주점

[그동안 낄낄거리는 분위기로 가 있다.]

효진 바로 처리해버리는 건 너무 간단하구 재미없잖아?

시연 (오버랩)근데 주하씨가 오라면 오긴 오는 거예요?

주하 오지. 백퍼센트 와. 걔 요새 완전 내 멍멍대기조야. 꼼짝 못해.

326

뎃깍이야.

시연 내가 대문 열어주고 그 인간 대문 들어서는 것과 동시에 언니 (효진)가 뒷통수 갈겨 쓰러뜨려

효진 (오버랩)질질 끌고 주하씨 기다리는 지하실로.

주하 나 밧줄 들고 대기하다 받아서 두손 두발 묶어 놓고 바로 작업들어가는 거지.

시연 그러다 깨나면요?

주하 한번 더 갈겨주면 돼.

시연 다 묶기 전에 깨나면 어떡해요.

주하 셋이 하나 못 당할까 걱정이야?

효진 (오버랩)아니 바로 작업할게 아니라 천천히 고통스럽게 하자구. 미칠거 같은 공포속에 천천히 고통스럽게. 제발 살려만 달라구 애원하게 만들어 놓고 침뱉고 발로 마구 차주고 때려주고

시연 (오버랩)꼬집어 뜯고 물어뜯고.

주하 (오버랩)바늘을 한 오천개 살까?

효진 바늘요?(시연?)

주하 발가벗겨놓고 바늘 오천개를 온 몸에 다 찔러 인간 고슴도칠 만드는 거야.

시연 (표정만으로 아아 아파아)

효진 별로에요.바늘은 찔릴 때만 따끔하지 그 담엔 안 아파요.

주하 어 그렇다.

효진 차라리 손톱 발톱을 뽑죠.

시연 아 진짜 아프겠다아아.

주하 아프겠지

효진   아프죠오오

주하   으하하 상상만으로도 통쾌하다 하하하 안광모 너 주우우우겄
          어어어.낄낄

효진   낄낄낄낄.

시연   술 좀 더 하면 안돼요?

주하   아 누가 말려. 사장니임 소주 한병 추가요오.

주인   예에에에/(바람처럼 바로 술병 대령)

주하   (술병 집어)드셔.

시연   (받고)

주하   자자.(효진에게 따르고 제 잔에도/다 같이 술잔 들고)원샷.남기면
          벌주 열잔.

          [짱짱 부딪치고 단숨에 비우는]

시연   (잔 놓고 잔 내려다보며)····

효진   (안주 먹고)

주하   (안주 집다가)??(시연 보고)뭐해?

시연   그런데요 저기··(둘 번갈아 보며)나는 왜 광모씨가 밉지가 않을
          까요.(둘 번갈아 보는)

효진   ···(시연 보며 안주 씹는)····

주하   ····(보다가 젓가락 놓고 술 따르는/석 잔에)····

시연   물론 그 당시에는 너무너무 황당하고 죽고싶고 /뭐라 말을 할
          수가 없는 시츄에이션이었지만···솔직히 말하면 그렇게 당하구두
          최소한 반년쯤은···전화 기다렸어요.

효진   나는 반년 동안 거의 매일 울다 잠들었어. 분해서가 아니라··
          흐흥···보구싶구 그리워서··

시연 꼬실 때는 아니 사귀는 동안에는 잘해주잖아요.

효진 진짜 나밖에 없는 거 같았지. 그때까지 만났던 여자들은 다 허접했고 내가 지 영혼의 짝이라구(남아 있다)

주하 눈물 찍어 보여주면서 아아 나 주책이야 이 말 하는데 왜 눈물이 나냐.

시연 맞아요.

효진 (동시에)맞어.

주하 뭐? 영혼의 짝? 사깃군이라니까?

효진 제거해야한다니까?(시연에게)

시연 그래두 난 가을 날 낙엽 날리는 어느 거리에서 우연히 만나면…한번쯤은 그렇게 만나보고 싶어.

주하 ??

효진 만나서 뭐할려구.

시연 응.(술잔 들며 웃는)……누구세요? 혹시 저를 아시나요?

주하 ……(보며)

효진 나는….(술잔 들며)이단 옆차기로 사타구닐 박살내 버릴 거야.

주하 아하하하 그게 좋다. 좋아좋아 사장니임 얼음 냉수 좀 주세요 요오오오

S# 노래방

주하 (한쪽 다리 보조대 짚고 두 여자와 함께 〈총 맞은 것처럼〉을 한껏 애절하게/그러나 많이 과장된 창법과 제스처 때문에 오히려 웃기는/한 여자 주하 어깨 껴안고 또 하나는 허리 껴안고 붙어서서)구멍난 내 가슴 에에에

세 여자 우리 추억이 흘러 넘쳐

주하   잡아보려해도

세 여자   가슴을 막아도

주하   손가락 사이로 빠져나가(노래 멈추고 입 꾹 앞 노려보는)

두 여자   심장이 멈춰도오오오 (노래)

주하   (대사로)너는 끝났어 안광모.

두 여자   ??

주하   이 종 간나새끼

두 여자   (깔깔깔깔)

S# 원룸

[나란히 서서 현수가 씻어 건조대에 넣은 접시 마른행주질하는 광모.]

광모   언제쯤 간다는 거야.

현수   ??(무슨 소린지)

광모   주하 말야..지 집에.

현수   몰라.

광모   ....

현수   왜.

광모   아...(하려다 욕먹을까 봐 그만두는)

현수   ....(기다리다)아 뭐.

광모   부담스럽잖아. 저는 저 갈길 나는 나 갈길/정리....해야는데 여기 늘어붙어 아무 때나 불러대구...볼일보구 물 안내린 거모양 ··그게 그렇단 말야.

현수   기다려줘.

광모   언제까지.

현수   얼마나 됐는데.

광모 난 끝난 여자는 끝이거든. 뒤 안 돌아 봐.

현수 그래서 화장실에서 주하 키스 답장하다 귀 물어뜯겼냐?

광모 그거야 그건/주하에 대한 예의였던 거지.

현수 ???

광모 순간 너머 불쌍하더라. 까딱했으면 결혼식 다시 하잘뻔했어. 귀 물어뜯는 바람에 용케 피한 거야 하늘이 도왔다.

현수 (묵살하고 저 하던 일)..(식탁 행주질)

광모 너…남자 아냐?

현수 ….(묵살)

광모 그 나이에 비극이잖아.

현수 …..(그대로)

광모 괜찮아 나한테는 무슨 얘길해두 상관없어.

현수 ….

광모 남자 모르지.

현수 (식탁에서 수전으로)왜.모른다면 알게 해 준다구?

광모 야 그건 아니지. 너랑 나랑 우린 그런 관계가 아니지.

현수 어떤 관곈데.(돌아보지도 않고)

광모 내가 너한테 어떻게 그런 짓을/ 그건 아냐.

현수 (수전 틀어 행주 빠는)

광모 그건 여자/ 그냥 여자로 보여야 가능한 거지 나한테 넌 여자가 아니거든.

현수 …..

광모 여자가 아니라구.

현수 됐다.

광모 그렇다구 니가 남자라는 의미는 아니구 뭐냐 엉… 쌍둥이 남매

같은데 어떻게 /니가 나보다 다섯달 빠르니까 누나다. 누나한테

어떻게 그러냐야.

현수 (수전 잠그면서 오버랩)됐다구 나 역시 너는 전혀 아니니까 엉?

(행주 짜는)….

광모 ….(보며)왜…왜 아냐.

현수 (짠 행주 탁탁 털어 널면서)우주 통털어 남자가 너하나래두 천만

에 말씀.

광모 왜….왜…왜.

현수 (마른행주에 손 닦는)미쳤냐? 죽쒀 개존(좋은)일 시키게.

광모 ….(보며)

현수 가라.(계단으로/강아지들 따르고)

광모 ….(보며)

현수 (올라가며)랑랑아..랑랑이 어딨니이이.

광모 야 주하 얘 찾아봐. 꽐라됐을텐데 데려와얄 거 아냐.

현수 ….(대꾸 없이)

광모 ….(올려다보다가)커피 안 마셔? 내가 만들어?

S# 원룸 침실

현수 (홀렁홀렁 상의 벗고 내리닫이 잠옷 뒤집어 쓰고 브래지어 벗어 치

우고 팔 꿰며 의자에/로션 팔꿈치까지 바르고 있는)….

광모 (나타나는)그렇게 섭섭하냐?

현수 ??(거울 속으로 잠깐 보는)

광모 너는 아니라는 게 그렇게 실망스러?

현수 ….

광모   시도해 봐?

현수   ??(거울 속에서 보는)

광모   안될 거 없어. 우리가 뭐 진짜 쌍둥이 남매냐? 나 스물네시간 스탠바이 상태니까 니가 저엉 섭섭하다면 기꺼이 봉사할 수 있어. (허리끈 풀려는 폼으로)

현수   (일어나며)쭈쭈뽀뽀 놀자아아..(픽 잠자리에 눕는)

  [강아지들 덤벼들고]

현수   으그그그그 그래그래. 엄마 그리웠어? 놀고 싶었어? 응 응 고마워고마워..으흐흐흐응응 그래 사랑해사랑해 나두 사랑해 까르르르르

광모   ....(보며)

S# 호텔 욕실

  [욕조에 들어가 있는 모녀.]

은수   (딸 보는/슬기에게 질문해놓고)...

슬기   (거품 두 손으로 떠올리는 동작하며 엄마 안 보는 채)

은수   이럴 때 대답 안하는 건 예스의 뜻인데....

슬기   (잠깐 보고)...

은수   엄마두/엄마두 느끼고 있었어. 슬기 이젠 엄마 사랑 안하는 거.

슬기   ...(보며)

은수   엄마는 슬기 사랑하는데 무지무지 사랑하는데....슬프다.

슬기   좋아하는 거랑 사랑하는 거랑 다른 거래아빠가.

은수   ??...움 좀 다르지. 엄마 사랑하지는 않아두 좋아는 해?

슬기   그게 아니라...

은수   .....(기다리는)

슬기 사랑하는 건 대신 죽을 수 있는 거구 좋아하는 건 대신 죽는 거까지는 못하는 거래.

은수 응 맞어.

슬기 아빠는 내가 아빠 심장이 필요하다 그럼 심장 준대.

은수 엄마두 그래. 엄마두 줘. 아빠만 그런 거 아냐 나두 그래.

슬기 ….(보며)심장없으면 죽는 건데?

은수 알아. 그거두 모를까봐?

슬기 그럼 엄마 애기 나면 걔는 어떡해? 나한테 심장주고 엄마 죽어 버리면?

은수 …..(할 말이 없다가)그건··그건 아빠두 마찬가지잖아. 아빠두 결혼하면 애기 낳을 건데?

슬기 ….(보며)

은수 응?

슬기 아빠는 진짠데 엄마는 아닌 거 같아.

은수 …..왜…왜그래?

슬기 믿을 수 없으니까··

은수 ……..(보며)

S# 호텔 침실

　　　[침대 위 올라앉아서]

은수 (아이에게 잠옷 뒤집어 씌우며)…(단추 채워주면서)··(아프지만 그래도 웃으며)나한테 실망한 거 알어 그래. 그렇지만 좀 심하다 슬기.

슬기 …

은수 나··너 같이 갈 수 있다 그래서 결혼할려 했던 거야.

슬기 (단추 채우는 손 내려다보며)그냥 갔잖어.

334

은수   어르신들께서/아저씨 부모님 때매 어쩔수 없었어.

슬기   갔잖어.

은수   삼학년 되면 데려간다니까.

슬기   그때두 아저씨 부모님이 반대하면.

은수   그건··그건 아저씨가 해결할 거야. 아저씨가 약속했어.

슬기   한번 약속 안지킨 사람은 그 담 약속두 믿을 수 없지 뭐··

은수   누가 그래. 아빠가?

슬기   아니 내 생각이야.(보며)

은수   ····(보며)

슬기   (이불로 들어가 기대어 앉아 책 집어 들어 펴는)······(중간 페이지)
    ····(보고 있는)

은수   (슬기 벗은 옷 집어 개키면서)·····(있다가/조금은 오르기도 하고 슬
    프기도 하고)못믿는 거 이해해 니가 생각할 때는 내가 나쁜 엄말테
    니까··

슬기   ···

은수   그렇지만 나도 내 입장에서···니가 알아들어줄지 모르지만 어
    쨌든 할게. 엄마 아직 젊어. 다시는 남자 안 만나구 너하고만 살다
    늙어 죽을 수는 없는 거 아냐? 엄마도 여자로서/ 좋은 짝하구 같이
    여자로서 살고 싶어하면 안 되는 거야?

슬기   (책 내리고 보는)

은수   (개킨 옷 들고 엎드린 자세로 베드 벤치에 놓으며)나는 옛날 엄마
    가 아냐.지금 엄마들은 옛날 엄마들처럼 자식 때문에 평생 혼자 사
    는 거 안해. 물론 자식/ 중요하지만 자기 인생도 똑같이 중요하기
    때문에/(딸과 마주/보며)남편이 죽었거나 이혼을 했거나 그런 여

자들 누구나/아니 거의 대부분/좋은 남자만나 새로 시작해서 행복하고 싶어해.그건 잘못이 아니야 잘못 아니라구 생각해.

슬기 ……(보며)

은수 알아들어?

슬기 ……(보며)

은수 나중에 ‥더 크면‥대학생쯤 되면 엄마 이해할 수 있을 거야.지금 이해하라는 거 무린줄 엄마두 알아.

슬기 엄마 지금…

은수 ……(기다리는)뭐.

슬기 행복해?

은수 ……(보다가)니가 나를…싫어하게 된 게 슬프지만…그거 빼구는 행복해‥어르신들두 좋은 분들이구 아저씨두 잘해주구 행복해.

슬기 그럼 됐어.(책으로)

은수 ……(보며)뭐가 돼.

슬기 (옆으로 돌아눕는)……(시선은 책에)

은수 ……(다스리고 건드리며)눈 나빠져.

슬기 (은수 손 피하듯 하고 책 나이트 테이블에)……

은수 ……(보며)……슬기야‥

슬기 ……

은수 슬기야?

슬기 (이불 뒤집어 쓰는)

은수 ……(보다가 포기하고 이불 속으로 들어가다가 문득 딸 돌아보는) 너…할머니 할아버지가 널 얼마나 사랑하시는데 니 아빠한테만 전화하구 할머니할아버지한테는 안하는 거야?……할머니 할아버지는 심장이랑 간이랑 콩팥이랑 뭐든지 다 니가 필요하다면 뭐든지 다 주실 분들인데 엉? 엄마아빠보다 열배는 더 너 사랑하시는데 응?

슬기   (대답처럼 일어나 나이트 테이블 전화 집어 들면서)할아버지할머니 심장은 엄마랑 이모꺼야.

은수   ....(침대 내려서는)

S# 자매 부모 안방

[울리는 집전화.]

자부   (아내 손가락 마디 만져주고 있다가)내가 받어.....(받는)여보세요..어허허 슬기냐? 흐흐흐 아직 안 잤어?..우리? 우리두 이제 자야지. 자기 전에 할머니 손가락 맛사지 하구 있는 중이야...엉..엉 그래..엄마랑 같이 먼데루 여행가니까 좋지? 별루는 인석..왜 별루야 엄마랑 맛있는 거두 먹구 얘기두 많이하구 좋지. 야 할아버지는 할아버지 엄마 살아계시면 엄마 모시구 줄창 여행만 다니겠다. (자모 옆에서 자기 좀 달라고 건드리는)잠깐 있어 슬기야 할머니가 바꿔 달래..

자모   (전화받아서)슬기야아...할머니가 부탁할 게 있어...응 뭐냐면 말야..엄마한테 좀 친절하게 해줘어 니가 예전하구 달라졌다구 니 엄마 쓸쓸해해. 그러니까 너

S# 객실

자모   F 옛날처럼 엄마랑 마악 간지럽히는 장난두 치구 뽀뽀폭탄두 터뜨리구 그러면서 옛날처럼 그러라구.(은수는 없고)

슬기   할머니(오버랩)

자모   F 응 왜..

슬기   엄마는 행복하대요. 걱정마세요.

S# 안방

자모 ??(남편 잠깐 보고)엄마가 그래?·····아냐아 엄마가 나한테 그
랬어. 너 달라져서 쓸쓸하다구·····(하고 듣는)···웅··웅···우리 슬기
가 화가 많이 났구나··할머니 알어 그렇지만 슬기야·····웅 알었어그
래··(끊는)

자부 ····왜애··

자모 지 엄마 말 안 믿어··

자부 ······(보다가 시선 피하며 아내 손잡아 올리는/만져주려고)

자모 ····(맡기고 내려다보고 있다가)에미 맘에 얼마나 상채길 낼라구
벌써부터 앵도라져서는····어린 게 어린 맛이 있어야지 이건···지나
치게 영악시러··장차 뭐가 될라구 그러는지 어떤 땐 겁난다니까?

자부 ······

자모 지 애빌 닮었으면 좋았을 걸 까스락지기가 지 엄마 저리가라
니 어떡해.

자부 어떡하긴 뭘···크기만 바래야지··커서···저두 같은 여자니···여
자로 지 에미 이해하구 스스로 맺힌 거 풀 때까지 기다려야지.

자모 ····

자부 그래야 하는 거야아아(한숨 섞어)에미가 겪어야 할 일이야아.

자모 그러니까··그러니까 걱정이라는 거지이이····

부부 ·······

S# 발코니

은수 (의자에 앉아 병째 맥주 마시고 있는)········(술 남겨놓고 일어나 거실
창 여는데)

슬기 E 아빠 아직 집에 안 들어갔어?(은수 멈추고)아니이 슬기 졸린

338

데 아빠 전화 안해서··으응 그렇구나아아··지금 곰방이구나아아
(은수 열던 문 도로 닫는)

S# 태원의 방

태원 (타이 빼내면서)넥타이 풀어서 뺐구우?···(셔츠 단추 풀면서)와 이셔츠 단추 풀기 시작했구우우? 저녁 뭐 먹었어··어어 매운탕.무 슨 매운탕··몰라? 모르구 먹었어? 에이 알구 먹어야지.아빠 바보 야? 생선인지 몰라? 무슨 생선이냐소리지 이 양반아. 엄마한테 물 어봐··

S# 객실

슬기 엄마 없어. 아니이 어디 간 거 아니구 테라스. 쫌 아까 맥주 갖 구 나갔어.아빠 지금 뭐해?

S# 태원 방

태원 (벨트 풀면서)바지 벗구 있어··그 담은 양말 벗을 거구 그 담은 벗은 옷 들고 들어가 세탁물 통에 넣고 샤워할 거야··응···응 볼만했 어. 어 무슨 얘기냐면 간단하게 말해줄게(하며 침대에 걸터앉는데)
[문자 들어오는 신호음.]

태원 잠깐(확인하고)슬기야 할머니가 부르신다··오늘 그냥 자고 내 일 얘기해 주께··응 응 굿나잇··(끊고 아래층 내려갈 옷 챙기는)

S# 발코니

은수 ·····(멍하니 앉아서)········(술병 들고)···

S# 준구네 운동실

준구 (운동하고 있는)

S# 태원 거실

태원 (내려오는)

태희 (잡지 뒤적이다 보고)볼만하대?

태원 괜찮았어요. 어머니요.

태희 로션 더 발라준다구. 가려워 돌아가시겠단다.

태원 (앉으며)왜요.

태희 결혼 날짜 뽑았대.

태원 ??

태희 뭐‥채린이네 간다 그랬다면서.(그럼 결정한 건데 왜 뜬금없는 소리냐는 반응이야)

태원 지금 당장 내일 가뻡는다 아니구 몇 번 더 만나구

태희 (오버랩)그거나 그거나 암튼 채린이한테 오케이한 거 아냐.

태원 …(보는)

태희 넌 그게 문제야. 여자는 밥 다 된줄 알던데 넌 아직두 바지 허벅지 걸쳐놓구 띠잉…대체 왜 그러는 거니엉?

태원 당장 날짜 뽑아야할 만큼 급할 게 뭐 있어요. 아직 저쪽 부모님 두 안뵀는데.

태희 노인네 얼마나 급하면. 그 순서 바뀌어 동서남북 뒤집히는 거 아닌데 뭐. 내일이라도 가 인사 닦아. 모레 상견례하구 글피 식 올리면 되겠네.

태원 (말 안 되는 소리/보다가 싫증나 그만두고 기대는데)

태모 (나오는 기척)

태원 (일어나고)

태희 (허벅지께 긁으면서 소파로)아으 아으으 화안장하겠네. 용케두 알지 그래. 계절 바뀐 거 용케 알어.점쟁이다 점쟁이. (목뒤로 손)아으 신경질 나아으아으

태희 여기저기 비듬 떨어트리지 말구 병원가 주사 맞어어어.

태모 비듬이 어딨어!!

태희 개똥쑥 없어?

태모 떨어졌다잖어. 떨어졌으면 얘길해야지 으이구우우우 곰탱
     이.(아줌마)

태희 얘기했는데 엄마 아무말 안했다면서.

태모 들은 적이 없는데 언제! 그리구 입뒀다 뭐해. 그거 없으면 안되
     는 거 뻔히 알면서/ 저 으뭉단지 아마 부러 모른척했을 거야 너 골탕
     좀 먹어봐라아아.

태희 하루만 참어. 황소장 내가 전화해?

태모 널 일찍 사갖구 온댔어.(찻잔 집으며)늙으면 죽어야지 그저. 점
     심 먹구 나서부터 옆구리가 글긍글긍하는 걸··그게 웬수같은 가렴
     증 시작인 걸 생각 못하구 어으 말짱할 때는 또 씻은듯이 말짱하니
     까 (팔뚝 안쪽 긁는)에으으으

태희 좀 참아. 긁을 수록 더하잖아.

태모 이년아 니가 이래봐.. 니가 나였으면 미쳐서 시아버지 수염 잡
     아 뽑았어어어.(후우우 후우우우 긁은 팔 불고 찰싹찰싹 손바닥으로 때
     리는)

태원 지금 병원에 가시죠 어머니.

태모 아니 아니다..로션으로 떡칠을 했으니까 좀 있으면 수그러들
     거야..(팔에 대고)후우우우우..후우우우우.

태희 얘 아직 (잡지 넘기며) 결정안했어

태모 ?? (아들 보는)에에?

태원 서둘지 마세요. 하게 되더라두 저는 내년 사오월 쯤에나 생각

해요.

태모　하게 되더라두는 뭐구 내년은 무슨 소리야.

태희　결정한 거 아니라니까?

태원　해요 하기는 해요. 해야겠죠. 그런데

태모　망할기집애 한다잖어!!

태희　하니?

태모　사람이 맘보를 곱게 써야 복을 받지 왜/막상 할 거 같으니까 창자가 꼬이냐?

태희　?? 말을 해두 꼬옥. 엉뚱한 사람 나쁜 년 만들지 말구 지금이라두 주사 맞구 오셔.

태모　(오버랩 딸 상관없이 부드럽게)아니 이 작정했으면 후다닥 치러 버리지 굳이 내년으로 미룰 일이 뭐야.

태원　(무슨 말인가 하려는데)

태모　(연결)그러지 마라. 여자 속 너무 태우면 벌받아. 채린이 목빠져 이 사람아. 걔가 너를 얼마나 응? 얼마나 사모하고 좋아하는데/아니 걔가 어디가 뭐가 모자라 그렇게 몇 달씩이나 널 기다려. 집안 좋지 인물 빼어나지 교양있지 성품 차분하지 가정교육 잘 받았지 걔는 재혼 시장에 내노면 특특특에이급이야. 애도 없겠다 아마 총각들두 신발 벗구 덤벼들걸?

태희　피/

태모　뭐가 피야.

태희　이러는 거 보면 엄마 진짜 너무너무 돈 좋아해. 아니 돈에 궁한 사람두 아닌데 왜 그렇게 돈이 좋을까응? 혹시 돈 귀신에 씌운 거 아냐? 빙의 엄마 빙의 알지?

342

태원 (오버랩)금년 다 갔어요. 아직은 피차 서먹서먹해요.그 사람 /
　　　슬기하고도 더 친해질 시간 필요하구 저도 조금은 더

태모 (오버랩)태원아.

태원 (오버랩 연결)시간을 갖구 싶어요.

태모 .....(보는)

태원 평생 같이 살아야하고 평생 책임져야하는 일이에요. 우리 아
　　　직 손도 안 잡아요 어머니.

태모 아으 아으아으 쯔쯔 손두 안 잡구 여태 뭐했어. 채린이가 얼마
　　　나 답답하구 서러울 거야.응?

태원 (쓴웃음)

태희 안 잡구 싶으니까 안 잡았지. 걔가 마알개갖구 하얀 사발에 냉
　　　수 같지 태원아.

태모 ?? 뭔 소리야?

태희 섹시하질 않다구.

태모 먼저 년은 섹시했냐?

태희 (일어나며)그랬으니까 눈 뒤집혀 손잡구 울릉도루 토꼈겠지.
　　　설마 이불 속에서 손두 안 잡구 따루따루 잠만 잤을까?

태모 이 기집애가 뭘 잘못 먹었나 왜 껀껀이 엇나가아아..

태희 찬바람 부니까 독수공방이 심통나서.(제 방으로)

태모 너만 독수공방이야?

태희 엄마는 늙었잖어어어.

태모 저저 저저저저저

S# 호텔 발코니

은수 (담요 같은 것 둘러쓰고 두 다리 올려 껴안고 앉아 맥주잔 들고).....

(맥주병 두 개)

태모 E (과거)못된 송아지 응덩이서 뿔나구

S# 태원 주방(과거 연결/6월)

태모 (연결)미운 년 시집오자마자 애 들어선다더니 딱 그짝이군.(임실댁이 내미는 냉수 받아 벌컥벌컥 마시고 탕 놓으며)분 칠하고 벌쭉벌쭉 웃음이나 팔던 게 /아무우/것도 할줄 아는 거 없는 게/떠억하니 애부터 배고 나 애 뱄시다아아 유세등등할테니 살림은 언제 배우고 그래 어쩌자는 거냐 엉?

은수 (오버랩)어머니

태모 (오버랩 상관없는)아 애 빨리 안 만들면 누가 잡아 먹는데? 덜컥 애부터 생기게 하면 어떡해. 작전짰냐? 그저어 어떻게든 애부터 낳고 보자 작전짰어?

은수 (그저 입 조금 벌어져서 보는)

태모 뭘 빤히 보구 자빠졌어 이게. 왜 뭐/너 하구 싶은 말이 뭔데.

은수 (좀 웃는듯 다소 타협적)저 술 팔다 온 아이 아니에요 어머니.

태모 뭐 그거보다 낫다구? 평생 파출부 딸 출세해서 아나운서두 아니구 여자들 눈먼 돈 훌쳐내는 바람잡이 그거두 출세라구?

은수 ....(할 말이 없는데/ 보며)

태희 (들어오며)엄마 뭐야 또.

태모 애 들어섰단다.

태희 (냉장고로)그럴 거랬잖아. 설마는 무슨 설마야.

태모 그렇게 아무렇지두 않아?

태희 (주스 꺼내며)뭐. 나 머리풀구 주저 앉어 대성통곡해야 해?

태모 (오버랩)아아무리 못배웠두 사람이 이면경계라는 게 있어

344

야지 엉? 면사포두 못써보구 쭈그렁방탱이 돼가는 손위 시누 보기
민망해서두

태희 (오버랩)내가 왜 쭈구렁방탱이야!!

태모 (오버랩 상관없이)댓바람에 너 그건 좀 사양해야하는 거 아니냐
구. 저 물건을 봐서라두!!

은수 (오버랩)저 좀 말씀드리면 안돼요 어머니?

태모 ?? 뭐?

태희 말해보라 그래애애.

태모 그래 뭔 말 할말이 있는데.

은수 첫째 쇼호스트는 소비자에게 질좋은 상품을 좋는 값에 구매할
수 있게 안내하는 직업이에요 어머니 저는 즐겁게 자부심을 갖고
일했었어요. 어머니 생각 옳지 않습니다.

태모 얘 또 가르친다.

태희 (오버랩)엄마 그건 고쳐. 직업에 귀천 없잖아.

태모 내가 귀천따졌어? 아나운서쯤이면 좋았겠다 그뜻이야.

은수 (오버랩)둘째.

태모 야 너 첫째 둘째 그거 하지 마아!!

은수 아이는 / 저 아직 아이 가지려고 애쓸 나이 아니구 작전같은 거
짤 여유도 생각도 없었어요. 아이 / 제가 오라구 불러서 온 거 아니
에요 어머니.

태모 말이 그렇다는 거야 말이.

은수 (오버랩)(태희에게)형님께 민망스럽다는 말은 태원씨랑 했습
니다.즈이가 주책이 없어서 죄송합니다.

태희 (마신 주스 컵 임실댁 주며)솔직히 썩 유쾌하진 않지만 뭐 우리

엄마 오버하는 거 나 히스테리 사전 진압작전으로 이해해라.

은수　그렇게 말씀하셔서 감사합니다. 그리구 어머니

태모　뭐어!!

은수　어차피 태어나게 돼 있는 어머니 손주…울면서 태어나게 하지 말아 주세요.

태모　허/ 허허/너는 무식하게 여태 그거두 모르냐? 애는 나오면서 안 울면 큰일이야. 다 울어 다.

태희　깔깔깔깔.

태모　왜 웃어 이 기집애야.

태희　그 뜻이 아니잖어어 으흐흐흐(나가는)

태모　누가 몰라? 니 에미 등신이야? (하며 나가고)

임실　(태모 나가자 슬그머니 은수 옆으로. 어깨에 손)

은수　(돌아보는데 눈물 툭툭툭)

임실　약올라 저래‥괜찮어‥신경쓰지 마.

은수　……

S#　**거실**

은수　(주방에서 나오는데 들리는 소리)

태모　E 오냐아 오냐오냐‥애기 방금 전에 들어왔다…그러엄.

태모　좋지이 좋구말구우우‥자식은 그저 나이 하나라두 덜 먹었을 때 나아야 튼실하구 똘똘하지‥공해때문인지 뭔지 멀쩡하면서 애가 안 생겨 골치 썩는 집이 수두룩 하다는데용?

태모　E (은수 위에)그 속 썩을 일은 없으니 얼마나 고마운 일이야 응 으흐흐흐흐 그럼그럼그럼…

S#　**발코니/현재**

346

은수 (들고 있던 맥주 마시며‥아무것도 없는 얼굴)……(맥주병 내리는데)

태모 E 미운 놈이 어쩐다더니 뭐어 대단한 벼슬이라구

S# **거실/과거/한겨울/산달/2월/**

태모 (외출에서 막 들어오던 중)있는대루 내밀구 뒤뚱거려 꼴같잖게. 어떻게 사양하는 걸 몰라. 어떻게 염치코치가 그렇게 없어어어. (자기 방으로 뭔가 화가 나서/움직이며)나 애 뱄소오오!! 나 좀 보소 내 배 좀 보소오오!! (획 돌아보며)꼴보기 싫어. 배 좀 디밀어!! (들어가버리고)

은수 ……

S# **발코니(밤/현재)**

은수 (무표정…가만히)……

                                        F.O

S# **현수 원룸(다음 날 오전 8시쯤)**

　[광모의 차 나타나 멎고]

광모 (내리면서 전화)…(나)왔는데‥(좀 기다려)‥몇시에 들어왔니… (중요하니?)아니 그냥‥알았어.(전화 끊고 트렁크 열어 걸레 꺼내 앞유리창 닦기 시작하며)…세차할 걸.잔소리 작렬할텐데(혼잣소리)

S# **원룸 안**

현수 (커피포트/컵에 따라 들고 계단으로)

S# **원룸 침실**

현수 (들어와 엎어져 있는 주하 옆으로)‥도로 자냐?

주하 으으 아니‥

현수 김치 콩나물 국 끓여놨어. 해장하시구 쉬셔.

주하 (몸 뒤집으며)나…약 좀 줘.. 머엉해.

현수 (커피 잔 놓으며)그러시겠지..(약 가지러)

주하 (간신히 일어나 앉으며)몇시에 들어왔든.

현수 전화 꺼 놓구 아주 작정을 했드구나.

주하 술 먹구 싶어 돌뻔했거든.으흐흐흐. 에라이 상하이 죽으면 죽
고 살면 살고(흐트러진 머리 모아 올리면서)내 편 어디갔냐.

현수 (약 손바닥에)사자대가리루 들어왔어.

주하 어..(현수가 주는 물컵 받아 약 넘기고)…제길할 ..비싼 건데..혼자
왔디?

현수 둘이 양팔 껴 질질 끌구 왔더라./

주하 아아 초면에 실례가 많았네..(하며 도로 엎어지고)

현수 …….(잠시 보다가 소지품 챙겨)나간다.

주하 ….

현수 (움직여 계단 시작하는데)

주하 (그제야)어엉…

현수 ….(좀 내리다가)우리 애들 간식 주는 거 잊어버리지 마.

주하 엉.

현수 물 떨어지게 하지 말구..물그릇 깨끗이 씻어서.

주하 ……

현수 (움직이는)

S# 원룸 밖

현수 (나오고)

광모 (걸레 트렁크에 넣다가 보고 서둘러 트렁크 닫고 조수석으로)굿
모닝.

현수   …

광모   (조수석 문 열고 현수 타고 문 닫고 운전석으로)

S# 차 안

광모   (오르며)주하 들어왔냐?

현수   (벨트)들어왔지 그럼.

광모   (벨트)몇시에.

현수   열한시.

광모   완전 꽐라꽐라할매?

현수   ….

광모   (시동)왜 그러냐아. 기집애가 대책이 없어.

현수   날씨 환상이다.

광모   드라이브 깔까?

현수   (음악 버튼 누르고)

광모   (출발하며)남한산성 어때.

현수   두시에 영화 예매해놨어.

광모   아 그래? 점심 먹구 영화 칠려면 바쁘겠다. 점심 내가 쏜다.

현수   너 아냐.

광모   ??

S# 움직이는 자동차

현수   E 아냐?·· 혼자 본다구?

현수   E ….

광모   E 야 제발 그짓 좀 하지 말라구 내가 얼마나 더 애원을 해야겠
       냐··여자가/것두 여자로서 허물어지구 있는 중년처녀가 혼자 영
       화보구 있는 거/그거 진짜 비감한 일이야아아

현수 E ....

S# 차 안

광모 아아 난 맘이 약해서 말야..뭐야. 몇시꺼야. 니꺼 취소하구 다
시 예약해 빨리. 같이 가주께.

현수 ....

광모 엉?

현수 ....

광모 엉?

현수 너 영화 거꾸로 보잖아아아..

광모 ?? 야 내가 언제에에에…

S# 가는 자동차…

S# 호텔 객실

은수 (슬기 화장대 의자에 앉혀놓고 머리 빗어주고 있던 참)

슬기 (거울로 엄마 보며)....(있다가)궁금한 거 있어.

은수 뭔데..

슬기 으응....

은수 말해애.

슬기 아빠를 사랑해서 결혼했을 거잖아.

은수 그렇지..물론이지..

슬기 그럼 왜 이혼 했어?

은수 ....(거울 속 아이 보며)

슬기 (거울 속 엄마 보며)미워졌어?

은수 응..미워진 거 보다는 그게....결혼할 때는 아빠를 나보다 더 사
랑했는데…그런 거라고 생각했었는데 그게....잘못/ 틀린 생각이

더라구…아빠랑 같이 사는 게 너어무 힘들다 보니까 있지….아빠 옆에 있기가 싫어졌어..

슬기 할머니때매?

은수 …응…그런 거지. 그러니까..아빠를 아무리 사랑해도 내가 나를 사랑하는 거 보다는 아니었던 거지.

슬기 심장을 줄만큼 사랑했던 건 아닌 거야?

은수 ……그런 거지..심장을 주는 사랑은 슬기야…그건 자식한테만 자식사랑만 그런 거야..

슬기 으으웅(그렇구나)

은수 …..(머리 묶는)

슬기 아빠 안 미워해?

은수 ?? 아아니? 왜 미워해..아빠가 얼마나 좋은 사람인데..지금도 아빠 좋아해..

슬기 아저씨가 아빠보다 더 좋아? 그래서 결혼한 거야?

은수 …응..그런 거지. 됐다아아..검사…

슬기 (다 끝낸 머리 손질/ 이리저리 비춰보며)…..

은수 맘에 안 들어?

슬기 아냐 됐어.(의자에서 내리며)근데 있지..(올려다보며)…

은수 ???

슬기 서울 가면 안돼?

은수 ?? 지금?

슬기 아침 먹고..

은수 …가구 싶어?

슬기 우우우우웅…

은수 가구 싶어?

슬기 재미없어‥

은수 ……(보며)‥‥

S# 준구의 마당(같은 시각)

S# 준구의 방

준구 (엎어져 눈 뜨고 있는/간밤에 술 좀 마셨다)

  [노크.]

준구 (상체 일으키며)네에에‥

준모 (문 열고)아버지 골프 가신댄다. 내려가 인사드려.

준구 (후다닥 일어나 준비)말씀 없으셨잖아요.

준모 방금 전에 전화 받으셨어. 주말이니 늦게 내려오는 거 아시겠
   지만 그래두 간밤에 역정두 내셨었구 신경이 쓰여서.

준구 (오버랩)예 내려가세요. 양치만 하구요.

준모 분가문제는 정리해.

준구 (드레스 룸 쪽으로)…

준모 기대가 길면 실망두 커어.

준구 네에.(하는데)

  [전화벨.]

준구 (도로 나오는데)

준모 (움직여 전화 집어 들고 보며)정수구나.(내미는/전화 주고 나가는)

준구 ‥‥(잠시 보다가 받는)어 나야.

정수 F 야 너 이다미한테 어떡한 거야 임마.

준구 ?? 뭐 왜.

정수 F 약먹구 뻗어서 우리 병원에 실려들어왔단다‥

352

준구　???

정수　F 정란이가 인턴이잖아. 너 이 자식 그 기집애 죽으면 어떡할 거야!!

준구　....

제7회

S# 6회분에서

슬기　저거 남자 잠자리가 여자 잠자리한테 사랑하자고 데리고 가는 거래.

은수　?? 누가.

슬기　아빠가‥근데 오늘이 사랑하는 날인가봐‥저기 봐. 저기두 ‥저기두…많아. 굉장히 많아.

은수　그런가보네‥ 사랑하는 날인가 보네‥ 엄마는 꽃이 좋은데‥코스모스.

S# 다미 준구

다미　오빠 와이프 자리 탐내는 거 아냐. 나 진짜 진심 정말이야 오빠. 많은 거 바라지 않아.와이프는 집안에 여자 나는 바깥 여자/ 왜 안돼.

S# 노래방

주하　잡아보려해도

세 여자　가슴을 막아도

354

주하 손가락 사이로 빠져나가(노래 멈추고 입 꾹 앞 노려보는)

두 여자 심장이 멈춰도오오오 (노래)

주하 (대사로)너는 끝났어 안광모.

두 여자 ??

주하 이 종 간나새끼

두 여자 (깔깔깔깔)

S# 준구 식탁

회장 아니 갈데없는 아이도 아니고 지 친가에 생부가 멀쩡한데 그 아이까지 우리가 왜 맡습니까. 그랬다가 그 집에서 소송이라도 들어오면 그런 불쾌한 일을 겪을 이유가 뭡니까.소송 조용히 치러요?

S# 준구 침실

정수 F 야 너 이다미한테 어떡한 거야 임마.

준구 ?? 뭐 왜.

정수 F 약먹구 뻗어서 우리 병원에 실려 들어왔단다..

준구 ???

S# 준구 정원. 오전 10시쯤

　　[피아노 소리 들리고]

S# 거실

준모 (피아노 치고 있는)

S# 이모의 방

이모 (불경 베끼기 하고 있는/로봇 청소기 저 혼자 돌아다니고 있고)

　　[피아노 소리]

S# 준구의 서재

준구 (좀 기대어 앉아 뿌우우. 컴퓨터 바탕화면이 움직이고 있는 채)

[피아노 소리 작게 들리고··]

준구　(문득 전화 들어서 통화 시도)

[벨 가는 소리···]

정수　F 어 왜.

준구　?? 왜? (임마 왜 몰라?)

S#　어느 고급 주택 대문 앞

[정수 차 세워져 있고]

정수　(대문에서 나오며)야 나 지금 와이프랑 스파갈려구 나서는 참 야. 와이프 금방 나와 간단히 해···(어떻게 돼가냐구우)환자보호 의무법에 걸린대. 아침엔 잠이 안 깨서 얼결에 샜대.누구한테도 얘기하면 안된다구 되레 침 놓더라.(아내 나올까 대문에 신경 쓰며)

S#　준구의 방

준구　(입맛이 쓰면서)그래서 죽어 살어 상태가 어느 정돈지도 모른단 말야?

정수　F 나 웬 관심이냐구 무슨 관계냐 그런다.

준구　(오버랩)야아아(답답해서)

정수　(오버랩)죽진 않는대. 요즘 죽는 수면제 없대.

준구　····정신은 차렸대?

정수　F 말 안한다니까?

준구　(오버랩)그거두 환자 비밀 보호야? 약먹은거만 발설 안하면 되는 거 아냐!!(좀 올라서)

S#　고속도로 휴게소 매점

[슬기와 함께 먹을 것들 사고 있는 은수.]

은수　(군밤 봉지 받으며)또.

슬기　오징어.

은수　오징어 어딨어.

슬기　(손으로 가리키고)

은수　마실 거는(움직이며)

슬기　(따르며)망고쥬스.

은수　삶은 달걀은

슬기　으으응(싫어. 고개 흔드는)

은수　(오징어 매대)하나 둘.(한 마리야 두 마리야)

슬기　하나.

은수　하나만 주세요.(상인 대답)저기 잠깐요 미안하지만 적당히 좀 찢어주실 수 있어요?

상인　하하 예에에

은수　감사합니다.(인사해야지)슬기야

슬기　감사합니다

상인　하하‥네에에에(찢으며)

　　[주차장으로 오고 있는 모녀‥먹을 것들 들고‥은수 차 문 열어주고 슬기 타고/벨트 매주고 봉지들과 음료 슬기 무릎에]

은수　잠깐만 부탁해.

슬기　(끄덕이고)

S# 차 안

은수　(차에 올라 벨트 매고 슬기에게서 음료 두 개 집어 홀더에 꽂으며)뭐 먼저 먹을 거야.

슬기　오징어.

은수　(밤 봉지 집어 대시보드 안에 처리하고 꽂아두었던 망고 캔 열어 다시 꽂으며)망고랑 오징어 이상한 맛일텐데.

슬기   (오징어 입에 넣으며)오징어는 엄마 물하고 먹으면 돼.

은수   아 (그렇구나)괜히 쥬스 먼저 땄네··엄마는 머리가 나빠.(물병
따서 다시 막아 아이 옆으로 자리 바꿔 끼워주고)출발해두 돼?

슬기   응.

S# 주차장

[출발해 나가는 은수 자동차…]

S# 유기견 수용 시설

[다른 봉사원들과 함께 봉사 중인 현수. 광모.]

[재능기부 미용사도 있고 광모는 접종이나 치료 기부. 현수는 견사 청
소를 한다거나. 봉사원들하고는 모두 안면이 있는 상태.]

S# 현수의 거실 주방

주하   (김치 콩나물국에 밥 말아서 입이 찢어지게 끌어넣고 있다. 콧물 훌
쩍거리며)····

[현관 벨.]

주하   ??····네에에 누구세요오오오··

천   E 얘 나다아아.

주하   ??(웬일? 허둥지둥 일어나 보조다리 집어 들고 현관으로)네에에
잠깐만요오오.

[문 열고]

주하   (꾸뻑)어머니 웬일이세요?

천   (작은 아이스박스 들고 들어오는)너 아직 여기 있대서.(움직이며)

주하   네에··

천   니 엄마 혹시 계모냐?

358

주하 에?? 어흐흐흐흐 아닌데요 어머니.

천 들어오라구 안해?

주하 제가 버티구 있는 거에요.

천 어떻게 그렇게 무심해. 반찬도 안해다 준다면서.

주하 (할 말 없이 웃는/원래 그런 엄마다)

천 (식탁에서 열고 꺼내놓으며)현수두 노는 애 아니구 뭐 먹구 사
　　나/배달 음식두 어쩌다가 끄으응..난데없이 새벽 네시에 깨서 멀
　　뚱거리구 있느니 반찬이나 만들자 했지. (고기 한 팩과 밀폐 용기 그
　　릇 서너 개)

주하 안…안 그러셔두 되는데에에에..

천 ……(다 꺼내놓는 사이)

주하 ……(괜히 입 쭝긋쭝긋)…(보며)

천 (고기 팩 하나 들어 보이며)이건 로스깜이야. 식초간장이든 파절
　　이든 해서 둬번 궈 먹어.

주하 네에에..

천 (냉동고 열고 고기 넣으려다 현수가 갖다 넣은 광모 고기 팩/꽁꽁 얼
　　어 있어야)???(꺼내 보는)고기가 …있구나..

주하 ?? 없는 걸로 아는데요.

천 (내밀어 보이며)고기 아니면 뭐야.

주하 ??

천 세 팩이나 있는데..

주하 …(입 좀 벌리고)현수가 사다넣나보네요..전 몰랐어요.

천 현수가 친구는 진정한 친구다.(고기들 집어넣는)

주하 네에 하하

천   (냉동고 문 닫고 냉장고 문 열며)해주는대로 그저 열심히 먹어라. 잘 먹어야 뼈두 빨리 붙어.(하며 멈추듯)??

주하   네에..

천   (용기 하나 꺼내며)뭐가 이렇게 잔뜩 들었어어. 현수 엄마가 잘 챙기는 모양이구나.

주하   (뭐가 있다는 거지?상체 빼서 보는)

천   (그동안 뚜껑 열어 음식 보는)얘 이거 우리집 멸치볶음 아니냐?

주하   ??

천   (용기 식탁에 놓고 다른 용기 꺼내 또 열어보고)?? 아니 이거…느네 광모꺼 뺏어다 먹는 거야?

주하   아 어..아 저는 모르는 사실인데요 어머니..제가 어제 오후에 외출했었거든요..

천   이거 이거두 우리 꺼야.아니 (그릇 들어보이며)이거 이거두 우리꺼구.그럼 저 고기/고기두 결국은

주하   (오버랩)억울하실 거 없어요. 광모가 밥을 거의 여기와서 먹거든요. 그러니까 지가 먹을라구 갖다놨나봐요.여잔 우리두 밥하기 꾀나는데 광모가 어떻게 반찬 챙겨 밥해 먹어요. 여기우리한테 밥 부쳐 먹는다 소리 진작 했었거든요? 아마 현수랑 합의를 봤나봐요..그랬나봐요 하하..

천   밥만 하면 되는데 왜 못해 먹어.(했다가 바꾸는)그래애애. 어디서 먹든 먹으면 됐다. (음식들 냉장고에 넣으며)통장 체크는 했니?

주하   ??

천   바로 입금했는데.

주하   아 아아아아 아직 안했는데요.

천   (빈 냉장박스 채우며)체크했으면 인사 전화정돈 했을 앤데에 했지..

주하   네 안했어요...

천   돈에 초연한 거니 둔한 거니.

주하   둔한 거죠 하하.

천   차 한잔 마시자.(박스 치우며)

주하   네 어머니.

천   내가 할게.(싱크대로 돌아서는)

S# **같은 장소/시간 경과**

    [같이 차 마시는 중.]

천   (찻잔 들고 보며)너두 알겠지만 우리 광모녀석이 너무 순진하달까 뭐냐 단순하달까 한번씩 가당찮은 사고는 쳐두/ 본심에 악의가 있는 애는 아니잖니.

주하   으흐흐흐 네..

천   우리가아...인생 살면서 누구나 그렇지...끔찍한 일 한두 번 아니 서너번일수도 네다섯번일수도 있지..그런 일 안겪는 사람 어딨니. 알구보면 다 각각/각각 겪구 살어 애.

주하   네에(아무렇게나)

천   그런데 그 끔찍한 일이라는 게 말이다 시간 가면 잊어지게 돼 있는 거구 세월 지나면 별일 아닌 거야. 더구나 내 나이쯤 되면 죽을만큼 힘들었던 일두 꼭 남의 일 같아진단다.

주하   네에에에(끄덕끄덕)

천   내가 그냥 너한테 얼마나 고마운지..그 일 당하구두 니가 우리 광모 꼴을 보는 게 얼마나 다행인지 솔직히 늬들을 이해할 수는 없어두 말이다.너/ 가슴에 독한 칼 품고 저주퍼붓는 거보다는 고맙지 뭐냐.

천　　E　(보는 주하)자고로 저주하는 사람이 있으면 되는 일 절대 없다? 결국에는 부도가 나거나 감옥엘 가거나 자식이 다치거나/

천　　결국은 망가져.지금은 삼대까지 안가 당대에 다아 지가 받어. 저만 받으면 좋게 지 부모 자식까지 같이 받어어.

주하　그 말씀 왜 하시는 건데요.

천　　(너도 알다시피 /다소 징징거리듯/)우리 광모가 너만이 아니잖니. 너 그 모양 만들어놓고는 내가 그냥 너 전전 애들까지 한꺼번에 되살아나면서 뭔지 모르게 불아안해. 여자 한이 오뉴월에 서리 뿌린다는데 늬들 셋 원망이랑 뭐냐 증오/그래 증오가 합쳐지면 서리가 아니라 눈사태 아니겠니?

주하　아하하하하.하하하하하.

천　　??? 이게 웃을 일이니?

주하　아하하하하.하하하하

천　　??? 주하야.(왜 웃는 거야)

S#　**태원의 거실**

임실　(탁자 닦고 있는 위에/아무렇지도 않다 마치 안 들리는 듯)

태희　E　(임실댁 화면과 동시/약이 있는대로 올라서)엄마 진짜 누구 눈 뒤집구 쓰러지게 하구 싶어?!

S#　**태희 방문 앞. 방문 열려 있고**

태희　(연결)내가 시집 못가 목매단대? 어디서 (내밀고 있던 사진 패대기치듯)이딴 괴물을 찍어부쳐 도대체에!!

태모　남자 대머리는 정력이 좋다잖아 이것아.(달래는)

태희　??

태모　대머리야 가발하나 뒤집어 씌우면 되구 요즘 가발이 얼마나 기막히게 잘 나와. 감쪽 같은 가발 뒤집어 쓰구 잘나가는 연예인이 수두룩한 세상에

태희　(오버랩)엄마

태모　(연결)머리털 좀 가난한 건 흉도 아니야.

태희　(오버랩)좀 가난한 정도가 아니라 아예 없잖아아아!!바가지 엎어놨는데 저게 좀 가난한 정도야?

태모　그 정도는 아냐.

태희　뭐가 아냐!!

태모　대가리 숱만 많아서 맥 못추는 녀석보다야 대머리 좀 벗겨지구 힘 존 서방이 낫지 뭘그래.에미가 다 생각이 있어 그러는구먼 길길이 뛰기부터 해 왜.

태희　?? 무슨 생각.

태모　손해본 게 얼마야. (사진 집어 드는)스물 다서여섯에 갔어야지 공으로 말아 먹은 십오년 힘 좋은 놈 만나 벌충하면 좋잖아.(거실로)....

태희　(쌔애해져서 보다가).....(거실 쪽으로)돈은 좀 있대? 뭐하는 사람이라는데.

S# 거실

태모　(대꾸 없이 소파로 와 앉으며 사진 보는)이목구비는 뭐 그리 흉물은 아닌데에 쯔쯔쯔.

태희　(다가오는)얼마나 있대 엉?

태모　(사진 보며)안 그래두 어디 이따우 사진을 디미냐구 너 기절할

거라 그랬어. 가발 흔한 세상에 이런 사진 떠억 보내는 건 무식한 짓 아니냐.

태희　　그랬더니.(앉는)

태모　　(잡지 아래 사진 집어넣으며)자신감이란다.

태희　　뭐?(임실은 다른 가구 걸레질로)

태모　　대머리에 놀라는 여자 필요없다 그런대. 가발 쓰고 눈속임해
　　　　봤자 잘 때도 쓰고 잘수 없는 노릇/어차피 들킬 일인데/머리칼이
　　　　있냐 없냐로 점수매기는 여자 필요없다구.

태희　　무슨 웃기는 잘난 척이야 그게. 남자 여자 첫 인상이 얼마나 중
　　　　요한 건데/그건 자신감이 아니라 뻔뻔무례함이야.

태모　　아 옛날 빡빡 대머리 율부린너 얼마나 남자다웠는데‥

태희　　아 그건 엄마 취향이구우우.

태모　　자수성가 천억이래.

태희　　‥‥(그럴 줄 알았어)

태모　　중매쟁이 뼁 반으로 깎아 오백억이래두 워낙 머리 좋구 수완
　　　　이 출중하다니 천억 이천억 기대해봄직하구/ 대머리쯤 가발씌워
　　　　데리구 다니면 뭐 무슨 상관야. 내꺼 만들어노면 그딴 거/ 더구나
　　　　늙으면 더더욱 아아무 상관없어.

태희　　몇살인데

태모　　??(혹시나 싶어)아 많이 안 먹었어야. 이제 겨우 마흔여덟이래.

태희　　?? 여덟?

태모　　왜 놀래? 니 나이 생각은 안해?

태희　　(열 받아)열살 아래두 수두룩한데 날더러 여덟살이나 더 먹은
　　　　남자한테 가라구?

364

태모   열살 아래 능력있으면 데려와아.

태희   (더 올라서 벌떡 일어나는)자식없는 칠십살 삼천억짜리 영감탱이 데려와. 그럼 매일 밤 기 쪽쪽 빨아 수년만에 보내버리구 떵까떵까 떵호아 살테니까.

태모   저저 말을 해두 꼭

태희   (오버랩 두 주먹 쥐며)아무리 돈이 좋아두 엄마 진짜 어떻게 날 그런데다 팔아먹을 생각을 해?

태모   팔아먹긴 너 내놓구 내가 오백억 챙기는 거야? 그게 내꺼야?

태희   (오버랩)엄마는 정말 더불어 인생사/ 말을 못나눌 사람이야. 번들번들 대머리에 낼이면 쉰고개 넘는 사람을 아니 그 남자 초혼이기는 해?

태모   칠년 전 상처했대.

태희   ????

태모   아들 딸 남매 일찌감치 유학보내 미국사람 다 됐구

태희   (오버랩)엄마아아아!!!

태모   (오버랩)아이구 그래 됐어됐어. 저 싫으면 그만이지 뭐 니가 언제 내말 들었어?(꽁지 내리는)

태희   엄마 진짜 최악이야!!(소리치고 제 방으로)

태모   이년아 까불지 마!!너보다 먼저 대머리가 너 싫달 수두 있어!! 한번 만나나 보라는데 안 내키면 그만이지 최악이라니. 그 에미 딸년은 뭐냐엉?최최악이냐?(하는데)

    [현관 벨.]

태모   (미처 못듣고 잡지 아래서 사진 꺼내 보는/보다가 문득)?? 아줌마아!!

임실   (돌아보는)

태모   누구 왔잖아아아.(임실 서둘러 인터폰으로)쯔쯔쯔즈.끄으으응

임실   (문 열어주고)채린아가씨 왔네요.

태모   (사진 보며)가발 씌우구…눈 아래 지방 주머니 좀 빼면 그럭저
      럭 참을만하구면….아 인물 보구 돼지 잡어? 정들면 곰보도 보조개
      구면.

채린   E 저왔어요 어머니.

태모   오 오오오 채린이 왔어어? (돌아보며)이리 와 이리 와··(보이거
      나 안 보이거나 무방. 암튼 채린이 들고 온 시장 주머니 임실댁에게 넘어
      갔고/ 임실댁은 주머니 들고 거실 입구께로)그게 뭐야 임실댁,

임실   시장 봐 온 모양이에요

채린   (소파로 오다가 잠깐 돌아보며)네 저기 점심에 도미 탕수 좀 만
      들어 볼까해서요.

태모   아이구 저러언. 그런 것도 할줄 알어?

채린   비슷하게는 해요 어머니.

태모   채린이 덕에 특별요리 먹게 생겼네··앉어앉어.(채린 앉고)어이
      갖고 들어가 생선부터 다듬어 놔요.

임실   국은 뭘로 끓여요··

채린   근대 좀 샀어요 아주머니 근대 국이 맛있던데요 어머니.

태모   응 근대가 제철이지. 엽엽하기도 해라··으흐흐흐흐

임실   (돌아서며 꿍얼꿍얼)아침에 근대 끓였구면.

태모   뭐라구?

임실   (그냥 아웃)

태모   저렇게 눈치가 없어.실은 아침에 근대국 먹었거든. 그렇다구
      꼭 저렇게 뽀록을 내야 해?

366

채린 (웃는)그럼 소고기랑 송이로 맑은 국 끓일까요? 집에서 송이 좀 몇 개 갖구 왔는데..

태모 아이구 우리두 한 차례 먹구 마는 그 비싼 눔으걸. 아줌마아아 차 좀 내애애

채린 아니 저 점심 준비할께요 어머니(일어서며)열한시 다 됐을 거에요.

태모 벌써 그렇게 됐나?

채린 네.

태모 (일어나는)그래 그럼.

S# 거실 나서며

채린 슬기가 없으니까 이상해요.

태모 지에미가 챙기는 날이라니 어떡해. 나는 그것두 못마땅해 죽겠어. (채린은 주방으로 태모는 안으로 각각)

S# 태모의 방

태모 (들어오며 꿍시렁)송이를 보낼려면 상자째 보낼 것이지 몇 개라니 우리가 거지야?…(침대로 오르며)참 사람 천차만별/대대로 명문에 사모님 소리 들어가며 산 여자가 본디없기는 쯔즈..(누우려 베개 만지다 문득)설마아아..지가 지 엄마 모르게 슬쩍 빼온 거겠지..내가 오해겠지 응 그래 오헬 거야..(자리 잡고 누우려다 말고)그렇다치고 저건 왜 조막손이야..송이끔두 내렸겠다 한상자 사들고 오면 안돼? 한 상자래봤자 몇 개 들어있지두 않은 눔으걸.(누우며) <u>끄으응</u>…<u>끄으으으</u>(눈 감는데)

태희 (벌컥 문 열고 들어오며)돈 줘.

태모 (상체 일으키며)무슨 돈.

태희 오더 해 놨던 백 왔대. 돈 줘.

태모 내 이름이 돈이냐?

S# 자매 집 골목으로 들어오고 있는 은수 자동차

[대문 앞에 멎고 은수와 슬기 내린다‥]

은수 (뒷좌석에서 슬기 배낭 꺼내 메어주며)먼저 들어가.

슬기 (끄덕이고 들어가고)

은수 (잠시 보다가 트렁크 열고 차 뒤로)

S# 마루

자모 (남편 탁자 겸 작업대 겸 밥상 위 미싱에 기름 치고 있는 중. 자모는 방금 전까지 탁자에서 옷 수선 작업을 했다/쟁반 들고 나와놓고 찬들 서너 가지, 작은 된장찌개, 뚝배기 밥 두 공기 내놓기 시작하면서)날씨가 왜 요변덕이야 추웠다더웠다 추웠다더웠다.

자부 ‥‥

자모 어제는 우리 슬기 너무 얇게 입혀보내 춥겠다아아 코트 한 벌 더 줘보낼걸 늙으면 죽어야지이 그랬는데 으흐흐흐 오늘은 또 더워.

자부 그러면서 겨울 들어가잖어.

자모 놓구 밥 먹어 여보‥

자부 (정리하고 상으로)

자모 밥 눌궈 여보. 구수우하게 숭늉 만들어주께.

자부 (수저 들며)덥다면서 숭늉은.

자모 해 기웃해지면 춰지잖어‥보온병에 너주께.

자부 그러지 뭐.(하는데)

슬기 할머니이이.(들어오는)

자모 ?아이구 아이구머니나 얘가 무슨 일야‥슬기야 너 왜 벌써 와아.

368

슬기 내가 빨리 오겠어 할머니.

자모 왜애애

슬기 호텔에서는 보고 싶은 책도 없고 재미없어..할아버지 안녕하세요?

자부 어 허허 오냐 그래.

슬기 (제 방으로)

자모 슬기야 엄마는.

슬기 들어올 거에요.(아웃)

자모 (남편 잠깐 뚜우 보고 중얼거리며 현관으로)두 밤 자구 온댔는데 에에..

은수 (가방 두 개 / 핸드백은 어깨에 / 들어오는)엄마.

자모 (가방으로 손 내밀며)어엉..이리 내. 아빠 들어오셨어.

은수 (기웃이)점심 잡수러요?

자부 어. 좀 틈이 나서.

자모 지가 오자 그랬다면서. 무슨 일/ 있었어?

은수 아무 일 없었어.(엄마 손에게 슬기 가방만 주면서)뭐라 그래?

자모 저 보는 책두 없구 심심해서 오자 그랬다구..

은수 나랑 있는 게 별론가봐.(안방으로)

자모 ....(보며)...(있다가 가방 슬기 방 앞에 놓고 안방으로)

S# 안방

은수 (상의 벗어서 적당히 처리하는데)

자모 (들어온다)

은수 (잠깐 돌아보고/ 방바닥에 두 다리 펴고 앉으며)점심걱정 하지 마 엄마..나중에 피자 시켜 먹을 거야.

자모 ·····

은수 (올려다보며)왜애애.

자모 비우좀 잘 맞추지 왜애애.(옆에 쭈그리고 앉는)

은수 ····(그냥 보는/열심히 했어)

자모 으응?

은수 (발끝 만져주며)박자를··잘··안 맞춰줘.

자모 ·····(보며)

은수 맞춰지지가 않나봐.

자모 그게··그게··느을 같이 만지구 얘기하구 그래야지 뜨음뜸 그럼 뭔지 모르게 그게 그런 거야.

은수 내탓이지 뭐.(양말 벗으며)···

자모 ·····

은수 (양말 두 짝 모아 적당히 말며)내 말을 거의 안 믿는 거 같아··뭔지 모르게 쌔애애애 ··쌔애랄까 ···암튼··나는 어디서 입양아 데려다 열심히 친해질려 애쓰는 거 같구 슬기는 그냥 나를··구경하는 거 같구···

자모 ····

은수 너무 하더라 (양말 치우며)

자모 애라 그래···철 없어서.

은수 틈만 있으면 지 아빠 얘기만 해··나한테는 냉정하면서 지 아빠는 하나님이야. 기집애 너무 싸가지 없어.

자모 ·····(그냥 보면서)····

은수 거의 못잤어··좀 잘래.

자모 응 알었어··어이 자··(덮을 것과 베개 꺼내주며)조용하게 푸욱 자··

370

그래 자아자..(나가면서 애가 터지고)

은수　(저만큼 방바닥 보며).....

S# 마루

자모　(나오다가 냄새에 기절하게 놀라서 주방으로)태웠어?

자부　(물 부은 누룽지 주걱으로 떼며)구수할 만큼 탔어..

자모　(들여다보며)에에에이....탄 거 먹으면 해롭다는데..

자부　위에 물만 따러 먹으면 돼.

자모　아까워 어떡해.

자부　아까워 손끝이 지릿지릿해?

자모　으응..

자부　흐흐흐..(웃어주고 대접에 갈색 숭늉 따르면서)

자모　슬기가 박자를 안 맞춰 주더래..(중얼거리듯)

자부　(대접 들고 마루로)

자모　(따르며)그랬잖어..지 에미 속 많이 아프게 할 거라구.

자부　(앉아서 숭늉에 남은 밥 넣는)...

자모　얼마나 속이 아리구 쓰릴까..한숨두 못잤대..(앉으며)

자부　...(그냥 먹는)

자모　어린 게 벌써부터 무슨 그렇게 / 먹은 맘이 고약스러워.

자부　지 에미 닮았다며

자모　저게 열배는 더해.

자부　현수 말이 맞어. 애가 고여언히 그러는 거 아닌데 고스란히 받어줘야지 애한테 뭐랄 거 없어.(수저 놓으며)뿌린대로 거두는 게 인간사 법칙이야.

자모　그건 그렇다지만...(아)그래두 좀 수우운하구 착하면 좋잖아.

자부 (일어나는)

자모 (얼른 일어나 벗어둔 상의 집어 입혀주고 작은 손가방 같은 거 집어
주며)잔대··맘을 얼마나 다쳤는지 그냥 애가 해앨쑥해··

자부 (현관으로)

자모 (따르며)생태 한 마리 사갓구와.

자부 알었어··(아웃)

자모 (밥상으로 가서 앉으며 슬기 방 보며)어쨌거나 천지에 하나 에민
데/에미한테 그럼 써어?(혼잣소리/감정은 나무라는)

슬기 (제 방에서 나오는)

자모 왜. 뭐 주까.

슬기 아니에요(안방으로)

자모 (일어나며)왜애애··엄마 잔대··할머니한테 말해 엉?

슬기 아니에요.

S# 안방

은수 (누우려다 듣고 있는)

슬기 (들어오는)

은수 …(보고)

슬기 (옆에 무릎 꿇듯 앉으며)엄마.

은수 응.

슬기 ….(보며)

은수 할말 있어?

슬기 ….(보며)

은수 할말 있음 해애.

슬기 여기서 잘 거야?

은수   …나?

슬기   (끄덕이는)

은수   응……왜?

슬기   응 저기 아빠랑 전화했는데에?..엄마 할먼네서 자면 나두 여기 있으래.

은수   ……(보다가)서초동 가구 싶어?

슬기   아빠 네시에는 산에서 내려오구 직원들이랑 밥 먹구 일곱시쯤에는 집에 들어갈 거래.

은수   서초동 가구 싶어?

슬기   거기는 입체 동화책두 있거든.

은수   …(보며)

슬기   아빠가 노래두 불러 주구 으응.. 게임두 같이하구

은수   (오버랩)안돼.오늘까지는 엄마야. 아빠랑두 그러기루 했다 그랬잖아.

슬기   …(보며)

은수   엄마 피곤해..잘 거야..(눕고)…

슬기   ……(보다가 일어나 나가는데)

은수   (상체 일으키며)우리 쇼핑갈까 슬기야?

슬기   됐어어(나가고)

은수   ……(문 보며)

S#   어느 호텔 현관 앞

　　[준구 자동차 와서 멎고]

준구   (내려서 들어가는/좀 서두는)

　　[자동차는 바로 발렛 요원으로]

S# 호텔 로비

준구   (빠르게 들어와 로비 라운지로)

S# 로비 라운지

준구   (들어와 핸드폰 검색하고 있는 정수 앞자리로 가 픽 앉는다)

정수   (쳐다보지도 않고 검색에서 빠져나가며)총알타구 왔냐?

준구   니 동생/ 통화했어?

정수   아직.

준구   (맥 빠지며 좀 기대듯)

정수   야 나두 최선 다하구 있어. 문잘 일곱 번이나 보내놨단 말야.가
         만 여덟 번인가?(전화기 집어 들려)

준구   됐어‥죽지만 않으면 돼.

정수   ‥‥(보며)

준구   (물 갖다놓는 웨이터)맥주요.

웨이터   예 부장님.(대답하고 돌아서는데)

준구   걘 도대체 약을 얼마나 갖구 있는 거냐. 식탁에 약병 내가 챙겨
         갖구 나왔단 말야.

정수   장기간에 걸쳐 모아두고 있나부지.(아무렇게나)

준구   ‥‥(보며)

정수   너는 도대체 왜 그렇게 요령이 없냐. 지금도 사랑한다는데 단
         칼에 그게 어떻게 돼.

준구   그쪽 사정이야.

정수   임마 그러다 진짜 죽어버림 어떡할 건데. 이번에는 약/ 담번에
         목 매면. 빌딩 꼭대기서 뛰어내리면.

준구   정말 그럴 생각이었으면 이번에 목맸거나 뛰어내렸겠지.

정수   ....(보며)

준구   기집애 왜 깔끔하질 못해. 쇼를 할려면 그럴 듯하게 하지 죽지도 않는 약을 왜 먹냐.

정수   (야) 누구 골아픈 여자 정리 안해봤냐?

준구   (오버랩)됐다 니 강의 신물나게 들었어.

정수   (오버랩)인간적으로 정말 미안하고 사내자식으로 진정 가슴 아프다.

준구   (오버랩)됐다구

정수   (오버랩)자식으로서 부모님 거역하고 알거지로 쫓겨날 수는 없지않냐.

준구   (오버랩)그만하라구

정수   (오버랩)너는 내가 알거지 되면 좋겠냐? 알거지 차지하면 그래 보나마나 폐인될 나/평생 먹여살릴래?그런다 치자. 사랑이 얼마나 가겠냐. 나는 너 원망할 거구 너는 나 짐보따리 될거구

준구   ???(인상 확 쓰는/그만해라)

　　　[맥주 나오는 사이.]

정수   ....(사이 두었다 물컵 집으며 그래도)사랑이 뭐냐. 사랑은 상대를 위해서 니가 희생하는 거다.나도 너를 진정으로 사랑했다. 내 마음도 찢어진다.(물 벌컥벌컥 내려놓으며)나보다 백배 괜찮은 놈 만나 행복해라.미안하다. 아프지 마라.

준구   (상관없이 맥주 벌컥벌컥 마시는데)

　　　[준구 전화 울리고]

준구   (보면)

　　　[제이슨 리.]

준구 ?? (받는 다짜고짜) 너 이게 무슨 유치한 쇼야!!

정수 ?? (보는)

준구 E 너 벽창호야?

준구 대체 뭘 어쩌라는 거냐구 이 기집애야!!

실장 F (남자) 나 기획사 이다미 담당 실장이다 개자식아. (사십 대 초반)

준구 ??

실장 F 싸가지가 똥바가지는놈. 나같은 개차반두 여자 마무리는 뜨거운 안녕이야 이 자식아.

준구 여보세요.

S# 다미 병실 앞 복도

실장 (오버랩/거북하지 않을 정도의 떡대.) 몰라서 모른 척 하구 있었는 줄 알아?! 사고한번 쳐봐? 기자들 불러 놓고 제대로 까발려봐? 증거들고 니 와이프 방문해?

S# 로비

준구 ....(곤혹)

실장 F 이다미 너한테 까이구 우울증 치료받구있는 애야 임마.

준구 ??

실장 F 너 똑똑히 들어. 만약/ 만약에 다미가 진짜 사고치면

S# 병실 앞

실장 너 이새끼 쥐도새도 모르게 파묻어 버릴테니까 그렇게 알아.

준구 F 지금 어떤 세상인데 협박이야.

실장 그래/ 협박이 협박으로 끝나게 해라 엉? (끊어버리고 병실로 돌아서는)

S# 다미 병실

376

실장 (들어와 한심하게 보는)....

다미 (약물 과다 복용 환자 처치받고 누워 있는)....(눈 감고)

　　[실장 전화벨.]

실장 (다미 전화 왼손으로 옮기고 제 전화)어..양기자 오랜만이네? ..으
흐흐흐 기획사 발표 말구 딴 게 있을 수 있나 이사람아. 아아...아
과로야과로. 이주 넘게 죽게 끌려다녔거든...답답한 소리 하지 마
라. 감독이 꼴통중에 꼴통이야. 물고짱을 낸다 물고짱.

S# 로비

준구 ....(벌레 씹었고)..(있다가)맥주 하나 더 주세요.(주문하고/뒤로
푹 기대앉는/시선은 아래로)

정수 ....(보며)

준구 (고개 한번 뒤로 젖혔다가 벌떡 자세 잡으며)나 행방불명되면 지
금 그놈 잡아다 족쳐 파내서 장례 치르라 그래.

정수 야야 신경 쓸 거 없어.그냥 폼 한번 잡은 거지 즈들이 뭐 오징
어파냐 쭈꾸미파냐.

준구 어떻게 안 거야. (보며)너 나 다미 밖에 알 사람 없는데.

정수 이럴 때 보면 진짜 멍청이더라. 윤마담알지 윤마담 데리구 있
는 애들 알거지 로드 알지 그럼 다 아는 거야.

준구 ...(보며)

정수 너 엉덩이 내놓고 머리만 쑤셔박은 숨바꼭질 한 거라구.

준구 (맥주 와 놓이고 놓이기도 전에 집어서 마시는).....(잔 비우고 놓고
뿌우우).....(어째야 좋을지)....

S# 영화 보는 중인 주하 현수 광모

　　[바쁘게 주하 광모 팝콘 먹으며/]

현수   (신경이 쓰여서 두어 번 흘낏거리다가 마침내는 광모 팝콘 뺏어 머
리에 뒤집어씌우듯)

광모   ???

주하   야아아아(소리 죽여)

현수   (말아 쥐고 있던 프로그램으로 두 아이 머리 차례로 한 번씩 갈겨주
고 일어나 줄 빠져나가는)죄송합니다 죄송합니다.

주하   얘 갈라구? 가는 거야?

손님   어어이 참.

광모   죄송합니다 죄송합니다.

현수   (빈자리로 가 푹 앉는)

S#   영화 화면. 잠시

S#   영화관 출입구

　　　[상영 끝나고 손님들에 섞여 나오는 세 사람.]

광모   도대체 이 영환 뭘 얘기할라 그런 거냐.

현수   입 다물어라 엉?

주하   (현수와 동시)하하 또 시작이다.

광모   일단 자지는 않았어 자지는 않았는데 주제가 뭐냐구주제.뭘
말하구 싶었던 거냐 말야.

주하   니 마암대로 생각하세요아자씨.

광모   어떻게 생각해야하는 건지 모르겠다니까?

대표   E (현수 회사)오현수씨이이.

셋   (돌아보는)

현수   어..영화 보셨어요?

대표   우리 같은 줄에 있었어요.

378

현수   아아

대표   (오버랩)안녕하세요? 안녕하세요?

광모 주하   (얼결에)안녕하십니까 안녕하세요.(나누어 한마디씩)

하나   안녕하세요.

둘   (적당히 인사)

주하   (인사하며)현수야.(누구야)

현수   아 어..회사 대표님.. 대표님 조카딸.

광모   아아아

주하   (동시)네에에.

대표   우리 여기 아래 내려가 저녁 먹을라 그러는데 같이 하시죠.괜
찮죠?

광모   아 네 감사합니다..

주하   (같이)네 대표님 네네네.

현수   ??

대표   (앞서면서)하나야 자리 셋 더 준비해 달라고 응?

하나   네에.(전화 꺼내며 빠르게 앞으로 빠지는)

현수   아니(준비해달라고에 연결 오버랩)저기 대표님 즈이는

대표   (돌아보며 오버랩)특별한 스케줄 없으면 같이 해요. 괜찮다니
까아.(하고 앞으로)

현수   (늬들)있어.(서둘러 대표한테 가려는데)

광모   (팔 잡는다)가만있어어.

현수   느닷없이 빈대가 셋씩이나 폐잖아.

주하   빈대가 뭐냐 빈대가아.

S#   자매의 마당(어두워지기 직전)

S# 마루 주방

자모 (나박나박 썬 무 도마째 들어 달궈진 냄비에 쏟아 넣으면 치이이이이 소리/조선간장 두 숟가락 넣고 잠깐 젓다가 고춧가루 두 숟가락 넣어 젓는데)

은수 (안방에서 나와 슬기 방으로)

자모 (모르고 뜨물 냄비에 붓는)…

S# 슬기 방 앞

은수 …(잠시 사이 두었다가 노크하는)

슬기 E 네에

S# 슬기의 방

은수 (들어오는)

슬기 (침대에 기대어 앉아 책 보다가 옷 다 입은 엄마 보고)?? 집에 갈 거야?(그럼 나 아빠네 가도 되겠네?)

은수 아니..엄마는 오늘 여기서 잘 건데 너 그래두 아빠한테 가구 싶으면 가도 된다구.

슬기 정말?

은수 엄마가 데려다 줄게.

슬기 알았어. (침대 뛰어내리며)아빠 일곱시 좀 넘으면 들어간대. 지금 (시계 돌아보고)여섯시니까 응 됐어..엄마 나 뭐 입어? 밖에 추워?

은수 (아이 옷 챙기러 움직이며)금방 밤이니까 아무래도 쌀쌀하겠지? (옷 꺼내놓으며)위에는 이거 입구 안에 껀….(서랍 빼며)엄마가 골라 줄게.

슬기 응 나는 가방 챙길게..

은수 (아이 옷 맞춰 챙겨내는)….

S# 마루 주방

자부   (막 들어왔다 들어서며 생태 봉지 내미는)에미 좀 잤어?

자모   어 아까 잠깐 나와 물먹구 들어갔어. 또 자나봐 조용해.

자부   슬기는..

자모   뭘 하는지 지 방에서 꼼짝 안해. 뭐 시간 전에 화장실 한번 다
녀가구는.(생태 싱크대에)모르는 척 했어.

자부   ....(보는)

자모   (돌아보며 웃는)아 지 에미한테 고약하게 구니까 나두 저 싫어 뭐.

자부   어이그으으

자모   (천진할 만큼 맑게)내 새끼 담에 손주 새끼라더니 진짠 가봐.내
맘이 똑 그래.내 새끼가 젤이지 뭐.왜 내끼 속 아프게 만들어. 지가
뭔데..

자부   흐흐흐흐(작게 웃으며 돌아서는데)

은수   E 엄마아아..슬기 가요오오.

자모   ?? (서둘러 나가는)

S# 마루 /슬기 방 앞

자모   (나오며)어디를?

은수   서초동 가구 싶대요. 데려다 주구 올게.

자모   아니(한 걸음 나서며)거긴 매주 가는데 에미 있을 때 같이

은수   (오버랩)암말 마 엄마..(보며)지 아빠 보구 싶은가봐.

자모   ....(보며)

은수   나두 피곤해..보내구 편하게 하루 쉴래..

슬기   (배낭 메고 나오는)

은수   (아무렇지도 않게)할아버지 할머니께 인사.

슬기 다녀오겠습니다아아..

자부 (자모는 대답이 안 나오고)오오냐..잘 갔다 와라..

슬기 (제 신발 신고 신발장에서 엄마 신발 꺼내 놓아준다)

은수 고마워.

슬기 (벌써 튀어 나가고)

은수 …(신 신는데)

자부 은수야..

은수 네..(보는)

자부 엄마 생태찌개 끓여.. 한잔 하자..

은수 네..(웃으며)금방와요 (나가고)

자부 천천히 해..한 시간 넘게 걸릴 거야..

자모 (돌아서며)으응..

S# 어느 등산로 입구 토속 음식점 앞(어두워졌다)

　　　[몇몇 등산객들 들어가고 나오고 산에서 헤어졌던 동반자한테 가게 위
　　　치 가르쳐주는 통화 중인 한 남자.(아니아니 내려오자마자 우회전이
　　　라니까)(여기쯤에서 태원 전화 중에 들으며 나오는)]

태원 (듣다가)엄마 할머니네서 주무시면 내일 보자 그랬는데 너 아
　　　까 아빠 말 못들었어?…(듣다가)엄마 섭섭하게 만들지 말라는 아
　　　빠 말 이해를 못한 거야 우리 슬기?

S# 이동 중 차 안

슬기 이해했어어 했는데에? 그래서 그냥 있을라 그랬는데 엄마가
　　　데려다 준다구 해서….(잠시 듣다가 엄마한테 전화 대어주는/좀 뿌우)

은수 나야..(왜애애)응..가구 싶다는 애 붙잡구 있는 거 구차해서..
　　　(구차하기는 왜 그렇게 생각을 해애)응 아니구..나두 나 하구 싶은 거

못하면 속상하니까..원하는대로 해준다 그거지 뭐.

S# 음식점 앞

태원 슬기한테..화났구나..

은수 F 응…좀…지금 말 못하겠어.

태원 오은수 오기.

은수 F 응.

태원 애한테.

은수 F 응 나는 그래.

태원 ....(사이 두었다가)여기 구기동 쪽이야. 미아리 까지만 와.. 내가 먼저 도착할 거야 전화할게.

은수 F 응 고마워..아빠 저녁 안 드시구 기다리실텐데 잘 됐네. 부탁해. 끊어.

태원 ....(전화 끊으며)...

S# 이동 중 은수 차 안

은수 (앞 보며 운전만).....

슬기 (엄마 눈치 보며)......(있다가)나는 그냥 수유리서 잘라구 했단 말야.

은수 (돌아보며)그래 알어..누가 뭐랬어?

슬기 화났다면서.

은수 내가 언제.

슬기 아빠가 화났구나 그러니까 응 좀 그랬잖아. 다 들렸어.

은수 미치겠네. 넌 뭐 애가 그러니.

슬기 ???

은수 엄마 좀 화났어 그래. 아니 화난 거 아니구 실망했어.아빠는 주말마다 같이 보내면서 아빠만 찾는 거/생각해봐 너라면 실망스럽지 않겠어?

슬기　(입 다물고)

은수　엄만 기대 잔뜩하구 휴가 받았는데..재미없다구 서울 오자 그러구.

슬기　빨리 애기낳아서 개랑 놀아..

은수　???

슬기　(중얼거리듯)난 엄마 안 좋아할 거야.

은수　....왜..

슬기　....

은수　왜.

슬기　좋아하면 보고싶은데....못보면 슬프니까.(괴로우니까)

은수　......(한 대 맞은 듯)...미안해..

슬기　(대답처럼 음악 버튼 누르면)

　　　[여행갈 때 넣어두었던 영어 동요. 명랑하고 재미있는 것]

S# 차량들 속의 은수 차

　　　[동요 연결되며 멀어지고]

S# 미아리 어느 지점

태원　(자동차 깜박이 켜고 나와 서서 기다리고)

　　　[은수의 차 깜박이 켜고 뒤에 대어진다.]

태원　(문 열고 슬기 잡아 내려주고)엄마 안녕해야지.

슬기　(차 안 들여다보며)안녀어엉.

은수　재밌게 지내애애..

태원　(문 닫아주고 슬기 손잡아 앞에 세워둔 제 차 조수석에 태우며)벨

384

트해.

슬기   앙

태원   엄마한테 인사하고 올게.

슬기   아앙.

태원   (은수 운전대 옆으로)

은수   (문 내리고 기다렸다가 보며)안됐네 유별난 딸 때문에 뒷풀이두
　　　　못하구.

태원   좋아하지두 않는 자리/핑계낌에 잘됐지 뭐.

은수   그래두 오넌데.

태원   그냥 데리구 자지 왜.

은수   얄며서 나두 싫더라‥

태원   애가 저 모양이라 미안해.(좀 웃으며)그런데 당신 닮은 거 아니?

은수   (웃는)당신은 아니니까 나겠지. 인정해‥인수인계 정확하게 했어.

태원   운전 조심해.

은수   (끄덕이며)가아‥

태원   (좀 물러서고)

　　　[은수 차 부웅 뜨고]

태원   ‥(잠시 보다가 제 차로 돌아서는)‥

S#   운전하는 은수‥아무것도 없는 얼굴

S#   영화관 일 층 스테이크 하우스

　　　[메인 스테이크가 나오는 중.]

대표   (상관없이)졸업하자마자 결혼해 겔러터진 전업주부로 살자가
　　　　꿈이었는데 흐흐 캠퍼스 커플이었던 놈이 후배랑 바람나 날아가
　　　　버리구 가구회사 이년 다니다 적응안돼 때려치구 놀았죠.

대표　E (주하 위에/현수는 아는 얘기고 광모는 하나에게 관심)있는 눈
치 없는 눈치 눈치꾸러기 백수로 놀던 중 하루 친구네 갔다가 /(냅
킨 펴 무릎에)친구 부모님이 애지중지 우리 막내딸막내딸 그러는
늙은 개를 보구 와

대표　심심풀이로 강아지 침댈 하나 만들었어요. (와인 잔 들며)턱 괴
고 잘수 있는 걸루·· 초대 감사했습니다. 답례로 진상했죠. 그랬더
니 그게 그 어른들 주변부터 스을슬 주문이 들어오기 시작하더라
고요. 어른들 주변에서 주변에 주변 또 주변에 주변 (스테이크 다 놓
이고)

주하　(오버랩)아아··그러니까 사제 강아지 침대부터 시작하신 거군요.

대표　(마신 글라스 내려놓으며)하하 그런 거죠·· 강아지 침대에서 강
아지 가구로. 그러다가 옷으로 진화.

주하　아아

대표　시작합시다.(포크 나이프 들며/이하 각각 적당히)난 사실 옷은
잘 모르는 사람이라

대표　E (하나에게 와인 따라주고 있는 광모 위에)사람옷 만드는 꽤 괜
찮다는 디자이너들 몇을/

대표　E (광모에게 눈총 쏘고 있는 현수 위에)어렵게어렵게 스카우트
해 시행착오(광모 눈치채고 얼른 현수 잔에 따르는)숱해 거치면서 지
금 브랜드가 된 거죠.

광모　(마치 계속 경청하고 있었던 듯)사업 자금은 그러니까 가구로 벌
어서

대표　아으 아니죠··욕 바가지 먹으며 결혼자금 땡겨내구두 모자라
우리 큰 언니재(하나)엄마 꼬셔 끌어들이구 나중에는 형부까지 꼬

셨죠. 그 빚 다 갚았어요.

광모 아 훌륭하십니다.

대표 지금은 수출물량까지 일이 너무 많아요. 경쟁업체도 무지무지
늘어나 골치두 무지막지 아프구요 하하하.

주하 배고팠냐?(먹기만 하는 현수가 민망해서)

현수 (미처 모르고)

광모 현수야.

현수 ??

광모 너는 어떻게 대표님 말씀하시는데 꾸역꾸역 먹기만 하냐.

현수 (뿌우)난 다 아는 얘기거든.(다시 먹는)

대표 (와인 잔 비우고 내려놓으며 오버랩)오현수 친구분들.

광모 주하 네.

대표 혹시 오현수 레즈에요?

둘 ??

현수 ??

하나 ??(질색)이모오

대표 (하나에게)아닌데 왜 남자한테 관심이 없어. 뭔지 수상해서 그
래.베프는 알거 아냐.

하나 이모오오오

대표 아닌 거 확실하면 내가 소개할 사람 있어 그래.(조카딸에게)

하나 누구?

대표 (광모 위에)나성섭.

하나 히이익/말두 안돼요 이모. 어디다 그 삼촌을..

대표 왜.

하나 (오버랩)이혼남이잖아요오오

대표 길에 나가면 둘중에 하나는 이혼남이혼녀야.우리나라 이혼률이 미국 스웨덴 다음이야.

하나 이모 제에바아알요오

대표 (오버랩)어이 친구들. 레즈야 아니야. 그것부터 짚고 넘어가자구요.

광모 주하 (동시에 현수 보는)·····

현수 (주하에게 고개)···

주하 혹시···맞니?(진정 심각)

현수 ???(인상 쓰고 광모에게 고개 돌리면)

광모 (보며)너 수상하긴 해.

현수 하··하하하하하하.

광모 기라는 거야 아니라는 거야··

현수 (갑자기 포크 꽁지 식탁에 세워 콱 찍어 들고)죽을래?

S# 준구네 거실

[켜놓은 티브이에서〈연예가 중계〉거나 유사 프로그램··]

김회장 (신문 보고 있고/스탠드 옆에서)

이모 (차 나오기 기다리며 보고 있는)

[사회자. 오늘의 첫 소식은 탈랜트 이다미씨에 관한 건데요]

엠씨 남 자 그럼 너무 열심히 뛰어다녀 발바닥 족문이 닳아 없어졌다는 맨질맨질 발바닥 양선영기자 (취재기자에게 넘기고)

양 네.탈랜트 이다미씨가 누적된 피로에 감기 몸살이 겹쳐 오늘 새벽 모 종합병원에 입원했다는 소식입니다.

이모 (약간)?

388

준모 (차 쟁반 들고 나오다가 듣고)??

양 E 기획사 이다미씨 담당 실장에 의하면 오늘 아침 일곱시 패션지 촬영을 위해 다섯시에 미용실로 가기로 돼있던 이다미씨가 나타나질 않고 전화도 안받아서

양 로드 매니저가 올라가 보니/ 열이 펄펄 끓으면서 거의 인사불성으로 앓고 있더랍니다.(엠시들 추임새 적당히 넣어주는/아으 얼마나 아팠으면 이라든지 요즘 감기가 반쯤 죽여논다드군요. 예 감기 안 걸리도록 누구누구씨도 조심하세요)

양 그래서 바로 모 종합병원 응급실을 거쳐 입원조치를 했다는데요

양 E (이모 위에)과로에 감기몸살로 최소한 사나흘은 안정을 취해야 한답니다. (그동안 준모 찻잔 내놓고 남편에게 차 드세요. 자기도 차 마시는)

여엠씨 그럼 이다미씨 스케줄은 어떻게 되는 거죠?

남엠씨 아 네‥스케줄 문제가 심각하겠군요 참.

양 네 제가 누굽니까. 바로 스케줄 체크에 들어갔죠. 다행스럽게도 스케줄은 별 무리없이 조정이 끝났답니다. (아아 다행이군요.)

양 그런데 오후 세시경/ 인터넷 상에 이다미씨 안티로 추정되는 누군가가 이다미 감기몸살 과로 입원은 뻥이다 음독자살기도라는

준모 이모 ??

양 E 글을 올렸다가 바로 삭제됐는데요. 이 진실확인불가 악의성 글은 /이다미씨 자살기도 이유가 /교제하던 모 중견기업 후계자가 다른 여자와 결혼하고 우울증 치료까지 받던 중이었다 까지

였습니다.

남엠씨   아니 양기자 미확인 정보 그거 문제있습니다아아.

양   예 분명히 말씀드립니다. 이건 순전히 어느 개인이 잠깐 올렸다가 바로 삭제한 미확인 정봅니다. 기획사는 일고의 가치도 없다 기업 후계자와 교제설 자체가 터무니없고 악의에 찬 그 네티즌 반드시 고소한다 그럽니다.

회장   (오버랩)다른데 없어요?

　　[잡담 계속되는데]

준모   (티브이 끄고)

이모   (준모 보고 있고)…·

준모   (모르는 척)

회장   (신문과 찻잔 들고 일어나는)

이모   들어가시게요?

회장   티비 보세요.

이모   안봐두 돼요.

회장   편아안하게 보세요.(서재로 아웃)

이모   (들어가기 기다렸다가 차 마시는 준모 보며)너 머 아는 거 있어?

준모   금시초문이에요.

이모   (아니)정리한지가 언젠데 이제와 왜 약을 먹어.

준모   과로라잖아요.

이모   헛소리 진소리로 뒤집히는 거 많잖어. ……왠지 섬짓하다.

준모   ……

이모   나무관세음 보살··

　　[현관문 소리]

[두 여자 고개 돌아가고]

S# 현관 안. 복도에서 거실

준구　……(들어와 거실로/무겁다/한 손에 작은 주얼리 봉투)

S# 거실

준구　(아무렇지도 않게)들어왔습니다 어머니. 이모님.

이모　오냐. 저녁은.

준구　먹었어요. 아버님은요.

이모　아까아까 낮에 들어오셨어.

준모　서재 계셔..

준구　네..저 올라가요..(서재 쪽으로 준모 일어나 아들 따르고/문득 돌아
보고)왜요.

준모　인사드리고 올라와..(먼저 계단으로)

준구　(무슨 일인가 이모 돌아보면)

이모　(일어나 주방으로)생일 선물이냐?

준구　(봉투 잠깐 들어보이며)네.

이모　뭐야.

준구　소박한 팔찌 하나 샀어요.

이모　잘했다..(주방으로 들어가며)아침은 먹구 들어올 거구 우리두
저녁에 맞춰 니 엄마 케익 맞춰놨다.

준구　네에.

S# 서재 앞

준구　(와서)저 들어왔습니다 아버지.

회장　E 어어.

준구　(계단으로 빠르게)

S# 준구 서재

준구   (들어오면)

준모   (적당한 자리에 서 아들 보는)

준구   …(조금 다가서며)뭐 하실 말씀 있어요?

준모   이다미라는 애 죽을라구 약 먹었다며.

준구   ??? 어떻게 아셨어요.

준모   ???(그게 사실?)

준모   그걸 어떻게

준모   ?? 너때문이야?

준구   ….(보며)

준모   안 끝난 거야?

준구   그게 아니에요.

준모   바른대로 말해.

준구   대체 어떻게 아신 거에요.

준모   방금 전에 방송에 나왔어.

준구   ?? 약 먹었다구요?

준모   공식 발표는 과로 감기몸살. 어떤 네티즌이 너 때문에 음독자
       살기도한 거라구 올렸다가 바로 지웠대.

준구   제가 나왔어요?

준모   교제하던 중견기업 후계자 니 얘기 아냐? 안티 헛소리로 수습
       하더라만 방송국이라는데가 그런 식으로 오히려 소문 바이러스
       퍼뜨리는데 아냐?

준구   ….

준모   벌써 일년 전에 끝난 일인데 왜 지금 약을 먹어. 그리구 넌 개

약 먹은 거 어떻게 알아. 너 여태 질질 끌구 있었던 거야? 응?

준구　아니에요.

준모　아니면.

준구　일년 가까이 전화한통 없다가 갑자기 그래요

준모　???

준구　뒤번 만났어요. 어림없다 알아듣게 얘기해줬는데 애가 작정한
　　　거처럼 집요해요.그러더니 사고쳤어요

준모　....(보며)

준구　저두 황당해요.

준모　원하는 게 뭐야.

준구　....

준모　원하는 게 뭐냐구.이혼하래?

준구　숨어있는 사람으로 살고 싶대요.

준모　???? 무슨 그런...무슨 그런 맹랑한 소리가 있어. 니가 무슨 빌
　　　미 준 거 아냐?

준구　아뇨..그런 거 없어요.(방콕이 걸리기는 하지만)

준모　결혼 전에 완전히 끝낸 건 확실해? 혹시 그 뒤에도 만났던 거
　　　아냐? 아니면 질질끌고 있었던 거 아냐?

준구　그런 거 아니에요.(좀 반발하듯)

준모　....약먹은 건 어떻게/누구한테 연락 받았어.

준구　..정수 동생이 그 병원 인턴이에요.

준모　너 병원 갔었어?

준구　제가 어떻게 병원엘 가요.

준모　(오버랩 좀 화나서)연예인하구 얽히지 말라구 내가 노래를 했

었지. 잊어도 되는 일로 덮었는데 새삼스레 이게 무슨 잡음이야.

준구 ....

준모 (휙 나가버리고)

준구 ....(봉투 적당히 놓고 김 있는 대로 새서 옷 벗기 시작하며 침실로)

S# 자매의 안방

자부 (딸 술잔에 채워주는)

자모 아니이이 밥을 먹어야지 (들고 있던 밥공기 상에 놓으며)밥놔두 구 왜 부녀가 권커니 잣커니 술만 먹어어어.

자부 (밥공기 집어 은수 주며)밥 배 부르면 술 맛이 없다니까 이사람.

은수 (받아서 바닥 쟁반에 내려놓으며)으흐흐흐흐 엄마는 술을 모르 니까요오.(제 밥공기도 내려놓는)

자부 당신 혼자 먹어. 우리는 술이야. 은수야 우리는 술이다 엉?(술 잔 들고)

은수 어엉. 아빠랑 나는 술이야..(술잔 들고 짱 부딪치고 단숨에 털어넣 고 부녀 함께)크아아아

부녀 (같이 조금 소리 내어 웃는)

은수 (술잔 내려놓으며)아빠랑 이렇게 작심하고 술마시는 거 얼마만 인지 모르겠네.

자부 일년 만이지.

자모 (밥 먹으며)니 언니랑 셋이서. 막판엔 꼬옥 지들끼리 싸워서 탈 이었지.

은수 (아빠 술 따르며)싸움까지는 아니구 옥신각신/이견 조정이었 지 엄마.

자모 (떠먹는)이렇게 시원하구 맛있구먼 밥 안 먹구 으이구우 니 아

394

빠 살판났다.

은수　(제 잔 따르며)살판은 내가났어요.너무너무 기분이 좋아.너무

너무 편해.아빠.(잔 들며)

자부　(술잔 들며)시댁에서는 이렇게 못하지?

은수　(천만에)어디서어어어 아빠..저녁 식탁에서 한번씩 와인 한잔

우아아아하게/그것두 아빠 킬킬/세번네번에 나눠 마시구/ 어떤 날

이모님이 한잔 더할래? 그러시면 아으 아니에요 이모님..저는 그

만요..(이상한 표정 지으며)술 거의 못마시는 거처럼 내숭떨어야 하

구.ㅎㅎㅎ

자부　허허허허

자모　잘하는 거지 뭐. 새며느리가 소주 세병이 부족하다 그럼 어른들

기절하실 텐데.

은수　웅 아마 세분 어른 함께 나 놓고 회의하실 거야. 으ㅎㅎㅎㅎ

자부　하하하하

자모　(소리 좀 내어 같이 웃는)

은수　아빠.(잔 내밀며)

자부　어.(부녀 또 부딪치고 마시는 사이)…

은수　(잔 내려놓으며 약간 한숨처럼)한번씩 술이 얼마나 고픈 데

에…슬기 아빠랑은 한번씩/큰 컵에 독한 술 가득 따러 같이 마시구

자기도 했는데 지금은 어림없어. 나 술꾼인줄 전혀 모르니까 으ㅎ

ㅎㅎ.

자모　밥 먹어(은수) 웅? 밥 먹어.(밥그릇 올려주려 하며)

은수　(막으며)아으 엄마 나중에 먹구 싶으면 먹을께에.

자부　니 엄마가 원래 술맛 초치는데 뭐 있는 사람이야..

자모 생태찌개가 얼마나 맛있는데

자부 맛있는 줄어. 그래서 이렇게 먹구 있잖아 (숟가락 찌개에)사람 참.(먹으며)어어 맛있다‥둘이 먹다 둘다 죽어 찌개 맛 소문 낼 사람 두 없게 맛있다 기가 차게 맛있다.

은수 으흐흐흐흐흐

자모 어으어으 우후후후‥

자부 (찌개 또 뜨면서)에미 꼬랑지 좀 떠 줘‥꼬랑지 좋아하잖어.

자모 으 그래.(떠주려)

은수 (오버랩)엄마.

자모 으응‥

은수 엄마가 언젠가 새끼는 똥을 찍어먹구 들어와두 이쁘다는 말 했 었지.

자모 흐흐 그러엄 이쁘지(꼬리 부분 찾아 식 접시에 뜨며)

은수 (오버랩)근데 나는‥‥ 엄마 자격이 없나봐. 나는 슬기가 밉게 굴 면 미워.

부모 (딸 보는)

은수 (연결)괜한 말 아니구 진심/ 정말 미워. 그리구 약올라‥‥화가 나.

자모 (접시 들고)그건‥‥그건 그래애‥새끼두 미운 짓하면 미워.

은수 엄마는 아니잖아.

자모 나두 (남편 보며)나두 그랬어. 나두 그랬어.

은수 (오버랩)미우면서‥‥열 살두 안된 게 나한테 쌀쌀맞은 게 미우 면서‥그런 나 자신이 또 한심해. 애 그렇게 만들어논 게 난데‥‥내 탓인데‥그거 다 알면서 왜 나는 애탓을 하구 있나‥

자모 ‥‥(은수 보다가 남편 보는)

자부 (상만 내려다보는)

은수 엄마나는 ··이렇게 평생···슬기가 미우면서···내 잘못이야 내가 잘못해서 그래·· 두 마음으로 살아야 할 거 같아.(아무도 안 보는)

자모 (식 접시 놓아주며)크면 괜찮아··아직 철없어 그래.

은수 (오버랩)아냐····아닐 거 같아··(손등으로 눈물 닦으며)아빠 나는···

은수 E 슬기를 영영 잃어버릴 거 같아.(딸 보는 아빠)슬기입장에서는 절 모른척 한 나쁜 엄마.내 입장에서는

은수 슬기한테 쳤던 상처 몇배 되갚음 받는 엄마·· 슬기는 내가··· 절 버렸다는 거 안 잊을 거구···난 나 밀어내는 슬기가 계속 화나구 불편할 거구······아빠 나 재혼 안했어야하는 걸까?

자부 ·····(그대로)

자모 어떻게 안해애··그 나이에·····

은수 못 데려간달 때 하지 말라 그러지··(엄마 보며)

자모 (남편 잠깐 보고)설마 그 쬐끄만 게 니 속을 이렇게 ··이럴줄 몰랐지이.

은수 알아··엄마두 아빠두··안 좋아했었어 알아.

엄마 (딸 보며)

은수 (두 손 끝으로 눈물 닦으며 추스르는/술병 집으며)일단/슬기는 실패. 아빠··(아빠 술잔 들고 따르며)일배일배 부일배 세상만사가 여길세. 으흐흐흐

자부 (쓴웃음/술잔 들고)

부녀 (마시는)

S# 현수 원룸 앞(밤)

광모 내가 너 알고 십오년인데 너 지금까지 단 한번이라두 남자한

테 꽂혀본 적 있어?

[광모 차 라이트 시동 켜진 채.]

[셋 같이 서서 떠들고 있는]

광모 (주하에게 연결)너만 아는 거 뭐 있냐? 얘 어떤 놈한테 필 받어 너 붙잡구 어쩌구저쩌구 한 적 있어?

주하 (연결)없지.

광모 없지.(없는 거 맞지)하다못해 남자 탈랜트 배우 누가 좋다는 소리 들어본 적있어?

주하 없지. 하나같이 다아 씹는 케이스 말고는 없지.

광모 어. 다 씹지 다 씹어. 얘한테 걸려 이빨 자국 안난 남자 배우 하나두 없을 거다 아마.

주하 국내국외를 불문하고.

광모 너 거기서부터 수상한 거야. 초딩 중딩부터 남자애들은 걸그룹에 여자애들은 보이그룹에 꺄악꺅인데

주하 (오버랩)나이 삼심대 중반까지 아 좋다 멋있다하는 남자 연예인 하나가 없다는 건 이상하지.

광모 씹기까지.

주하 씹기까지. (하다가)어 광모야./··

광모 엉.

주하 맞다 얘 레즈다. 여자연예인은 좋다 소리 한번씩해.

광모 ??? 맞어. 고소영 송혜교 김희애 레즈 맞네에에.

현수 (내내 그저 떠는 것 듣고 있다가 오버랩)장미희는 왜 빼냐.(하며 건물로)

광모 야 멍석 펴줬는데 이참에 커밍아웃해애··

현수   (무시)

광모   …(보다가)저거 / 입을 찢어두 말 안할 거야.

주하   뭐 너 / 진짜 의심하는 거야?

광모   ???

주하   멍텅구리. 하하하하. 쟤 아냐

광모   너 어떻게 알아.

주하   재수할 때 쟤한테 진짜 레즈 들러붙었었는데 아니다아니다 그
      래두 계속 추근대니까 학원 골목에서 코피 터뜨렸었어..

광모   ???

주하   으하하하하하(웃어젖히고 원룸으로)

광모   그걸 왜 이제야 말해애애애.

주하   너 심각한 거 구경하기 재밌어서 /

광모   에에이 /….(하고 보다가)야 근데 그 대표아지매 우리 현수 너무
      깔보는 거 아냐? 웬 재혼남야엉?

S# 현수의 원룸

현수   (강아지들 껴안고 뽀뽀 쭉쭉거리면서 / 냥이는 적당히 옆에)잘 놀았
      어? 안 싸웠지? 사이좋게 놀았지? 우움 쭉쭉..그래그래 사랑해 나
      두나두 사랑해 쭈쭈뽀뽀…광모랑 주하 저것들 미친 거 아니냐 쭈
      쭈 뽀뽀? 엄마한테 글쎄 레즈 아니냐 불라 그런다? 저것들이 제 정
      신이야? 우우우우우 아이고 이뻐라..아이고 좋아라아아..엄마느
      은..세상에서 느이들이 제에일 좋아 제에일 사랑해. 건강하게 오
      래오래 엄마랑 살자아아아?자아 엄마 옷 갈아입고오?(아이들 놓
      고 혼잣소리)물 먼저 먹자…..(냉장고 물 꺼내 벌컥벌컥 마시고 컵 개수
      대 넣고 움직이는데)

주하 (들어오는)

현수 (돌아보며)낼 은수 생일이라구 엄마가 아침 먹으러 오라 그러는데 갈래?

주하 (나타나며)안 따라가면 아침 굶는 거야?

S# 자매의 안방

은수 (젓가락으로 상 두드리며)난 늘 술이야 맨날 술이야.널 잃고 이렇게 내가 힘들 줄이야 이제 남 남이야 정말 남이야 널 잃고 이렇게 우린 영영 이제 우리 둘은

　　　[배경음악으로 덮이고]

S# 슬기의 방

　　　[배경음악 넘어오고]

은수 (퍼질러 침대에 멍하니 앉아 있다가…침대 바닥에 전화 집어 들고 통화 시도)

　　　[벨 가는 소리]

S# 준구 부부 방

준구 (기대어 앉아 술 마시고 있다가 받는)어 당신. 잘 지내?

은수 F 어디야?

준구 집.

은수 F 이래두 되는 거야? 왜 전화 안해?

준구 딸하구 좋은 시간 방해 안할라구 참는 건데 야단 맞어야 하나?

은수 F 우리 서울 왔어.(준구 좀 일어나고)

준구 왜.

S# 슬기 방

은수 (저도 모르게 또 눈물이 투두둑)슬기가 나랑 있는 거 재미없대.

400

지 아빠한테 보내구 아빠랑 소주 좀 마셨어..

준구   F 그녀석 참...안착한 딸이네.

은수   응..그런데... 나 지금 집에 가구 싶은데 나 좀 데리러 와주면 안
돼?

S# 준구 부부 방

은수   F (연결)술 먹어서 운전 못해..

준구   어..그런데 나두 지금 마시구 있는 중이야...내가 내려가 기사
깨워서

은수   F (오버랩)아냐..그건 하지 마. 혹시 어른들 아시면 찍혀.

준구   그럼 어떡하냐. 어 대리기사 있다 참.

S# 슬기 방

준구   F 대리 불러 타구 와. 아니 그런데 얼마나 마셨는데..표날 만큼
마셨어?

은수   많이..한다리 들고 서면 쓰러질 만큼.

준구   F 그럼 내일 오는게 좋겠다. 혹시라두 어른 보시면

은수   (오버랩)알았어..알았어요..

준구   F ....굿나잇..

은수   굿나잇..(전화 내리며).....

S# 자매 친정 마당(밤)

F.O

S# 준구 집 정원(오후 1시경)

S# 준구 부부의 방

은수   (커다란 쇼핑백 침대에 넣고 준구 양복 클리닝 보낼 것들 집어넣고
있는 중. 이미 대여섯 벌 들어가 있고 마지막 한 벌—다미 약 집어넣고 온

옷입니다―꺼내 주머니 체크 시작. 꺼내지는 약병…가까이 들어 약 이름 확인)….???(이상하다··약병 화장대에 놓고 양복 접어 쇼핑백에 넣는데)

　　　[노크]

은수　　네에.

여인　　E 사모님 외출하신답니다.

은수　　아 네··(서둘러 튀어 나가는)

S# 계단/거실

은수　　(여인을 앞지르듯 타라라락 뛰어 내려오는)

준모　　(마침 자기 방 쪽에서 옷 매무새 만지며 나오는 중)어 이모님이랑 치과 체크하러. 왜 그러시는지 모르겠구나··꼭 말썽을 부려야 움직이니··충치치료하다 중단한 게 이제 물도 못 마시게 시다셔.

은수　　네에··

준모　　우리 방에두 클리닝 보낼 거 챙겨뒀어. 같이 보내구웅?

은수　　네 어머님.(따르며)

준모　　(출입구로)너두 잠깐 바깥 볼일 볼 거 있다 그러지 않았니?

은수　　네.

준모　　·····(언니 방 앞으로)아직 멀었어요?

이모　　E 다 됐다아아··

준모　　쌀쌀해요··잘 챙겨 입어요··숄 하나 들구 나가든지요.

이모　　(나오며)잔소리 맛빡 구멍나겠다. 이만하면 됐냐?

준모　　됐네요··(현관으로)

S# 현관 앞 정원

　　　[도우미 여인 먼저 현관 열고 나와서고 준모가 앞에 나오고.]

이모　　(나오며)김회장 저녁 약속 있는 거 같으면 우리두 놀멘놀멘 하다 저녁까지 먹구 들어오자. 아줌마 편하게.

준모 놀멘놀멘 뭐하구 놀아요.

이모 (아)젊은 애들 다니는 까페 가 차도 마시구 백화점 구경도 하구

준모 (오버랩)기운두 좋으셔. 치과 치료 하구두 기운 남으면 그럽시다. 난 치과 한번 다녀오면 몸살나는데..

이모 들어가라 들어가.

은수 네에 다녀오세요 이모님..겁먹지 마시구요 의사 믿고 힘 빼고 치료 받으세요. 긴장하시면 몸살와요오오

이모 오냐아..(해주고 움직이며)쟤 잔소리두 만만치 않다.

준모 (조금 소리 내어 웃어주는)

S# 거실

은수 (계단 근처. 들어오며)어머님 방에 클리닝 보낼 거 챙겨두셨대요. 즈이꺼두 금방 내려올테니까 오기사 편에 같이 보내 주세요.

여인 네에..

은수 어머님 따로 메모해 두셨겠지만 세탁소에서 적어주는 리스트 잊어먹지말고 꼭 받아오라구 해주시구요.. 실수 없는 데지만 만에 하나 착오 생기면 제 책임이니까요

여인 알았어요. 걱정 마세요.

은수 아버님 늦으신다면 좋겠네요 그이두 약속있다니까 그럼 우리 둘이 간단하게 국수 같은 걸로 때우고 편할텐데 그죠?

여인 네에에(웃으며)

은수 (웃으며 계단으로/계단 오르며 웃음 사라지는)

S# 현수 회사 재단실

현수 (강아지 옷 입히고 있는데 목이 시보리 재질로 폴라처럼 달려 있다)

목이 왜 이래요?

실장 시보리로 하자고 안그랬어요?

현수 여기도 유기농 제 원단이라니까요.

실장 난 이걸로 하라는 줄 알았는데

현수 그건 아랫단이고 목은 몸체랑 같은 원단인데.

실장 그랬나? (옷 입히는 거 보며)

현수 (입히는데 시보리 재질의 폴라 목부분이 뻣뻣하다) 아이고 애 깁스 했네. 이거 안돼요 실장님. 미안하다아아? (벗기면서)실장님 까 망이 잘 크고 있어요? (시선은 강아지에)

실장 (시선 강아지)지금 병원 가 있어요.

현수 ?? 왜요?

실장 그 기집애가 아무 거나 먹어. 실을 먹어가지구 실이 지금 십이 지장에 가 있대.괜찮을 거라니까 괜찮겠지.

하나 (들어오며)저기요

현수 ?? 나요?

하나 이모 지금 우리 삼촌 열심히 꼬시구 있어요. 절대 넘어가면 안 돼요. 우리 삼촌 완전 사차원에 의처증 삼기에요. 이혼을 왜 했는 데요. 직업하나만 괜찮아요 연봉 억이니까.

현수 걱정마요 하나씨. 나 레즈데 뭐.

하나 ???

S# 현수 원룸

주하 (전화기 들고 보며)아하하하하 하하하하하 하하하하하

S# 광모 병원

광모 (통화 중)수술 잘 끝났구요 어머님‥걱정 안하셔도 되겠습니다

네..마춰 풀릴려면 뒤시간 있어야 하니까 세시쯤 데리러 오세요..
네에 안녕히 계서요.(하는데)

　　[전화 들어오는.]

광모　어 왜.

주하　F 내 제자가 카톡에 떠도는 거 캡처해서 보냈는데 말이다.깔
　　깔. 희망택배입니다. 고객님 부재중이셔서

S# 현수 원룸

주하　경비실에 물품을 보관하겠습니다. 물품은 개새끼입니다.

광모　F 개새끼가 뭐냐 개새끼가.

주하　더 들어봐 야. 바로 다음 메시지.죄송합니다 음성인식으로 했
　　더니 이상하게 써졌네요. 제습기입니다.

광모　F 아하하하하

주하　하하하하 안광모 우리 여행가자.

S# 광모 병원

광모　??? 뭐?

주하　F 이별 여행. 뭔가 확실한 매듭을 짓기 위해서 그게 필요한 거
　　같다..일박 이일.

광모　야 결혼식장에서 깽판 친 거보다 더 확실한 매듭이 어딨어.

S# 현수 원룸

주하　나 일방적으로 당한 케이스잖아야. 그거 아니구 내가/나한테
　　매듭이 필요하단 말야. 이 상태로는 어이없이 당했다가 정리가 안
　　돼. 그러니까 일박이일 이별여행 가자구. 알간?

S# 광모 병원

광모　(아아으으으으).....(머리칼에 한 손가락 집어넣는)

주하 F 모르간?

광모 생각 좀 해보구.

주하 F 발가벗겨져 바늘 오천 개 꽂혀볼래?

광모 ?? 건 무슨 소리야아.

S# 어느 레미콘 공장

[들고 나는 레미콘 차량들.]

태모 (공장에서 당당하게 나오고)

공장장 (죄인처럼 따라 나와 옆에 붙으면서 태모 차 쪽으로 손 흔들며)박 기사아아아!!

태모 귀청 떨어지겠네. 아 왜 귀에다 대구 소릴 질러어!!

공장장 죄송합니다 사장님.

태모 도댓체가 홍상무는 세일즈를 어떻게 하구 다니길래 봉사 제 자리 풀 뜯기야. 아무리 빌어먹을 건축 경기가 바닥이래두 남는 게 있어야 해 먹을 거 아냐.(대어지는 태모 차)

공장장 (죄송해 어쩔 줄 모르며 차 문 열어주고)

태모 (탁 쳐내듯 하면서 차에 오르는)

S# 차 안

태모 (타면서 차 문 닫히기도 전에)양재동/그눔으 엘리베이터는 왜 툭하면 고장이야. 황소장 뭐하는 물건야 대체.(문은 닫겼고)출발 안하구 뭐해!!(출발해 나가는 차)

공장장 …(보다가)염병할 할망구. 더 이상 어떡하라구우!!

S# 춤추고 있는 태희

S# 그 교습실 복도

은수 (창밖 내다보며 서 있는)……

S# 근처 어느 카페

태희 (마주 앉아 샤워하고 말리기만 하고 나온 머리 적당히 여기저기 핀 찌르며)뭐야 무슨 볼일루 날 보재. 또 무슨 소리루 염장 쥐어뜯을라구.

은수 …(보고 있다가)핀 더 안찔러두 되겠어요. 모양 괜찮아요.

태희 ?? 그래? 괜찮아?

은수 괜찮아요.

태희 그래 그럼..(작은 화장 주머니에 핀들 집어넣고 콤팩트 꺼내 얼굴 보고 집어넣으며)목말라. 목부터 추기자..

은수 (고개 돌려 지나는 종업원에게 가볍게 손 들어 보이는)

종업 (와 서고)

태희 (미처 다 서기도 전에)자몽쥬스.

은수 난 레먼 티 주세요.

종업 네 알겠습니다.(아웃되면서)

태희 오늘은 무슨 공갈?

은수 ....(보며)

태희 응?

은수 슬기를 부탁해요 형님.

태희 ???

제8회

S# 7회 마지막 연결 카페

[마주 앉아 있는 두 여자. 주문한 차 나와 있고 이야기의 서두는 끝난 상태.]

태희 (은수 보며)…

은수 (찻잔 내려다보며)….

태희 (보며)….

은수 ….(그대로)

태희 은수야.

은수 (시선 들어 보며 조금 웃는 듯)…

태희 좀 …의외다..그 얘길 왜 나한테 하니.

은수 ..(시선 잠깐 내려 찻잔 집어 들며)형님 우리 슬기 많이 이뻐하셨 잖아요.

태희 …(보며)

은수 (한 모금 마시고 내려놓고 보며)집안 일하느라 미처 모르고 있으 면 형님 뛰어 올라가 기저귀 바꿔주고 안고 내려와 우유도 만들어

408

먹이고..어머님 역정나시면 아이 놀란다구 화도 내 주시구..슬기
한테 마음 꽤 쓰셨었어요,

태희　그거야...그거야 조카니까 당연히

은수　(오버랩)어머님 지나치다 그럴 땐 ..한번씩은 제편도 들어주셨
죠.(웃으며)그리 적극적이지는 않았지만.(보며)

태희　엄마 돌아버리면 선이 없잖아.내가 적극적으로 스톱 걸어봐
노인네 혈압 터져. 그 비위맞추며 살기 나는 쉬운 줄 알아?

은수　(좀 웃으며 오버랩의 기분)싫증났다면서 백이랑 지갑이랑 그런
것도 한번씩 넘겨주셨죠.(당신이)

태희　뭐 대단한 건 아니지만 네크레스 뱅글도 줬었다.

은수　(네)아직 갖고 있어요.

태희　(오버랩)노인네 그냥 참구 살지 나 배신감 느꼈었어 얘. 니가 그
럴 줄은 정말 몰랐었거든.

은수　한계였어요.(쓰게 웃으며)

태희　(찻잔 들며)그래 이해는 해..우리 엄마가 좀 했니?

은수　....(마시고 내려놓을 때까지 기다렸다가)슬기 부탁해요 형님.

태희　(오버랩)얘 그건 니가 따로 부탁 안해도 될 일이야. 슬기 찬 밥
되는 꼴을 내가 볼 거 같아?

은수　형님.

태희　(오버랩)알았어알았어. 피아노 미술 학원 학교 태원이랑 같이
알아봐 옮겨줄 거구 준비물,숙제, 다 챙겨줄게.애 있는 데서 돈 타
령 못하게 엄마두 내가 막을 거구.됐지.

은수　네. 고맙습니다.

태희　그러니까 처음부터 두고 가지 금방 재혼할 거였으면서 쓸데없

는 고집은 왜 폈어.

은수 글쎄 말이에요.

태희 걱정마. 슬기는 내가 지켜.우흐흐흐 지구는 내가 지킨다 같
다.깔깔.

은수 (보며 웃는)

S# 근처 주차장

은수 (차분하게 걸어 들어와 제 차로 오르는)······

S# 차 안

은수 (타고 멍하니 앞 보면서)······(한동안 있다가 전화 꺼내 태원에게 문
자 치기 시작/)

은수 E 슬기 아빠. 나 결심했어.

S# 사무실

태원 (문자 보고 있는)

은수 E 더 이상 슬기한테 집착 안할래.

태원 ??

은수 E 전학 수속하고 슬기 데려가.

태원 (통화 시도)

　　[벨 가는 소리··네 번··]

S# 주차장 차 안

은수 (울리는 전화 보면서)·····(벨 세 번)····(받는다)문자로 대신하는
건데 왜.(왜 전화해)

태원 F 무슨 일 있었어?

은수 아니 아무 일도··방금 누나 만나서 슬기 부탁하고 문자 넣은
거야.

410

태원　F 슬기가 또 뭐 실망시켰어?

은수　아니.새삼스레 그럴 거두 없어.

S# 태원 사무실

태원　어디야 잠깐 보자.

은수　F ....

태원　슬기 엄마.

은수　F 나는..안 보구 싶은데..

태원　.....은수야.

S# 차 안

은수　안 봐야할 거 같아..당신 보면/... 당신 앞에서는 나 언제나 무
　　　장해제가 되니까(쓰게 웃으며)그런 꼴 그 사람이 알면 기분 상할 거
　　　야 그치?

태원　F 십분만..아니 오분만 보자......슬기 엄마..

은수　(한 손 끝으로 눈물 훔치면서)...

태원　은수야.....은수야...

은수　....

S# 슬기 피아노 학원

　　　[레슨받는 중인 슬기. 끝내고]

슬기　(선생 고개 돌려 쳐다보는/ 어땠어요?)

선생　다시 한번.

슬기　할머니 기다리시는데...

선생　아 참 할머니 오셨지.

슬기　시장 갈 거에요.

선생　그래 그럼 오늘은 이만.

슬기   (발딱 일어나 빠르게 교본 챙겨 가방에 넣는)

S# 레슨 교실 밖

자모   (뭔가 수첩에 메모하고 있는데)

슬기   (튀어나오며)할머니.

자모   어 어어 끝났어?(얼른 수첩과 연필 가방에 집어넣고 옆구리에 끼고 있던 패딩 코트 펴들며)그거 벗구 이거 입어. 춰어.

슬기   하나두 안 춘데?

자모   바깥은 춰어. 춰 졌어. 얼르은.

슬기   에이 참.(입고 있던 모직 코트 벗으며)할머니는 밤낮 춥대.

자모   (입히며)일기 예보두 지금부터 춰진다구 그랬어.아침하구 다르댔어어어.

슬기   (입으며)할머니 또 뭐 잊어버렸어?

자모   엉?

슬기   메모하구 있었잖아.

자모   어어엉..치즈랑 생강.<u>으흐흐흐</u>.이거 좀 (가방 내밀며)

슬기   (받아들고)

자모   (슬기 코트 접는/가방에 넣으려고)치즈가 두장 밖에 안남았어. 적는다 그러구 까먹지 뭐야.

슬기   그래두 또 있을텐데 뭐.아구구구구 깜박했네에에에.

자모   <u>으흐흐흐흐</u>

S# 재래시장 생선가게

자모   아이구 뒤마리 더 줘두 되겠네요.(도루묵)

상인   아 세 마리나 더 드렸어요오오

자모   인심쓰는 김에 뒤마리 더 넣으라구요오오

412

상인　우린 뭐 먹구 살라구요 아주머니.

자모　우리 손녀딸이 도루묵을 굉장히 좋아해요 아주머니이이.(하고 슬기 돌아보며)

슬기　(바로 옆에서 옷자락 잡고 있다가 고개 가로로 흔드는/그만해요)

자모　그만해?

슬기　(끄덕이고)

자모　그래 알았어 으ㅎㅎㅎㅎ(돈 내주고 봉지 받으며)옛날에는 싸구두 싼게 도루묵이었는데 미안해요 아주머니.

상인　아으 뭘요오오 ㅎㅎㅎㅎ

S#　어느 카페‥태희와 만났던 카페가 아니고

은수　(앉아서/ 머플러 벗으며 앉는 태원 보며)…(앉는 태원에게)걸어 왔어?

태원　응.

은수　그러구 출근했어?

태원　아직 뭐‥

은수　이상한 고집이야. 늘 춥게 입구 다녀.

태원　거리 나설 일 별로 없으니까.

은수　없어 보인단 말야.

태원　정말 출 땐 입잖아.

은수　코트 들고 섰다가 퇴짜 맞던 거 생각나네‥

태원　…‥(보며)

은수　어머닌 옷도 제대로 안 챙겨 입힌다구 구박하시구.(찻잔 들며)

태원　(오버랩)슬기하구 매일 통화하고 있다면서.

은수　응…(마시고 내리며)근데 내가 기대하는 슬기가 아니라

태원 ‥‥(보는)

은수 E 내 기대가 날마다 조금 씩 더 씁쓸한 게 돼가서…그래서

은수 (좀 웃듯이)마침내 오늘 아침 눈뜨고 결심했어. 너 그래? 알았어 좋아.(찻잔 놓는) 너 원하는대로 늬 아빠한테 가.가 버려.

태원 ‥‥(보며)

은수 나 더 이상 슬기한테 해줄 거두 없구 …당신만큼 슬기 챙길 입장 못되잖아‥그런 이유/ 핑계 다 그만두고도 슬기가 원하는 사람이 당신이니까‥그게 제일 큰 이유‥

태원 ‥‥(보는)

은수 E 당신 나 싫어서 놓아준 거 아닌 거 알아‥

은수 거기서 배웠다구 할까 슬기가 원하는대로 보내주는 게 사랑이겠지했어…슬기는 내 마음 안 믿어주지만‥(다가온 종업원)차 마셔.

태원 에스프레소 따불 주세요.(종업원 대답과 아웃)

은수 (종업원 상관없이)졸려?

태원 아니 마시구 싶어‥‥(시선 내리고 잠시)

은수 …(보다가)좀 전에 형님 만나서 슬기 수호천사 돼 달라구 부탁했어.

태원 ??(보는)

은수 당신 아니구두 또 한 사람 필요해서. 혹시 그 여자 들어와 당신 모르게 구박하면 어떡해. 당신은 모든 사람을 다 당신 같은 줄 알잖아.

태원 괜찮겠어?

은수 (보며)‥‥‥

태원 강요할 생각 없었어‥매일 통화한다길래‥당신이 어떻게 잘 달

414

래면‥그래서 슬기가 당신 이해해주면 그것도 나쁘지 않다 그랬었어.

은수   고마워‥(웃는)당신 참/ 좋은 사람이야.

태원   그런 얘기가 아니라

은수   (오버랩)아니 나쁜 사람이야.(웃는)나 위해서 좀 대충하지 어떻게 일년도 안돼서 아일 완벽하게 아빠 홀릭으로 만들어놔.

태원   ‥‥(보는)

은수   걘 아빠 중독이야.

태원   그 정도는 아냐.

은수   새 사람 들어오면 당신 슬기랑 그 여자 사이에 끼는 거 될텐데/ 물론 현명하게 할테지만 슬기 소외감 안 느끼게 잘 해.

태원   알았어.(에스프레소 놓이고 설탕 두 스푼)

은수   ‥‥(가만히 보며)‥‥

태원   (한 모금 마시고 내려놓으며)정말 괜찮겠어?

은수   ‥‥(보며)

태원   괜찮아?

은수   응‥나는/ 결정하면 결정한 일에 대해서는 뒤돌아보는 거 안하니까‥

태원   그 사람도 알아?

은수   아직 말 안했어. 그 사람하고 의논할 일 아닌데 뭐.

태원   ‥‥(시선 내리고 있다가 보며)너무 많이 아파하진 마.슬기 걱정 안 해두 되게 내가 잘 할게.

은수   믿어. 부탁해.

태원   주말에는 외가서 하루 밤 자구 오게 할게. 당신두 가서 보면 되구.

은수 응.

태원 어려운 결심해줘서 고마워.

은수 응.(시선 내리고)

태원 슬기 매일 문자 보내라 그럴게··

은수 아니 그냥 놔 둬. (보며)지가 하구 싶으면 하겠지. 하기 싫은데
      억지로 시킬 건 없어.

태원 ···(보며)

은수 있지····(시선 내리고 사이 두었다가 눈물 크렁해서 보며)나는 슬기
      한테/ 절 버린 엄마로 /죽는 날까지 낙인찍힌 사람일 거야··

태원 ····(보며)

은수 (오버랩)재혼할 땐 그런 생각 없었어.데려갈 거였으니까.

태원 알아.

은수 그래서 나두 이제···슬기한테 비두발괄 안할 거야··(눈물 닦으
      며)잘못은 했지만 그렇다구 평생 죄인으로 살 순 없어. 지가 제 인
      생 살아야 하는 거처럼 나두 살아야할 인생 있으니까. 오해하구
      오해 받구 평생 해결 안 돼도 할 수 없지 뭐. 끝까지 매듭 못 풀구 죽
      는대두 뭐··어쩌겠어.슬기가 나 버리면 나두··버릴 수 밖에.

태원 가능 안할 말을 왜 해.

은수 짝사랑 나는 소질없어. 그럴 거야. 나 싸가지잖아.

태원 ·····(보며)

은수 일어날래.(소지품 챙겨 일어나고)

태원 (은수 자리 뜨자 잠시 있다가 일어선다)

S# 카페 밖

은수 (나와서 제 방향으로 빠르게 걸어가고)

416

태원   (잠시 후 나와서 가고 있는 은수 보며 서서)….(있다가 돌아서 걷기
시작)…

[어느 순간 신승훈의 〈쏘리〉 태원에게서 시작되고]

S# 주차장으로 걸어오는 은수…연결

S# 걷고 있는 태원. 연결

S# 걷는 은수. 연결

S# 현수 원룸

현수   (소파에 강아지들과 함께 누워 책 보고 있는데)

[음악 연결되고…….]

[현관 전자음 들리고 중간 여행 가방 하나 낑낑 끌어들이며 들어온다
…(강아지들 마중해도 좋고/상황 따라 주하 강아지들 적당히 아는 척)]

현수   (뮤직 세트 리모컨으로 음악 끄며 몸 일으켜 보는)……

주하   (깁스 풀어주세요/그래도 완전할까?/가방 끌어들여 놓고 두 다리
쭈욱 뻗고 퍼질러 앉으며)야아아아 부러진 다리 또 부러질까봐 긴장
되게 했다.(코트 벗기 시작)

현수   뭐야.(시선 가방)

주하   (벌렁 누우며)엄마랑 한바탕 하구 쫓겨 났다. 아니 내가 독립 선
언하구 뛰쳐 나왔다.

현수   …..(보며)

주하   (벌떡 일어나며)아무리 집안망신 개망신 시킨 자식이라지만 그
래두 너 엄마라는 사람이 그럴 수가 있는 거니? 아는 척을 안해. 아
는 척/도 안하고 있다가 화장실 앞에서 마주쳤는데 글쎄 그 큰 눈
을 /울엄마 눈 알지 이따만한 눈에 포도만한 검은 자월 (한 손가락
귀 옆에 대며)한쪽으로 확 몰아 찢어지게 눈을 흘기는 거 있지.거기

다 악문 이빨 이렇게 드러내구. 와아아‥금방 물어뜯으러 덮칠 좀
비 아줌마더라. 순간 홱 돌아서 악을악을 썼지. 나두 완전히 돌아
서 들이받어 버렸어. 치열하게 모녀 전쟁 붙고 울엄마 앞으로 삼
년 내꼴 안본다는데 나는 십년 안본다 그러구 나왔어.(벌렁 눕는)

현수   .....(뿌우 그냥 보는)....

주하   니가 싫다면 따로 나갈 거구 참아 주겠다면 여기서 비비구.

현수   .....

주하   (불끈 일어나며)근데 나 혼자 살기는 싫다? 외롭잖아 쓸쓸하잖
아 고독하잖아. 무섭잖아.심심하잖아.

현수   (눕는)나는 혼자가 좋아.

주하   …거절당할 줄 알었어 그래.

현수   (책 펴 들고)성가셔 귀찮아 시끄러워 신경쓰여 피곤해 산만해
짜증나.

주하   너 그러다 고독사해야. 죽은지 육년만에 해골로 발견될래?

현수   내가 무연고냐?

주하   알게 뭐야. 웃기게도 너혼자 오래오래 살아서 아버지 엄마 다
돌아가시고/ 은수하고 의상해 연락 끊고 살고/ 나도 죽고 광모도
죽으면 너 챙길 사람 누가 있는데.

현수   (책장 넘기는)

주하   (버럭)야 너 개새끼 냥이새끼는 데리고 살면서 나는 싫다는 게
말되냐?

현수   애들은 행복지수지만 넌 불쾌지수거든.

주하   야아아아 야아아아아 너 어떻게 대놓구‥너 심한 거 아니냐?

현수   ....(책 보며)

418

주하   .....(뿌우우 보고 있다가 빠르게 일어나 소파로/엉덩이 소파로 디밀
며 현수 덮치듯)같이 살자 현수야아아아. 같이 살아주라 웅? 현수
야 사랑해 (쪽쪽 입 맞추려 하며 현수는 피하고)사랑해 사랑해. 무지
무지 사랑해 현수야 웅? 웅?

현수   (피하다 못해서 확 떼밀어 떨어뜨리는)야아아아!!!(주하 떨어지
고/두 팔 내밀어 보며)너어‥소름끼치게/야 내 팔이 지금 오이야!!!

S#   자매 친정 골목

[자모 시장 보따리 양손에 들고 슬기도 작은 봉지 한 손에 들고 들어오
고 있는]

자모   안 춰?

슬기   아니. 할머니 추워요?

자모   아니‥으흐흐 걸으니까 땀나네?

슬기   나두‥(하는데 슬기 전화벨.)

자모   전화 온 거같네?

슬기   응.(주머니에서 꺼내 보는)엄마.(할머니에게 말해주는)

자모   얼른 받어.

슬기   (받는)응.(뭐해)할머니랑 시장 보고 지금 집에 다 왔어.(피아노
학원 안 갔어?)

(슬기 얼굴 맨날 잔소리야)갔어어.할머니랑 피아노 끝나구 만났어.

S#   이동 중 차 안(강남 어느 곳에서 한남동 방향으로 가는 중)

은수   (이어폰)응 그랬구나‥‥‥

슬기   F 왜애?

은수   응 저기 슬기야 아빠하고 얘기했어‥너 아빠네 집에 가도 돼.

슬기   F 정마알?(기뻐하는)진짜아?

은수　정말.진짜.

슬기　F （할머니한테 말하는/전화에서 약간 얼굴 떨어진 느낌）할머니할머니 나 아빠한테 가두 된대.（쓸쓸한 은수）아빠랑 얘기했대.

S# 대문 앞/그동안 대문 앞에 이르렀다

자모　???（손녀 보며）··（뭐라 말해야 할지）

슬기　（전화에 대고）언제? 나 언제 가 엄마?

S# 이동 중 차 안

은수　응 아빠가 준비할 거 다 해 놓구 데려갈 거야. 금방이겠지? 오래 안 기다려두 돼 슬기야.

슬기　F 응 알았어.

자모　F （전화 밖에서）슬기야 할머니 좀····엄마야··

은수　네에/···

자모　F 그렇게···그렇게 하기루 맘 먹었어?

은수　어떡해··지가 간다는데·········엄마··

자모　F 그래 ··도리가 없는 거지 뭐··

은수　네···

자모　F 크면 이해해 줄 거야··기다리면 돼 응?

은수　이해 못해두 상관없어. 나 마음 비웠어 엄마····끊을께요.（끊고）····（차선 바꾸려다 접촉사고 쿵/심각하지는 않게）???（서둘러 내리는）

S# 차 밖

은수　（벌써 내리는 운전자）죄송합니다

운전자　어어어이 운전을 어떻게 하는 거에요!!

은수　죄송합니다 죄송합니다.

S# 자매 친정 현관 거실

슬기 (앞서 들어오며 아빠와 통화 중)엉 엄마가 전화했어. 응…응..(자모/바로 따라 들어오며 보는)응…응 좋아. 무지무지 좋아..응…응..(제 방으로 들어가 문 닫는)…

자모 (보고 있다가 허전하게 주방으로 움직이며 허탈하다)…

S# 은수 사고 현장

[차 도로 옆에 붙여 세워놓고 보험 사정관 기다리는.]

[피해 차량 주인은 어딘가로 통화 중인데/재수 옴 붙었다. 이래서 내가 당신 운전하지 말라는 거다 여자는 좌우간 운전대 잡으면 안된다는 거다. 아 좋아 그래 성차별 상관없어. 아아 나 엑스레이 찍어봐야겠는데 이거?/목 옆 만지며]

은수 (그냥 서서 그 남자 보며)……

S# 어느 근교 별장 주차장(정수 집안 별장입니다)

[준구 자동차 들어와 대어지고.]

S# 차 안

준구 (벨트 풀고 시동 끄고)

S# 차 밖

준구 (내려서 건물 쪽 보면)

관리인 (50대 남자. 낙엽 긁던 갈퀴 든 채 허둥지둥 오고 있다)

준구 (웃는)안녕하세요..저 왔습니다 아저씨.

관리 아이구 사장님 어서 오십시오. 오랜만에 오셨습니다..안녕하세요.

준구 예에.. 편안하시죠?

관리 예에 즈이야 뭐..항상 편안하지요.

준구 (오버랩)이 친구 아직 안왔네요.

관리   예 금방 도착하신다 그러셨어요. 들어가시죠 오시면 안으로
　모시라구

준구   (오버랩)아닙니다‥공기 좀 마시구 친구 오면 같이 들어가죠.

관리   그러시겠어요?

준구   예 편하게 하세요 일 보세요.

관리   예 그럼 저는 하던 일 계속

준구   (오버랩)예 그러세요 그러십쇼.(관리인 사라지고)‥‥(관리인 쪽
　잠시 보다가 주머니에서 핸드폰 꺼내는데)

　　[차 들어오는 소리.]

준구   (돌아보면)

　　[나타나고 있는 정수의 차. 차 대어지고 정수 내려 조수석 열어주면]

다미   (내린다)‥‥‥(얼굴 반은 덮은 선글라스)

준구   ‥‥(그냥 보며)

정수   (다미 케어하며 움직이는/준구 쪽으로 와서)들어가자.

준구   ‥‥

정수   (다미와 앞서 걸어가고/관리인 다시 나타나 인사하고 적당히 응대
　하는)

준구   ‥‥(보며)‥

S# **정수 별장 소응접실**

　　[마주 앉아]

준구   ‥‥‥(보며)

다미   (시선 내리고)‥‥

준구   ‥‥‥(보며)

다미   ‥‥(그대로)‥‥

[노크.]

준구 네에..

관리인 아내 (차 쟁반 들고 들어오는)

준구 (일어나며)안녕하세요.

아내 오랜만에 오셨네요.

준구 네.

아내 (찻잔 내며)천천히 말씀 나누라 그러시네요.

준구 ..네..

아내 저녁은 오리탕으로

준구 (오버랩)아니 저녁은 안먹습니다 아주머니.

아내 준비하라 그러셔서

준구 (오버랩)곧 돌아가야해서요.죄송합니다.

아내 네에..그럼..(나가고)

준구 (앉으며 찻잔 들어 한 모금 마시고 내리며)일 시작했다면서.

다미 ....(보며 그대로)

준구 (찻잔 놓으며)무리 없는 거야? 쉬는 김에 좀 더 쉬어주지 왜.

다미 (그대로)....

준구 다미야.

다미 (오버랩)내 몸이 내 꺼 아니니까...방송 펑크낼 순 없잖아.

준구 ....(보며)상태는 괜찮은 거야?

다미 (찻잔 들며)걱정이야 척이야.

준구 .....(보며)

다미 (마시지 않고 찻잔 그냥 내려놓으며)어떻게 된 건지 기억이 없어
……(한동안 있다가 보며)깨어나 내가 왜 병원에…그랬어..

준구   (보며)….

다미   무슨 일인지 알고…그랬었구나..머엉…바보짓 했구나 너.그걸
      로는 안 죽는데 왜 그랬을까.

준구   (좀 기대며)바보짓이지.

다미   목을 매지. 백퍼센트든데..

준구   ??

다미   안 죽구 싶었구나..준구오빠 쇼했다구 경멸하겠구나..

준구   ….(보며)

다미   ….(보며)

준구   우울증 치료 받는다면서.

다미   (찻잔 들며)그약 끊었었어..먹어두 안 먹어두 그게 그건 거 같
      아서.

준구   니 멋대로 왜 그래. 그런 식이면 의사 불필요한 사람들이잖아.

다미   …

준구   (일어나며)답답하다 나가자.

다미   (마시는)….

S# 숲길

　　[걸어오는 두 사람…]

다미   오빠 아니구두 나 그만 살고 싶은 이유 많고도 많아.

준구   ….(보는)

다미   (걷기 시작)큰오빠 기업형 포장마차 차려달라더니 엎어지고
      빚이 사억칠천이래.작은 오빠랑 엄마 찜질방 차려줬더니

다미   E 아파트까지 날리게 생겼대..동생 녀석 까페 안 차려준다구
      날이면 날마다 술 먹구 행패부려.

424

다미 나…너덜너덜한 운동화에 티셔츠 진바지 입구 오디션 갔다
가 운 좋게 대사 네마디 로 배우 시작한 애야. 밑빠진 독에 물붓기
팔년이야.지쳤어….(걷다 걸음 멈추고 보며)어 이거 돈 달라는 거 아
냐‥그거 아냐. 돈 메꾸는 건 나 할 수 있어.오해하지 마.

준구 됐어.너 처음부터 나를 돈으로 생각하는 느낌 없었어.

다미 (혼잣소리)다행이다. 그런데 ….왜 보자 그랬어.

준구 정수가 ‥(바지 주머니에 두 손 넣으며)내가 너무 매정해서 사고
친 거라구 책임느끼래서.(보는)그럴 수도 있겠다 싶어서.

다미 (한 손바닥 준구 가슴에 대며)…..

준구 (보며)….

다미 오빠 원래 다정한 사람 아닌 거 알아. 그래두 우리가 좋을 땐
나한테 마음 같은 거 있었어.

준구 ….(보며)

다미 같이 많이 웃기도 했고 감기같은 거 들면 배우가 건강관리 못
한다구 야단두 쳐주구‥살쪘다 말랐다‥편식하지 마라…..그런데
결혼하면서 한 순간에 몰랐던 사람보다 더 몰랐던 사람처럼‥미치
게 허무했어…나 그동안 뭐한 거야.나 그냥 잠자리 여자였을 뿐이
잖아. 그게 슬프고 분해.

준구 (가슴에 손잡으며)너 이뻐. 귀엽고 섹시하고 매력 있어. 나 까다
로운 놈이야. 그저 잠자리 필요해서 여자 안는 거 안해. 그거 아니
었어.

다미 …..(들여다보듯 보는)

준구 ….

다미 그럼 뭐였어.

준구 ……(고개 잠깐 딴 쪽으로)

다미 뭐였는데

준구 (보며)안고 싶은 여자. 질척대지 않을 여자··뒤끝 산뜻할 여자.

다미 (껴안는)·······실망시켜 미안하네.

준구 ····(좀 있어주다가 떼어내 두 팔 잡은 채)니가 평범하고 내가 평범했으면 우리··결혼했을 수도 있어.그런데 너도 나도···평범 범주에 들어갈수 있는 입장이 아니야.그래서 처음부터 확실히 하고 시작했었고 정리할때 돼

준구 E 정리한 거고··나도 사람이다. 너 안쓰럽고 미안한 거 있어. 있었어. 그렇지만

준구 남녀관계 /잘 헤어지고 잘 정리하는 게 깨끗한 마무리 아니냐?

다미 ····(보며)

준구 그래야 사는 동안 한번 씩 니 생각이 나도 참 괜찮은 친구··멋있는 여자였지 그럴 거 아냐.

다미 생각 많이 하구 연습도 했나봐. (쓴웃음) 마음 한 조각만 나눠달라는데 인색하게 거절하는 거면서 사탕발림하네.

준구 ····(보며)

다미 진짜 죽어버리면 골 아프니까··우리 실장 협박 신경쓰여 나 꼬셔 마무리할려구?

준구 아는 사람 없다더니 비밀 지켰다더니 너.(좀 화나서)

다미 (오버랩)내 입으로 말한 적 없어. 기획사/ 소속배우 관리 다 해. 더구나 우리 회사 심하기로 유명해. 로드매니저는 회사 정보원이야. 나 전향한 간첩이냐 한번 대판 싸우고 약속받았었는데

준구 (오버랩)그런 변명 무슨 필요 있어.

다미　나두 무서워 오빠……(걸음 떼며)차 실장 못할 짓 없는 사람이래.

준구　……(보며)

S# 어느 호텔 커피 라운지

준모　(들어오며 이모 자리 보고 아이구 참··의자로··앉아 가방에서 핸드크림 꺼내 가볍게 손에 발라주며 시선 언니에게)

이모　(고개 외로 꼬고 졸고 있다)

준모　(크림 넣으며)언니(조용히)

이모　…

준모　(아으 이런데서 졸면 어떡해)손보살니임.

이모　(눈 뜨는)?? (두리번두리번)

준모　들어가자니까아아.(작게)

이모　마취가 덜 풀려서 그래 마취가.(말소리 어눌/턱을 이리저리 비틀고)의사가 미련해.저번에두 그러더니 또야. 어떻게 마취하날 딱 정확하게 못해.

준모　말하지 말고 가만 있어요. 삼순이 같애.

이모　(치아 틀 좌우로 움직이며)아으아으아으

준모　흉해죽겠어어어. 가만 좀 있으라니까.

이모　(주스 컵 들면서)그 아이 내가 좀 보면 어떨까.

준모　??

이모　이다민지 저다민지 말야.

준모　걘 왜요.

이모　내가 간밤에 걜 봤는데 뭐냐 그게 무슨 드라마냐 제목이

준모　(오버랩)봤는데

이모　아무래두 불길해.눈이 말야··걔 눈이 너머어 서러워. 정말로 죽

기라도 하면 그 원귀가 할 일이 뭐겠어. 우리 준구한테 들러붙어 무슨 짓을 할지 모르는 일이야.

준모 쓸데없는 소리 말구 입 다물구 그냥 있어요. 풍 맞은 사람같아.

이모 쓸데없는 소리가 아니야 이것아.

준모 나중에 해요 글쎄. 마춰 다 풀리면 해. 누가 볼까 무섭다니까안?

이모 그렇게 숭해? (서둘러 거울 꺼내 보며)두방까지만 놓지 셋방썩이나

준모 두방놓구두 마춰안됐다구 화내니까 또 놨지이이··

이모 (거울 보며 아구 흔들고 쩌억 벌리기도 하고)

준모 (질색을 하겠다)언니이이.

이모 눈이 서러워 눈이··그 눈이 여엉 께름직해애.

준모 그만 마셔요?

이모 왜.

준모 저녁 먹자며. 얼른 비우구 일어나요.

이모 서둘게 뭐야··(거울 치우며)김회장 빨러야 아홉실텐데··

S# 준구네 거실

여인 (전화받고 있는/태도 딴판/잘난 척/큰 소리/여동생)어이그으으니 주제에 누가 불쌍하단 거야 이 주책아. 너는 그게 병이야병. (버럭)아 돈 거래는 자식하구두 안한다 그러랬잖아·····(듣다가/그래서) 너 지금까지 누구 돈 쒀서 제대로 받아본 적 있어? 돈이라는 건 내 손에 쥐고 있을 때만 내돈이지 내손에서 다른 손으로 넘어가면 그건 내돈 아니라구 내가 얼마나 경을 읽었어. 뼈빠지게 벌어 남의 입에 홀랑 멕히구 멕히구 어이구우우우 속상해서 정말(하는데)

[현관문 소리.]

여인 (목소리 팍 죽여)나중에 해 들어가.(끊고 부지런히 현관 쪽으로)

S# 현관 거실

은수 (들어오는/ 보고)저 들어왔어요 아주머니.

여인 예 회장님 늦으신다구 사모님 이모님두 저녁 드시구 들어오신대요작은 사모님.

은수 (반갑게)어 정말 우리 둘이 간단하게 먹음 되는 거네요?(아무 일 없었다)

여인 네에.

은수 (움직이며)그럼 우리 잔치 국수 먹을까요? 아 만두가 더 간단하겠네요.

여인 (좋아서)네에에..

은수 (웃으며 계단으로)....

S# 은수 부부의 방

은수 (들어와 침실로)

S# 침실

은수 (들어오면서 핸드백 침대에/코트 벗어 침대에 좀 아무렇게나 놓고 침대로 기어올라 가는데)

　　[문자 들어오는.]

은수 (꺼내서 보면)

자부 E 우리 딸 마음 많이 아프지 말았으면 좋겠어..

은수 (통화 시도)

　　[벨 가고··]

자부 F 어 전화 안해두 되는데 왜..

은수 괜찮아 아빠. 혼자 있어요.

S# 관리인실

자부 (뭔가 영수증들 계산 맞추던 중이다. 계산기 꺼 한옆으로 치우며)그래? 그럼 잠시 얘기할까? (아빠 나 잘한 걸까?)응..잘 결심했다구 생각해.나는 결국은 니가 그렇게 결심할 거라구 믿구 있었어....그럼 믿었지.우리 은수는 경우가 반듯한 딸이잖아.물론 니 언니두 그렇지만 허허. 응? 어어 응 니언니 들을까봐 얼른 수습하는 거야.

S# 은수의 침실

은수 아빠는 언니 디게 겁내드라. 나는 겁 안내면서.(웃으며 말하는데 웬일인지 눈물이/손 끝으로 닦으며)

자부 F 왜애 겁나..늬들 둘 다 겁나야 나는.

은수 아빠..

자부 F 응

은수 집이면 아빠랑 술 먹구 싶어.

자부 F 그 맘 알아....그래 알아..

은수 ....

자부 F 은수야..

은수 ..응..

자부 F 괜찮아....괜찮아 응?...

은수 네..

S# 관리실

자부 슬기 위해서두 너 위해서두 잘한 일일 거야..정서방같은 애비가 어딨어 무슨 걱정이야/그래 지금까지 데리구 있었던 거두 정서방 덕분인데 보내기 싫은 건 우리 욕심이었어. 응..응 나는 그렇게 생각해..니 엄마..그렇지 뭐..안봐두 비디오 아냐?

430

S# 자매 친정 안방

자모 (눈물 훔치고 앉었는)

현수 (물컵 들고 들어와 주고)

자모 (마시다가 사레들려 기침 냅다)

현수 (어이구어이구/수건 집어주고)

자모 (수건으로 입 막고 기침 몇 차례 더)‥‥

현수 (수습 기다렸다)뭐얼…뭘 제자리 찾아 가는 건데 잘됐다 그러지
/누구 죽었어요?

자모 (징징거리는)글쎄 안 그럴려구 그래두 자꾸만‥자꾸만 그래
애‥지 엄마 속이 속이 아닐텐데 저 기집애는/그러니 애지이이 하
면서두 아주 그냥/이게 안할 말이지만

자모 E 어째 저렇게 그냐앙 지 애비한테 간다는 거만 좋아서 들락
날락 할머니 바나나 할머니 주스

자모 할머니 돈까스 ‥ 아아무 상관이 없어‥지가 가면 우리랑두 헤
어지는 건데 그것두 저것두 아아무 상관없이

현수 (오버랩)아 그러니까 애지이이!!

자모 (잠깐 보고)그래 그러니까 애지.

현수 내가 그랬잖어요. 그래봤자 아무 소용없으니까 그렇게 으드드
드드 필요없다구.

자모 어떻게 저리 아아무 상관이 없을까.

현수 으으응?

자모 은수가 너머어어 불쌍하구 조게 너어무 쾌씸맞어.

현수 은수가 왜 불쌍해.

자모 안 불쌍해?

현수 누가 새끼 떼어놓고 시집가래?

자모 (질색)그말 좀 하지 마아··은수 질색하는 눔으걸.

현수 불쌍할 거 없어요··뿌린대루 거두는 거라니까?

자모 그냥저냥 살지이이.(한숨처럼)

현수 ??

자모 하루돌이루 맞어가면서두 자식때매 참구 사는 여자들두

현수 (오버랩)엄마 지금 무슨 얘길하는 거유우.

자모 참는 게 바본 세상이기는 하지만··그렇지만 맞구 산 건 아닌데.

현수 (오버랩)엄마두 괘씸맞은 게 있어?

자모 ???(했다가)쟤애.저 인물.(했다가)?? 내가 드응신축구야?

현수 (픽 웃고 벌떡 일어나 문으로)

자모 가아?

현수 가지 뭐.

자모 뭐 갖구갈 거 없어?(일어나며)

현수 없어요.

S# 거실

자모 (따라 나오며)은수한테 전화 좀 해.

현수 뭘. 반가와 안할텐데 뭐.

자모 니 소리가 곱게 안나가니까 그렇지.

현수 아 그래서 안한다구요.(하며 슬기 방 노크)

슬기 E 네에에.

S# 슬기의 방

현수 (들어오는/어지러진 방)

슬기 이모.

432

현수   뭐하는 거야.

슬기   엉 아빠네 갖구갈 거랑 안 갖구갈 거랑.

현수   .....(보며)

슬기   옷은 다 갖구갈 거야.

현수   (쭈그리고 앉으며)슬기야.

슬기   ??

현수   할머니할아버지 헤어지는 거 섭섭안해?

슬기   ...(말갛게 보는)

현수   아무렇지도 않어? 할머니할아버지 안 보구 싶을 거 같아?

슬기   한번 씩 만나러 오면 되잖아.

현수   .....

슬기   왜 이모?

현수   니가 너무 좋아만 하는 거 할머니할아버지 쓸쓸하실 거 같아서.

슬기   ...(보며)

현수   할아버지할머니 너라면 그냥/널 얼마나 이뻐하셨는데 너 니가 진짜 좋아하구 사랑한 사람이 너 모르는 척 하면 기분이 어떨 거 같어.

슬기   나쁘지..화나구.

현수   .. 알면서 왜 그냥 마악 좋아만 해?

슬기   알았어 이모.. 깜박했어..

현수   그래. (손 내밀며)축하해. 아빠한테 가는 거..

슬기   (웃으며 손잡고)

현수   (손 흔들고 머리 만지며)엄마한테 고마워해야 해. 엄마가 끝까지 노하면 너 못 가는 거였어.

슬기　…(보며)

현수　이모 간다.(일어나 손 들어 보이고)

슬기　(손 들어 보이고)

S# 대문 /골목

현수　(나오면서 통화 시도)나야..전화 괜찮아?(걸으며)잘했어. 여기 두고 신경쓰는 거 끝내고 이제 지아빠랑 잘 지내겠지 편하게 생각해.

S# 은수 화장실

은수　(세면기 물 잠그며)그럴 참이야.

현수　F 자식하구의 인연두 너 한줄짜리 두줄짜리 그런 거 같아.

은수　?무슨 소리야.

S# 골목

현수　(빠르게 걸으며)두줄이 완전한 거라면 슬기하고 인연은 한 줄짜리라는 거지. 두줄로 태어나 중간에 두줄 다 끊고 죽는 자식도 있잖아. 그거 아닌 거 다행이지 뭐……뭐하는데 조용해. 끊어?

은수　F 끊어..피곤해.

현수　알었다/ (끊고)전화는 왜 하래(풀풀)

S# 태원 거실

태희　(양손에 쇼핑백 두 개 들고 들어오며)아줌마아..아줌마아아.

S# 주방

태모　(임실댁 염색약 섞고 있는 중/거울 놓고 자기 머리 살펴보다가)아줌마 바뻐 왜애애!!

태희　(들어오며)아줌마 슬기방 청소 언제 했어요.

임실　슬기 왔다가구 했는데요 (왜요)

434

태희 커텐 먼지 털구 구석구석/침대 밑 그런덴 안했죠?

임실 한 보름 됐나.

태모 청소장관 임명장 받았냐? 웬 청소 타령이야.

태희 ?태원이 전화 안했어?(쇼핑백 의자에)

태모 근석 볼일 없이 전화하는 물건이야? 끄응 옛날에는/총각 때는 하루 한번은 꼭/점심시간 틈봐 한번씩은 꼭 어머니 별일없지요? 어머니 점심드셨어요? 그랬었는데

태희 (오버랩)걔가 할 줄 알구 놔뒀지.(겉옷 벗는)

태모 뭐어.

태희 나 은수 만났어. 슬기 보낸대.

태모 ???

태희 학교 전학수속하구 데려가라구. 태원이가 한댔어. 금방일 걸? (벗은 옷 의자에 걸며)

태모 ??? 지가 키운다구 통통한 소리하구 데려가더니 친정에 쑤셔 박어놓구 홀랑 시집간 게 왜/걸리작거려 안되겠다든?

태희 아으 엄마는 고맙다 그럼 되지 뭘 심술맞게 (그런 말을 해)아줌 마 물 좀요.(임실 염색약 그릇 놓고 움직이는)

태모 (오버랩)아니 그런데 널 왜 만나. 너한테 무슨 볼일있어서.

태희 슬기 잘 부탁한다구.(앉으며)

태모 ??? 당나귀 코딱지 같은 소리. 부탁은 무슨 지가 부탁안하면 애 천덕꾸러기 만들까봐? 그게 그렇게 주제넘은 기집애야. 주제 넘으니까 분수 모르구 내새끼한테 덤벼들었지홍.

태희 (오버랩)이제 그만 좀 하지?

태모 ??

태희　솔직히 양심껏 말하면 걔 우리 집 들어와 고생 엄청하다 갔어.
딴 애 같으면 일년두 못 버텼을 건데 그래두 사년이나 버텼잖아.

태모　(태희 물컵 오고)너 왜 그러는 건데.

태희　(컵 들며)입은 옆으로 누웠어두 말은 제대로 합시다 엄마. 요새
아이 치구 슬기엄마만한 며느리 희귀동물이야. 엄마가 좀 악랄하
게 학대했수?(마시는데)

태모　???뭐뭐뭐뭐뭐야?

태희　인정할 건 인정하자구. 엄마 심했잖아.(컵 놓는)

태모　너는 너는!!

태희　난 (일어나며)엄마 아바타 안하면 돈이 안나오니까/ 사는 게
참 치사해요.(쇼핑백 챙겨 나가는)

태모　……(기가 차서 보며 있다가)저저저저저/…(바꿔서 임실에게)저 기
집애 왜 저래. 점심 뭐 먹었어.(다시 바꿔 버럭)밥알이 곤두서냐!!?

태희　(대답 없고)…

태모　안 바르고 뭐해!!

임실　(빗솔과 염색약 그릇 들고 모녀 싸움 끝나기 기다렸다가)전쟁 끝나
기 기다렸지요…(다가서 약 묻힌 빗솔 머리에 대려는데)

태모　(한 팔 획 쳐내며)아 관둬!! 그만두자구.(일어나며 가운 거칠게 벗
으며)악랄하다니. 에미한테 악랄하다는 딸년이 천지에 어딨어 망
할 년. (염색 가운 입은 채) 귀가 종잇장인 년 붙잡구 그 여시가 뭐라
구 풀무질을 한 거야 대체.(나가는)

임실　(염색 도구 싱크대로/꿍얼꿍얼)이집에서 내가 오오천년만에 바
른 소리 들었구먼 뭘.

S#　거실

436

태모   (주방에서 나온/태희 방으로)

S# 태희 방

태모   (방문 열며)야…(태희 없다)이 기집애 어디갔어.

S# 태희 방 앞

태모   (나오며)야아!! 어딨어 !! 변소냐? 변소야?

S# 이 층 슬기의 방

태희   (사갖고 들어온 슬기 옷 두 벌/빈 옷장에 걸고 장문 닫고)….(다른 백 안에서 여러 가지 문구들 한꺼번에 꺼내 책상 위에)…

S# 거실

태모   (통화)태원이 연락 못 받았어? 아이구 그 인물 참 인격이 변한 거야 왜 그러는지 모르겠네··앓던 이 뺐어. 슬기 지 에미가 내 놓는 대··오늘 결정났어.

S# 채린 부모 아파트 주차장

채린   (차에서 내리면서)그래요 어머니? 슬기 엄마가 그랬대요?…(리 모컨으로 차 문 잠그는)··네···네 어머니 그럼요 정말 잘된 일이죠오. 네 저두 좋아요. 마음이 훨씬 가벼워지네요어머니···네··(제 아파트 층 잠깐 올려다보며)즈이 부모님두 안심하실 거구요. 네··네···아니 오늘 통화 못했어요. 바쁜가 봐요··전화 했더니 자기가 한다 문자 보내놓구 소식 없어요 어머니··아니 괜찮아요 전화할 상황이 아니 니까 그럴 거에요.

S# 태모 거실

태모   에구에구에구··이런 요조숙녀가 있나. 으흐흐흐흐 우리 태원 이가 에미 말 거슬러 허방에 빠져 허우적대다 살아나 이제야 지/ 격에 딱 맞는 지짝 잡었어 응?응?(태희 내려와 제 방으로)야/너 이리 좀 와.

태희 피곤해애애애(그냥 움직이는)

태모 야/야아(하다가 얼른 녹을듯)채린아아..이렇게 불러두 되지이?…오냐오냐 채린아..아구우우 이름두 어쩌면 이렇게 이쁘냐아아아 <u>으ㅎㅎㅎㅎ</u>

S# 현수 원룸

　　[세 친구 거의 동시에 맥주 캔 따서 동시에 벌컥벌컥/광모가 사갖고 온 치킨.]

주하 (먼저 캔에서 입 떼며)우아아아아 이 맛있는 거. 난 세상에 술이랑 남자만 있으면 끝이야.

현수 남자한테 삼도 화상입은 게 얼마나 되는데 남자타령이야..(닭/세 사람 적당히 닭과 맥주 먹으며)

주하 그래두 남자는 있어야지 야. 남자없는 여자 앙꼬/응 언어 순화 우리말로 팥소없는 찐빵 아니냐?

광모 붕어없는 붕어빵 낄낄,

주하 그래서 남자없는 너는 중국 꽃방인 거야. 말이 아름다워 꽃빵이지 야 순 밀가루 빵.

광모 그거 고추잡채 부추잡채랑 먹으면 맛있어.

주하 앤 고추잡채 부추잡채두 없잖아. 아 아직 키스도 못해봤다니까..

광모 하루빨리 팥소로 남자 품어 안고 제대로 찐빵돼라. 꽃빵 말라 비틀어져 찐빵 될 유통기한 끝나.(현수는 닭만 뜯고)

주하 유통기한 끝나서 유통기한 끝난 남자랑 낄낄 처량맞잖냐?

광모 나성섭 만나봐.

주하 그게 누구야?

광모	얘 회사 대표가 소개해 준다잖어.
주하	어어(광모 손가락질하며) 웬일? 너 절대 비상한 기억력 아닌데에?
광모	만나봐..누가 아냐? 놀랍게도 천생연분일지.
주하	그래애애.
현수	(오버랩)연봉이 억이란다.
광모	??
주하	와아아 나 안될까 현수야?
광모	너 어따 디밀어. 친구 맞어?
주하	연봉이 억이란다 시큰둥하니까아.
광모	그래 억에 시큰둥한 현수가 훨씬 상찔이다. 넌 원래 하찔이야.
주하	하찌일?
현수	(오버랩 일어나며)근데 사차원이래.
주하	또 하나의 안광모?
현수	(오버랩)의처증 삼기.
주하	??
현수	간식 먹자아아아(강아지 챙겨 간식 먹이는/랑랑이도 그동안)
광모	야 니 대표 웃기는 아줌마아니냐? 어따 그런 환자를 찍어부쳐.
주하	(오버랩)의처증 삼기라면서 만나보란 거야?
현수	대표는 잘 모르나봐. 조카딸 정보야.
주하	어어 조카딸 삼촌이면 잘 모를 수 있지.사돈지간이니까.
광모	하나씨 밥 사줘야겠다.
주하	???(눈총)
광모	뭐어 결정적인 정보 고마워서어.
현수	(간식 다 끝내고 식탁으로)

주하 (광모에 연결)하찌일? 너 사지 묶어놓구 내시 만들어버릴 수 있어어어.

광모 야 농담이라두 섬짓하다.

주하 효진이 시연이가 하시라두 협력한댔어.

광모 옛정 생각해서 제발 그것만은 건드리지 마라. 나 열심히 봉사했잖어어어.

현수 (오버랩)화제 바꿔. 메슥거려.

주하 현수야 나랑 동거하자아아아..

광모 ???(현수 보는)

주하 응? 같이 살자아아아.

광모 너 / 여태 봐준 것두 얘 엄청난 희생 감수한 건데 뭐 아예 주저앉겠다구?

주하 그럼 니 오피스텔로 갈까?

광모 ?? 얘 왜 이러니

주하 얘 자폐야. 치료가 필요해. 내가 맡을 거야.

광모 자폐까지는 아니구 그냥 혼자 있는 걸 좋아하는

현수 (오버랩)우리 은수/ 슬기 포기했다.

둘 ??? 보낸대?

S# 자매 집 마당(오후 6시경)

자부 (들어와 자전거 세우고 집으로)

S# 마루

자부 (들어오는)슬기야아아 할아버지 들어왔다아아..

슬기 E 네에에..(튀어나와)

슬기 (꾸뻑)할아버지 고생하셨습니다..

자부　허허허허.오냐아아. 고맙다‥슬기가 기분이 아주 좋구나.아빠 네 가게 돼서 그런 거야?

슬기　네.아니 쪼끔 좋아요.(그동안 자모 나와 옆에)

자모　그럼 다 그렸어?

슬기　맘에 안들어서 그리다 말았어요.

자모　그럼 할아버지 씻으러 들어가시기 전에 얼른 손씻구 나와.

슬기　네에에에(화장실 쪽으로 아웃)

부부　(안방으로)

S#　안방

자부　(들어오며 옷 벗기 시작하고)

자모　(시중 드는)‥‥

자부　‥‥

자모　(뚜우)현수 왔다갔어.

자부　우웅.

자모　속은 보드라운 애가 말이 왜 그렇게 야박한지‥

자부　알구 있으면 됐지 뭘‥

자모　뿌린대루 거두는 거래‥

자부　‥‥‥

자모　누굴 닮어 그런지 몰라.

자부　글쎄 당신 백점 처녀루 시집온 거 분명한데 다른 사람 딸일 수 두 없구.

자모　에에에에?

자부　허허허허…

S#　준구네 정원

은수　(현관으로 나와 서고)

준구　(들어오고 있는)……

은수　(다가올 때 기다렸다 함빡 웃으며)어서오세요 서방님.

준구　?? 뭐 좋은 일 있어?

은수　오늘의 설정.

준구　반성했구나.(어깨에 손/움직이며)

은수　응 내가 약간 불친절했었지?

준구　알면 됐어.

S# 현관 안부터 거실로

　　　[들어오는 부부. 통로로]

은수　(따르며)내가 불친절해서 사랑이 식었어? 종일 전화한통 없구.

준구　그런 말 맘 놓구 하는 거 보니 어머니 안 나와 계시는구나

은수　머리 잘 돌아. 이모님이랑 출타중이셔. 아버님 아직 안 들어오
　　　시구.근데 무슨 약속이 이렇게 빨리 끝났어? 저녁은?

준구　(계단으로)어 먹어야 하는데.

은수　??

준구　약속 취소했어.

은수　그럼 연락을 하지이..(주방으로 내닫는 느낌)

준구　(멈춰 돌아보며)천천히 하라 그러구 당신 올라와.(올라가는)

은수　..(잠깐 보다가 주방으로)

S# 주방

은수　(들어오는/입구에서)저이 저녁

여인　(오버랩) 준비해요. 올라가 보세요.

은수　부탁드려요 아주머니. 금방 내려 올께요.

여인   아으 내려오실 거 없어요오오

S# 거실 계단

은수   (빠르게 나와 빠르게 계단 오르는)

S# 이 층 침실

준구   (겉옷 벗어 침대에 던져놓고 가운 입는 중)

은수   (들어오는데)약속 왜 취소했어?

준구   뭘 그런 거까지 알아야 해. 귀찮게.

은수   ??(했다가)어엉 귀찮으시다아. 사랑이 식은 게 확실하군.

준구   (피식 침대로)올라와. 만지면서 냄새 좀 맡자.

은수   (침대로 풀썩 오르며)나 강아지야?

준구   (베개 괴어 기대 누운/당겨 눕히며)당신처럼 까칠한 강아지가 어
       딨냐..강아지였으면 벌써 마당으로 던졌다.

은수   울언니 들었음 당신 미운털 백만개다.(준구 팔 당겨 베며)

준구   아이가 왜 소식이 없냐. (가벼운 키스)

은수   이모님 부처님 약주 잡숫구 졸구 계셔서.

준구   반성 처절하게 했구나. 콧소리까지 낸다.

은수   옹.내일은 내일의 태양이 뜬다.

준구   뭐?

은수   어.(상체 일으키며)당신 혹시 불면증이야?

준구   불면증은 무슨··내 사전에 그런 거 없어.

은수   ??

준구   하루 못잤다. 첫번째 신혼여행에서 사랑하는 사람두고 강제결
       혼했으니까 석달만 참았다가 헤어져 달란 말 듣구/ 황당해서 그날
       은 잠이 안 자지드군.

은수 (아는 이야기다. 아무렇지도 않게 서둘러 화장대로/ 낮에 두고 나간 수면제 약병 집어 들고 침대로)이건 뭐야.

준구 ?…(약병 빼내 보고)….(은수 보며)주머니 뒤졌어?

은수 클리닝 보내면서…(했다가 잠깐 좀 기분 나빠지며)뒤졌다는 말 쫌 그러네? 드라이클리닝 보낼 땐

준구 (오버랩)알았어. 됐어. (약병 나이트 테이블에)누구 꺼 뺏어 온 거야.

은수 누구꺼?

준구 꼭 알아야겠어?

은수 응.

준구 (할 수 없다)정수꺼.생긴 거 같잖게 소심해서 스트레스 많이 받거든 그자식. 약을 꽤 먹나봐.

은수 (침대로 오르며)난 나 모르게 당신이 먹나 그래서.

준구 마약이야? (잡으며)누워.

은수 (남편 손잡아 내리며)할말 있어.(웃음기 없이)

준구 누워서 해.(다시 손대려)

은수 나/(손 다시 잡아 내리고) 슬기 데려가라 그랬어.

준구 ??(상체 좀 일으키는)

은수 아냐 안 일어나두 돼.

준구 (일어나며)왜.

은수 첫째 삼년 뒤 당신 약속/거의 실현 불가능일 거같구? 첫째/ 둘 다 첫째야. 첫째 슬기 마음 나한테서 떠나버렸구.

준구 …..(보며)

은수 슬기 고모 만나 잘 봐달라 부탁하구 슬기 아빠 잠깐 만나 얘기했어.

준구 어떻게 나한테 한마디 말두 없이

은수 (오버랩)응 당신이 어떻게 해줄 수 있는 거두 아닌데 뭐하러. 지킬 수 없는 약속이 두 번쨴데 사실은 당신한테 좀 골나 있었거든. 당신 밉지만 그렇다구 불편하게 만들기두 싫어서.

준구 ....(보며)할말이 없군..미안해.

은수 당연히 그래야지.그런데 미안하면서 한편 잘됐구나… 그렇지?

준구 그게 무슨 소리야.

은수 (웃으며)사람 다 거기서거기니까. 슬기가 당신한테 부담스런 숙제였을 거 아냐. 숙제 안해도 되니까 살았다 그런 거.

준구 그렇게 내장까지 헤집어 보려 들지 마.현미경 들고 있는 마누라 같아 무서워.

은수 으ㅎㅎㅎㅎ.

준구 어머니께 말씀드렸어?

은수 그럴 시간 없었어. 말씀드릴 거야.

준구 보낸다까지만 말씀드려. 애 아빠 만났다는 건 필요없어.

은수 그래야겠지?

준구 (당겨 안고)....

은수 (안겨서)....(있다가)오늘 밤 내가...수면제 필요할 거 같다..

준구 안돼..내가 재워줄게..

은수 (눈 감으며)....(차올라 입 꾸욱)....

S# 주방

준구 (간단히 차려진 식탁..먹고 있고)

은수 (마주 앉아 보고 있는).....

준구 (문득)왜.

은수 으흐흐. 아니..그냥..(일어나며)차 뭘로 준비할까.

준구 진정 효과 있는 거.

은수 대추 차? 린덴허브?

준구 아무 거나.

은수 (차 준비하러 움직이며)뭐때매 진정효과가 필요하지?

준구 양심의 가책 완화.

은수 으흐흐흐.고마워.(제 얘긴 줄 알고)(찻잔 꺼내 놓고 찻주전자 꺼내
고 하는데)

여인 E 사모님 들어오셨답니다아아..

은수 (펄쩍)네에에에 (달려나가고)

준구 (물 마시며 일어선다)

S# 정원(밤)

[들어오고 있는 자매..]

준모 (언니 한 팔 잡아주려)

이모 (털어내며)쓸데없이.

준모 (아이구 참. 괜한 고집은)

이모 (앞서며)…(앞서고)

은수 (나와서)들어오셔요 이모님?

이모 오냐오냐오냐. (은수가 잡아주고) 저녁 먹었냐?

은수 네에..(열어놓았던 현관으로 들어가는데)

준구 (나와서)늦으셨네요.

이모 늦긴 뭐얼..늬 아버지 보다 먼저 들어와 있어야다구.

S# 현관 안

이모 (연결)디저트 건드리다 말구 허둥지둥 일어났다. 원..상감마마

446

여섯째 후궁두 아니구 어쩌다 영감보다 늦을 수두 있는 거지 <u>쯔쯔</u>

<u>쯔쯔</u>..(자기 방으로)

준구　(현관 밖에서 좀 웃고)

준모　(앞서고 준구 따라 들어오는)너 케익이랑 차 준비하고(은수)아

버지 금방 들어오실 거다..올라가지 말구 있어.(준구)

은수 준구　네..

　　[움직이는데]

　　[인터폰 소리 삐익.]

준모　오셨다..

준구 부부　네..(도로 나가고 준모는 <u>빠르게 침실 쪽으로</u>)

S#　현관 앞 정원

준구　(앞서 나와 대문 쪽으로 서둘러 나가고)

은수　(현관에서 조금 나서는 위치까지 와 서서)

준구　E 아버지 들어오세요?

회장　E 니 어머니 들어왔어?

준구　네..조금 전에 들어오셨습니다.

회장　너 말이야..(하다가 은수 나와 있는 거 보고)어 들어가라.

은수　네 아버님.(활짝)..

회장　…(그냥 움직이는)

준구　네 아버지.

회장　됐다..

S#　거실··안방 쪽··

은수　(빠르게 안방 복도 통해 안방 앞으로)어머님.아버님 들어오셨습

니다.

준모   E 오냐.

은수   (도로 현관 쪽으로 움직이다 들어오는 회장에게 비켜주듯 한옆으로)

회장   (안방으로)

은수   (서둘러 주방 쪽으로 돌아서는)

S# 김회장 침실

준모   (옷 받으며)‥

회장   열발짝 먼저 들어왔구먼.

준모   늦을 거라드니.디저트 나왔는데 일어나재서 언니 화났어요.

회장   ‥‥

준모   식사만 하구 금방 일어나셨어요?

회장   준구 놈 사고 치구 있는 거 아닌가 좀 알아봐요.

준모   ???

회장   아 강회장이 풀쑥/…원래 동네 아줌마같은 회장이잖소. 자기
        딸이 그러드래요.최근에 탈랜트 누가 자살기돌 했는데 이유가/모
        기업 자식하구 사귀다가 낙동강 오리알 돼 비관한 거라구.

준모   (긴장하면서도)그래서요.

회장   상대가 준구놈이라는 설이 있대요. 딸들 모임에서 나온 소리
        래요.

준모   무슨 그런. 무책임한 게 소문인데‥신경쓸 게 뭐 있어요.

회장   세상이 다 아는데 우리만 모르구 바보돼 있을 수도 있어요.

준모   그럴 수도 있죠.(약간 한숨처럼)

회장   ??

준모   결혼한지가 일년이에요. 그 관리는 비교적 잘한 녀석이에요‥
        소문은 결혼 전에도 뒤번 있었어요.

448

회장　　?? 뭐야?

준모　　놀랄 거 없어요..일면식도 없는 영화배우랑 심각한 관계다 어쩌구/부산 영화젠가 어디서 감독하는 친구가 인사시켜 잠깐 본 누구하구 뭐 어쩐다 다 쓰레기 헛소문이었어요.

회장　　확인한 거에요?

준모　　그 소문 사라진지 오래에요.(갈아입을 옷 침대에 놓아주며)신경 쓸 거 없어요.(문으로)

회장　　(옷 집어 드는데)

준모　　(나가며)도둑이 제발 저릴 거 없어요.

회장　　???

S# 거실

준구　　….(잡지 뒤적이고 있는데)

준모　　(나와서)이모 안 나오셨니?

준구　　(일어나는)네..

준모　　(소리 죽여)그애는 어떡하구 있어.

준구　　…(보며)

준모　　아버지 귀에까지 들어갔어.강회장 딸이 모임에서 들었단대.

준구　　어떻게..어디까지요.

준모　　빨리 수습해.(하는데)

　　　　[은수와 여인 차와 케이크 들고 나오는]

준모　　응 이모님 나오시라 그러렴.

은수　　네에..(쟁반 놓으며)

준구　　내가 할게..(이모 방 쪽으로)

S# 이모 방 복도

준구   (와서 멈춰 서고)……

S# 정원(밤)

F.O

S# 은수네 집 앞(낮)

[세워져 있는 태원의 자동차.]

S# 마루

자부   (현관문 열어주고)

태원   (들어와 목례)

자부   들어와··

태원   (올라서 탁자 있는 곳으로)

자부   지 할머니 들어가 있어··(앉으며)앉게.

태원   (무릎 꿇고 앉으며)뭐라 드릴 말씀이 없습니다.아버님. 죄송합니다.

자부   편히 앉어.

태원   오랜동안··정성다하셔 키워주셨는데··중간에 이렇게

자부   (오버랩)으으응(아니야)난 그렇게 생각 안해. 처음부터 지에미 딸려 못보낸달 수도 있었는데 자네 덕에 몇 년 손녀 재미 보면서 우리 좋았어. 그것만두 고마운 일이야··

태원   죄송합니다.

자부   이제 지 의견 내세울만큼 자라서··지가 가겠다는데야··흐흐··솔직하게 에미가/팔자고치기 전처럼 챙길 수도 없는 형편이구 이쯤에서 친가에서 데려가는 게 순리야.

태원   주말 하루는 여기 와 지내도록 하겠습니다.

자부   그렇게 해주면 우리야 좋지.

450

태원 꼭 그러겠습니다 아버님..

자부 응..고맙네.(하는데)

현수 (슬기 방에서 나와 주방으로)

자부 엄마 뭐해.

현수 ....(대꾸 없이 물병 꺼내고)

S# 슬기의 방

자모 (목 꽉 잠겨서 아이 머리 만지며)그래..할머니 말씀 자알 듣고 ..고
모 말두 잘 듣구..우리 슬기 똑똑하구 애교 많구..할머니께 애교두
많이 부려드리구..공부 열심히 하구..피아노두 그림학원두 열심히
다니구 응?

슬기 (약간 비질비질 오버랩)할머니 울지 마아아..

자모 (덥석 안아 붙이며)아이구 내 새끼...내 새끼이이..니 엄마는 너
가는 거 차마 못 보겠다구 오지두 않는다는데에에에...

S# 대문 앞

[들어와 멈추는 은수 자동차..]

S# 운전대에서 보이는 태원의 차..

S# 차 안의 은수

은수 ....(보며)....

S# 마루

[슬기 방에서 나오는 엄마와 슬기..]

태원 (벌떡 일어나고)

슬기 아빠아(태원에게 쫓아와 손잡고 붙어서는)

태원 어..(아이 어깨 안으며)죄송합니다 어머님..

자모 (찢어지는)아니야.괜찮어..자네 천심 우리가 아는데..그럴 거

없어..(하며 안방으로 들어가버리고)

자부   (먼저 현관으로)…

현수   (아버지 따르듯 현관으로)

태원   ….(보고 있는)

슬기   …(아빠 올려다보며 왜 안 나가?)

태원   (아이 데리고 현관으로)

S# 마당

[먼저 나와 기다리는 자부와 나와서 아버지 옆에 서며]

현수   그래봤잔 걸텐데 엄마 뭘 저렇게..

자부   놔둬..너는 아직 모르는 마음이야..

[나오는 슬기 부녀..]

[현수 먼저 대문으로..]

S# 대문 밖

현수   (나오다 은수 차 보고)

은수   (내린다)

현수   안 온다더니.

은수   왔어.

[나오는 세 사람.]

슬기   (엄마 보며)…

자부   왔구나.

은수   네..(슬기 앞으로/손 내밀며)착한 딸 알지?

슬기   (손잡으며 끄덕끄덕)..

은수   하루 한번 할머니께 전화드려.

슬기   (끄덕끄덕)..

은수 (그래 됐어)할아버지께 인사드리구 차 타.

슬기 할아버지 안녕히 계세요.

자부 오냐아.

슬기 (현수)이모 안녕.(손 흔들며)

현수 (손 들어주고)

슬기 (태원이 열어주는/조수석으로 타고)

태원 벨트.

슬기 엉.

태원 (문 닫고 가족들 있는 곳으로 와 목례)가겠습니다.

자부 으응..

태원 (은수에게 돌아서는)고마워.

은수 부탁해..

태원 ....(잠시 보다가 운전대로)

　　　[출발하는 태원 자동차.]

현수 (들어가는)

은수와 자부 (보며)....

　　　[멀어지는 차..]

현수 (자전거 끌고 나와 타고 골목 나가는)

자부 들어가자..

은수 갈래요.

자부 엄마 보구 가.

은수 (아버지 돌아보는)...

자부 응?

S# 마루

자모 (수선할 옷 뜯으면서 훌쩍거리고 있는)……(후줄근한 수건 집어 코 패앵팽 풀어 접어놓고 뜯는 것 계속하며 가늘게 새는)잉.잉잉‥잉잉‥ 잉잉.손주새낄 이뻐하느니 쿨쩍 고라니새낄 이뻐하라더니‥쿨쩍 ‥‥매정시런 거‥내가 지 똥두 찍어먹은 할민데‥잉잉‥어떻게 눈물 한 방울 안 흘리구 잉잉‥잉잉(하는데 현관문 소리/울음소리 딱 그치 고 수건 집어 코 패앵 푸는)……

[들어오는 부녀.]

자부 에미 왔어.(하며 안방으로)

자모 (딸 돌아보는/입 조금 벌리고)……

은수 (옆에 와서 앉으며 어깨 안으며)엄마 미안해.

자모 뭐어얼‥ (딸 손잡아 내리며 안 보는 채)아무렇지두 않어 야‥그 게 정씨 자손이지 우리 자손이야? 언제구 달라면 줘야할 새끼였는 데 뭘.

은수 미안해.

자모 아니야아아 그럴 거 없어 ‥(딸에게 돌아앉으며)안 온대서‥차마 못 보겠어 그러는구나아아‥(찢어지며)그래 올 거 없다 그랬는데 에에‥

은수 (울음을 웃음으로)응 그랬는데 나중에 커서‥엄마라는 사람이 저 지 아빠 집으루 가는 날두 안와 봤던 사람이라구‥‥딴지 걸까봐‥

자모 (그래)잘했어 그래.고게 그러구두 남어‥어린 게 맹랑하기가 말을 못해.

은수 싸가지 기집애 잘보냈어. 알구보니 순 아주 나쁜 기집애야. 눈 하나 깜짝 안하구 가기 바빠. 날름 지 아빠 차 타구 미련없이 갔어‥

자모 (끄덕끄덕)바뻐바뻐. 딴 생각 아무 것 두 없어.

은수 인정머리없는 거 아무래두 지 할머니 닮았나봐.엄마.

자모 ??

은수 그런 생각이 들어.

자모 어이구어이구(웃음 좀 터지려 하며)별 벼얼..으흐흐

은수 지 할머니 닮았어두 내탓이야. 뱃속에 슬기 넣구 할머니 너어 무 미워했었거든.

자모 (딸 손잡아 손가락 마주 끼고 손 만지며/손 보며)어려서 그래. 아 아무 거두 몰라서..그게 뭘 알어..아직 몰라아..(하다가 보며)아이구 얘 니가 그랬어..니 언니는 안 그랬는데 너는 쭈우욱 아아무 거두 몰랐어어..

은수 ?? 내가?

자모 (흘기며)쬐끄말 때부터 너는 너 하구 싶은 건 죽어두 해야했잖 어. 언니는 아무 것 두 안하는데 너 혼자 죽어두 미술학원 웅변학 원 바이얼린

은수 (오버랩)엄마엄마 그만해.(엄마 손 두 손으로) 잘못했어.그만해.

자모 으흐흐 아직두 더 있는데?

은수 엄마아아아..

자모 흐흐흐(가 울음으로)으으으으

은수 (엄마 안는다)

S# 원룸 앞길

[자전거 타고 오는 현수.]

S# 원룸 앞

[광모/ 트렁크에 작은 여행 가방 싣고 있는/주하 모자 선글라스 쓰고 한편 트렁크에서 무릎 덮개 꺼내는 중.]

현수   ???(보고 자동차로)뭐냐?(내리는)

주하   어..슬기 갔냐?

현수   뭐냐구.

주하   이별 여행.(광모 트렁크 닫는)

현수   뭔 여행?

광모   야 빨리 타!!(운전석으로)

주하   성질 났어. 말 안 들으면 인터넷에 안광모 비리 백건 올린댔거
        든. 쟤 인터넷 디게 무서워해 현수야.(조수석으로)갔다올게.

현수   ....(뿌우)

주하   (타고 자동차 출발)

현수   ...(좀 보다가 현관으로 움직이는)

S# 원룸 안

현수   (들어오면서 강아지들과 적당히 하며 계단으로 /메시지 찍는)

S# 이동 중 광모 자동차

광모   (뿌우우)

주하   (모자로 얼굴 덮고 기대어 누워서)...

        [메시지 들어오는/]

주하   (모자 치우며)너야.

광모   (주머니에서 전화 꺼내는데)

주하   (채뜯어 확인하고)깔깔깔. 늬들 결혼식 다시 해두 나는 식장에
        안 간다. 현수(광모 보며)

광모   답장 쳐.

주하   엉.

광모   걱정마라.

주하 (문자 치며)걱정마라

광모 먹던 밥은 죽어두 다시 안 먹는다.

주하 ????

광모 찍어어어

주하 (주먹 옆 얼굴에 날리고/피하지만 맞고 자동차는 크게 흔들린다)

광모 야아아아!!!

S# 현수 원룸 침대

현수 (강아지들 침대에)‥‥‥(머엉하니)‥‥

S# 태원의 현관

태원 (슬기 앞세우고 들어오는데)

　　　[갑자기 터지는 눈 폭죽, 꽃가루 폭죽 터뜨리는 태희와 채린.]

슬기 까르르르깔깔 깔깔깔깔.(폭죽 맞으면서 뱅뱅 돌면서)‥‥

S# 거실

태희 (슬기 손잡고 나타나며)엄마! 엄마아아아아!

태모 (주방에서 촛불 왕창 꽂은 작은 사이즈 케이크 들고 나오며)니 에미 귀 안 먹었어! 왜 이리 악을 써 골 흔들리게.

태희 슬기 왔다구.

태모 나두 눈 있어.(쥐어박고/케이크 놓고 두 팔 벌려)아고오오오 우리 손녀딸 오셨나아아아. 오호호호호 어서 오시게나아아..

채린 (슬기 밀며)할머니 뽀뽀해드려 얼른.

슬기 (통통통 할머니에게 안겨서 뺨에 쪽쪽)

태모 아으아으으으 으흐흐흐흐흐

태희 촛불꺼야 하는데?

태모 나두 알어.이년아.

태희 슬기야 촛불 꺼.

슬기 나 생일 아닌데 고모.

채린 이건 생일 촛불 아니라

태모 (오버랩)너 할미한테 온 거 환영하는 축하 촛불이야.채린이 아 줌마가 갖구 온 거야. 자 자 웅 끄자끄자. 하나 둘 셋(슬기와 함께 끄고)

태희 축하아아아 (손뼉 치며)

채린 (손뼉 치며 태원 보고)

태원 (그냥 미소로)···

채린 사진 안 찍어요?

태원 사진은 뭐.

태희 얘 찍어어 몇방 찍어어.

태모 그러엄. 역사적인 날인데··찍어찍어.찍자아아 슬기야 여기 이 리 할미 옆에웅? 웅?

S# 준구 집 정원(밤)

S# 준구 욕실

은수 (욕실 청소 중. 바닥 비누질로 박박박 닦는/집중해서 거의 필사적 으로/욕조에 받아놓은 물 대야에 퍼서 좌악좍/흐트러진 머리/꼭 다문 입)····

S# 둔치. 앞에 태원과 은수 만났던 장소와 다른 곳

  [밤 강변 풍경.]

  [세워져 있는 준구의 차.]

S# 차 안

준구 ······

  [들어오는 다미의 자동차.]

준구　⋯⋯(보다가 라이트 잠깐 켰다 끄고 내리는)

　　　[주차하는 다미 차.]

준구　(운전석 옆으로 가며 지갑 열고)

기사　(내리면서 꾸뻑)

준구　(수표 내민다)

기사　아니 저

준구　받아요.

기사　(받는)감사합니다⋯(하고 빠지고)

준구　(보다가 다미 차 뒷좌석으로)

다미　옛날 생각 나.

준구　(보는)⋯⋯

다미　(선글라스 벗으며 돌아보는)

준구　⋯⋯(잠시 보다가)써..

다미　⋯⋯(보며)

준구　쓰라구..

다미　안 보여.

준구　(기대면서) 말 들어..

다미　(잠시 보다가 선글라스 쓰고)

S#　차 밖

　　　[차 두 대⋯⋯]

제9회

S# 카페

은수　응…(마시고 내리며)근데 내가 기대하는 슬기가 아니라

태원　….(보는)

은수　E 내 기대가 날마다 조금 씩 더 씁쓸한 게 돼가서…그래서

은수　(좀 웃듯이)마침내 오늘 아침 눈뜨고 결심했어. 너 그래? 알았
　　　어 좋아.(찻잔 놓는) 너 원하는대로 늬 아빠한테 가.가 버려.

태원　….(보며)

은수　나 더 이상 슬기한테 해줄 거두 없구 …당신만큼 슬기 챙길 입
　　　장 못되잖아..그런 이유/ 핑계 다 그만두고도 슬기가 원하는 사람
　　　이 당신이니까..그게 제일 큰 이유..

S# 현수 원룸

주하　…..(뿌우우 보고 있다가 빠르게 일어나 소파로/엉덩이 소파로 디밀
　　　며 현수 덮치듯)같이 살자 현수야아아아. 같이 살아주라 응? 현수
　　　야 사랑해 (쪽쪽 입 맞추려 하며 현수는 피하고)사랑해 사랑해. 무지
　　　무지 사랑해 현수야 응? 응?

460

현수 (피하다 못해서 확 떼밀어 떨어뜨리는)야아아아!!!(주하 떨어지고/두 팔 내밀어 보며)너어..소름끼치게/야 내 팔이 지금 오이야!!!

S# 숲길

준구 남녀관계 /잘 헤어지고 잘 정리하는 게 깨끗한 마무리 아니냐?

다미 ....(보며)

준구 그래야 사는 동안 한번 씩 니 생각이 나도 참 괜찮은 친구..멋있는 여자였지 그럴 거 아냐.

다미 생각 많이 하구 연습도 했나봐. (쓴웃음) 마음 한 조각만 나눠 달라는데 인색하게 거절하는 거면서 사탕발림하네.

S# 태모 거실

태모 ??? 당나귀 코딱지 같은 소리. 부탁은 무슨 지가 부탁안하면 애 천덕꾸러기 만들까봐? 그게 그렇게 주제넘은 기집애야. 주제넘으니까 분수 모르구 내새끼한테 덤벼들었지홍.

태희 (오버랩)이제 그만 좀 하지 ?

태모 ??

태희 솔직히 양심껏 말하면 걔 우리 집 들어와 고생 엄청하다 갔어. 딴 애 같으면 일년두 못 버텼을 건데 그래두 사년이나 버텼잖아.

S# 태원의 현관

태원 (슬기 앞세우고 들어오는데)

   [갑자기 터지는 눈 폭죽, 꽃가루 폭죽 터뜨리는 태희와 채린. 뭐 더 괜찮은 거 없을까?]

슬기 까르르르깔깔 깔깔깔깔.(폭죽 맞으면서 뱅뱅 돌면서)..

S# 8회 마지막 연결

   [강물..그리고 세워져 있는 두 대의 자동차.(밤)]

S# 차 안

[뒷좌석 나란히 앉아 있는 다미와 준구.]

[둘 다 입 다물고 그저 막연히 앞 보면서··········두 사람 함께 충분한 시간]

다미   (손 뻗어 창문 마지막까지 내리는)·····(내려놓고 코트 깃을 좀 올리거나 목도리 털을 좀 끌어올리거나)····

준구   (제 편 창 내리는)···

다미   (잠깐 돌아보고···· 얼굴 다시 앞으로)····

준구   (앞 보며)····

다미   ···(그대로)

준구   (좀 기대며)나 지금(조용히)

다미   (돌아보는)·······

준구   말씀이 아니다.

다미   ···(보며)

준구   니 바보짓이···· 나때문이라는 소리가 아버님한테까지 흘러들어간 모양이야.

다미   (보며)??

준구   나같은 자식들은 와이프보다 십만배 더 무서운 사람이 아버지야··(고개 틀어보며)만약 변명할 길 없이 잡혀버리면 나는···(고개 앞으로 돌리며)망종새끼로 추락··사업체고 뭐고 다 내 놓고·· 이 나라 떠야할 거다.

다미   ·····

준구   (그대로)아버지는 평생 어머니 한분 밖에 모르셔. 여자 문제 만들지 말라는 말씀을 귀에 못이 박히도록 들었고··집안 수치스럽게

462

만들면 그날로 부모자식 절연이라는 말씀도 하셨었고 …절대 용납
안하실 분이야.

다미 …(그대로 보며)

준구 (그대로)그게…. 니가 원하는 거냐?

다미 (오버랩/차분하게)아니. 내가 원하는 건 오빠 숨겨논 여자.

준구 (고개 휙 다미에게)어기짱 놓지 마. 하늘이 무너져도 그건 불가
능하다는 얘길 하구 있잖아.

다미 (성질내지 말고 드라이하게)그런 거였으면 나한테 손을 안 댔어
야지.

준구 …(눈썹 잠깐 꿈틀)

다미 (고개 앞으로)나 이전에/첫 결혼 전에오빠/여자 모르는 남자
였어?

준구 그게 왜 알고 싶어.

다미 아버지가 그렇게까지 무서웠으면 여자 주변 백미터 밖 접근
금지로 살았어야 할 거 같아서.

준구 ….(쏘아보는)

다미 (고개는 그대로인 채 선글라스 벗는)

준구 써(벗으려 하자)

다미 싫어.

준구 …(보며)

다미 (안경 차 앞 시트 등받이 포켓에 찔러넣으며 좀 순해져서)너무 걱정
하지 마.소문 못 막고 쓸데없는 짓하면…지금 걸려있는 일 몽땅 펑
크내고 증발해버린다고 공갈쳐 놨어.

준구 (오버랩)전부/ 마무리 언제야.

다미 ‥연말.그리구 영화 들어가

준구 (오버랩)영화 포기하구 당장 결혼 발표 해.

다미 ?? (돌아보는)

준구 (시선 앞 시트 목 받침쯤)상대는 밝힐 수 없는 재미 교포. 나이 삼십대 중반.직업 금융계통. 교제한지 일년 반.

준구 E (다미 얼굴에)내년 봄 결혼예정,결혼과 동시 은퇴/

준구 발표하고 일 마무리해. 그 다음 바로 결혼계획 취소하고 니가 가고 싶은 나라로 나가.어디든 상관없어,

다미 (가만히 보며)…

준구 어학공부 핑계로 일년정도 공백기 됐다가 들어오던지 말던지

다미 (오버랩)아예/교통사고 만들어 죽여버리지 왜.

준구 (돌아보며)무슨 말이 그래.

다미 (보며)치워버리고 싶다는 거잖아.

준구 이 사텔 수습하자는 거야.

다미 나 우리 집 가장이야.

준구 내가 맡아.

다미 얼마나. 언제까지.

준구 조용해 질 때까지. 잊혀질 때까지.

다미 세상에 사기쳐가면서까지 내가 왜 그래야하는데.

준구 ‥‥(보며)

다미 뜬 구름 물거품 같은 인기/나 앞으로 길어야 삼사년이야. 그동안 죽자사자 일해서 원수같은 내 가족 챙겨야 해.

준구 (오버랩)다미야.

다미 (오버랩)그렇구나‥날 사람으로‥ 여자로 안 보는구나. 쓰레기치

464

우는 것처럼 그렇게 치워버릴 생각밖에는 없구나.

준구 그게 아니라

다미 (오버랩)나쁜 자식.

준구 ..(보며)

다미 E (준구 얼굴에)내가 죽어서 너 살리라구?

준구 충분히 보상한단 말야.

다미 (오버랩)내가 원하는 건 김준구 돈이 아니라 김준구야.

준구 (눈 잠깐 감았다 뜨고 보며 뭔가 말하려는데)

다미 (오버랩)내려.

준구 ??

다미 내려 이 자식아.

준구 야아

다미 (고개 앞으로 /두 주먹이 쥐어지는)내려. 내려 내려어어어어어!!!

준구 (보며)....

S# 인서트 /차 밖

　[어둠 속에 대어져 있는 두 대의 차.]

　[약간 원경.]

　[‥‥‥잠시 두었다가]

S# 준구 부부 침실

은수 (침대에 기대어 앉아 책 보고 있는)‥‥‥(책은 들고 있으나...책장 넘기는 데서)

S# 자매 친정 마당

현수 (자전거 끌어들여 적당히 세우고 바구니에서 족발, 과일, 소주병 봉지 들어내는 데서)

S# 마루

[부부/ 수선 옷 뜯고 있는/둘 다 부우우 아무 말 없이.]

[밝은 스탠드 별도로 켜놓아야 합니다.]

부부   ……(잠시 사이 두었다가)

[현관문 소리]

부부   (돌아보고)….

현수   (들어와 곧장 주방으로)··(봉지들 놓고 바로 큰 접시 하나 꺼내 족발 봉지 접시에/쟁반에 접시 놓고 소주병도 꺼내 쟁반에/그러는 동안 자모 현수 프레임으로 들어와 말없이 젓가락, 소주잔, 오프너 등 챙겨 쟁반에)…

S# 마루/시간 경과

[부녀 술잔 짱 부딪치고 동시에 마시는. 족발, 과일, 김치.]

자모   (족발 한 점 집어 기다렸다가 술잔 내리는데 남편 입으로)

자부   (받아 씹으며)…내 맘을 어떻게 알았어.

현수   (제 입으로 오는 족발 막으며)생각없어.

자모   먹어어어,(족발 들고)

현수   (그냥 아빠 잔 제 잔에 술 따르는)……

자모   (별수 없이 족발 고기 접시에 놓으며)통화했어?

현수   하랬잖어.

자모   어떡하구 있어.

현수   귀찮대… 걔 그렇잖어.

자모   울구 있어?

현수   아니 쌩쌩해.

자모   …(보며)

466

현수 (문득)글쎄 신경 쓰지 마요.. 떼어놓고 시집두 갔는데 새삼스럽
게 뭐얼.

자모 (오버랩)그러지 좀 마 이것아. 그게 그런 게 아냐 글쎄.

현수 (오버랩)은수는 엄마가 아니에요.

자부 (술잔 들고 오버랩)마시자.

현수 (술잔 드는데)

자부 당신은 고기나 먹어.

자모 슬기가 좋아하는데(족발)

부녀 (같이 잠깐 자모 보고)…

자부 (딸에게 잔 내밀고)

현수 (부딪치고)

부녀 (마시는)

자부 (술잔 놓으며)금년 막바지야.

현수 ?? (뭐어)

자부 작년 이맘때 /… 금년 가기 전에 어떻게 해본댔잖어.

현수 (아 그 얘기? 웃는)근데 안되네에에. 아무래두 난 처녀귀신으루

자모 (뿌우우 시선 내리고 있다가 보는)?

현수 E 생을 마감할 거 같어.

현수 그런 느낌이 아주 강력하게 들어요.

자부 허허

자모 (동시에)입방정 떨지 말어..

현수 (오버랩)난 아무래두 그쪽으로는 틀린 거 같어. 우선 한집에서
같이 살고싶은 남자가 없구 살자는 남자두 없구/ 그렇다구 결혼
해야지 결혼해야하는데 나 왜 이 모양이야 그거두 절대 아니구.

자부   짝은 있어야지.

자모   그럼 들짐승 날짐승 온통 다 짝지어 새끼 퍼뜨리는 게 자연에
        법인데

현수   (오버랩)나 들짐승 날짐승 아니라 사람이거든 엄마.

자모   사람두/사람두 다 쌍쌍이잖어 사람두.

현수   남 그러구 산다구 나두 꼭 그래야하는 거 아니잖어. 결혼 싫다
        는 사람 많어.

자모   그래서 영 안한다구?

현수   그게……

부모   (현수 보며)….

현수   (술잔 두 개 채우는)……

자모   그게 뭐어어.(기다리다 못해)

현수   못할 거 같어 엄마.

자모   왜애애.

현수   은수가 내 꺼까지 두 번했잖어.

자모   ???(이건 또 지 동생 갈궈)

현수   으흐흐흐흐 난 은수처럼 인심이 안 좋아 엄마.

자모   니가 왜..(무릎으로 더 다가앉는 듯한)마음은 니가 훠얼씬 더 살
        갑구 인정있구 착한데 그게 무슨 왜(남아 있는)

현수   (오버랩)아빠.(술잔 들며)

자부   (술잔 들며)나는… 결혼을 꼬옥..해야한다 그런 건 아니야. 나쁜
        결혼은 안하니만 못해. 평생 의지될 사람은 있는 게 좋은데 그런
        거지

자모   (오버랩)이이는 아버지라는 사람이

468

현수 (오버랩)의지될 사람인줄 알구 했는데 은수처럼 시집식구들이 괴물이면.시집식구들은 괴물 아닌데 남자놈이 천하 바람둥이면,

현수 E (자부 마시는)알구보니 갚어야할 빚이 수억이면,결혼하자마자 실직해서 내가 시집까지 벌어 먹여야 하면,

현수 손찌검하는 놈이면, 껠러터져 손하나 까딱 안하구 어지르기만 하는 놈이면,말 안통해 동문서답하는 놈이면, 의처증 환자면,

자모 (오버랩)아 하구많은 사람 중에 왜 다아 안될 놈들만 꼽어어. 니 아빠 같은 사람두 있어어

자부 (김치 집으며)허허허허.(기막혀)

현수 아빠같은 남자가 없다니까아?

자모 왜 없어. 있어 많어.

현수 (오버랩)사람이 얼마나 망가졌는지 엄마 몰라. (훌쩍 마시고)믿을 놈 믿어두 될 눔 거의 없어. 처음 만난 여자한테 연봉 얼마냐 사는 동네가 어디냐 먼저 알자고 드는 놈이 수두룩하대.뭐/여자두 마찬가지구.

자모 (오버랩)연애해서 좋아해서 하면 되잖아.

현수 연애는 반이 사기거든 엄마.

자모 …(한심해 더 말을 못 하고)

자부 이 사람이다 안 나타나면 안해두 돼.

자모 으으응?

자부 (딸한테 따라주는)

자모 아 천천히 해애..

자부 어 어 그래.

[잠시 사이]

자모 슬기 이건 전화두 안하네.(혼잣말)

　　　[아무도 대꾸 안 하고 젓가락질만…]

S# 슬기 침실

태원 (덮어주면서)채린 아줌마 배웅해야하니까 혼자 책 보다 잠들 수
　　　없을까?

슬기 응. 할 수는 있는데? 그래두 아빠가 읽어주기를 바래.

태원 흐 그래알았어.(동화책 쪽으로)뭐 읽어줄까 원하는 게 뭐야.

슬기 아무 거나. 아빠 목소리기만 하면 돼.

태원 (책 뽑아내며)할머니께 전화드렸지?

슬기 어 까먹었다.

태원 ??(돌아보는)

슬기 지금 하께.(침대 내려 전화로)

태원 (슬기에 연결)엄마한테 문자는

슬기 그건 아까 채린 아줌마가 사진 찍어줘서 사진이랑 같이 보냈
　　　어.(전화 집으며)

태원 잘했어..

S# 태원 거실

　　　[차 따르는 채린. 태모 채린 두 여자.]

태모 …(채린 보다가)그런데에..

채린 ?(따르다 멈추고 보는)

태모 아으 아니야..어이 따러.

채린 (마저 따르고 티포트 놓으며)무슨 말씀이신데요 어머니.

태모 (오버랩)아냐아냐. 아무 것도 아니야(찻잔 드는데)

470

태희 (매니큐어 지울 도구들 갖고 화면 안으로 들어서는)

태모 뭐야. 건 뭐하러 들구나와 온 집안에 냄새 풍기러 들어.

태희 (앉으며 오버랩 기분)내방에 냄새 싫어서.

태모 심뽀하구는.

태희 (한 다리 탁자에/발톱 먼저 지우려고)

태모 어디다 발을 올려!!

태희 ??

태모 교양머리라구는/ 빨리 못 내려?

태희 갑자기 교양은.(별수 없이 내리고 손톱으로)아으 아니야 어이 따
     러.(채린한테 고개)무슨 말씀이신데요 어머니.(이랬잖아)

태모 아니야

채린 (웃는)네 어머니 말씀하세요.

태모 어어어 그게/…(괜히 머리 만지며 안 보는 채)저 믈건이 어디서
     물어들인 소린데 그게 (보며)저기 채린이가 못살구 헤어진 이유가

태희 (오버랩)아아 내가 하께.

태모 (딸 보며)해두 되까?

태희 채린이 친정이 너무너무 짜서 있지 얼마나 짜냐면 시부모 간
     이식에 위로금 십만원으로 때울만큼 짜서 이혼당했단 소릴 내가
     들었거든.

채린 (보며)……

태모 ???(지켜보듯)…

태희 (아세톤 솜에 묻히면서)상식적으로 말이 안되는 소리지만 어쨌
     든 소문은

채린 (시선 내린 채 오버랩)결혼 전엔 몰랐는데 그 사람/ 즈이 집 덕볼

생각으로 결혼했던 거였어요.

태모 저러어언.

채린 (오버랩 쏩쓸하게)결혼하자마자 갈등이었어요.집도 엄마 아파
트에서 시작했는데 그 사람/월급 한푼 안 내놓고 늬집 돈 많은데 왜
돈 달라 그러냐구

태모 (오버랩)쯧 아주 작정한 놈이었구면 그러니까.

태희 (오버랩)그런 놈 널렸어 엄마.

태모 아니 인두껍을 쓰구 어떻게 그런 무경우가 있어 응? 그래서 수
술 위로금 십만원은.

채린 사실이에요.

태모 ??

태희 ??

채린 즈이 아버지 워낙 정확한 분이셔요.돈보고 결혼한 인간한테는
돈으로 가르쳐야한다구.

태모 (오버랩)알았네알았어. 알았어. 그럴만 하니까 그러셨겠지.

채린 (쓴웃음)너무 싫어하셨었어요.

태모 (오버랩)어쨌건(찻잔 들며)아버지두 보통 분은 아니구면. 없는
집 사위들여 생활비며 뭐며 넉넉히 대주는 처갓집두 꽤 있든데.아
관속에 넣구 갈 거두 아닌데 자식한테 쓰는 돈이 뭐 아까워.

태모 E (보는 채린 위에)난 재/지가 가기만 한다면 없는 집 상관없어.

태모 내가 쓰면 돼.난 그럴 참이니까.

태희 (오버랩)실제상황되면 우리 엄마두 어떻게 나올지 모르는 거
구우? 난 최소한 오백억대 아니면 안 할 거야. 나 의심병이거든.

채린 (오버랩 웃으며)그래서 아버지/태원씨는 그럴 일 없을 거라구

472

편해 하세요.

태모　???(했다가)아으아으 우릴 어떻게 보시구 아으아으 아으아으

태희　(오버랩 제 일 하면서)엄마 턱 빠졌어?

태모　???(딸한테 인상 쓰며)아 냄새 나 갖구 들어가!!

채린　(내려오는 태원 보고 일어나는)

태모　(돌아보며)금방 내려온다드니

태원　(오버랩의 기분)가시죠.

채린　네..(소지품 집어 드는)...

S# 빌라 지하 주차장

[나오는 두 사람. 채린 차 쪽으로 몇 걸음 움직이다가]

채린　(태원의 팔 낀다)

태원　(양 주머니에 손 넣고 있다가 좀 놀라 멈추고 보는)

채린　(보며 웃는)슬기 와서 태원씨 행복하죠?

태원　글쎄요..(슬그머니 마주 서는 것으로 팔 빼듯 하며)허전해하실 수
유리 어른들이랑 애 엄마가 계속 마음에 걸려서...(어떤 감정인지 잘
모르겠다)

채린　...(보다가 마치 못 들은 것처럼 핸드백 열어 자동차 키 빼내 자동차
로 앞서고)

태원　....(잠시 보다가 따르며)주세요.(손 내미는)

채린　(키 주고)

태원　(리모컨 작동하고 운전석 문 열어주며 비켜주며)슬기한테 마음 써
줘 고맙습니다.

채린　(보며 웃는)고맙습니다 그런 말. 다가오지마라 그러는 거 같아요.

태원　(좀 웃는 듯)아니 꼭 그런 건

채린 그렇게 느껴져요

태원 사귀는데 오래 걸리는 사람이란 말./했는데‥

채린 (오버랩/끄덕이며)그래두 너무/한번씩 무안해져요.

태원 미안합니다.

채린 또요.

태원 미안해요.

채린 (웃으며 차에 올라 시동 걸고)저 가요.(내다보듯 하며)

태원 네에./(문 닫아주고)

채린 (출발.)

S# 나가는 채린의 차 꽁무니

S# 채린 차 보는

태원 ‥‥(잠시 보다가 돌아서 땅으로 고개 꺾고 천천히 빌라로)‥‥‥

S# 거실

　　[모녀와 탁자 찻잔 치우는 임실.]

태모 (딸 손톱 지워주면서 화면 시작과 동시)애 들어가면 아줌마 창문
　　활짝 열어 이 냄새 빼주구 들어가요.

임실 열어논 채 들어가 자라구요?

태모 ?? 미쳤나? 보일러 돌리면서 활딱 열어놓구 밤 새게?

임실 냄새 뺄라면 밤새야할틴데.

태모 한시간만 열어봐 한시간만.

임실 뭐 그렇게 독하지두 않구면.(꿍얼꿍얼/쟁반 들고 주방 쪽으로)

태모 아줌마 왜 부쩍 군소리가 너덜거려.

임실 (돌아보며)보일라 끄구 문 열어놓지요.

태모 그럼 냉골되잖어어어

474

임실 보일라냐 냄새냐 둘 중에 어느 것이냐 그 말이지요.(들어가며)

태모 저 여편네가 그런데?

태희 (오버랩)별루 독하지두 않은데 뭘 그렇게 난리야.

태모 (오버랩)집장사하다 신나냄새에 병원 실려간 사람이잖아!!

태희 이건 아세톤이야 엄마 신나가 아니라구

태모 나한테는 똑같단 말야.(지우던 솜 팽개치며)이건 왜 날더러 하래.
(불끈 일어나는)손이 없어 발이 없어.

태희 (입 벌리고 보는)

태모 아으 골아퍼 아으아으(빠르게 오리걸음 자기 방 쪽으로)

태희 (투덜거리는)자기가 지워준대 놓구는···(새 솜에 약 묻히는데)

태원 (들어오는)

태희 (돌아보는)····

태원 (계단 쪽으로)···

태희 (제 일 하면서)정태원.

태원 (돌아본다)

태희 ···(지우며)

태원 왜요.

태희 무슨 생각이 그렇게 복잡한 거야.

태원 뭐요.

태희 (도구 한꺼번에 챙기며)그래 보여..

태원 ····(멈추고 있다가 움직이는/다소 천천히/세 계단쯤)

S# 태모의 방

태모 (가렴증으로 겨드랑이까지 로션 칠갑을 하면서 투덜거리는)아아
무리 십만원이 뭐야 십만원이.어찌됐거나간에 명색이 사둔/간판

이 사원데 그건 해두해두 너머했던 거야아아. 아 없는 집 자식인줄 알구 결혼시켰을 거 아냐.응응? 그런 놈한테 딸을 내줬을때는 뭔가 그럴만한 이유가 있었을 거 아니냔 말야. 그랬으면 적당적당 보조해주면서 사위 자식 키우는 재미두 있는 거지 뭘 그래……괜한 헛소문은 없어어어..짜긴 짠 거야아아.

S# 태원의 방

태원   (상의 벗은 것 침대에 던져놓고 움직여 술병 꺼내 열어 병째 마시는)
        …(두 모금 마시고 내리며)……(고개와 시선 저 앞 바닥으로)…

        [배경음악 시작되고]

S# 8회 카페 씬 /배경음악 뒤에 흐르게

은수   응…(마시고 내리며)근데 내가 기대하는 슬기가 아니라

태원   ….(보는)

은수   E 내 기대가 날마다 조금 씩 더 씁쓸한 게 돼가서…그래서

은수   (좀 웃듯이)마침내 오늘 아침 눈뜨고 결심했어. 너 그래? 알았어 좋아.(찻잔 놓는) 너 원하는대로 늬 아빠한테 가.가 버려.

태원   ….(보며)

은수   나 더 이상 슬기한테 해줄 거두 없구 …당신만큼 슬기 챙길 입장 못되잖아..그런 이유/ 핑계 다 그만두고도 슬기가 원하는 사람이 당신이니까..그게 제일 큰 이유.

S# 태원 침실 현재

태원   (침대 걸터앉아)….(배경음악 연결)……(좀 두었다가)

태원   E 괜찮아? (심장이 뛰고 있는/나직이)

은수   E 괜찮아.

S# 어느 스키장 산장/결혼 전 과거/산장 통나무집 느낌

476

[허리 안고 붙어 선 두 사람.]

태원 정말 괜찮아? 괜찮겠어? (보며)

은수 괜찮다니까. (시선 태원 입에)

태원 ....(보며)

은수 ......(시선 내린 채 기다리다 문득 시선 들며)괜찮아괜찮아괜찮아.
도대체 몇 번 묻고 몇 번 대답해야하는 건데.

태원 그래두‥뭔지 미안해서(보며)

은수 뭐가아아아.

태원 더‥더럽히는 거 같아서.

은수 아아아 미치겠네. 둘이 좋아서 사랑하는 게 왜 더럽히는 거야
아아.

태원 내가 처음이라면서

은수 (오버랩/장난이 된다)뭐야. 그래서 불만? 응? 불만? 그럼 나 지
금 뛰쳐나가서 딴 사람이랑(벗어나려 하며)

태원 (오버랩)아니아니(당겨 안으며)황송해서어. 황송하단 소리야.

은수 (허리 안긴 채 상체 좀 뒤로 젖히면서)이렇게 달콤하게 속삭여놓
구는 나중에 거들떠도 안 볼 거지?

태원 (오버랩)정말 괜찮은 거지. (심각하게)

은수 (다소 버럭)한번만 더 하면 팔만번이다. 각서 써 주래?

태원 (오버랩/각서에서 확 당기며 폭풍 같은 키스 시작하려는)

은수 (이리저리 피하면서 웃는/그러다가)스톱 스토옵.스톱스톱

태원 ??(멈추고)

은수 하나두 황송 안하잖아. 이건 연산군이야아아/

태원 ....(열에 들떠 보며)

은수 (한 손 태원 심장에 대고 가만히 다가들어 부드러운 입맞춤‥하다가)
안되겠다 심장 터지겠다. 숨셔. 숨셔숨셔.

태원 (홱 낚아채 같이 침대로 엎어지는)

은수 깔깔깔깔

태원 (은수 목에 얼굴 묻으며)웃지 마.

은수 (마주 머리 안으며)까르르르르

태원 웃지 말라니까아아아

S# 태원 침실

은수 E 까르르르 깔깔. 깔깔깔깔.

태원 (침대 올라 기대어 앉아 마시는)‥‥

S# 눈썰매 타는 두 사람. 간간이 뽀뽀하는 두 사람. 과거‥

S# 텐트 쳐놓고 텐트 앞에서 밥하는 두 사람. 간간이 뽀뽀
[두 커트 6,7초 넘지 않습니다‥]

S# 어느 공원 벤치에 태원 앉혀놓고 스케치하는 은수
[태원 지겨워 한쪽 팔 머리 뒤로 하고 기지개 켜는/장난/]
[태원에게 우르르 달려들어 가슴에 어퍼컷 넣으며 야단치는 은수.]
[웃어대며 맞아주는 태원.]

S# 강변
[불꽃놀이하는 두 사람. 비싼 불꽃. 공중에서 크게 피어나는 것. 공중
불꽃 포함]

**S# 울릉도 가는 여객선 갑판에 꼭 껴안고 있는 두 사람. 태원 은수 머리 쓰다
듬어주면서 비장하고 은수 울고 있고/**

S# 울릉도 시장
[살림 도구 시장 보고 있는 두 사람. 냄비 가게. 은수 노란 양은 냄비 들

478

고 이리저리 보다가 문득/밥공기 두 개 국그릇 두 개 수저 두 벌 반찬그
릇 네댓 개 석쇠 등 담긴 시장 바구니 들고 옆에 서 있는 태원 머리에 모
자처럼 씌워보는/희희낙락. 5, 6초.]

S# 현재의 태원

태원 (그 순간 연결처럼 웃고 있는)….(그러다가 술병 입으로 가며)

S# 울릉도 어느 민가 방. 임시 살림을 차린 듯한 방. 그릇 몇 개. 전기밥솥

[냄비며 밥그릇들이며 마구 날고 있는 상황에서 시작.]

[태모/방바닥을 때리면서 삿대질하면서 거의 미친 수준으로 난리치
는 걸 당하는 은수와 엄마를 말리고 대항하고 은수 손목 잡아끌고 나가
려는 태원. 뒤로 넘어가 거품 물고 버둥거리는 태모. 엄마에게 달라붙
는 태원. 태모 미친 수준입니다.]

S# 결혼 전 웨딩 사진 포즈 중인 넘치는 사랑의 두 사람. 4, 5초

**S# 금방 태어난 슬기 안은 은수 어깨를 안고 뺨에 입 맞춰주는 태원. 눈물이
흐르고 있고 은수 손끝으로 태원 눈물 닦아주는……(사이 좀 두었다가)**

은수 E 당신 사랑해. 너무너무 사랑해. 그런데 나/ 이렇게 더는 안
되겠어.

S# 침실(과거)

[침대 위에 마주 앉아서 남편에게 두 손 모아 잡히고 눈물로 호소 /태
원도 우는 상황]

은수 당신을 아무리 사랑해도 더는 못하겠어. 나 보내 줘나 우리 엄
마아빠 딸로 돌아가고 싶어. 보내줘보내줘 여보.

태원 (오버랩)나 어떡하라구. 당신없이 난 어떡하라구 여보.

은수 (왈칵 껴안으며)담 생에 당신/다른 어머니한테서 태어나

S# 태원의 침실/현재

은수　E 우리 다시 만나 사랑하자웅? 꼭 그러자 꼭 그렇게 살자 우리.

태원　(술 벌컥벌컥에서)

S# 은수의 욕실

은수　(욕조 가장자리에 걸터앉아 핸드폰 사진 보고 있는.)

S# 인서트/두 팔 손가락 브이 두 개 슬기 사진/채린이 찍어준 것

[사진의 문자.]

[사진 채린이 아줌마가 찍어준 거야. 우리 파티했어. 엄마 안녕.]

은수　....(보며).....(있다가 일어나 드레스 룸으로)

S# 침실

은수　(드레스 룸 거쳐 나오는)

S# 계단 내려오는 은수

S# 주방

은수　(들어오며 불 켜고 와인 글라스와 술병 챙기는데)

[준모 들어오는 기척.]

은수　아 어머니. (약간은 당황)

준모　얘 들어왔니?

은수　아뇨 아직.

준모　준비해 노래?

은수　아뇨 어머니 제가 마실려구요.

준모　나두 한잔 하자는 이모님 문자 받구 나온 거야.

은수　네에에. (챙기던 것 놓고 글라스 꺼내려는데)

준모　내가 할테니까 이모 나오시라구.

은수　네 어머니.

S# 거실

은수　(나와 이모 방 쪽으로 움직이는데)

이모　(벌써 나오며)준구 들어온다니?(마중이냐)

은수　아뇨 이모님.. 그이 아직 들어온다는 소식 없어요.

이모　(주방으로 움직이며 오버랩)쯔쯔. 혼인하구 제법 잘한다 했더니 어느새 약발 떨어진 게야? 간간이 늦는다 응?

은수　(따르며)네에.

S#　주방

이모　(앞서 들어오다 따르는 은수 돌아보며)들어올 거 없다. 우리끼리 간단히 한잔하면 돼. 올라가.

은수　아니에요 이모님.

준모　(오버랩/와인 병은 이미 열어뒀고 /간단한 안주 접시 놓으며)너 여기서 마실래 갖구 올라갈래.

은수　여기서 할께요 어머님.(준모가 이미 열어놓은 술병 들며)말씀하셨으면 디켄더에 미리 따러 놨을텐데요.

준모　그럴 새가 어딨니.문자 받고 바로 나온 건데. 언 앞으로 와인 생각나거든 미리 얘기해요.(의자로)

이모　(이미 앉으며)책 덮구 그만 자자아 하다 한잔 할까 그런 건데 / 너는 다섯시간 뒤에 술한잔 먹구 싶을 거다아아 미리 아냐?

준모　(그냥 웃어버리고)

은수　(웃으며 이모 잔에 먼저)

이모　준구 녀석 좀 뭐라 그래라. 간간이 늦기 시작해.

준모　일 있어 그러겠죠. (은수 보며)앉어라.

은수　네에.(준모 글라스 채우고 제 글라스에도/채우고 앉는데)

준모　드십시다.(와인 글라스 들며)

이모   그러십시다.(들며)

은수   (들고)

　　　[가볍게 부딪치고]

이모   니 어머니 손주는/(흘기며 좀 야단치듯)

은수   네 이모님 노력하구 있어요.

이모   열심히 공부하는데 성적 안나오는 놈이냐?

준모   드세요.

이모   듭니다.

　　　[두 여인 한 모금씩 마시고 내리는데 보고 있다가]

은수   저 오늘 딸 아이 지 아빠한테 보냈어요 어머님.

준모   ??

이모   …(보는)아까 잠깐 볼일이 그거였든게야?

은수   네 안 가볼 수가 없어서.

이모   꾸우웅웅 쯔쯔쯔.

준모   준구가 분가 포기하라 그러대?

은수   (오버랩의 기분)아니에요 어머니 제가요. 제가 접었어요. 아이
도 저 안 기다려준다 그러구 분가도 어려울 거 같아서요.

이모   *쯔쯔쯔쯔*

준모   괜히 왜 혀는 차요.

이모   뭐 불만있냐?

준모   ??

이모   눈칫밥 먹구 사는 주제에 할말은 아니다만

준모   눈칫밥은 /그냥 해내버리는 말이라도 이집에서 눈칫밥 소린
하는 거 아니죠오오

이모 정말 눈칫밥이면 내가 먹구 있을 사람이야?

준모 글쎄 해내버리는 말이라도

이모 (오버랩)아 됐네 이 사람아.사람이 말을 하다보면 더러 버릴 말 두 있는 거지 어떻게 꼭 할말만 하구 살어. 꼭 /할말만 하구 살라 면 하루 진 종일 열마디두 많아. 열마디는 뭐 필요해. 한마디두 안 하구는 못 살아? 무슨 집이 묵언수행중 절간이야? 그러구 어떻게 살어.

준모 (오버랩)몰랐구나.

은수 …(잠깐 보고 시선 내리고)

준모 야박한 소리겠지만 잘 정리돼 다행이다. 며칠 지나면 힘든 마음 차분해질 거야.

은수 네.

준모 올라가 너혼자 편하게 마셔라.

은수 아니에요 어머니

준모 나라면 혼자 마시구 싶을 거 같애. 여기서 애쓰지 말구 괜찮아/ 올라가.

은수 ..네..그럼..(일어나는데)

이모 나무아미타불 관세음보살.끌끌끌끌..

준모 (못마땅해서 보는)....

S# 거실

은수 (술병과 글라스 한 개 나누어 들고 나오는데)

　　[현관문 소리]

준구 E (작게)됐어요 아저씨 됐습니다.(사용인한테 하는 소리)

은수 (?? 들고 있던 것 놓고 빠르게 현관으로)

S# 현관

준구 (올라서는데 비틀)

은수 (?? 잡아주려 달려들고)

준구 아 괜찮아괜찮아. 아버지 어머니.

은수 아버님 주무시는 거 같구 어머니 이모님이랑 주방에

준구 (오버랩)(은수 팔 잡은 채(오버랩))나 조용히 조요오옹히 고양이
처럼 소리 없이 들어갈테니까 당신/ 술 약간 취했다 보고 드리구
올라와..부탁해. (하고 안 취한 척 자세 바르게 하고 거실 계단 쪽으로)

은수 ....(남편 보는)

S# 침실

은수 (엎어져 있는 남편 내려다보며 서서).....

S# 원룸 안

현수 (엎어질 듯 들어와 천장으로 향해 눕는)아아아아 너 취했다 취했
다취했다.

　　　[강아지들 달려들고]

현수 (가슴으로 안아 올리고)으으으으 내 새끼드을..사랑하는 내 새
끼들을.엄마가 있지이이?(아이들 안은 채 일어나며)좀 취했걸랑?
사랑하는 우리 아빠랑 한잔 했걸랑? 있지이이 늬들 이모 기집애
새끼 슬기가 지 아빠네로 갔걸랑? 그래서 불쌍한 우리 노인네들
위문공연갔다 왔걸랑?(소파에 푸욱 쓰러지며/강아지들 각각 빠져나
가고)야 야아

현수 E (강아지들) 늬들 이러기야? 엄마 술냄새 싫다 그거지? 으흐
흐흐흐 그래그래 미안해

현수 미안해.....(눈 감고 잠시 있다가 벌떡 일어나며)야 그렇지만 늬들

이럴 수 있어? 우리 엄마아빠 자구 가라구우우우우 하는 걸 내 새끼들 때매 안된다아아아 기를 쓰구 왔는데 나 늬들 한테두 짝사랑이냐? 내가 짝사랑 전문 배우냐 엉?(하는데)

　　　[전화벨··(주머니에서)···]

현수　(꺼내서 보면)

　　　[화면 안광모.]

현수　····(좀 보다가 받는)뭐어어.(하며 소파에 풀썩)

S# 남해 힐튼 호텔 전경(밤)

광모　E 야 나 이거 뭐냐 현수야. 무슨 이별 여행이 이따구냐.

S# 호텔 객실

광모　(침대에 네 활개 짝 펴고 통화 중)혹시 너 뭐 아는 거 없냐?(뭐얼) 아니 혹시 얘 나 죽여서 자루에 담아 바다에 던질 계획이라든지 무슨 그런 거 아니냐구.(왜 그러는데에에)박주하가 아니야 야. 무서워 죽겠어. 여섯시간 아니 여섯시간두 넘는다 꼬박 운전시켜 놓구 저는 모자루 얼굴 덮구

S# 현수 원룸

광모　F 내애내 처 자빠져 자.(현수는 내려오는 눈꺼풀 손끝으로 밀어 올리고 비비고 하면서)(아니)장거리 운전시켜 놓구 저는 처자는 게 말이 되냐?(현수 일어나 냉장고로)

S# 호텔 객실

광모　내가 대리운전 기사냐? 대리운전 기사래두 너 졸음 방지 봉사는 기본이야. 나 아주 죽는 줄 알았다.

S# 현수 원룸

현수　(물병 꺼내 들이키는 위에)

광모 F 완전히 자는 거두 아냐 또. 오줌마려워 커피 사와라. 과속이다 속도 줄여.. 졸지마. 너 졸고 있지.저 할 소린 다해 야.

현수 어딘데.

S# 호텔 객실

광모 (일어나 앉아 있는)남해 별 다섯 개 호텔.(야아아 비싼데 들어갔구나) 내가 들어온 게 아냐. 지 카드 겄다. 위자료 챙겼겠다 지가 쏜다구 지가 긁었어.스위트야 스위트. 나 딴전치는 동안 애 뭐랬는지 우리 완전 신혼여행이야. 과일 바구니 들어오고 샴펜 들어오구 축하드립니다 행복한 꿈 꾸십시오. 미치겠다 진짜.

주하 (호텔 목욕 가운 입고 욕실에서 나오는. 머리는 틀어 올리고/샤워하고)전생 엄마한테 고자질이냐?

광모 고자질도 안하면 돌거 같어 그런다.

주하 이리 주구 들어가 씻구 나와.

광모 밥 먼저 먹자. 배고파 돌아가시겠다.

주하 그래? 그럼 세수만 하구 나와.

광모 (전화 주며)세수는 무슨 세수야 그냥 나가.

주하 개기름 번들거려 야. 회먹을 건데 니 개기름에 찍어 먹냐?

광모 (침대 내려서며)삼분이면 끝나. 옷입어 빨리

주하 어 현수야 나야.(끊었다)고 새를 못참구.(통화 시도)……야 받어 어어..

S# 계단 올라가는 현수 주머니에서 울리는 전화벨·· 안 받는다

S# 원룸 침실

현수 (올라와 엎어지는)····

　　[울리던 전화 끊어지고]

현수　(몸 제끼며 눈 뜬 채 머어엉)....

　　　[다시 울리는 전화.]

현수　(주머니에서 꺼내)예에에에.

주하　F 뭐 바쁘니?

현수　바쁠 거 개불알두 없다.

주하　F 술 먹었니?

현수　.....(눈 감고)

주하　F 현수야.

현수　잔다아아(전화 베개 밑으로 집어넣는)....

S# 호텔 객실

주하　(끊긴 전화 잠깐 보고 침대 엎어지듯 해서 포복하듯 나이트 테이블 객실 전화로/프론트 버튼)네 여기 엑스트라 베드 하나 넣어 주심 감사하겠습니다.(엑스트라 베드요?)네 우리 방금 이혼했어요 낄낄 부탁합니다아아아..

S# 남해 횟집 전경(밤 바닷가/짧게)

S# 횟집 안

주하　(회 입으로 가져가면서)자다가 안 자다가. 잘때가 더 많았나? 아니 안 잘때가 더 많았나?(입에 넣고 씹기 시작)

광모　(쌈 싸다가 멈춘/보며)작심해뒀던 거지.(너)

주하　??

광모　운전시켜 놓고 입에서 쿠린내 나게 만든 거.(쌈 싸며) 정신 들락날락 졸리게 만든 거.

주하　으흐 고문이 좀 됐냐?

광모　(멈추며)너같은 수다가 작심이 아니면 절대 그럴 수가 없거든.

수고했다.(쌈 입으로)독하더라아아.

주하 (제 잔에 소주 따르며)결심하면 나도 독해.

광모 (오버랩 입에 음식 넣은 채)까딱했다가 ‥‥(삼키고 소주잔 집으며) 까딱했다간 너랑 나랑 한날한시 황천길 동반자 됐다.너 무모해두 엄청 무모했어.(소주 훌쩍)

주하 ‥‥(보며)

광모 (회 집으며)도대체 니가 의도한 이 여행의 목적이 뭐냐.

주하 ‥‥(보며)

광모 난 먹었던 밥은 다시 안 먹는다구 했지.

주하 나 밥 그릇 엎어버려 너 숟가락 들고 덤벼도 먹을 밥이 없다.

광모 ‥‥(보다가)다행이군. 응 다행이야.(회 먹는)

주하 ‥‥(보다가)광모야.

광모 ??(보는)

주하 깨끗이 잊자.

광모 아 난 벌써 깨끗하게 잊었어.

주하 ‥‥(보는)

광모 니가 문제지. 뜬금없이 이별여행은 뭐냐. 끝났으면 끝난 거 지.밥상 치웠는데 상 다시 차리자는 거두 아니구 야 나 안돼애애‥ 만약 여기서 너랑 또 얼크러지면 나/ 꼼짝못하구 너랑 진짜결혼 해야해. 안 그럼 현수가 나 죽일 거야.

주하 너 현수가 그렇게 무섭니?

광모 무섭다기 보다는 그래두 최후의 보루는 지켜야잖아. 우리 여 기서 또 그러구 가면 나 개한테 구제받을 수 없는 개걸레야. 다시 는 나 안 볼 걸?

주하   걱정마. 나두 더 이상 너한테 의욕없어.

광모   에에에에(아니면서)

주하   그 동안 고마웠다.

광모   ??

주하   남자가 좋은 게 뭔지 너 때문에 알았고 너 좋아하는 동안 뭐/
행복말고 딴 단어 없냐? 행복은 식상해서 말야.

광모   해피.

주하   (오버랩)식상하지만 식상하자. 너 좋아하는 동안 행복했고 결
혼 앞둔 여자가 꿀 수 있는 꿈/설레이는 기대/기분좋은 충만감/다
좋았어. 그것들에 대해서 너한테 고마워.(진지하다)

주하   E (??한 광모 위에)너가 있었으므로 해서 누렸던 시간들이야

광모   (오버랩의 기분)그렇게 말하면 나두 /나두 너한테 고마워. 나같
은 놈한테 올인해줬던 너/모든 여자는 일단 날 만나면 모두 다 나
한테 올인하지만/그래두 그 중에서두 니가 제일이었어. 일단 결혼
식장까지는 들어갔었으니까.

주하   안광모.

광모   엉?

주하   좀 진지할 수 없어 너?!!!

광모   ??

주하   박주하 진심으로 얘기하구 있어. 장난 만들지 마.

광모   장난 아닌데..나두 진심인데.

주하   (소주잔 들며)이번 여행이 의미있도록 하자.

광모   알었어. 잠깐 기다려.(제 잔에 따라 들고 주하 잔에 부딪치고)
[둘 마시는]

S# 해변을 걷는 두 사람

　　[그냥 걷고 있는 주하와 따라 걸으며 눈치 한번씩 보는 광모. 한동안.]

광모　안 춥냐?

주하　....

광모　춘데…너 감기 들이면 나 현수한테 혼나는데….

주하　....

광모　야 우리 옷이 너무 가난해애.. 지금 밤이다밤. 여기 바다다 바다.

주하　...

광모　이럴 줄 알았으면 호텔에서 담요라도 달래올걸…어어이(하며 제 상의 벗어 주하에게)이거라두 입어라.

주하　놔둬어.(밀어내는)

광모　입어. 너 출근 날 받아놓구 감기루 입원할래? 학교에 면목없어 안돼.(입히는)

주하　(입혀지면서 그냥 광모 보는)…

광모　(입혀놓고) 안 들어갈래?

주하　....(보며)

광모　들어가자아아. 호화판 방 잡아 놓고 개떨듯 떨면서 이게 무슨 자학이냐.엉?

주하　들어가고 싶으면 먼저 들어가라.

광모　그럴 수는 없어..현수한테 혼나. 나 죽어.

주하　....(물끄러미 보는)

광모　안 춥니? 진짜 안춰?..엉?…

S# 호텔 객실

　　[얼음 든 컵 두 개에 양주 적당히 따라놓고 컵 하나 플라스틱 막대로 적

490

당히 휘저어 주하에게 밀어주며]

광모 올리브 좀 달라 그럴까?

주하 (컵 집으며)대충 마시자.

광모 (제 컵 집으며)대충 마시자(컵 흔들고)

주하 (술잔 잡은 채)광모야.

광모 엉.

주하 나/내 인생에서 널 잘라낼려면 동시에 현수두 잘라야 해.

광모 …(보는)

주하 너 안 보구 살자구 현수까지 안 볼 수는 없거든?

광모 웅(그렇지)

주하 그렇다구 현수한테 널 자르라구 할 수두 없어. 나한테 그런 권리 없어.

광모 없지.(마시는)

주하 이게 내 딜레마야.

광모 (잔 내리며)흐흐 걔 나 못잘라야.

주하 그래서 우리 셋은 다같이 친구로.깔끔하게. 평생 쭈욱 간다.

광모 ….(보며)

주하 나 남자로 너 벌써 잊었으니까 너도 여자로 나 잊어.

광모 (오버랩)아 난 벌써 잊었지이. 너한테 아아아무 생각없어.깨애끗해.

주하 쫌/ 진지할 수 없는 거니? 앙???

광모 나 지금 진지 아냐??

주하 (노려보며)…..

광모 난 이게 진지야 너두 알잖어.

주하   너 귀여울 나이 지났어‥

광모   야 근데 너말야 불과 얼마동안 팍삭 늙었어. 피부가 바람 빠진 풍선이야 탄력이 없어. 내 친구한테 가볼래? 내가 반값 딜 해주께. 더마톡스 시술이 끝내주는 자식이야. 얼굴 안 움직이구 그런 거 절대 없어.엄청 잘나가는 놈이야.

주하   ‥‥(덤덤하게 보는)

광모   눈 여기만 (꼬리 쪽) 손보면 다섯 살 따운이다. 내가 보장해.

주하   (좀 웃으며 아무렇지도 않게)공돈두 생겼겠다 그럼 얼굴 보수공사나 할까?

광모   어 지금 전화해주까? 언제 갈래 내일? 내일은 그렇구 모레? (전화 꺼내며)아 일요일이다 월요일/

광모   E (보는 주하 위에)월요일 학교 퇴근하구 여섯시/여섯시 비우라

광모   그럴게. (전화번호 검색하다)아아/ 얘 지금 중국 가 있다. 목요일에 와.(전화 테이블에 놓으며)다담주 월요일루 하자. 어 너 현수랑 같이 할래?

S# 현수 원룸. 화장실

현수   (변기에 토하고 있는 중/)왜애액액. 왝 왝‥(잠시 멈춘 사이 중얼거리는)불쌍한 우리 엄마‥왜애액‥‥가여운 우리 아버지‥(다 토한 것 같자 물로 입 가시는/뱉고)애물단지 우리 은수‥‥후우우우

    [김광석 노래 흐르고 있고. 화장실 문 열어놓으세요.]

현수   (타월로 입 닦으며 나와서 흔들거리며 주방으로)‥‥‥(물병 꺼내 벌컥벌컥 마시고 물병 식탁에 놓고 커피포트 잠깐 열어보고 닫고 스위치 넣고 머그잔에 인스턴트 커피 한 스푼 넣어 식탁 테이블에 앉는)‥‥‥‥(머엉하게)

S# 은수 욕실

은수 (어딘가 걸터앉아 콸콸 따르고 있는 와인.)····(글라스 내려다보다가
한꺼번에 반쯤 마시고 글라스 내려/술잔 보면서)········

　　[배경음악]

은수 (가득 차 있던 눈물이 주르르륵 흐른다/)·····(적당한 사이 두었다가
글라스 비우고 다시 따르면서 흐윽/작게 울음이 터지면서 술병과 글라
스 놓고 이마로 두 손 올리고 작게 흐느끼는)·······

S# 준구 집 전경 밤

　　[건물샷에서 천천히 뒤로 빠지면서 어느 순간 거실 불이 꺼지고 잠시
두었다가]

　　　　　　　　　　　　　　　　　　　　　　　　　　　　　F.O

S# 빈 거실(이른 아침)

S# 김회장 서재

준구 지난 번 보고드렸던 글로벌 대응전략에 대해 잠깐 말씀드리겠
습니다.

회장 ?(의자에 앉아)그래. (찻잔)

준구 미국시장에 비해 유럽 시장이 더 힘든 걸 감안해 마케팅 진행/
미국 먼저 하기로 결정했습니다. 미국시장 진입 성공하면 유럽진
출이 보다 수월해질 것으로 생각됩니다.

회장 유럽 파고들기가 만만치 않지 그래.

준구 그래서 유럽지사 제품출시 요청/당분간 지연시킨다고 독일
쪽 지사와 얘기하고 처리했습니다.

회장 (끄덕)오프(OFF)는 잘 진행되고 있나?

준구 네 잘 진행되고 있습니다.

회장 (안경 집어 쓰면서)신문 봤지.(이건 딴 얘기다)내 뭐랬어. 이세 경영/컨설팅사 출신들 영입해서 수렁에 빠진 데가 한 두군데 아니잖아. (신문)위태위태 앞으로도 몇군데 더 있어‥

준구 네.

회장 기업하면서 가장 경계해야 하는 게 몸불리기에 대한 과도한 욕심 때문에 내 머리보다 낫다는 머리 빌려 쉽게 가보자는 계산이야. 한두번은 맞아떨어질 수두 있어 그래. 그러나 한두번에 흥분해서 세 번네번 큰 거 더 큰거 욕심내다가는 이짝나는 거야(보던 중이던 신문 집어 들며)이게 뭐야 이게‥

준구 …네.

회장 됐어.

준구 (목례하고 돌아서는)

S# 거실

준구 (나와서 주방으로)

S# 주방

준구 (들어서는)

　　[도우미들과 준모 아침 준비 조용히 하고 있는 중.]

준구 이 사람은요.

준모 이모 방에(커피포트로)한쪽이 좀 불편하시대. (커피 따르는)지압 선생 곧 와.

준구 네에‥

준모 (커피 내밀고)

준구 (받아 마시며 나가는)

준모 (잠시 보다가 따라 나가는)

494

S# 주방 앞 거실

준모　애.

준구　네.(돌아보는)

준모　니처 어제 아이 지 친가로 보낸 거 알아 몰라.

준구　예 알아요.

준모　그럼 좀 일찍 들어와 주지 (나무라는)

준구　피할 수 없는 약속때문에요.

준모　(쏘아주고)

준구　(웃으며 이모 방 쪽으로 돌아서는 데서)

S# 이모의 방

은수　(조용히 눈 감고 누워 있는 이모 한쪽 다리 주무르고 있는)……

이모　그만 해라..

은수　괜찮아요 이모님..

이모　됐다 휘얼씬 나아졌어..팔 아퍼 그만해두 돼.

은수　조금만 더요 이모님. 팔 안 아파요.

준구　E 이모님.

은수　(안 돌아보고)

이모　오냐아아

준구　(들어오며)많이 불편하세요?

이모　끄으응.(일어나려/은수 잡아주고)한쪽이 쌔애애애하니 겨려 기분이 나빠서.

준구　지압 선생님 곧 오신대요.

이모　(머리 만지면서)일어나자 마자 양말 한짝 찾으러 나갔다 들어왔더니 찬바람 조심해라 경고 먹은 거야..(조용히 나가는 은수 보며)

괜찮아.

준구 (나가는 은수 보며)양말은 왜요.

이모 어제 절에 갔다 빨래 걷어갖구 들어왔는데 양말 한짝을 떨어
트렸더라구.

준구 네에‥

이모 (오버랩)준구야.

준구 네.

이모 쟤 딸아이 친가로 보냈다드라.

준구 네.

이모 미안하다구 했어?

준구 네

이모 미안한 눔이 오밤중에 들어와?

준구 어제는

이모 (오버랩)백가지 핑계 쓸데없어. 아무리 피할 수 없는 자리였어
도 어제는 양해구하고 일찍 들어와 줬어야지. 아내들이 진심으로
바라는 건 선물 상자나 용돈 카드같은 게 아니라 마음 힘들 때 옆
에 같이 있어주는 거야.

준구 ‥네.

이모 이 집 며느리 겉으로 화평해보여도 쉬운 자리 아니야. 새끼 보
내구 들어와서두 여일하게 웃는 얼굴로/ 늬 엄마랑 나/ 지가 얘기
해서야 알었어. 원 그 속이 어땠을까 표 안낼려구 얼마나 용을 썼
을까‥애 불쌍하구 가련한 게/소싯적 내 시집살이랑 겹쳐 나 짠해
서 죽을 뻔 했어.

준구 잘못했습니다.

496

이모 (보며)쯔쯔쯔쯔..

은수 E 이모님 진지 드세요.

이모 오냐. 오냐오냐. 끄응(일어나는)

준구 (잡으려)

이모 (털어내며)됐다. 구십 노파 취급 기분 나뻐.(앞서는)

준구 (조금 웃고)

S# 이모 방 앞

이모 (나와 움직이고/은수/자동적으로 조금 비켜주는)

준구 아버님 나오셨어?

은수 (움직이며)나오셨어요.(좀 냉랭함)

준구 ..(보는)

S# 태원 침실

태원 (타이 매고 있는데)

슬기 (잠깐 보고 있다가 침대로 냉큼 기어올라 침대에 꺼내놓아진 상의 집어 펴든다)

태원 (문득 보고)응?

슬기 입혀 줄게.

태원 ??(했다가)하하 괜찮아 슬기야.

슬기 (오버랩)할아버지두 할머니가 이렇게 입혀 줘.

태원 알았어 고마워. 슬기 그거 안해줘두 돼.

슬기 입어어어

태원 하하.(슬기 머리 잠깐 흐트리고)근데 이건 들고 내려가 아침 먹고 나서 입을 거거든.

슬기 알아. 그래두 한번 입어봐.

태원　입어봐?

슬기　응

태원　좋아 (하고 한 팔 꿰는데)

　　　[노크]

태원　네에

태희　E (문 열며)슬기 여깄니?

태희　(들어오며)슬기 지방에 없(하다 보고)?? 너 슬기한테 뭘 시킨 거야?

태원　(입으며)하하하하

태희　?? 단추만한 애한테 그거 시켜놓구 그렇게 좋으니? 그런 웃음
　　　이 몇 년만이냐 대체

슬기　(오버랩 입히며)아빠가 시킨 거 아니라 내가 한번 해보는 거에요.

태희　??(태원 보고)

태원　(맞어. 굳이 해보재 끄덕이는)

태희　치이. 몇 년 홀애비 딸 덕 톡톡히 본다. (손 내밀며)내려 와. 밥
　　　먹자.

슬기　(침대에서 내려 고모에게)

태희　(손잡고 나가며)그건 니가 할 일이 아냐 슬기야.

태희　E (손수건 등 소지품 챙기는)그건 채린이 아줌마 할 일이야.(멈
　　　추고 문 쪽 보는)

S#　태원 방 밖 복도

　　　[손잡고 움직이며]

슬기　알아요.

태희　잘 잤어?

슬기　네…

S# 계단

슬기 (손잡고 내려오다 문득 태희 올려다보며)아빠하구 잤어요.

태희 ?? 왜.

슬기 자다 깼는데 그냥 아빠한테 갔어요.

태희 생전 첨 자는 방두 아닌데 뭐가··무서운 꿈 꿨냐?

슬기 으으응(아니)그냥··아빠 보구 싶어서.

태모 (계단 아래서 오버랩)슬기야아 굿모니잉.(손 흔들며)

슬기 할머니이이(뛰어내리는/태희는 웬 굿모닝)

　　　[슬기 할머니에 안겨서 뺨에 뽀뽀 쪽쪽]

태모 아으 아으으으으 ㅎㅎㅎㅎㅎ(슬기 두 뺨 싸쥐고 쪽쪽)

슬기 (얼굴 빼며)할머니 입에서 냄새 나요.

태모 ??? 무슨 냄새.

슬기 한약냄새.

태모 오 오오오오 공진단. 할미 공진단 먹었어.

슬기 아아아.(하며 주방으로 뛰어 들어가고)

태모 (내려온 태희/몸 일으키는)한참 전에 먹은 약 냄새를 어떻게 알어··

태희 엄마 개코 물려받았나부지.(주방으로)

태모 그래 내코가 개코긴 하지 으ㅎㅎㅎ

슬기 E (오버랩)할머니 안녕히 주무셨어요?

임실 E 오냐아아아 잘 잤나 아가씨이?

태원 (그동안 상의 들고 계단 다 내려와)안녕히 주무셨어요?

태모 아이구 얘. 세에상 모르구 곯아떨어졌지 뭐냐. 그런 꿀잠이 을
　　　마만인지 몰라.(앞서 들어가며)실컨 잤어 원없이 잤어.

태모 E (서서 보는 태원 위에)아주 날아갈 거 같애 으ㅎㅎㅎ

S# 태원 식당

슬기   (태희가 싸준 김밥 입으로 받아 입으로 가져가다가 혼자 딴 손으로
        입 막으며 조금 소리 내어 웃는)

태원   ??

태희   ??(태모는 생선 발라 먹느라 못 보고)슬기야 뭐.

슬기   (오버랩)응 월요일에 채린이 아줌마두 같이 학교 간대요.

태원   ??

슬기   E (좋아서 연결)그럼 아빠랑 고모랑 채린이 아줌마까지 셋이나

태원   (오버랩)채린이 아줌마가 왜애.

태모   내가가라 그랬어.

태원   그건/ 그건 아니죠 어머니.

태모   (오버랩)따라가구 싶은 눈치야.

태원   (오버랩)아 참 어머니.

태모   ?? 아 참이라니 왜.

태원   아직 그럴 단계 아니에요.(좀 화나서)

태모   콧구멍같이/ 식만 남겨두구 있는 앤데 왜 뭐. 안될 이유가 뭐야.

태원   그건 그쪽에두 실례에요 엄마.

태모   지가 가구싶어 하더라니까아?

태희   (오버랩)아 엄마 오바했어어.

태모   뭐?

태희   담임이랑 교장한테 뭐라구 소개 시켜.

태모   당연히 엄만 줄 알텐데 무슨 걱정이야.

태희   그건 사기지.

태모   뭐?

태희　아직 정식 새엄마두 아닌데 엄만척 속이는 거니까.

태원　(오버랩)제가 연락할께요. 저만 가면 돼요. 누나두 안 와두 되
　　　구요.

태희　(오버랩)얘 나 갈 거야. 난 당당한 고모야.

태모　니가 빠지구 채린이 보내.

태희　?

태원　E (엄마에 연결)식을 치러야 한 식구에요. 저 아직

태원　확실한 결심 안 섰어요.

태모 태희　??

태원　시간이 필요해요. 서로한테 정말 최선인가/ 후회안할 확신이
　　　있나/ 저두 채린씨두 두드려볼 시간을 갖구싶어요.

태모　(황당)이제와 이게 무슨 개가 뜯어먹을 소리야.

태원　(오버랩/수저 놓으며)채린이 아줌마는 아니야 슬기야.

슬기　(뾰우)‥(아빠 보며)

태원　E (슬기 위에)그건 아줌마한테 부담주는 거야.(일어나 빈 의자
　　　에 걸쳐놓았던 상의 챙기고)

태모　(오버랩)얘

태원　(상관없이 휙 나가버리는)

태모　???(입이 딱딱 벌어지는)

태희　(일어나며)진정해. 엄마 내가 얘기해 볼게.

S# 지하 주차장

태희　(앞선 태원 쫓아 나오며)너 이게 문제야. 다 된 밥 푸기만 하는 되
　　　는 줄 믿게 만들어 놓구 갑자기 웬 딴 소리난 말야.

태원　(그냥 자동차로)

태희   야아아

태원   (딱 멈추며)제에발/(휙 돌아보며)푸시 좀 하지 말어요. 어떤 기
분인줄 알아요? 암퇘지 우리로 몰려 들어가는 숫퇘지 같단 말이에
요. 내가 돼지에요?!!!

태희   ??

태원   E (연결)나두 노력하구 있어요!! 어느 만큼은 포기두 했어요!!

태원   그렇지만 손바닥만한 거라두 호감이라는 게 있어얄 거 아니
에요.

태희   너 싫은 거야?

태원   싫지두 좋지두 않아요. 그냥 무감무정이에요. 테이불이나 의
자 같아요. 아아무 감정이 없어요.

태희   태원아.(놀라서)

태원   (오버랩)괜찮은 여잔거 알아요.나한테 좋은 감정인 거두 알아
요. 그런데 나는 덤덤해요. 이 상태로 과연 결혼이라는 걸 해두 되
는 건가 그건 죄악아닌가 내 인생은 뭔가 그래서 누나 말대로 바질
입지두 벗지두 못하구 있는 거에요.

태희   E (오버랩)오은수 또 없어야. 너 오은수 찾는 거야?

태원   누나

태희   (오버랩)남자여자 신혼 잠깐 반짝하구 바로 테이블 의자 그런
거 된대. 욕심 부리지 말구 그냥 해. 지금 무르긴 너무 늦었어. 엄만
그렇다치구 채린이는 무슨 잘못이야. 그러구 싶어?

태원   나 이런 줄 알면 그 여자가 안한다 그럴 거에요.

태희   뭐 그러기 바라구 있는 거야? 걔가 먼저 나가떨어지기? 그러
라구 빨리 눈치 채라구 식탁에서 눈길 한번 안주구 비열하게 그러

502

는 거야?

태원 그냥 눈길이 안가요.

태희 애초에 만나긴 왜 만났어.

태원 (보며)못견디게 몰아부쳤잖아요.(볼멘) 어지간만하면 해치우
자 그랬어요.

태희 그래 해애애. 어지간보다 훨씬 낫잖어어.

태원 (돌아서 자동차로 올라 문 닫고 시동)

　　　[빠져나와 부웅 출구로 나가는 태원 자동차.]

태희 ....(보는)

S# 태원 거실

태희 (뿌우 들어와 안방으로)...........

S# 안방

태모 그으윽.그윽/(가슴 주먹으로 툭툭 쓸어내리며)...(물컵과 까먹은
약 껍질)

태희 (들어온다)

태모 ??(보는)

태희 오바 좀 하지 마 제발.

태모 뭐래.

태희 섹시하질 않대. 끌리질 않는대.

태모 세엑시는 빌어먹을/뽀르노 찍어?

태희 (그러니까)슬기엄말 내치는 게 아니었어어.

태모 내가 내쳤어?

태희 못살게 만들었잖아.

태모 이년아 너는 안했어?

S# 준구 침실

준구   (옷 다 입고 주머니에 손 찌르고 서서 보고 있는)

은수   (담담하게 침대 이불 정리하고 있는 중)

준구   미안하다 그랬으면 됐잖아.

은수   ……

준구   나가는 사람 찝찝하게 그러지 마. 미안해. 잘못했어.어쩔 수 없
         었어.

은수   나가요.

준구   ……그 정도는 이해해 줘야지 당신 비즈니스하는 사람 와이
         프야.

은수   (구부리고 있던 몸 펴며 보는)술먹는 비즈니스가 나보다 우선이
         야? 내가 어떤 상태든 당신 술마시는 비즈니스에 밀려 이제 들어오
         나 저제 들어오나 목빼구 기다려야 해? 전화두 없구 받지두 않구.

준구   상황이

은수   (오버랩)무슨 상황인지 말할 수 없다며. 남자 바깥 일 알려들면
         피곤하다면서.

준구   회사 기밀이야.

은수   내가 기밀 팔아먹을까봐?

준구   (말은 할 수 없고)골 아파 죽겠는데 짜증나게 왜 이래 정말.(나
         직이 그러나 고약하다)

은수   ……(보며)

준구   (나가려 돌아서는데)

은수   짜증나게 해 미안해.(준구 멈춰 서고)그런데 이방에서까지 연
         극하기 싫댔지.

504

준구   (돌아서고)

은수   (고개 약간 옆으로)슬기 보내고 들어와서 당신이랑 전화 한통 못했어. 종일 기다렸어. 갔다왔어? 마음 아프지? 이해해··이렇게 돼서 정말 미안해.(울음 차오르며)내 탓이야 봐줘. 그런 위로/받구 싶었어.

은수   E 부도막는 일 아니었으면 전화 한 통은 해줬어야잖아? 한통 이면 됐어.

준구   (은수에게 다가드는/안아주려고)

은수   (피하듯 드레스 룸으로 움직여 욕실로 들어가버린다)

준구   (조용히 닫히는 욕실 문 보며)·····(있다가 돌아서 나가고)

S# 욕실

은수   (들어와 서서 손끝으로 눈물 옆으로 닦아내며)·····

S# 현수 원룸

　　　[광석이 노래. 소파에 강아지들과 고양이. 작업대]

현수   (머리 수건 동여매고 칫솔 문 채 디자인 그림 체크하고 있는/치약 물이 뚝뚝/휴지 뽑아 닦으면서 다른 종이 집어 들고 보는)···

　　　[전화벨.]

현수   (보고)엉.

주하   F 야 우리 출발했어.

현수   벌써?

S# 남해고속도로 상행선에서 첫 번째 휴게소 주차장

주하   (차에서 내리며)잠자구 일어나 방에서 브랙퍼스트냐 나가서 해장국이냐 그러는데 광모 찾는 전화가 왔어. 팔순 노부부가 자식으로 데리구 있는 열 세 살짜리 시베리안 허스키가 사흘 전에 담석수

술했는데 갑자기 애가 이상하대. 하하 변선생(시선이 커피 들고 오고 있는 광모 쪽으로) 안 알어준댄다.

주하   E (다가오는 광모 위에)저 엉터리가 개선생으로는 알아주나봐 하하.

광모   ??(오며 뭔 소리야)

주하   일단 변선생 보냈어. (커피로 손 내밀며)

S# 현수 원룸

주하   F 보내놓구 달려가는 참야.

현수   여행은 그래…목적이 뭐였는진 모르지만 소기의 목적은 달성했냐?

주하   F 야 낭만틱 영화틱한 이별여행 꿈이 컸다 완전 꽝이야.

S# 출발하는 자동차

주하   E (통화 중)할/ 말이 없는 거야 할/말이.

S# 고속도로로 편입하는 자동차 안

주하   남아 있는 감정 청소하자는 목적이었는데 떠나고 보니까 남은 게 별로 없더라구.그리구 항아리 깨구 간장 다 쏟았는데

광모   (흘낏거리는)

주하   E 새삼 콩이야 팥이야두 우습구 아니

S# 현수 원룸

주하   F 콩이야 팥이야두 남은 감정이 있어야는 건데 그거두 귀찮더라. 그냥 광모랑 같이 깨진 항아리 청소 하구 올라간다.

현수   광모 나머지 귀는 안 건드렸냐?

주하   F 털끝 하나 안 건드렸다. 둘다 아주 쿠울하게 깻끗하게 있다 간다.

현수 박주하 웃기는 연애사 한 챕터 끝낸 거 축하한다.

주하 F 어 이제부터 딴 놈 찾아야지. 이번에는 침팬지 같이 생긴 놈
이다.

S# 달리는 차 안

주하 (옆의 광모 보며)껍질 멀쩡하구 속은 썩은 놈 사양이야.

광모 (윗입술 안으로 말아 넣고 침팬지 소리)끼끼끼기끼

주하 아 하하하하하

S# 달리는 광모 차

S# 준구 회사 대회의실

   [프로젝터 /자료화면 스크린에 떠 있고 /실내 약간 어두운 편인]

   [오륙십 대 임원들 일곱 명 정도.(준구 회사에 투자한 아버지 회사 계
   열사 전무 상무급)]

   [프로젝터 앞쪽에 신제품 청소기 전시되어 있고]

   [로봇 청소기 아랫면 클로즈업 사진. 브리핑 중인 준구]

준구 (레이저포인터로 화면 가리키며)앞쪽에서 진공청소를 하면 이
   쪽 물통에서 물이 자동 공급되면서 회전, 마찰력으로 물걸레질을
   해 주면 뒤쪽에서 마른 걸레로 닦아주는 쓰리웨이 시스템입니다.
   (임원들 지켜보는 모습 위로)

준구 E 우리나라는 진공 청소기 청소후에 반드시 물걸레질을 하는
   문화이기 때문에 이 제품은 우리나라 주부들에게 필수품이라 할
   수 있으며

준구 특히 삼사십대 워킹맘, 바쁘게 생활하는 직장인, 맞벌이 부부
   들에게는 필수아이템이라고 할 수 있습니다.

임원1 그거 한국문화에서만 가능한 것이 아닌가요? 미국이나 유럽

같은 경우에는

임원1 E (준구 위에)물걸레 청소기 필요없잖아요?

준구 ?(좀 웃으며)네 최근 시장조사결과에 의하면 미주, 유럽도 카펫문화에서 플로어타입 문화로 빠르게 전환되고 있는 추셉니다. 실제로 이번 유럽 최대가전전시회인 이파쇼(IFA SHOW)에서 저희가 출품했던 제품 중에 이 청소기가 가장 관심도가 높았고 가장 많은 질문을 받았습니다.

S# 회의실 밖 복도

　　[직원이 열어주는 문으로 준구 먼저 나와 서서 나오는 임원들에게 깍듯한 인사 치르는.]

임원들과 준구 기대가 큽니다 김사장. 감사합니다 전무님. 아아 히트하겠는데요? 감이 좋아요감이 하하 겁나게 밀어주십시오 사장님. 대표 브리핑이 신선한데요? 예 좀 튀어보고 싶어서요 하하

S# 준구 사무실 복도

준구 (걸어오며 통화 시도)

　　[벨 가고]

기사 F 예 대표님. 십분 전에 전달해 드리고 나오는 길입니다.

준구 알았어요(끊으며 제 사무실로)

S# 자매 부모 친정 거실

자모 (현관에 사과 배 박스/굴비 박스/고기 박스 등등/돌아보며 흰 봉투는 하나 들고 그 앞에 쭈그리고 앉아)

　　[벨 가고 있는/]

자부 여보세요.

자모 여여보 난데에··

자부 F 왜 무슨 일이야..

자모 저기이 지금 마악 김서방이 뭘 보냈는데에?

자부 …(기다리다가)뭐얼.

자모 F 과일이랑 고기랑 생선이랑 자안뜩/ 자안뜩

자부 (오버랩)고맙구먼 잘 먹어 줍시다.

자모 F (오버랩)그그런데 여보 돈두 보냈어.

자부 ??

S# 마루

자모 미안해 내가 먼저 열어봤는데/ 궁금해서/ 이이이천이나 들었네?..글쎄 무슨 일인지 모르겠어..이삼백은 뒤번 받어받는데 이천은 너무 커서 여보 나 가슴이 덜덜 떨려…응..응 은수한테 물어볼라구/ 그 전에 당신한테 얘기해야지 그래서…응..응..글쎄 남들은 좋겠다 그럴 건데 나는 얼굴 보기 힘든 사위한테서 이런 거 …좀 부담돼..은수한테만 잘하면 되지 뭐..으응. 끊어..(끊고)….(중얼거리는)전화 받을 수 있을래나아아…이따 밤에 하지 뭐..(하고 물건들 끌어들이려 하는데)

   [전화벨..]

자모 ?? (얼른 받는데)네에 여보세요..아우우 김사장 김사장니임.

S# 준구 사무실

준구 (쌓인 서류 들척이며 선 채)김사장이 뭐에요 장모님 하하. 그러지 마시래두 자꾸 그러시네요 저 민망합니다……아니아니 잘못 보낸 거 아닙니다.. 지난번 생신 때두 안나오신대서 못뵙구 자주 찾아뵈야 도릴데 일하다 보면 여의칠 않아서요 죄송합니다. …(좀 들어주다가)그 동안 아이 보살피시느라 고생 많으셨습니다. 이제 좀

편하게 쉬십시오. 예 ··예··안녕히 계십시오. 예 (끊는데)

S# 준구네 마당(낮)

　[도우미와 함께 건조대에 빨래 널고 있는/ 털어서 말리는 거 알죠? 깨
　끗한 세탁물입니다]

은수　······

S# 학용품점

태희　(슬기 데리고 쇼핑하는 중··자유롭게 자연스럽게 고모와 조카딸)····
　······

S# 어느 브랜드 숍

　[피팅 룸에서 나와 서는···]

태모　(거만하게 앉아서 보며)끌끌끌 아니야.아 좀 더 여자스럽구 사
　랑스런 거 없나?

태모　E (보는 채린 위에)요새 너두나두 빤짝이 세상이든데 허리는
　날씬하게 붙고 아래는 차륵차륵 하면서 가슴도 좀 은근슬쩍 파이구

태모　그런 옷 없어요?

점원　연말 파티 드레스 찾으세요 사장님?

태모　아니이 파티까지는 아니구 왜 있잖아요. 여성스러운 여자스러
　운··은그으은히 섹시 그래 섹시한 분위기

채린　(오버랩)어머니··그건 제 취향 아니에요(난처해서)

태모　(저도 모르게)취향 따지게 생겼냐? 가만 있어.

채린　??

태모　벗어. 이집은 틀렸어. (일어나며)

채린　(피팅 룸으로 가는데)

태모　E 우리 며느리가 너머어어 조신하다 보니까 옷까지 너머 조신

510

해서 (점원 붙잡고)

태모　이건 원 시골 초등학교 선생처럼 답답해서어어

채린　(돌아보는)

점원　E 네에에..

S# 방송국 분장실

다미　(거울 보고 있는/ 머리 다시 만져지고 있는 중)

사십대 초반 여기자　(들어오며)이 다미씨..

다미　아..송기자님..이리 여기 와 앉으세요.

송　(옆 의자로)웬이이일? 무슨 일로 날 보재요? 나 다미씨한테 잘못 한 거 없는데에?

다미　깔깔깔..그동안 내 속 안 뒤집어줘 은혜 갚을라구요.

송　은혜? 다미씨 결혼해??

다미　아아 먼저 그래버리면 어떡해애. 놀래켜 줄라 그랬는데 재미 없잖아.

송　진짜아?(머리 만지던 미용사도 ??/손 멈추고)

다미　진짜..(뱅그르 돌아앉으며)결혼...하고 싶은 사람이 나타났어요.

제10회

S# 청담동 스튜디오 골목 인서트/오후 5시경

S# 스튜디오

　　[표지 촬영이 한창 진행 중.]

　　[카메라맨이 내는 지시와 모델 움직임 /계속되는 셔터 소리.]

태원　….(직원 두셋/스탭들 사이에 서서 보고 있다가 전화 꺼내며 출입구로/꺼내면서)

　　[작은 진동 울림 전화.]

S# 스튜디오 밖 계단

태원　(나오면서 받는)예 채린씨.

S# 청담 어느 수입 가구점

채린　(직원 조금 뒤에 세워놓고 통화)나 지금 가구 보러 청담동 와 있는데요 태원씨. 저번에 봐뒀던 게 왔대서요. 태원씨 잠깐 나와 볼 수 없어요?….잠깐이면 되는데 여기 어딘가 하면요.

S# 스튜디오 밖

태원　(오버랩)아니 지금 곤란해요.담달 표지 촬영 중이에요.

512

채린   F 그거/ 꼭 봐야해요?

태원   표지는 잡지 얼굴이에요. 꼭 보라는 사람은 없지만 안보고 넘어가면 뭔가 불안해요.

채린   F 퇴근 시간 다 돼서 가구 보구 저녁 먹으면 어떨까했는데.

태원   저녁 여기 스탭들하구 먹어야 해요. 꽤 늦을 겁니다.

S# 가구점

채린   알았어요. 그럼 내일이라두 시간 만들어 잠깐 보죠 뭐. 예약해놓구 들어갈께요.

태원   F 채린씨.

채린   네..

채원   F 서둘지 마세요.

채린   (웃는)늑장부리다 딴 집에서 갖구가요 태원씨. 마음에 드는 거 만나기가 얼마나 힘든데요. 알아서 할께요. 아 사진찍어 둘게요.

S# 스튜디오 밖

채린   F 나중에 보세요.

태원   ....

채린   F 태원씨.

태원   에.

채린   F 들어가세요..

태원   예 그럼…(끊으며)……

S# 태원의 거실

[태희와 슬기 아주 편한 자세로 영화〈몬스터 대학교〉보고 있는 중.]

슬기   (어느 장면에서)까르르르르 깔깔 깔갈깔깔깔

태희   (같이 좀 웃다가)....(보며)세번 째라면서 아직두 그렇게 우습냐?

슬기   응 고모. 아직두 재밌어요 웃음 나요.

태희   그래서 좋겠다아아.

슬기   고모는 안 그래요?

태희   늙으면 웃음보두 늙어 너처럼 그렇게 천진난만 안 웃어져.

슬기   수유리 할머니는 고모보다 휘얼씬 더 늙었는데두 잘 웃으시
       는데.

태희   너 할머니 듣는데서는 수유리 할머니 얘기 하지 마.

슬기   ??

태희   너 데리구 갔다구 할머니/ 수유리 할머니 별로 안 좋아해.

슬기   네에에(티브이로)

임실   ……(과일 들고 나와 놓으며)왜 안 들어오셔.밥솥을 언제 눌러야
       하는 건지.밥 기다리게하면 생난리 베락인데

태희   오기사 전화하겠죠. (과일 슬기 주며)노인네 오늘 늦네.

슬기   (받으며)곰방 저녁 먹을 건데…

태희   과일은 밥 먹기 전에 먹어두는 게 과식두 안하구 건강에두 좋대.

임실   살 뺄라구(뿌)

태희   내가 뺄 살이 어딨어요.

임실   (주방으로)너머 빼 나이 들어보이는구먼.

태희   아줌마아아!!(임실 그냥 들어가고)고모 몇 살루 보여?

슬기   ??(과일 씹으며)

태희   몇 살 같아?

슬기   고모 몇 살인데요?

태희   우우웅 마흔.

슬기   ??? 그렇게 많아요?

태희   그거보다 젊어보여?

슬기   으으응 그래서 울엄마보다 늙었구나아아.

태희   ??? 야 너어(하는데)

　　[현관문 소리]

태희 슬기   (고개 돌아가고 슬기 발딱 태희도 일어나고)

　　[태모 들어오는]

태모   (지쳤다)아구우우우우..후우우우우.(기사 시장 보따리 들고 따라
　　들어오고 태희 슬기 일어나고)오늘따라 왜 이리 힘이 드냐아아

태희   뭐하러 이 시간까지 밖에 있어어

슬기   (오버랩 할머니 다리 껴안으며)할머니이이.

태모   (오버랩)아구 할머니 힘들다. 나중에 나중에..(안방으로).....

태희   영화 봐.(안방으로)....

S# 안방

태모   (들어와 백 아무렇게나 던지고 서럽에서 전자 혈압기 팔목에 감고
　　침대 걸터앉으며)후우우우우 후우우우우 머리를 아랫배루우우우

태희   (들어오는)

태모   머리를 배꼽 아래루우우우우

태희   오른 거 같아?

태모   (혈압기 측정 버튼 누르고 눈 감고)

태희   (다가와 들여다보고)

　　[측정 끝난 신호음.]

태희   올랐네.

태모   많이 올랐어?

태희   약간… 쉬었다 다시 재. 들어와 금방이라 그래.

태모　내내 신통칠 않었어.

태희　열받을 일 있었어?

태모　(누우려 하며)슬기 애비놈 속 뒤집구 나갔잖어. 끄웅 끙.(누워) 후우우우우.종일 머리가 끄들려 죽을 뻔했어.

태희　…(잠깐 보다가)맘에 없는 여자한테 등 떠밀리는 태원이두 안 됐어.

태모　(누워 한 손등 이마 올리며)첫정에 미련이 남아 그러는 거야. 하나만 아는 못생긴 거.

태희　….

태모　딱 니 애비야. 니 애비 닮아 그래.

태희　(돌아서는데)

태모　E 지긋지긋 무능해서 이가 갈리게 미워했던 니 애비…바람 부는 날

태모　(이마에 손등 내리며)비오는 날…잠 안오는 날에는 ‥사람으로는 그만한 야양반이 없는데…. 생각나. 내가 좀 거세? 그야말루 남편 취급두 안하구 눈 하나를 곱게 안뜨구 그랬어두 나 밖에는 몰랐지‥

태모　E 나갔다 들어오면 목욕물 받어 놔 주구 몸에 좋다는 약초 물 대려놨다 멕이면서

태모　당신 건강해야해.건강이 제일이야 소리를 입에 달구 살더니/ 자기가 먼저 갔어.(일어나 앉으며)늬 아버지 가구나니 누구하나 내 몸 생각해주는 사람 없구/ 아들이라는 건 어떤 년 쫓아냈다구 이 날까지 깔구자아아앙 (태희 침대 옆구리에 앉는다)딸년은 날 그저 돈 꺼내쓰는 금고루밖에 안 보구

516

태희 (침대에 걸터앉으며)슬기엄마한테 그렇게까지 하는 건 아니었어 엄마.

태모 (보는)??

태희 태원이를 봐. 저거 채린이 대하는 거 보면

태모 (오버랩)뭐얼 뭐가 그렇게까지야.

태희 ....(보며 양심이 있으면)

태모 그래 좀 했다. 어느 시에미가 그래 응? 내말 개코방구 만들구 순진한 내 아들 훔쳐내 살림부터 차렸던 걸 이뻐이뻐해.

태희 태원이가 안 떨어졌다잖어.

태모 코같은.. 아 그리구 내가 하면 언제까지 할 거야. 죽은 듯 참구 살다보면 내 기운두 빠질 거구 응?응? 더러는 그래두 기특한 데두 있구나 그랬었구먼/그럭저럭 살면 되는 거지 (하다가)아니 지금 이 애길 뭣때매 하는 거야. 왜 건드려.

태희 (오버랩의 기분)알았어 (일어나며)그만해 (나가려)

태모 (안 보는 채)별 오기사 데리구 이태원에 좀 나가봐.

태희 (돌아서다 돌아보며)...왜.

태모 아 헐구 새루 올릴 거 몇 개 본 게 있어.

태희 (또오? 지만)알았어.

태모 슬기 애비 사알살 달래..채린이 놓치면 평생 후회해/

태희 알았다구우.

S# 현수 원룸

광모 (문 벌컥/들어오면서)밥주라 밥밥.

주하 (현수 작업대에서 수업 준비하며)....

광모 ??..뭐하냐.

주하   (일어나 주방 쪽으로)수업준비·· 시베리안 허스키는.

광모   (냉장고로 가며)감염··안정됐어. 현수 뭐하냐 자냐?

주하   (쿠커 올라가 있는 뚝배기/불 켜며)니 병원 뭐야. 어떻게하길래 감염이 돼.

광모   수술 후 감염 많어. 현수 뭐하냐구.

주하   청국장 끓여 비벼먹는다구 생채나물 무치다가 불려나갔다.

광모   아 청국장 생채 내가 좋아하는 건데··어디 누구한테.

주하   나성섭 소개팅.(밥솥 스위치 넣는)(??한 광모에게 돌아서며)현수 두 만만찮지만 그 대표두 진짜 막무가내더라.나와라 안나간다/ 거짓말 보태 십분 그러다 있는대로 인상쓰며 나갔어.

광모   아 그 대표 또라이 아냐? 사차원 의처증 삼길 어떡하라구우.

주하   알아 하겠지. 끓기 시작하면 불 줄여.(작업대로)

광모   (사과 먹으며)어··

주하   (작업대 앉고)

광모   (카세트로 /스위치 넣으면)

    [김광석 노래 시작.]

광모   (찡그리고 퍽 멈추고)지겹지두 않나. (다른 시디 고르며)맨날 한 놈이야 맨날. 한 놈만 팬다야.(다른 시디 넣고)

    [바이올린 연주로.]

광모   (사과 씹으며 주방 쪽으로)

주하   (상관없이 책장 넘기는)····

S# 대로변

현수   (버스에서 내려 주머니에 두 손 찌르고 인상 벅벅 쓰며 걷는/운동화. 청바지. 점퍼)······

[바이올린 연결.]

[어느 이탈리안 레스토랑 지나쳐 한동안 걷다가 문득 멈추고 뒤돌아보고 레스토랑으로....]

S# 이탈리안 레스토랑

현수　(들어와 여전히 입 뿍 내밀어 말아올리고 둘러보는)

하나　E 선생니임.

하나　(좌석에서 일어나 손 흔들고 있다)

현수　(그쪽으로 가는데)

대표　E (통화 중)아 엄마 약속 못지켜 진짜 죄송한데요

대표　금년은 어차피 끝났고 내년에는 천지개벽을 해두 꼭 갈테니까/....아 한달에 어떻게 시집을 가요오오.

하나　이모.(선 채)

대표　어.(현수 보며)엄마 나 지금 수출 때문에 미팅 중이에요. 나중에 얘기해요예?....(듣다가 버럭)밤 새자구?!!(전화 하나 주며)재훈아 인사해라.

재훈　한재훈입니다(현수 오자 일어나 있다가)

현수　오현숩니다.

재훈　(명함 주는)

현수　저는 명함 안키우/명함이 없는데요.

대표　명함이 왜없어어어

현수　여기 동대문 시장 아니니까요.

대표　아하하하 앉어앉어 앉으라구.(둘 앉는다)

하나　(전화 넘겨받으면서부터 조용조용/나머지 세 사람과 동시진행입니다)할머니 저 하나에요.네.할머니 감기는 나셨다면서요 컨디션 좋

으세요? 네....네 저기요 할머니 지금 상담 중이걸랑요? ··오래 걸릴 거 같아요 할머니. 네 네에 들어가세요 (끊어서 앉으며 전화 이모에게)끝나면 집으로 오라 그러세요.

대표 돌겠다.(하나에게)한달에 어떻게 시집을 가냐.(현수 보며)내 친구 막내동생. 일류기업 가전제품

현수 (오버랩)명함 봤어요.

대표 어 그래. 너 몇 살이냐.

재훈 서른 아홉입니다 누님.

대표 야 나이 좋구 인물 좋구 직장 좋구 집안 좋구 끝내주는데 넌 여태 왜 장갈 못가구 앨 먹이냐.

재훈 하하 네에.

현수 (오버랩)대표님.

대표 ???

현수 대표님 대접상 오늘은 나왔습니다. 그런데 이런 일은 오늘 딱 한번으로 끝이에요. 앞으로 다/시는 이런 일 안 만드셨으면 좋겠구요 전화하시는 거 들으니까 저보다 대표님 문제 먼저 해결하시는 게 급선문거 같습니다.

대표 (오버랩)알았어알았어. 그런데 인생은 타이밍이야 현수씨.누가 알아? 이렇게 만나 꽃피는 춘삼월에 웨딩마치

현수 (오버랩)타이밍 중요하죠 네. 저 청국장 끓여 생채나물 넣구 맛있게 비며먹는 걸 아침부터 별렀거든요? 청국장 타이밍 대표님때매 놓쳤어요.

대표 (아)그건 실례지 얘한테.

은수 실례했습니다.(꾸뻑)

재훈　흐 아닙니다.저두 사우나하다 느닷없이 전화받구 /저녁 사주

신대서 왔던 거에요.

현수　???(대표 보는)

재훈　E 황당하기는 마찬가지니까

재훈　부담갖지 마시고 저녁이나 먹죠. 누님 저녁 먹어요.

대표　어 그래그래.여보세요오!!

하나　E 이모 소리 좀 지르지 마세요오오.(재훈을 보는 현수 얼굴이 남

자가 그냥 쓸 만하다로)

S#　레스토랑/시간 경과/약간의 팬

　　[식사 중. 각각 다른 메뉴.]

현수　(라쟈냐/그냥 먹기만/뚜우)

대표　재훈아.

재훈　예

대표　심하게 사귄 여자 몇이냐.

하나　이모.(그런 말 하는 거 아니지)

재훈　누님 아시잖아요?

대표　발레랑 그림.

재훈　예.

대표　(현수에게)둘다 아니라구 얘 엄마 굿까지 했단다.

하나　이모오

재훈　하하하하.

대표　현수씨는

현수　??

대표　팬찮아 가벼운 마음으로 다 깨구 시작하자구 우리.

현수   뭘 시작해요.

대표   사겼던 남자가 있기는 있었어?

하나   이모 진짜.

대표   가만 있어 기집애야.

현수   (오버랩)지금두 있는데요.

대표와 하나   ??

현수   십오년째에요.유기견 보호소 봉사가서 만나 오늘까지 쭈욱··
   수의사에요.

대표   아니 그 얘길 왜 안했어.

현수   그런 얘길 뭐하러 해요.

대표   없는 척 했잖아.

현수   물어보신 적두 없잖아요.

대표   야아아아 와아아아아 그건 냄새가 나게 돼 있는데 너 냄새 맡
   은 적 있어?

하나   아뇨 이모.

대표   왜 결혼 안해?

현수   팬티 빨아주기 싫어서요.

대표 하나   ???

재훈   ???

현수   (라쟈냐 입으로)······(아무렇게나 거칠게 먹는)

S# 준구 사무실

준구   (퇴근 준비 옷 열려 있던 서랍에 뭔가 집어넣고 일어나 옷 떼어내는데)
   [전화벨.]

준구   (테이블 전화 들고)어.

정수 F 기사 봤냐?

준구 무슨 기사.

정수 F 못봤구나. 이다미 결혼한단다.(준구/???)포탈 뒤집어졌어
야.(준구 컴퓨터로) 과연 여자는 요물임에 틀림없다.

준구 (이다미 검색)..

　　　[좌악 뜨는 수십 개의 기사.]

준구 ????

정수 F (연결입니다)그러니까 기집애 양다리 걸쳐놓고 너 놀려먹은
거야 뭐야.

준구 끊어.(끊고 기사 시선 컴퓨터 화면에 고정.)

　　　[이다미 결혼합니다/이다미 결혼과 함께 은퇴. 이다미 결혼 발표/이다
미 재미교포 사업가와 결혼 이다미 내년 3월 결혼/줄줄이 줄줄이]

준구 (화면에 눈 준 채…의자에 도로 앉는)……

S# 방송사 로비 현관

　　　[누구도 관심 안 주는 스타일리스트 옷 보따리 들고 먼저 뛰어나가고.]

　　　[곧 다미가 경호원들에 둘러싸여 나오고/기자들 30여 명 몰려드
는 걸 경비업체 보디가드 예닐곱 명이 막으면서 빠른 걸음으로 현관
으로.]

S# 방송사 현관

다미 (커버받으며 나와 경호원 하나가 열어주는 밴으로 오르고 문 닫힌다)

경호원1 (양팔 벌려 기자들 막고)

　　　[곧바로 부웅 뜨는 밴.]

S# 방송사 다른 건물에서 나와 대기 중 밴으로 다미…(밤)

　　　[약간의 실랑이 끝에 경호원2가 열어주는 문으로 밴에 오르는 다미]

경호원2　(문 닫아주고)

　　[바로 부웅 뜨는 밴.]

S#　차가 빠져나가면서 스타일리스트 자동차도 나가고‥

　　[기자들 닭 쫓던 강아지들. 차로 쫓으려고 벌써 빠지고 있는 기자들도
　　서넛.]

　　[로비부터 여기까지 배경음악 처리해주세요.]

S#　자동차들 속의 다미의 밴……

S#　차 안

다미　(선글라스 얼굴 앞으로)

차실장　(앞 보고 입 꾹 다물고 있는데 두 다리에 얹은 주먹이 쥐어져 있는)‥

　　[잠시 그대로…….]

차　쫓아오는 놈 없냐?

로드　없는 거 같은데요.

차　(기대면서)후-우-우-우-우(숨 몰아 길게 내쉬는)‥‥

다미　‥‥.(그대로)‥‥

S#　부감으로/어느 아주 넓은 공터 같은 곳으로 들어오는 밴

S#　거의 한복판에 멎는 밴

S#　밴에서 먼저 내려 다미 문 쪽으로 옮기는 차실장

　　[따라 들어온 코디의 차 좀 떨어진 곳에 세워지는 것 한 화면에.]

차　(문 열고)‥‥(조용히)내려‥

다미　(앞 보는 채)‥

차　내려라 응?

다미　‥‥(천천히 내릴 동작)

차　(손 내밀어주고)

524

다미   (잠깐 보고 그 손잡고 내린다)...

차   ....(다미 제대로 설 때 기다렸다가 손잡은 채)다미야.

다미   (손 빼서 선글라스 벗으며 보는)....

차   너 이게 무슨 /너 제정신이야?

다미   (보며)...

차   약먹었냐? 미쳤어?

다미   실장님한테는 미안해요.

차   (오버랩)미안으로 끝날 일이 아냐 이 기집애야.(슬슬 오르며)재
      계약 싸인만 남겨놓구 너 이럴 수 있어? 대표랑 얼굴 붉히고 독립
      한다구 버텨가며 온갖 욕 다 들어가며 오케 받아놨는데 사람 바지
      저고릴 만들어두 분수가 있지 너어!!!

다미   (오버랩)재계약 싫댔어요.

차   ....재계약 안할라구 한 짓이냐?

다미   싫증났어요. 일하기 싫어요. 결혼할래요.

차   너 내가 깡통인줄 알어?!!! 얼마짜리 딜이야 어?

다미   ??

차   얼마 받기루 했냐 말야!!

다미   ?? 왜 세상이 온통 돈이죠?

차   (오버랩)어디서 오리발이야! 그 자식 수작 맞잖아!!!!

다미   (보며)...

차   (좀 달래보려는)김준구 그 새끼 첨부터 아니라구 했지. 너 책임
      질 놈 아니라구 했어 안했어.

차   E (보는 다미)보기좋게 헛물켰으면 정신 차렸어야지 이 기집
      애야.

차   (연결)사랑타령 술타령 야 이년아 니년 관리가 그렇게 쉬운 줄
        알어?!! 김준구 새끼 스캔들 덮느라구 날린 술값만두 수억이야 이
        기집애야.

차   E 그런데 이제와 이렇게 뒷통수를 갈겨? 결혼?? 누구 맘대
        루!!!

다미   (오버랩)결혼두 회사에서 시키는대로 해야 해요?

차   ……(보며 있다가/한 걸음 다가드는/또 달래는)너 아직 클라이막
        스 아냐 다미야. 조금 더/ 일이년 더 니 가치/완전히 최고로 올려
        놓고 나서 그때/ 김준구 새끼보다 열배 백배 더 난 놈 잡을 수 있다
        니까 너 왜 이렇게 맹추야 엉?

다미   ……(보며)

차   그새끼 소문은 그냥 내애버려두면 흐지부지될텐데 광고두 세
        군데나 접촉중인데 왜 다된 밥에 코빠트리냐 말야.

다미   (오버랩 휙 돌아서며)피곤해요. 갈래요.

차   (휙 돌아서는 다미 바로 움켜잡아 코 앞으로 다미 얼굴 붙이며)너 죽
        고 싶어? 뒈지고 싶어어!!!!??

다미   건드리기만 해요. 내일부터 스케줄 모조리 펑크내구 사라질
        테니까.(다부지게)

차   ???

        [나와 있던 로드와 코디 달라붙으며]

코디   참으세요 실장님..실장니임.

로드   (동시에)형니임..형님형님.(다미에게서 차실장 떼어놓는)

        [어쩔 수 없이 놓아주는 차실장.]

다미   (자동차로 오르고)…….

526

로드 (굽벅하고 밴으로)……

차 (허탈하게 그냥 보는)…

　[차실장 전화벨.]

차 (보고)…….(미치겠다)예 대표님..예 들어가 말씀드리겠습니다..

예 …예..화안장하겠다 엉?!!! 아아아아으 아아아아아아!!!!

S# 준구의 거실

　[은수/밖에서 작은 대접에 고추장에 박은 무장아찌 반토막/나무 숟가

　락 하나 꽂혀 있고/좀 춥다··(침실에서 나오는 김회장과 만난다)]

김 그게 뭐냐.

은수 네 아버님.이모님께서 무장아찌 드시겠대서요

회장 그걸 왜 니가 해.

은수 아주머니들 바쁘셔서요

회장 (소파로)꽤 춥던데 뭘 더 입구 나가든지

은수 잠깐인데요 뭐 괜찮습니다. 아버님.

회장 이모님은 좀 나아지셨냐?

은수 네··많이 편해지셨대요.

회장 (앉으며…신문 집어 들고)

은수 (주방으로)

S# 주방

　[저녁상 차리고 있는 도우미들과 준모.]

은수 아버님 나오셨어요 어머니.

준모 오냐.

이모 (은수 들어오자 읽던 불경 놓고 일어나며)항아리 단속 잘 했구?

은수 네에

이모 (와서 장아찌 그릇 받으려는 도우미 막듯)아냐아냐 내가 해‥내가 할 거야.

준모 왜 그래요?(돌아보는)

이모 (주방 쪽으로)내 식으로 썰어 무칠 거야. 실같이 가늘게 채썰어 고춧가루 팍팍 넣어 조물조물 묻혀 뜨거운 밥에 우리 어머니 생각하면서 먹을 거야.

준모 (아이구 참 그냥 웃어버리고)

은수 아버님께서 이모님 다 나으셨냐구요 이모님.

이모 (주방에서 도우미들이 내놓는 도마와 칼)아 알었어. 병원 들어가라구 성화란다. 이집은 그냥 어디가 쬐끔만 어떻다면 신경쓰기 귀찮으니까 덮어놓고 병원들어가라루 입 틀어막는다.

준모 말씀을 하셔두 왜 꼬옥 저렇게 이쁘게 하실까.

이모 (돌아보며)그래서 엄마가 한번씩 조조조 입이 또 조동이됐다 그러셨잖아. 하하하하/

　　　　[적당히 웃어주는/은수도‥]

　　　　[은수 전화벨‥]

은수 (꺼내 보는)

　　　　[전화/문방구의 브이 자 보내는 슬기 사진.]

슬기 E 고모랑 학용품 샀어.

은수 (약간 돌아서며)

슬기 E 아까 낮에 찍은 거야.

은수 (답장 찍는)

은수 E 고마워 슬기야.(전화 주머니에 넣으며 돌아서는데)

준모 늦는대?

은수　아니 그이 아니구 딸아이에요.

준모　…(그냥 자기 하던 일로)

은수　(좀 눈치 보듯 하고/반찬 쟁반 들고 오는 도우미로 얼른)…(집어서 상에 놓으며)…

S#　다미의 거실

　　[현관 전자음 들리고]

준구　(들어선다)….(거실 통해서 주방 쪽으로)

다미　(식탁 앞에 서서 약간 남은 술잔 들고 보고 있는)….

준구　….(보며)

다미　(돌아서 술잔 비우고 다시 따르는)…

준구　(다미 옆으로)…

다미　(마시려)

준구　(술잔 잡고)…

다미　(보고)…

준구　(술잔 빼내 식탁에 놓으며) 고맙다..

다미　(그냥 보며)…

준구　(보며)이 말은 해야할 거 같아서.

다미　(고개 조금 옆으로/돌리는 게 아니라 갸웃 쪽/ 무슨 말 차분하다)

준구　너를….다시 봐야할 거 같아..함부로 대해서 미안하다.

다미　…(쓴웃음으로 보며)…

준구　기사보니까 소속사하고 상관없이 너혼자 터뜨린 거 같은데

다미　(오버랩)연말이면 계약 끝난다니까.

준구　소속사가 가만 있을 리 없잖아. 정수한테 대표만나 무마시켜 보자.

다미 (오버랩)내가 할테니까 오빠 빠져. (목이 아프면서)나한테 멋대로 못해. 건드리면 폭탄 터뜨리구 같이 죽어버리면 돼.

준구 ??

다미 얼마나 나쁜 놈들인데…나 …눈물로 만들어진 이다미야.

준구 …(보며)

다미 (시선 내리며)오빠한테…내가 오빨 망치는 독이 될수는 없잖아..(이마 준구 가슴에 실리며)그건 내 마음이 아니야. 그런 아이가 되고 싶진 않아..

준구 …(안아주는)

다미 ….(그대로)

준구 니 식구들/ 니 경비 맡아 줄게.

다미 (몸 떼며 보는)응..빚갚으면 돈 없어..서너달만 해줘..(쓴웃음)일 마무리하고 나가서 세달만 숨어있다 와서 파혼했다 그러구 일 다시 시작하면 돼.벌어야하니까..나 소녀 가장이니까.

준구 ….(보며)

다미 (술잔 집으며)그동안 오빠 잊어볼게..포기해볼게.

준구 (술잔 뺏으며)그만 마시구 자.

다미 (보는)….

준구 말들어.(싱크대에 술 버린다)

다미 (돌아보며)….

준구 (다미 앞으로)음?

다미 알았어..하라는대루 하께.

준구 ….(보다가)연락할게..

다미 ……(보며)

준구　…간다…(돌아서려는데)

다미　(팔 움켜잡는)

준구　(보는)

다미　(아주 작게) 한번만…안아주구 가..

준구　….(보다가 안아주는)

다미　(찰싹 마주 달라붙으며 서러운 울음 터뜨리는)….

준구　….

다미　(울음이 점점 통곡처럼)………

S# 어느 카페

　　[현수와 재훈.]

현수　(아이스크림 푹 떠 입에)….

재훈　(커피 마시다 잠깐 현수 보는데)….

현수　(아이스크림이 너무 차갑다. 입안에서 아이스크림 한바탕 굴리려 넘기고 목이 아파서 인상 쓰는)

재훈　(혼자 좀 웃고)….

현수　(얘 왜 안 와 고개 틀고 출입구 쪽 보는데)

하나　(튀어 들어와 자리로)

현수　(아 됐네/아이스크림 떠먹는)

하나　(푹 앉는 것과 동시에 아이스크림 집으며)선생님 화났어요?

현수　??

하나　이모가 알아보래요.

현수　……(하나 보다가)화났어요 왕창. 이건 대표님한테 전달할 메시지구 식당 들어갈 때까진 화났었는데 뭐 /오늘 일진나쁜 건 나만이 아닌거 같으니까(잠깐 재훈 보며)

재훈 (오버랩)아 난 일진 별로 안 나쁜데요.

하나 (오버랩)우리 이모진짜 막무가내죠오오. 갑자기 야상 하나 사
준다구 뛰어 나오래서 나왔거든요. 딱 이거다 골랐는데 사이즈가
없어 부탁해놓구 잠깐 거기 사장님하구 차마시다 전화 받더니/(재
훈 보며)누님 전화요. 그러더니 전화 끊으면서 갑자기 야 우리 오선
생하구 내친구 동생 엮어주자 그러는 거에요. 그러는 거 아니다 그
건 실례다 얼마나 말렸는데요. 남의 말 안 듣잖아요.

현수 아시다시피.

하나 우리 이모 좀 아세요?

재훈 그럼요·· 우리 누나하구 친해요. 우리 집에 많이 오셨었어요.

하나 아 그럼 뭐 굳이 이모 브리핑은 안해두 되겠네요. 근데 선생
님··그분/ 친구 아니에요?

현수 ??

하나 수의사··셋이 같이 친구라 그랬었잖아요. 이모가 확인해보
래요.

현수 친구기도하고 친구 아니기도 하고····

하나 아니 저기 영화보자고 전화 왔었는데··

하나 E (현수에)그 분···

현수 ???(아이스크림 입에 넣다 멈추고)····

S# 준구의 거실

　　[지나간 축구 경기 틀어놓고 차 마시고 있는 김회장과 이모··회장은 신
문 보고 있는]

이모 (재미가 없다··리모컨 집어 들며)나 보구 싶은 거 봐두 되죠?

김 예에 그러세요.

[채널 두어 번 바꾸고 멈추면/연예가 소식. 마지막 부분.]

남엠씨 E 하하 글쎄요 최근에 미란다커와 이혼한 올랜드블룸이 헤어졌어도 가족이다 그랬다는데 요즘 우리 연예계는 헤어져도 친구다

남엠씨 추세인 거 같습니다.그런데 헤어져도 친구가 쉬운 일인가요?(화면)

여엠씨 왜요오오 그런 사람들 꽤 있어요.

남엠씨 E 글쎄요오.

이모 흥 나두 글쎄요다.

남엠씨 E (연결)오늘 하루 온종일 이다미씨 갑작스런 결혼 발표로 시끌시끌했는데요.

이모 ???

[과일 들고 나오던 중]

준모 ???(멈추고 화면 보고)

은수 (잠깐 시모 보고 티 테이블로 과일 놓으며 화면 보고 준모 아닌 척하며 소파로 움직여 앉아 남편 수발 들고 이모는 준모 보고 은수도 잠깐 보고 화면 보고 움직이는)..

[그 그림에 진행되는 오디오.]

여엠씨 E 발로 뛰는 양기자 어떻게 현재까지 나온 기사보다 업그레이드 된 소식이

양 E (오버랩)아아 유감입니다. 족문없는 양기자 오늘은 실패했습니다.

양 E 모 방송사 녹화장 밖에서 수십명 기자들과 함께 진치고 기다렸습니다만 소속사에서 배치한 게 틀림없는 경호원들의 완벽

한 통제 때문에 이다미씨 취재는 누구도 불가능했습니다.(회장에게 과일) 어쨌든 현재까지 밝혀진 건 결혼할 사람이 있다.

양　　E (앉아 화면 보는 준모 위에)연말까지 모든 일 정리하고 내년 삼월쯤 결혼식을 올릴 예정이고 은퇴한다.신랑 될 사람은 재미교 포며 금융업이다가 전붑니다. 나이도 이름도 성도 없습니다.

남엠씨　E (이모)소속사가 빠른 시일 안에 공식 발표 한다면서요.그 때 밝힐라나부죠?

여엠씨　그런데 그게 무슨 비밀인가요?

양　　그러니까 그게 이다미씨가 친한 기자한테 잠깐 삿적으로 흘 린 게 기사로 터졌다고 보니다..소속사 대처하는 걸로 보면 확실합 니다.

남엠씨　뭐 은퇴까지 한다면 확실한 (준모 꺼버린다)

이모　(준모 보고)

준모　(회장 싫어해요)

회장　(일어난다)

준모　들어가시게요?

회장　으음…(들어가고)

은수　(회장 일어서자 따라 일어났다가 회장 좀 멀어지면서/ 앉으며)저 탈랜트 저번에 인사했어요 어머니.

두여자　(은수 보는)??

준모　어디서.

은수　메이컵실에서요. 매력있게 생겼던데요?

이모　매력은 무슨..(과일 찍는)

준모　인살했어?

은수 네 먼저 아는 척 하더라구요 저 알아보는 게 흐흐 쇼핑 채널에서 더러 봤나봐요.

이모 (오버랩)뭐라구 아는 척을 하든.

은수 저 아니냐구요.

이모 그래서.(채근하듯)

은수 흐훗 재미있는 아가씨였어요. 그렇다 그러니까 대뜸 결혼생활 행복하냐구 물어요.

은수 E (두 여인 위에)그런 질문은 초면에 좀 그렇잖아요.그래두 어떡해요. 행복하다 그러구 먼저 나왔는데/.

은수 이상한 사람이래야할지 재밌는 사람이래얄지 암튼 좀 그랬어요.어머니 안 드세요?

준모 (포크 들며)어 그래.

이모 (오버랩)주책 푼수구먼.

은수 ?? 흐흐흐. 좀 그렇죠이모님?

이모 시집간댄다.은퇴한대.

은수 네··

이모 재미교포래.

은수 네.(하는데)

　　[현관문 소리.]

은수 ??

S# 현관 안

준구 (막 들어섰다··움직이는)

은수 (뛰듯 나오며)들어왔어요?

준구 어엉··(앞서 거실로)

은수　(따르고)

S# 거실

준구　(들어서며)다녀왔습니다.

이모　오냐. 수고했다. 저녁은.

준구　먹어야해요. 아버님은요.

준모　(일어나며)일찍 들어오셨어. 침실에 계셔.

준구　네‥(침실로)

준모　(움직이며)옷받아 걸구 내려오렴.

은수　네 어머니.

준구　저 들어왔습니다.

회장　E 어어‥(준모 들어가고)

이모　(과일 포크 놓고 일어나 서둘러 주방으로)

S# 주방

준모　(들어와서 설거지 중인 도우미들한테)김사장 들어왔어요.

도우미1　네 사모님 준비하겠습니다.

준모　찻물 좀 줘요.

도우미2　네 사모님‥(더운 물 준비하는 움직임/멀어도 상관없습니다)

준모　(의자 빼는데)

이모　(들어와 기색 살피며 의자 빼 앉으며)하늘이 도왔다.(소곤거리는)

준모　(찻잔 두 개 꺼내놓는)

이모　너 이제 큰 볼일보고 뒤 안 닦은 기분일 거

준모　(오버랩) 조용하세요.

이모　크음. 따듯한 물 한잔 줘.

준모　장아찌가 짜다니까 장아찌 좀 끊어요‥

536

S# 준구 부부 침실

은수 (준구 벗은 옷들 챙기며)무슨 머리 무거운 일 있어?

준구 ??(실내복 입는 중. 잠깐 돌아보고 다시 움직이며)회사 일이라는 게 머리 가뿐 할 날 별로 없어.

은수 뭐 꼬였어?

준구 알 거 없구 당신은 뭐하구 보냈어.

은수 알거없구 그래야 하는 거지만 당신 그럴 분위기 아니라 얌전하게 대답할게. 매일 날마다하구 크게 안 다르게 보냈어.

준구 운동 갔다오구?

은수 추워서 안 나갔어..어어하다 겨울이라구 어머니 운동 안나가두 되겠다구 좋아하서.어머닌 진짜 운동 별로신가봐 여보.

준구 아버지 때문에 마지못해 배우신 거야.

은수 거의 종일 이모님 방에서 책 보셨어. 나는 아주머니들하구 주방 청소하구.

준구 ....

은수 엇참 여보 있지 미장원에서 나한테 결혼 행복하냐 물었던 탈랜트

준구 ??(돌아보는)

은수 결혼한대..은퇴한다더라.

준구 그건 어떻게 알았어.

은수 연예 뉴스. 당신 들어오기 바로 전에 봤어.

준구 당신 그런 거두 봐?

은수 이모님이 틀어노셔서(하다가)왜 말투가 그래? 나 그런 거 보면 안돼?

준구 그런 거 볼 시간있으면 책 읽어.어머니처럼.

은수 (좀 토라지는)종일 스탠바이 상탠데 나혼자 책볼 시간이 어딨어.

준구 (입으며)하루 한 시간 씩이라두 쉬라니까. 어머니 뭐라실 분 아니야.

은수 ....

준구 토라졌어?

은수 아냐..어머님 외출하시면 잠깐씩 졸기는 해..외출을 잘 안하셔서 그렇지.

준구 (문으로 움직이다 따르려는 은수 돌아보며)쉬어.. 말씀드릴게.

은수 ...(보며)

준구 (나가려는데)

은수 여보.

준구 (돌아보는)

은수 나 뭐 잘못한 거 있어?

준구 ?? 무슨 소리야.

은수 그런데 왜 이런 기분이지?

준구 쓸데없이 예민하게 굴지 마..오늘은 좀 가만 놔둬주라. 응?

은수 (좀 웃으며)디게 골아픈 일인가부다. 알았어. 먹구 올라와. 나 엄마랑 통화 좀 하구

준구 어 참 내가 과일 좀 보내드렸어.

은수 ??

준구 전화드려..(나가고)

은수 (화장실로)....

S# 화장실

은수 (들어오며 통화 시도/단축으로 하세요)..(벨 세 번)

S# 부모 마루

자모 (상 들고 서둘러 나온. 상 놓고 받는)여보세요? (전화 발신자 확인 없이)어어 에미구나. 으으응..아빠가 좀 늦으셨어...밥상 차려 들구 나오느라구.(자부 나오는 것 보며)은수..(자부 밥상 앞에 앉고)얘 낮에 김사장 아니 김서방이 /..얘기하대? ..아니아니 얘 과일만이 아니라 고기며 굴비며 자안뜩 보냈어. 그거만이라면 또 모르겠는데 얘 돈 봉투까지

S# 욕실

은수 ??...(듣는)........슬기 보내게 해놓구 미안해서 그러는 거야.뭐얼 그 정도에 괜찮아. 안 그래두 돼 엄마.

S# 마루

자모 얘 나는 너무 큰 돈이라 그냥 가슴이 벌렁벌렁..이걸 어떡해야 하나아아 너랑 얘기하구 싶어두 시어른하구 있는데 전화걸려가면 또 그거두 그렇구 해서 응 ..응 까르르르 여보 그거 당신하구 나 옷사입구 신발 사신구 막 다 쓰래. 다 써버리래

자부 (오버랩)식어. 밥 먹어.(먹으며)

자모 응응..아빠가 끊구 밥 먹으래 에미야....아으 괜찮어 얘..아주 편하구 좋아.깨워 씻겨 밥먹여 학교 데려다 주구 데려오구 그거 하나 안하는 거만두 어딘데 편해편해.

자부 (오버랩)밥 먹으라구.

자모 ....(듣고 있다가 처지며)든 자린 몰라두 난 자린 안다는데..그렇지 뭐.그렇지만 너두 있는데..엄마는 괜찮어어어.(수저 든 채 보고 있는 남편 잠깐 돌아보고)끊어 은수야..엄마 밥먹을래. 배고파.응..응. 니가 먼저 끊어.

S# 욕실

은수 (전화 끊으며)·····(잠시 있다가···내려 들고 있는 전화 보며)····

S# 태희의 거실

[슬기 태모 의자 팔걸이에 올라앉아 보고 있고··태모 전자혈압기 팔목에 작동 중···태희는 귤껍질 벗기는 중.]

태모 (체크 끝난 신호음)이눔으께 왜이리 안 떨어져어어어.

태희 잊어버려 신경을 쓰지 말라구.

태모 니가 의사야?

태희 신경두 혈압올린다니까? 혈아아압하구 있으면 올라가아. 저녁 먹구나서 몇 번이야.아줌마 혈압기 치워요.

임실 (약 먹을 물 들고 나와 놓으면서)쳇기가 있어두 올라가드구먼.

태모 나두 알어. 낮에 순댓국 먹은 게 잘못됐어.

태희 ?? 그걸 왜 먹어. 혈압 있는 사람 맑게 먹는 게 첫짼데

태모 (오버랩 임실 혈압기 집는데)아 놔둬.

태희 짜증피지 마 엄마. 마음을 편아안하게···화펴어엉하게

태모 (오버랩)야 이년아 잔소리 좀 하지 마. 몸이 시원찮으면 짜증이 나게 돼 있어.누구 짜증내구 싶어 내?(임실 들어가고)

태희 (어으으으으 못 말려/보는)

태모 가구는 왜 안본다는 거야 가구는.

태희 표지 촬영 중이라 바빴다잖어.

태모 ····.

태희 채린이 개 좀 문제 있는 거 아냐? 입이 촉새야촉새. 안부전화 그냥 안부만 챙기고 끊지 그런 얘기까지 뭐하러 해.

태모 맘에 들든 했더니 저는 마음에 딱인데 태원이가 안 봐서 어떨

지 모르겠다 그렇게 된거지 촉새는 묻잖은 말 날름날름 옮기는 게 촉새야 알지두 못하구선.

태희   엄마(반론하려)

태모   아 시끄러. 새끼라는 게 턱 바치구 앉어서는 마디마디/에구우우 나는 왜 이리 자식복이 없을까.

태희   남편 복없으면 자식복두 없는 거라면서.

태모   조옹겠다. 박수쳐라.

슬기   (오버랩)할머니.

태모   ?? 왜.

슬기   …(뿌우)

태모   왜.

슬기   할머니 화내는 거 싫어요.

태희   ??

슬기   슬기가 할머니 혈압 내려가게 해주께 화내지 마세요.

태모   어떻게..

슬기   (태모 무릎으로 옮겨 앉아 목 껴안고 할머니 등을 가만가만 토닥이면서)낮에 나온 반달은 하얀 반달으으으은..(가사 챙겨서 계속 부르세요)

태희   …(보며)

태모   ….(슬기에게 안겨 있으면서 가만히)….(뭔지 모르게 차오르는)….(슬기는 노래 계속하고)…(손녀딸 팔로 안으며)어이구 기특한 것 어이구 이쁜 것..(아이 이마 머리 쓸어 올리듯 하며)어이구우우우우 내 새끼이..

태희   엄마 울어?

태모 눈이 썩었어? 어이구우우우 (슬기 궁둥이 두드리며)할미 혈압 내려갔어. 할미가 알어 내려갔어.(하는데)

　[탁자의 슬기 전화 메시지 음.]

슬기 아빠다(팔딱 전화로)‥(집어 들고 보는)

은수 E 슬기야 엄마‥엄마 전화해도 돼?

슬기 (답신 쓰는)

태희 들어온대?

슬기 (쓰다 멈추고 태희에게 고개 돌리고 입으로만)엄마.

태희 어어엉. 올라가서 편하게 얘기해.

슬기 네‥할머니안녕히 주무세요.

태모 애비 늦는대?

슬기 (통통 뛰다가 태희 돌아보는)

태희 올라가올라가.

슬기 (뛰어 올라가고)

태모 ????(딸 보며)

태희 (슬기 거의 다 올라갈 때까지 돌아보고 있다가)지엄마.

태모 ????

태희 (일어나며)뭐얼.엄마는 엄마지. 슬기한테 점수깎이지 말구 모르는 척 해.(들어가는)

태모 ‥‥‥(혼잣말처럼)또 오른다 또 올라.

S# 욕실

은수 (전화 내려다보며 딸 대답 기다리고 있는)‥‥‥

　[배경음악 살며시]

은수 (실망하고 포기하고 일어나 세면대로)‥(전화 적당히 놓고) ‥‥(칫솔

542

집는데)

　　[전화벨.]

은수　?(보고 급하게 받는다)응 슬기야 엄마야.(약간 덤비는 듯한)

슬기　F 내방에 올라 왔어.

은수　그래 고마워. 슬기 전화해줘서 엄마 너무 좋아.

슬기　F 내가 보낸 사진 받았어?

은수　그러엄 받았지 받았어.

슬기　F 아까 낮에에? 고모랑 학용품 사러 갔었어. 책도 사고오 크레파스 스케치북도 다섯권이나 사구 많이많이 샀어.

은수　슬기 좋았겠다··고모한테 고맙습니다 했어?

슬기　F 했나? 안했나? 모르겠다

은수　그런 법이 어딨어

S# 슬기의 방

은수　F (연결)고맙습니다 했어야지. 작은 일에두 고마운 일에는 고맙습니다 하라구

슬기　(오버랩)내가 안했을 거 같아? 했다네요 했어.

은수　으흐흐흐

S# 은수 욕실

은수　(연결)엄마 놀린 거야?

슬기　F 응. 아빠는 아직 안들어 왔어. 책 표지 찍는대. 채린이 아줌마가 가구보자 그랬는데 아빠가 바쁘다구 안봤대. 그래서 할머니 혈압 조금 올랐어.그래서 내가 할머니 노래 불러줬어.

은수　무슨 노래?

슬기　F 수유리 할머니 낮에 나온 반달··

은수 우리 슬기 이쁜 짓했구나. 잘했어..할머니 좋아하셨어?

슬기 F 그러신 거 같았어. 어이구 기특한 거어어 그러셨어.

은수 (웃으면서 애달픈)아우우우 기특한 우리 슬기이····응··응응··
응응··

S# 자매 부모 마루

자부 (밥 먹은 자리 걸레질하고 있는데)···

[자모 전화 테이블에서 울리고]

자부 (받는다)어어.

은수 F 엄마는요 아빠.

자부 엄마 부엌에.바꿔? 왜 자꾸 전화야.

은수 F 아니 안 바꿔두 도요. 아빠 슬기가 전화해서 나랑 얘기 길게
해줬어..(목이 메는)얼마만인지 몰라..지 아빠한테 가서 / 행복해졌
나봐.

자부 좋은 일이야..행복해야지 그럼.

은수 F (오버랩)그런데 아빠. 나는 이게 무슨 마음인지 모르겠어. 나
는 왜 나는 왜 이렇지? 나는 왜 이렇게 서글프지??(작은 울음)

자부 은수야....은수야...(가만히)

은수 F 끊어요..(끊고)

자부 …..

자모 (귤 두 개 들고 나오며)여보 우리 궁둥이까지 덮는 걸로 당신 오
리털 파카하나 사자

자부 필요없어어.

자모 은수가 막 쓰라잖어 내가 인심쓰께 응?

자부 당신꺼나 사.(아내 일감 집어 들며)

자모 (아으)내건 필요없어. 추운 날 나가서 일하는 사람이 필요하지 내가 무슨/

자부 전등이나 켜.

자모 응 응..(스탠드 올려놓고 불 켜는)

S# 현수 원룸 주방

현수 (강아지들 안고 현관 쪽에서 들어오는)

주하 (식탁에서 공부하던/책장 넘기며)오래 있었다? 생각보다 괜찮대?

현수 (소파에 잠들어 있는 광모/보던 책/걸음 멈추고).....앤 왜 지집두구 여기서 퍼졌냐.

주하 너 들어오는 거 보구 간다구.

현수 (강아지들 내려놓는)...

주하 나성섭 소개팅 결과가 몹시 궁금하대. (현수 상의 벗어 적당히) 책 보는 척 하더니 금방 떨어졌어.

현수 (광모 앞으로)...애....애...

광모 (돌아누우려는)

현수 (머리칼 덥썩 잡아 끄들러 당기는)

광모 아아아/뭐야아아아.

현수 일어나.

광모 ???(일어나 앉으며)

현수 (보는)....

광모 (씨익)괜히 나갔지? 나성섭 완전 꽝이지?

현수 ....(보는)

광모 괜찮아 우린 기대두 안했어야.근데 진짜 사차원이대?

현수 (오버랩)니집 두구 왜 여기서 자 이자식아.여기가 니 하숙야?

밥 먹여줬음 바로 가지 왜 여기서 트림 꺽꺽 방구 뿡뿡 남자 냄새 풍풍 오염시키구 있냐구.

광모 (??)야 현수야.

현수 혼자 살다 둘도 뻑뻑해 죽겠는데 답답하게 왜 너까지 도와줘.

주하 덩치나 작냐?

광모 내가 여기 짱박았냐? 나성섭 결과 듣구 갈라구 잠깐 지체했을 뿐야.

현수 나성섭 무슨 상관인데.

광모 친구로서 애정어린 관심.

현수 (오버랩)가

광모 (보며)....

현수 가라구(현관 가리키며)

광모 아 가아!! 간다구. (옷 챙겨 입으며)나아 참 더러워서. 아니 내가 뭘 어쨌다구 들어오자마자 밑두끝두 없이 노처녀 발광이야. 나성섭이 뭐 늙었다 그러대? 뽀글이 들어오는데 살짝 간 기집앤 줄 알았대?.... 간다..(현관으로 가는)

현수 (냉장고로 가는데)

광모 E 오현수.

현수 뭐.

광모 (현관께 돌아서서)너 겁나지도 않겠지만 나 좀 화날라 그런다. 내가 거지 동냥왔냐? 너 나한테 너무한 거 아니냐? 너 기다리다 잠깐 존 게 그렇게 성질 뻗치게 하는 일야? 너 왜 그래.

현수 (오버랩)너 하나씨한테 영화보자 그랬다면서.

광모 ??

546

주하 ???

현수 어디 누구한테 찔벅거려 개가 누군데! 나 다니는 회사 오너 조카 딸이야. 너 제정신이야?

광모 아아아아아니 나는 그냥 개가 자꾸 와인두 따라주구 눈 맞추 구 웃자구두 들구 그래서 예의상 인사상

주하 저런 미친 눔. (식탁에서 달려 나오며)너 이 자식 내 시체 아직 식 지두 않았는데 뭐가 어쩌구 어째애애??

광모 (벌써 후다다닥 튀어나가고)

주하 야아아아아 ....(현수 다시 냉장고로/ 현수 돌아보며)야아아아아 진짜 대애애단한 자식이다. 대단해 엉 대단해.

현수 (물병 꺼내는)

주하 야아아아 난 (식탁으로)그 정돈 줄은 몰랐다..엉. 그정도 중병인 줄은 몰랐어.

현수 (물 벌컥벌컥)

주하 (의자에 털썩)....(있다가)아이구우 모르겠다아아 이제 내거 아닌 데 뭐어..

현수 (벗어두었던 옷 집어 들고 계단 오르기 시작)...

S# 준구 침실

은수 (화장대에서 침대로. 올라가 앉아)여보세요. 저 좀 보세요.

준구 (경제 잡지 보고 기대앉았다가 보는)

은수 엄마하구 통화했어. 엄마 당황했었나봐.

준구 어어 뭐얼.(시선 잡지로)

은수 어쨌든 고마워.

준구 ?? 어쨌든?

은수　우우움··처음 당신믿었다가 주저앉았을 때/그때 결혼 포기 했어야하는 거 아닌가하는 후회 바닥에 깔고 당신 좀 미워했었거 든··그런데 우리 집에 그렇게 해준 거 나에 대한 당신 미안함 표실 테니까 그 마음은··· 마음이 고맙다구어쨌든.

준구　어쨌든 빼주면 안되겠어?

은수　지금은 안돼··당신한테 두 번이나 속은 거 같은 기분 때문에··

준구　속인 거 아니야.

은수　알아··그래도 그런 기분이야.

준구　누워.

은수　응··(책 집어 들고 누우며)그런데 생각했어. 당신은 속인 거 아닌 데 내가 나한테 속은 거 아닐까·· .믿어버리고 결혼한 거 결국 믿고 싶어서 내가 선택한 거니까. 내 선택에 내가 속은 거지 뭐.

준구　너무 복잡하게 생각하지 마··

은수　(아니)나는 너무 심플해서 망하는 여자야··이거다 그럼 다른 거 아무 것도 상관안해.문제가 있으면 까짓 해결해 치우면 되지 뭐 근거없이 자신이 있어. 그러구는 실패하고 망해.

준구　····(보며)

은수　(스탠드 쪽으로 등 돌리며 책 읽던 페이지 찾아 펴들고)금방 잘 거 야 졸려··

준구　······(보며)

S# 태원의 거실

태모　(앉은 채 구겨져서 잠들어 있는)····.

태원　(들어온다)····.(계단으로 가려다 문득 돌아보면)····(잠든 엄마/옆으 로)··어머니··

548

태모   (깜짝)응? 어어

태원   왜 여기서 주무세요..

태모   자식이 안 들어오구 있는데 어떻게 자..그으응(일어나며)안 잤
        어. 눈만 감구 있었어.

태원   들어가 주무세요.

태모   (움직이며)오냐..바빠서 가구보러 못갔다면서.

태원   ...(보며)

태모   웬만하면 가주지. 십분 이십분이면 되는 걸 못온다 그랬다구
        채린이 섭섭해하더라.

태원   (그저 보며)...

태모   (움직이며)채린이 데리구 옷가게 뒤군데 들렸는데..걔가 (돌아
        보며)얼굴보구 피부가 깨끗한 건 알았지만 오늘 보니 아주 속살두
        백옥같이 희구 곱드구나..

태원   ....(그저 보는데)

태모 E (돌아서 자기 방으로)보는 사람마다 입을 모아 이쁘다구 난린
        데 내가 아주 어깨가 으쓱했지......(들어가고)

태원   (천천히 무겁게 계단으로).....

S# 슬기의 방..

태원   (문 열고 보면)....

        [비어 있는 슬기 침대..]

태원   (불 끄고 나가는)

S# 태원의 방

슬기   (잠들어 있다)......(아빠 베개 껴안고)

태원   (들어와 침대로.).....(앉아서 자는 딸 보다가 귀에 대고)아빠 들어

왔는데…

슬기 (무반응)

태원 (한 손 잡아 뺨에 대고 딸 보며)……

슬기 (잠시 있다가 슬기 나머지 손이 태원 얼굴로)…아빠야?

태원 응‥

슬기 (찌그려 눈 뜨고)술 마셨어?

태원 조금‥아주 조금‥

슬기 (일어나는)

태원 왜 일어나 그냥 자아.

슬기 (태원 가슴으로 달려들어 안기고)

태원 ……(안아주고)‥…

S# 자매 마당

자모 (쭈그리고 앉아 멍청하게 한 곳 보면서)………

[현관문 소리.]

자모 ‥…(의식 못 하고)

자부 (나와서 보고 …있다가)뭐하구 있어‥

자모 ‥….

자부 여보.

자모 (돌아보는)

자부 자다말구 나와 뭐해‥

자모 (고개 앞으로)답답해 숨이 안 쉬어져서…숨 좀 쉴라구‥…

자부 …숨을…그러구 있으면 시원해져? 일어나 가슴 내밀고 심호흡
을 해‥

자모 ‥….

550

자부 어엉?

자모 지 에미 좀 편하게 살게 내버려두지이이‥(혼잣말처럼/남편 스
치면서)저 때문에 그으 구박에두 이 악물구 참았었는데에에‥

자부 애가 그걸 어떻게 알어어어‥‥

자모 ‥‥.

자부 ‥‥(하늘 보며 조용한 한숨)‥‥‥.

천천히 F.O

S# 준구네 마당(이른 아침)
　[정원 나무들 겨울나기 작업 끝나 있지 않을까.]

S# 주방

회장 (들어오는/은수 뒤에 따라 들어오는/준구는 일어나 의자 빼고)

이모 (회장 들어오자 굴리던 염주 한옆 불경에 놓으며)굿모닝입니다 회
장님.

회장 (앉으며)허허 굿모닝입니다 보살님.

준모 (회장 냅킨 펴면서)기온이 뚝 떨어졌대요.(아버지 앉히고 준구도
앉는)

회장 뉴스 봤어요. 보살님 오늘 외출 안됩니다.

이모 법회 있어 나가야 합니다.

회장 추운 날은 빠지세요.

이모 한낮에는 상관없어요.

회장 법회 한번 빠졌다구 부처님이

준모 (오버랩)놔둬요. 하나마나한 소리.

이모 (오버랩)아가야 밥 먹자.

은수 (주방 쪽에서)네에‥(와서 앉는)

회장   (수저 드는데)

이모   오늘도 따뜻한 밥 먹여주셔 감사합니다 부처님.(눈 감고)

회장   제가 먹여드리는 밥이에요.

이모   (눈 감은 채)그저 우리 김회장 마음 보드랍게 어루만지셔 이 힘
든 세월 춥고 배고픈 사람들한테 따뜻한 성금 듬뿍 후하게

회장   허허허

이모   부탁드립니다 관세음보살.

회장   이미 냈습니다.(국 뜨며)

이모   얼마나요.

회장   우리 비밀이에요.

이모   욕심은 죕니다 회장님.

회장   기업들이 모두 살얼음판이에요.

이모   회장님은 부처님이 보살펴 주실 거에요.

회장   예에 보살님만 믿습니다.허허허.

이모   손주도 쌍둥이루 부탁 드렸구요.

회장   그거어

회장   E (은수와 준구 위에)좋지요오오오 허허허허

S# 태원의 식탁(아침 먹는 중)

태희   (생선 발라 슬기 앞접시에)....

태모   지가 먹구 싶은 거 먹게 놔 둬.

태희   ??

태모   애비두 먹어야지.

태희   굴비 한 마리 더 궈요. 잔챙이 굴비 먹을 게 뭐 있어.

임실   이번 굴비가 애기굴비라 먹을 게 없어.(냉장고 열려)

552

태원 (오버랩)안하셔두 돼요 아주머니.

태모 (오버랩)사람이 요량이 있어야지. 식구 봐서 생선 사이즈 봐서 한 마리냐 두 마리냐 그 가늠두 없으니 원 끄으으응

임실 (입 풀룩풀룩)

태희 슬기야 오늘은 고모가 밖에 볼일 있어서 너 데리러 가는 거 채린이 아줌마한테 부탁할 거야.

슬기 (끄덕이는데)

태원 E 그러지 말아요.

태희 (태모도 보는)오기사 감기 독하게 들었대. 엄마 감기 옮는다구 나오지 말랬는데 슬기 감기 옮으면 좋아?

태원 내가 할께요.

태모 태원아.(부드럽게)

태원 (오버랩)걱정마 슬기야 아빠가 데리러 갈게.

슬기 응 알았어.

태모 (아들 보며)....(있다가 입 열려는데)

태희 엄마.

태모 (딸 보는)

태희 (더 말하지 말라는 얼굴짓)

태모 (별수 없이 참아 넘기는)...

S# 태모의 방

태모 (통화 중)아니 둘이 똑같이 그럼 어떡해.둘이 똑같이 다리 이쪽 저쪽에 서서 우물떡주물떡/ 내가 아주 답답해서 돌아버리겠어. 우리 아들은 원래 부끄럼이 많아 여자한테 그 뭐냐 적극적으로 그 걸 못하는 애야. 그렇거든 채린이가 좀 좀 어떻게 못해? 내가 여러

가지로 부족한 점이 많지만 나는 그쪽에 안사람이 되고 싶어요··슬기도 내가 낳은 내자식 못지않게 잘 키울 자신이 있어요 응응?

S# 슬기의 방

태원 (슬기 옷 입혀주고 있다. 한겨울 옷)

슬기 뚱뚱해.

태원 추워.

슬기 그래두 뚱뚱해.

태원 감기들어 아픈 거보다는 뚱뚱한 게 나아.

슬기 아빠 결혼 안할 거야?

태원 (보는)

슬기 나는 채린이 아줌마가 데리러 와두 되는데 왜 아빠가 온대? 아빠는 일해야하는데.

태원 폐끼치는 거잖아. 아빠는 누구한테 폐가 되는 거 싫거든.

슬기 결혼할 건데 뭐.

태원 …

슬기 안해?

태원 아빠는 있지…그냥 슬기랑 이렇게 살았으면 좋겠다…그런데 너는 어때…응?

슬기 애들한테 엄마아빠 이혼했다는 말 안했어.

태원 …(보며)

슬기 아빠가 결혼을 해야 동생두 생기잖어··동생 갖구 싶어.

태원 그런데 말이지 슬기야··채린이 아줌마보다 더 괜찮은 아줌마는 혹시 없을까?

슬기 채린이 아줌마 싫어?

태원   아니 싫어서가 아니라 지금 꼭 결혼하고 싶은 생각이 없거든.

슬기   그냥 해애..난 아줌마 괜찮아. 해애애애.

태원   ....(보며)

슬기   E 응? 아빠...

슬기   응?...응?

S# 슬기 학교 앞(서초 사립초등학교)

태원   (슬기에게 가방 메어주고 부녀 쪽쪽 뽀뽀하고 적당한 말로 인사 나누고)

슬기   (뛰어 들어가는)

태원   뛰지 마아 넘어져어어

슬기   (상관없이 뛰는)

태원   .....(보고 서 있는 착잡한)....(운전석으로)

S# 차 안

태원   (타고 벨트 메고).....(잠시 있다가 음악 넣고 출발하는).....(잠시 후 전화 이어폰 귀에 꽂는)....(좀 망설이다가 전화기 집어 드는)

S# 채린 동네 길

채린   (좀 굳은 얼굴로 빠르게 걸어와 어느 카페 문 밀고 들어가는)

S# 카페 안

채린   (들어와 잠깐 멈추고 굳은 얼굴 풀고 웃으며 움직이는)

태원   (채린 보고 일어서는)

채린   (다가와 웃으며)이렇게 이른 시간에 무슨 일..

태원   예 앉으세요,

채린   (앉으며 보는)...

태원   (다가선 종업원)아메리칸 약하게요.(하며 앉고)

채린   나두요.

종업   (목례하고 빠지고)

태원   …(시선 내리고)

채린   …(보며)

태원   (작정하고 보며)어머니 압박이 점점 강도가 심해져서 힘드네요··

채린   …

태원   솔직하게 얘기할께요

채린   ··네(보며)

태원   재혼에 ··저는 별 뜻이 없었어요.

채린   네 알아요.

태원   어머니한테 지쳐서 해야겠구나 하기 전에는 어머니 안 끝나
시겠구나 ··해서 채린씨 만났구 그동안 만나본 사람들 중에서 제일
괜찮아서 여기까지 왔습니다.그런데(시선 내리며)

채린   …(기다리는)

태원   …(잠시 있다가 보며)너무 ··너무 미안한 말인데 채린씨 위해서
도 이 얘기는 그만 접는 게 좋겠어요.

채린   ··(잠깐 시선 내렸다 보며)안 좋은 얘길 거 예상했었어요. 이 시
간에 (좀 웃으며)설마 가구 보러 가자 그럴 거두 아니구 태원씨 목
소리가 좀 불길했어요.

태원   미안합니다.

채린   (오버랩)나를 위해서도가 무슨 의미에요?

태원   …(보며)

채린   ??(상관없이 커피 와 놓여지고)

태원   (종업원 아웃되고)내키질 않아요.

556

채린 슬기엄마때문에요?

태원 그 사람 얘기는 하지 마시죠. 제가 바보가 돼요.

채린 역시…그렇군요‥(커피 잔 고리에 손가락 넣어 올리는데 덜그럭거리게 손이 떨린다)‥(도로 놓고)

태원 미안합니다.

채린 (오버랩)괜찮아요.셋이 살면 되죠 머.

태원 ????

채린 E 얼마까지는 셋이 살 거다 각오하구 있었어요.

채린 제 경우에는 너무 많이 실망하고 헤어졌기 때문에 지금 생각하면 얼굴도 잘 기억이 안나지만/ 태원씨 케이스는 정없어 헤어진 거 아니라니까 그럴 수 있겠죠.

태원 채린씨

채린 태원씨 만나면서 저 슬기엄마랑 비교당하고 있는 느낌 한번씩 있었어요.

태원 저기

채린 어차피 죽을만큼 사랑해서 하는 결혼 아니구 태원씨 좋은 사람인 거 확실하니까 저한테 미안해서라두 또 한 사람 내보내구 저한테 성실하겠지 거기까지 생각해 뒀으니까 그냥 해요 우리.

태원 ‥‥‥(보며)

채린 나는 태원씨 좋아요. 그리고 믿어요. 옆에 있고 싶어요.

태원 (오버랩)나는…채린씨를 좋아하는 감정이…조금도 없습니다 지금‥

채린 (웃음기 없어지며 보는)‥‥.

태원 E 그게 문제에요.

채린 그럼 처음에 그랬어야죠.

태원 그래서 사과하는 겁니다. 만나다 보면 달라질 수도 기대했었는데 미안합니다.

채린 …….(보며)이런 모욕은 …처음이에요.

태원 미안해요.

채린 (빠르게 가방 챙겨 일어나는)

태원 (일어나며)채린씨.

채린 (그냥 나가고)

태원 (따라 나가는/계산은 하고)

S# 카페 밖

태원 (뛰어 나와 보면)

채린 (벌써 저만큼 빠르게 가고 있는/태원의 시각)

태원 (미안함과 곤혹스러움)….

S# 현수 회사 근처 버스 정류장

현수 (버스에서 내려 걸으며 통화 시도)…

　　　F 벨 가는

은수 F 응 나야.

현수 어떻게 지내. 괜찮아??

S# 은수의 드레스 룸

은수 (외출복 챙기면서)괜찮아.

현수 F 슬기가 잘 받아준다면서. 엄마한테 들었어.

은수 응…비굴하게도 황송해 죽겠어.

현수 F 저 편해지니까 고게 너그러워진 거야.잘됐지 뭐야,진작 보낼걸 그랬잖아.뭐해.

은수 요리 공부갔다 병원.

현수 F 아퍼?

은수 아픈거지. 너무너무 기다리시는 아이가 안 생기구 있으니까.

S# 거리

현수 스트레스 받지 마. 그럼 더 안생긴다드라.

은수 F 우리 대화가 이럴 때두 있네?

현수 그래 이 기집애야 니가 건드리지만 않으면 난 천사야 끊어.

　　　[전화벨.]

현수 어엉.

주하 E 광모 얘 아직두 전화 안받는다.

현수 뭐 신경써. 놔두라니까.(끊어버리는)

S# 준구 사무실

준구 (컴퓨터로 실시간 중계 보는 중. 준구 얼굴에)

다미 E 까르르르르. 외계인 절대 아니에요. 확실한 한국인이에요.

기자 E 국적은 어딥니까 이다미씨.

S# 화면/기자회견장

다미 (마이크, 마이크들)국적 우리나라요.

기자 E 재미교포 이세라면서요.

다미 네. 맞아요.

S# 회견장

기자2 (일어나서)그런데 왜 신랑 신분을 안 밝히는 겁니까. 특별한
　　　이유가 있나요?

다미 이미 말씀드렸는데 혹시 주무셨어요? 시부모님께서 조용히
　　　넘어가길 원하셔요. 저 때문에 지금까지의 평화로운 생활 방해받

고 싶지 않으시대요.

S# 준구 사무실

다미 E (준구 위에)너무너무 이해되는 말씀이라 네 그러겠습니다 했어요. 신랑도 같은 생각이구요.

기자2 E 이런 자리에서 좀 그런 얘기긴 합니다만 항간에 떠 도는 모 기업 이세 김 모씨와의 열애설은 그러니까(준구??)

다미 E (오버랩)까르르르르 한번 뵌 적도 그분께 정말이지 너무너 무 죄송해요. 너무 황당한 소문이라 상대할 가치조차 없어서

준구 (컴퓨터 빠져나가고 일어서 회의 자료 챙기는데)

여직원 (노크와 함께 문 여는데)

준구 알았어요.지금 가요.

S# 태원의 거실

채린 (거한 장식물 앞 공간에 서 있는)…

임실 (태모 방 쪽에서 나와)금방 나오실 거야. 혈압이 오르락내리락 좋 지가 않은 모양이야.

채린 네에..

임실 뭐주까. 커피?

채린 생각없어요 아주머니.(하는데 태모 나타나며)

태모 일찍 왔네? 뭐 마시까 (소파로 가며)나는 영지버섯 뭐 마실래.

채린 전 괜찮아요(임실에게 말하고 거실로/임실 주방으로 동시에 태희 외출 차림 제 방에서 나오며)

태희 춥다면서.

채린 (돌아보며)네..좀요.

태희 ?얼굴이 왜 그래?

560

채린 (그냥 소파로)

태희 ??(소파로)

태모 얼굴이 얼 정도로 추워?(하다가 와서는 채린 보고)???

채린 (앉으며 울음 터질 듯)저..

태모 ??

채린 어머니 며느리 못되겠어요.

채린 E 태원씨한테 거절 당했어요

태희 ?? (후다닥 앉는)

태모 ???? 뭐뭐뭐 뭐야??

채린 절 좋아하는 감정이 조금도 없대요. 슬기 엄마 때문에 제가 비
      집고 들어갈 자리가 없나봐요 어머니

태모 (오버랩)아니 이 그건 그런 생각은 그건 말이 안되는 소리구

채린 (오버랩)태원씨두 아니라구 안했어요. (손수건 꺼내며)

태모 그년때매 못하겠대?

채린 (눈물 뚝뚝)그래두 괜찮다구 했는데두 싫다구 없었던 얘기루
      하자구 (울음 터진다)

태모 이이게 무슨 이게 무슨 당장 불러들여!!

태희 그렇다구 했잖아아

태모 불러들여!!!

태희 얘기 더 들어보구.

채린 (오버랩 수건으로 얼굴 가리며)즈이 부모님은 당연히 하는 걸루
      알구 계신데 어떡해야 좋을지 응응응응…응응응응

태모 ‥(보다가 고개 뒤로)아으 아으 어지러..아으으

태희 엄마(오버랩)

태모   왜애액 왜애액(헛구역질 요란하게)

태희   (오버랩)엄마 엄마엄마

채린   ???

태모   나나나 좀..(일어나려)

채린   (태희보다 먼저 달려들어 잡고)

태희   (나머지 쪽 잡고)

　　　 [두어 걸음 옮기다가 태모 픽 쓰러져버린다…]

태희   엄마아아아!!!

제11회

S# 이탈리안 레스토랑

대표 왜 결혼 안해?

현수 팬티 빨아주기 싫어서요.

재훈 ???

S# 공터

차 (연결)사랑타령 술타령 야 이년아 니년 관리가 그렇게 쉬운 줄
알어?!! 김준구 새끼 스캔들 덮느라구 날린 술값만두 수억이야 이
기집애야.

차 E 그런데 이제와 이렇게 뒷통수를 갈겨? 결혼?? 누구 맘대루!!!

S# 태원 거실

슬기 슬기가 할머니 혈압 내려가게 해주께 화내지 마세요.

태모 어떻게..

슬기 (태모 무릎으로 옮겨앉아 목 껴안고 할머니 등을 가만가만 토닥이
면서)낮에 나온 반달은 하얀 반달으으으은..(가사 챙겨서 계속 부르
세요)

S# 태모의 안방

태모   (통화 중)아니 둘이 똑같이 그럼 어떡해. 둘이 똑같이 다리 이쪽
　　　　　저쪽에 서서 우물떡주물떡/ 내가 아주 답답해서 돌아버리겠어.

S# 카페

태원   미안합니다.

채린   (오버랩)괜찮아요. 셋이 살면 되죠 머.

태원   ????

채린   E 얼마까지는 셋이 살 거다 각오하구 있었어요.
　　　　　[짧은 F.O을 해주고 시작하는 게 어떨까요.]

S# 태원의 거실. 11회 시작입니다(낮 11시경)

임실   (찻잔 챙겨 쟁반에 들고 주방으로 움직이는데)

태원   (뛰어들듯 들어오는)

임실   에이그으으으

태원   (오버랩)어머니는요.

임실   의사 왔다갔어. (태원 벌써 안방으로)

S# 안방

태원   (들어오는)··

채린   (태모 다리 주무르고 있다 돌아보고 일어나는)

태희   (팔짱 끼고 침대 옆에 서서 내려다보다가 채린과 동시에 돌아보고)
　　　　　아들 들어왔어.

태모   (링거 꽂고 누워 눈 감은 채 맥없이)

태희   애 왔다구.

태모   (마치 대답처럼)자식이 뭐드냐··아아무 짝에도 소용없는 게 자
　　　　　식이드라··내 인생은 뭐드냐··서언무공덕/ 허무하기 짝이 없는 짝

564

사랑에 헛고생만 했구나.(탄식조)

태희 (태원은 그동안 좀 다가들고)엄마.

태모 (오버랩)내가 왜 돈 귀신이 됐나..

태모 E (태희 태원 위에)무능한 지애비, 우리 아버지 땅 반이나 날려 먹구..그대루 뒀다가는 알거지 될 거 같아서...

태모 (눈 멍하니 뜨고)내 새끼들 기죽어 고달프게 살게 하면 안되지 /걷어부치고 나서 돈 되는 일이라면 머리 악을 쓰구 달려들어 끄 으응..

태모 E (연결/두 자식)이제 살만큼 만들어 놨는데/새끼들은 에미 알기를 개애똥으루 알구..으으으으(앓는 소리)

태희 (오버랩)나가자.(소곤대듯)

태원 (누나 보는)

태모 (나직이)그년이 엎으라구 꼬드기든?

태원 (엄마 돌아보는)

태모 (일어나려 하며/채린 도와주고)끄으응 끙. (아들 보며)하지 말구 기다려라 몇 년 뒤에

태모 E (태원)같이 살자대?(맥이 없는 소리)

태희 무슨 말두 안되는 소리야아.

태모 그럼 왜 다된 밥에 코빠트려. 할듯이 굴다가 왜 갑자기 손바닥 을 뒤집냐구. 도대체 무슨 꿍꿍이냔 말야.

태원 어머니

태모 에미를 똥통에 빠트려두 분수가 있지.내가 채린이한테 얼굴 을 들 수가 없어.

태원 (뭔가 말하려는데)

태희　(태원 잡아 문으로 밀며 오버랩)도움 안돼. 나가나가‥(채린에게) 있어.

채린　(네)‥‥

S# 방 밖

태원　(나와 서는데)

태희　(열린 방문으로 나와 방문 닫고 제 방으로 움직이며)내 스케줄 몽땅 펑크야. 나갈려다 이 사단이다,옷 갈아입구 올라가께. 반성하구 있어.(제 방 쪽으로)

태원　‥(잠시 보다가 계단 쪽으로)‥‥‥

S# 이 층 계단

태원　(상의 벗으며 나타나 서재로)

S# 서재

태원　(들어오며 상의 적당히 던지고 타이 느슨하게 만드는)

S# 요리 개인지도 받고 있는 은수

　　[샥스핀 수프.]

　　[완벽하게 준비된 재료들]

은수　(집중해서 배우는 자세/간단히 대답/질문도.)

S# 태원의 서재

태원　‥‥(기대어 앉아 얼굴 위로 좀 들고)‥‥‥‥‥

태희　(들어온다/ 실내복)

태원　(자세 풀고)

태희　(선 채)‥(좀 보다가)이제와 무슨 비겁한 짓야 너.

태원　(안 보며)말했잖아요.

태희　설마 진짜 상 뒤집어 엎을 줄은 몰랐다. 안내키는채 그냥 하겠

566

지.내 넣구 살다보면 정신차리구 끝나겠지 했어.

태원 (안 보며)

태희 설마 너 슬기엄마랑 무슨 얘기 있었니?

태원 ??(보며)무슨 얘기요. 나중에 다시 살자구요?(화나서 반발)

태희 아 말 안되는 소린 줄 알어. 성질 낼 거 없어.

태원 …(입맛 쓰고)

태희 (소파로 가며)쟤는 상황파악 전혀 안되는 맹추니? 누구래두 붙잡구 말을 해야 정신이 들겠다 그럼 날 보자 그랬든지 아님 지 친굴 찾았어야지. 곧장 여기로 달려와 울고불고 노인네 쓰러트릴 일이야? 넌 일을 어떻게 이렇게 처리해.

태원 (안 보는 채)뛰쳐나가는 바람에 제대로 마무릴 못했어요.

태원 E (태희??)내 태도가 애매해서 더는 못 기다리겠다.그만둔다 그래달라고 할 참이었어요··저쪽 자존심도 있고.

태희 (오버랩)고양이 쥐 생각? 자존심 박살 내놓구 뭐 개 자존심 살리라구?

태원 …..

태희 한번 이겼으니 한번 져.

태원 (보는)

태희 E (연결)은수때 너 엄마 이겨먹었으니까 이번엔 져주라구.

태원 (말 안 되는 소리)

태희 의사/ 삼십분 넘게 지켜보다 안정 안되면 입원하는 게 좋겠다 그러구 갔어.

채린 E (태원 침실 앞에서 들리는 소리)슬기 아빠 어디 계세요.(특별히 큰일 난 것처럼은 아닙니다)

태희   여기..왜..(일어나 출입 쪽으로/태원은 그냥 앉아 있고)

채린   (나타나며)아무래두 병원가셔야겠어요. 더 올랐어요.

태희   (후다닥 나가며)얼마나..

채린   네 저 (대답하려다 빠르게 나가는 태원 보는)…

　　　　[태원은 그냥 나가버리고]

채린   …..(천천히 태원이 벗어놓은 상의 집어 팔에 걸치는)…

S# 계단 거실

태희   (계단 중간쯤부터 타라라락/태희가 바닥으로 내려서면서 태원 빠르게 내려오기 시작)

S# 안방

태희   (들어오면서 곧장 옷장에서 엄마 옷과 모피 코트 걸어내며)병원가자 엄마 갑시다..집에서 이럴 게 아냐..가자구.(옷들 발치에 던져놓고 엄마 머리 아래 손 넣으며)일어나.

태모   필요없어.

태원   (들어오고)

태희   오기 부리지 말구우우(엄마에게/목 아래 팔 넣으려)

태모   E 죽으면 죽고 살면 살고 미련없어 놔둬.

태희   엄마아아아.(버티면서도 뻣뻣하게 일어나지며)

태모   한번 죽지 두 번 죽어? 저눔 자식 에미한테 공갈친 눔이야. 그래애 내가 먼저 죽어주마. 에미가 자식 앞세울 수 있나. 내가 먼저 죽어야지.

태희   (오버랩)죽으면 다행이지만 안죽구 대소변 받게 되면 어떡해애.

태모   (발끈)이러언 배라먹을 년. 돈 있어..돈으로 해결해!!

태희   엄마아아아.(달래려)

568

태모 (오버랩)안가아아아!!!(침대 바닥 한손으로 때리며 헛울음)안간
다아. 안간다아아아아ㅇㅇㅇㅇ

태원 (옆에서 안으며)엄마..

태모 ㅇㅇㅇㅇㅇㅇ....ㅇㅇㅇㅇㅇㅇㅇㅇ

태원 (안고 눈 질끈 감는)...

태모 ㅇㅇㅇㅇㅇㅇ....

S# 요리 선생 스튜디오

선생 다음 시간에 오늘 거까지 세 가지 테스트 알고 있죠?(커피 두 잔
테이블에 놓으며 에이프런 벗는 중인 은수 돌아보며)

은수 네. 오늘 삭스핀 습 전시간 안인우송 전전시간 경장우육사. 맞
죠 선생님?

선생 그랬나? 난 다 까먹었는데.(앉으며)앉아요.

은수 네..(와서 앉는)

선생 (커피 잔 들며)미국 친구한테서 어제 온 원두 /하와이안 코나 팬
시/ 맛있어요.

은수 (커피 들며)저번 코스타리카도 맛있었어요.(맛보고)선생님 커
피가 제일 맛있어요..

선생 한 팩 갖구 가세요.

은수 아으 번번이 죄송하지만 염치없이 네 감사합니다 선생님.

선생 아무 학생한테나 주는 거 아니에요.

은수 (찡긋)네 제가 특별히 예쁘시죠?

둘 (잠깐 적당히 웃어주는)

S# 스튜디오 근처 길을 나오는 은수의 자동차

　　F 은수 전화벨 가는 소리...두 번.

자모　F 어어 엄마야.

S# 이동 중 차 안

은수　(통화 중)엄마 나 운전 중이에요. 통화할 시간 있어.

자모　F 밖에 나왔어?

은수　응 요리공부.

자모　F (혼잣소리)그런데 이게 어디 갔어어.

은수　?? 엄마 지금 뭐/ 찾아?

자모　F 엉..어엉. 장갑 한 짝이 온데간데 없네에?

은수　지금 꼭 찾아야 해?

S# 자매 부모 안방

자모　(입고 나갈 옷들 방바닥에/이것저것 들쳐보며/아이구 그게)수선 집 사장네 결혼식 가야 해. 어디냐 (메모 집어보며)응봉동이래 응봉 동. 오십분이나 걸린대.그럼 한시간 이상 잡아야 하니까 늦지 말구 일찍 나가라구 니 언니가.돈암동 (메모 보며)돈암 일동 주민센터에 서 110 에이루 갈어타래.

은수　F (오버랩)그러지 말구 엄마 택시타.

자모　아이구미쳤어? 돈을 왜 길에다 뿌려

은수　F (오버랩)날두 춥구 길 눈두 어두우면서 그냥 택시 타아.(또 그런다)

자모　(오버랩)아냐 괜찮어. 길 잃어버리면

S# 이동 중 은수

자모　F 전화 있는데 무슨 걱정이야 으흐흐.

은수　몰라 엄마 내말 안들으니까 뭐. 그래서 바쁘단 말이지?

자모　F 응 얼른 옷입구 나가야해(미안하며)

은수　알았어요. 끊어.(전화 내리는데)

자모　F 이눔으 장갑이 여깄네. 있네있어.(은수 끊는)

은수　....(잠깐 쓸쓸하다/…다시 통화 시도)

현수　F 어 왜.

은수　바뻐?

현수　F 바뻐.

은수　그럼 끊어.

S# 현수 사무실

　[대표, 현수, 웹디자이너, 하나 노트북 동영상 보는……]

　[노트북 동영상 잠깐/]

대표　E (동영상에)훨씬 나아졌네.

대표　새로 오픈한 이태리샵 사진 추가하고 바르셀로나 그라시아 부
　띡 리노베이션했으니까 거기사진도 좀 넣어주면 좋겠다.

하나　네. 그럴게요. 이건 파도바샵 시안인데요 (페이퍼 두어 장 건네
　주면)

대표　(받아서 보는)… 시뮬레이션을 해 봐야 할 것 같은데‥

현수　(오버랩)아예 실물제작해서 저희가 쓰면 어떨까요?

대표　??

현수　백화점 이벤트/ 박람회 출품때 활용할 수 있을 것 같은데요.

대표　그래 만들어 두면 어디든 쓸모 있겠다. (하나에게)고려해보자.
　뒷면은 간단하게 만들고 세 파트 정도로 나눠 이동 가능하게.

하나　네. 대표님.

대표　수고(하며 아웃되고)

현수　(뭔가 정리하며/얘기할 작정이었다)하나씨 나 얘기할 거 있어요.

하나   네..

현수   (직원들이 있음)잠깐 나가요.

하나   ??(무슨 얘기?)

S# 창고 같은 장소

현수   (앞서 들어와 서고)…

하나   (따라 들어와 마주 서며)무슨.. 왜요?

현수   안광모 받아주지 말아요.

하나   ??

현수   E (하나 위에 연결)걔 여자 버릇 나빠요.여자한테 책임감 전혀 없어요.

현수   결정적인 순간에 뺑소니 쳐 여자,여자 집안 망가뜨려요. 하물며는

현수   E (하나 위에)결혼식장에서도 뺑소니 쳤어요.

하나   (눈 벌어지고)

현수   E 전화도 받아주지 말아요.. 아니 전화해서 나한테 얘기 들었다 그러구 땡 쳐요.

현수   모르는 사람두 아니구 하나씨 걔한테 말려들까봐 걱정돼서요.

하나   (오버랩)어떻게 그럴 수가.. 진짜 결혼식장에서 그러는 남자두 있는 거에요?

현수   불과 바로 얼마전에 안광모가 했어요.

하나   ??? ….그런 사람이 어떻게 친구에요?

현수   푸우우우 전생의 업본가봐요.

하나   너어무 잘 생겼는데에

현수   그게 함정이죠. 하나씨. 걔 멀쩡한 껍질 안에 악마 귀뚜라미가

살아요.

한　　???..네?(무슨 말)

S#　광모 병원

광모　(퍼그 한 마리 세워놓고 배 주물럭 만지며)또 뭐 막 먹이셨죠.

노인　아 이놈이 식탐이 너무 많아서

광모　(오버랩)식탐대로 먹이시면 애 오래 못산다구 그렇게 말씀드려두 에이 참.

노인　눈이 너무 애처러워서 도오저히 안주구는 못배겨어.

광모　낄낄예에 저두 압니다. 그래두 할아버지 드시는대루 다 먹이시면 안돼요. 얘 좀 잡으세요.

노인　(강아지 잡는)

광모　(일어나며)운동 좀 시키라는데두 말 안들으시구 할아버지 참.. (주사 준비)할아버지두 말 잘듣는 주사 맞으셔야겠어요.

노인　흐흐흐 그래서 할머니가 우리 둘이/ 나가 살래 흐흐

광모　흐흐흐 (주사 들고 다가들며)자아..맞자아아(하는데)

S#　병원 산부인과 진찰실/

여의사　기초체온 체크 계속하고 있어요?(세면대서 씻은 손 타월로 닦으며)

은수　E (가림막 안에서)?네 선생님.(대답하고 나온다)

여의사　(수건 치우며)임신 환경은 나무랄 데 없이 좋은데....(테이블에 차트 집어보며)...

은수　.....(보며)

여의사　신랑이 협조는 잘 해요?

은수　(좀 부끄럽지만)네에..

여의사　(갸웃하며)신랑 정자 검사를 한번 받아보는 게 어떨까 싶네요.

은수　??

여의사　일반적인 경우면 좀 더 두고 보자겠는데 신랑이 사대독자라

　　　니까 신경이 쓰이네요.

은수　예 그렇긴 하지만

여의사　(오버랩)남자가 불임인 경우 의외로 많아요.

은수　네에에‥(웃으며)그런데 그건 아닐 거에요 선생님.

여의사　그럼 혹시 누구 임신시켜본 적 있나 물어보세요.(웃으며 농담)

은수　까르르‥그런 일 없어요. 있었으면 아마 시댁에서 곧바로 결혼

　　　시키셨을 거에요.

여의사　술 담배 스트레스 삼대 적이에요.

은수　담배만 빠져요.선생님‥술도 그렇게 심한 편은 아니구 스트레

　　　스는 적잖이 받을 거에요.

여의사　좋은 소식 기다릴께요.

은수　(목례하며)감사합니다 선생님.

S# 병원 로비 층 승강기 앞

태원　(기다리는 사람들 사이에서/죽 사갖고 오는 길)‥‥‥(승강기 문 열리

　　　고 대여섯 명 한꺼번에 내리고 태원 승강기 안으로)

　　　[문 닫히면서 옆 승강기 문 열리고 사람들 사이에서 내리는]

은수　‥‥(현관문 쪽으로 걸어 나오며)‥‥‥(혼자 생각에 조금 웃는)‥‥‥‥

S# 태모 병실 층/ 승강기에서 내리는 태원

S# 병실 안

태원　(들어오는/아무도 없고 태모는 눈 감고)‥‥(엄마 옆으로)‥‥죽 사 왔

　　　어요‥

태모　(눈 감고 그대로)….

태원　……(좀 지켜보다가 죽 적당히 놓는)

S# 병실 복도

태원　(나오며 이미 통화 버튼)….나 슬기 데리러 가야하는데 병실 비
　　우고 어디 있어요.

S# 병원 식당

태희　(통화. 주문해놓고 물 마시던 중)어 노인네 좀 자야 한다는데 채
　　린이 붙잡구 자꾸 얘기할라 그래서 데리구 나왔다. ··밥만 먹구 내
　　려가··걱정마. (컵 내려놓으며)

채린　저기 슬기

태희　(오버랩)어 애 참너/ 슬기 여기루 곧장 데려와. 노인네 슬기가
　　와야 혈압 내려간대…그냥 그 상태야 인턴두 들어왔다 갸우뚱 거
　　리면서 나간다…그래 갔다 와.(끊으며)그런데 말야··그렇게 곧장
　　달려올 때 무슨 생각으로 그런 거야.

채린　…(보는)

태희　E 이해가 안돼서 그래. 남자한테 그런 소릴 들었으면 얼마동
　　안은 머엉한 거 아닌가? 그담은 뭐 이런 놈이 있어 사람 갖구 장난
　　한 거야?

태희　이걸 어떻게 무슨 욕을 해주구 끝내나/ 쿨하게 알았다 간단하
　　게 끝내나/ 여러 가지 /여러 생각에 복잡한 과정이 있는 게 정상
　　아냐?

채린　E (오버랩)끝낼 수가 없어서요 형님.

태희　???

채린　E 어머님설마 쓰러지실 줄은 몰랐어요. 죄송해요.

태희 아니/ 아니 전처 때매 비집구 들어갈 틈 없다는 자식하구 왜애?

채린 저두(억지로 웃는 듯 꾸미지만) 이 맘을 모르겠어요. 그런데지
금부터 다른 사람 누굴 만나도 태원씨만큼 정 깊은 사람 없을 거
같아요.

태희 ???(얼굴 좀 앞으로 나오는)

채린 E (연결)전 그게 좋아요.

태희 (뭔가 말하려 빼끔)

채린 (연결)뭐라 그래두 그 여자는 전처에요. 그 여자에 대한 태원씨
생각은 미련일 뿐이죠··재혼해서 자식낳고 살 저는 현실이구요.
살면서 태원씨 깊은 정/ 저한테두 생기겠죠. 그런 기대를 해요.

태희 우리 애가 그렇게 좋아? 왜애? 어디가?

채린 헤어진 전부인한테 밀려나기 싫어요. 어쨌든 와이프로 살면 이
기는 거 아니에요?

태희 ·····(다소 아연하게 보며)····

채린 (손수건 꺼내며)도와주세요 형님···(수건 눈께 찍는)

태희 (찡그리고 신기한 동물 보듯 보다가 컵 휙 집어 들고 입으로 가져가
는데 속도 반동으로 물이 얼굴로 쏟아지고 /급히 채린의 손수건 잡아채
목 먼저/다음 얼굴 닦으며 시선은 채린에게)······

S# 준구네 거실

이모 (집전화 받고 있는 중)시장에서 찬물에 손 담그며 생선 파는 사
람 수두룩해. 걱정할 거 없어···오냐···(준모는 수반에 꽃 바꿔 꽂고 있
는 중) 오냐····아 애가 귀찮게 왜자꾸 말시켜.(은수 들어오고 쳐다보
는 준모에게 목례하고 통화 끝날 때 기다리는)에미 오래 사는 거 싫어?
···미국 가서 나 뭐해. 하루 왼 종일 처박혀 입에서 군둑내나게 혼

자/…됐다‥그만 끊어…거기만큼 한식 흔한데가 어딨는데 꼬부랑
늙은 에미 밥 먹재.

준모　(꼬부랑에 잠깐 보는)

이모　E 전화값 쎅이지 말구 빠아이 해애‥‥‥아 좋은 소식 아니면 그놈
애긴

이모　할 거 없어. 듣기 싫어. 응‥응 그래‥(끊고 은수에게)들어왔냐?

은수　네 절에 다녀오셨어요?

이모　갔다왔지 그럼. 오늘은 뭘 배우구 왔누.

은수　삭스핀 습이요.

이모　좋지이. 저녁에 회장님이랑 우리 다 같이 먹여다우.

은수　아우 아직 안돼요 이모님. 선생님 테스트 합격하면요. 아직 테
스트 전이에요.

이모　아 우리두 테스트할 자격있어어.

은수　아니에요오오.(그래두 안돼요오오)

준모　(오버랩)나 좀 자고 나올테니까 별일 없으면 너도 좀 쉬렴‥잠
을 설쳤더니 좀 머엉하네(은수 준모 돌아보는)

이모　(오버랩)어 나두 너 찾을 일 없다. 올라가라.

은수　네에‥그럼 저 올라가겠습니다‥(인사하고)

이모　오오냐‥(염주와 불경 챙기고)

은수　(계단 쪽으로)

준모　들어보지 왜요.

이모　들으면 뭐해‥속만 시끄러울 거.

준모　아니라면 아닌 걸로 믿어주고 집으로 들어가지 근석두 꽁생원
이라 참. 따루 나간 게 벌써 몇 달이에요.

이모   (일어나며)놔둬라..알아들을 만큼 했구 어차피 지들 인생..신경
쓰구 싶지 않어..꽁생원이기는 해두..이유없이 그러지는 않는 눔
이야..(자기 방으로)정말 바람이 났던 거거나 바람이 날라다 들켰
거나 지가 아는 게 있으니 그러겠지.

준모   (그냥 보며).....

S# 은수의 드레스 룸

은수   (들어와 백 놓고 겉옷 벗어 적당히 놓고 꺼내놓았던 선반의 전화 집
어 들고 메시지 넣는다)

S# 준구 사무실

준구   (컴퓨터 작업하고 있는데)

  [메시지 음.]

준구   (보면)

은수   E 토요일에 슬기 안 만나 줄래?

준구   (전화 놓고 컴퓨터 두드리는)....(외국으로 급한 메일 쓰고 있는 중)

S# 드레스 룸

은수   ....(전화 들고 기다리다 답신 없으니까 전화 놓고 옷 벗기 시작하
는)....

S# 태모 입원실

슬기   (할머니랑 안고 등 두드려주며 작게)해애님이 신다 버린 신발인
가요오오

  [보고 있는 태원 태희 채린..]

슬기   꼬오부랑 할머니가

태모   (섦게 울기 시작)응응응응응응

슬기   (노래 멈추고)??(할머니 보다가 아빠 돌아보는)

578

태희　해해. 계속해.

슬기　물길러 갈 때..

태모　납뿐년 앙큼한 년

태원　어머니이!!!(강력하다)

태모　?? ..후우우우우우우 ..니 고모 말이다 슬기야.

슬기　네..

태모　왜 시집을 안가구 저러구 뻗치구 있는지 내가 아주 속이 끓어서 그래서 혈압이 오른 거야..

슬기　(돌아보며)고모 빨리 시집가세요.

태희　노력 중이야.

슬기　노력 중이래요 할머니.

태모　(오버랩)가라들.....기운 없다..

태원　(태희)슬기랑 들어가요. 채린씨두 그만 가세요.

태모　(오버랩)아냐/(모두 돌아보는/누우려/채린 달려들어 돕고)채린이 두구 늬들이 가.

태원　제가 있어요 어머니.

태모　....

태희　엄마.

태모　필요없어!! 다 가라니까!!!(짜증과 울화)

슬기　(아빠에게 붙고)

태원　....(엄마 보며)....

태희　(태원 쿡 찌르고 눈짓하고 채린에게)부탁해..

채린　네.

　[셋 병실 나가는…]

태모 (문 닫히는 소리 나면서 돌렸던 등 바로하며) 채린아아아

채린 네에.

태모 (침대 두드리며) 이리 이리와 앉어··

채린 (앉으며 태모의 손 두 손으로 잡는)···

태모 미안해애애웅? 내가 그냥 너한테 하아안정없이 미안하구나··
너라구 해두 되지이?

채린 네 그렇게 해 주세요 어머니.

태모 나만 믿어웅? 나만 믿구 그저 너는 가마안히 있어. 내가 해결
해. 내가 하께

채린 ··네에에··

S# **병원 근처 대로 이동 중인 태원의 차와 태희의 차**·····

S# **태원의 차 안**

슬기 ·····(아빠 말가니 보고 있다가) 할머니랑 고모랑 싸웠어?

태원 (잠깐 보고) 할머니랑 고모는 싸우는 게 아니지. 부모님이랑 자
식이 싸우는 법은 없어 슬기야. 고모가 할머니께 꾸중들은 거지.

슬기 고모는 왜 결혼 안해서 할머니 혈압올라가게 만들어?

태원 (한숨처럼) 글쎄에에에··고모가 눈이 너무 높은가봐.

    [전화벨.]

슬기 (얼른 전화 집어 보고) 고모. (아빠에게 이어폰)

태원 예.

태희 F 회사 안나가도 돼? 슬기 내가 데리구 들어갈게.

태원 피곤해요 그냥 들어갈래요.

태희 F (오버랩) 근데 너 일났다. 너 한번 물면 안 놓는 진돗개한테
물렸어.

태원   ? 무슨 소리에요.

S# 태희 차 안

태희   채린이이..걔 너 안 놓는대애. 진돗개야아아

S# 현수 직장 마당

[모양 훌륭한 수컷 성견 진돗개가 오고 있는데 거의 단독샷. 잠시 두었다가]

광모   E 진모야.이제 곧 웃기는 아줌마가 하나 나올 건데 성질 장난 아니거든?

[진모와 목줄 잡고 움직이고 있는 광모 함께. 저만큼 뒤에 주차된 광모 자동차.]

광모   게다가 나두 아주 작심을 하구 한번 붙어볼라구 왔단 말야. 그러니까 그 아줌마 어쩌면 이단 옆치기 하자구 덤빌지도 몰라.(진모와 눈높이 맞춰 다리 꺾고 앉으며)그래두 넌 그냥 구경만 하는 거야. 섯불리 내 편 든다구 으르렁거림 안돼..의연하게 구경만 해 구경알았지. 사랑한다..무지무지 사랑한다브라더 (현수 나오는 발소리/일어나 돌아보는)

현수   ....(진모 보고)누구냐.

광모   (뚱한 채)울 엄마 작은 아들 안진모... 아줌마랑 제주도 삼박사일. 병원에서 재워야 해.

현수   (구부리고)하아이. 진모 반갑다..악수/(손 내밀면 진모 한 다리 주고/악수하며)어어으 착해라아아. 자알 생겼다 니형보다 낫다..(쓰다듬어주고 일어나며)뭐 왜.

광모   나 그만 너하구 관계 청산해야겠다.

광모   E 그동안 참 내가 정말 많이 인내하면서 모든 걸 다 받아주며

너 마않이 봐줬는데 이제 도저히 더는 못하겠다.

현수   그래?

광모   웅.사람과 사람 아아무리 친한 사이라두/ 부모 형제 사이래두

현수   (오버랩)알았다. 가라.(돌아서 두 걸음)

광모   ?? 야아!!

현수   (돌아보는/뭐)

광모   나 말하구 있잖아. 사람 말하는데 다 듣지도 않구 너

현수   (오버랩)끝내자면서. 끝내는데 긴 말이 무슨 필요있어. 끝내자/알았다 됐잖아.

광모   (오버랩)인간이 어떻게 그럴 수가 있냐.주하는 다섯 번이나 전화했는데 넌 어떻게 단 한 번도 없냐.

현수   내가 왜 해야하는데

광모   (오버랩)아아무리 가까운 사이래두 최소한의 예의라는 게 있어. 너한테 발길질두 숱해 당하구 쌰대기에 목두 졸렸어.그런데/ 머리끄딩이까지는 못넘어가겠다. 머리는/머리는 자존심이야.

광모   E 나 중고딩때두 딴 건 다 넘어갔어두 머리 건드리는 놈은 안참았어. 고일 때 고이 선배가 지나가면서 짜아식 괜히 내 뒷통수 한번 갈기구 지나갔는데

광모   나 뺑 돌아서 덤벼들었다가 반 죽었었어.

현수   ....(그냥 보며)

광모   그래서!! 나 더 안참는다구. 못참겠다구.

현수   ....

광모   진심으로/ 정중하게 사과한다면 한번쯤은 받아줄 용의있어.

현수   사과하고 싶지 않다.어디 여자가 없어서 너 하나씨한테/너라

는 놈 앞에 두고 도대체 내 절망의 끝은 어디냐. 너같은 놈하구의 세월이 너무 아깝구 나 자신이 너무 치사하구 남루해서/ 나야말로 너/⋯영구 삭제한다. 끝.(냉정하게 돌아서 팍팍 사무실로)

광모 ??⋯(어째야 할지 모르다가 냅다 현수에게)현수야 현수야/

현수 (상관없고)

광모 (현수 앞 막아 두 팔 잡고)나 잘못했어 현수야. 내가 미친 놈이야 잘못했어 잘못했어 잘못했어 엉?

현수 ⋯.(보며 눈물이 날 듯)

광모 닷시는 안 그럴게 닷시는 너 절망안시킬게현수야.(팍 안으며) 그러지 마 너 무서워. 나 진짜 무서워..

현수 (뻣정하니 안긴 채)⋯..(눈이 흔들리는)

광모 (몸 떼고 보며)현수야.

현수 (대답처럼 한 팔 털어내고 사무실로 아웃)

광모 ⋯..(멍하니 보고 있다가 진모 보며)진모야..나 지금 뭐한 거니..

S# 태원 주방

슬기 <u>호오오오오 호오오오오</u> (늦은 점심 먹고 있는 태원 부녀)

[슬기 코트 의자에 걸쳐놓고/ 미술학원 갈 소품 식탁 한편에. 태원 외출복 겉옷도 의자에 걸쳐져 있고.]

태원 맵다니까(물컵 집어 먹이는)

슬기 (물 좀 먹고)머리가 **빤짝빤짝해**.

태원 응?

슬기 매워서.

태원 흠흠흠흠. 물에 빨아 먹어..

슬기 그럼 맛없어. 맨밥 먹음 돼.(하는데)

[문자 들어오는 소리.]

태원 (열어보면)

태희 E 한채린 너 포기할 생각 눈꼽만큼도 없어. 헤어진 전처한테
　　　밀려나는 거 죽어도 싫대. 너 차지하고 사는 걸로 이기겠단다.

태원 (닫고 밥 건드리는데)

슬기 누구야?

태원 어 고모.

슬기 고모 집에 있는데 왜 문자로 얘기해?(우스운 일 아냐?)

태원 글쎄 말야.

슬기 답장 안해?

태원 안해두 되는 얘기야.(하는데)

[문자 신호음.]

슬기 또 왔다.

태원 (보면)

태희 E 내 마음 나도 몰라래. 너 아니면 다시 너같은 남자 만나지 못
　　　할 거 같대. 콩껍질이 열두겹이야. 엄마 등에 업구 버틸 태센데 너
　　　어떡할 거야.

태원 (보고 그냥 놓고)

슬기 답장 해애애.

태원 안해두 된다니까.

S# 거실

태희 (전화 보며 답장 기다리다 일어나는)⋯⋯

S# 주방

　　　[저만큼 뒤에 주차된 광모 자동차.]

584

태희　(들어오며)슬기 미술 학원 내가 하께 너 쉬어.

태원　....

태희　아줌마 나 녹차 좀 주구 오기사한테 전화해서 낼 마스크 쓰구
　　　출근하라 그래요.(앉는)

임실　(차 준비하며)엄청 심한가부던데에. 좀 아까 전화왔었는데
　　　사지육신이 그냥

태희　(오버랩)하루 쉬어주면 됐지 뭐 내일두 못 나온대요?

임실　그 얘기가 아니라

태희　나와야 한다 그래요. 나 발 묶여 안돼요.

임실　에에...

태희　(오버랩)슬기야.

슬기　??(보는)

태희　너 채린 아줌마 좋아?

슬기　그냥 그래요.

태희　그냥 그래?

슬기　아빠는 채린이 아줌마보다 더 좋은 아줌마가 나타났으며언 그
　　　런가봐요.

태희　?? 너 그랬어?

임실　(찻잔 놓아주며 꿍얼거리는)이하동문이네.

태희　에?

임실　(자기 자리로 가며)암말두 안했구먼요.

태희　아줌마(무슨 말인가 들어보려는)

태원　(오버랩)누나.(슬기 있어)

태희　(태원 보고)

태원 오는 건 아빠 집에 있다할테니까 가는 건 고모랑 가.

슬기 응··알았어.

태원 ···(먹는)

태희 (찻잔 들고 태원 보며)···

S# 태원 침실

태원 (천천히 들어와 들고 온 옷들 침대 발치에 던져놓고/침대에 쓰러지듯 상체 눕히는/···다리는 침대 아래)·······(그대로)······

S# 태원 거실··

임실 (주방에서 쓰레기 봉지 하나 들고 나와 현관으로 움직이는데)

  [채린/태모 양팔로 부축하고 들어오는]

임실 ??????(해서 안방으로 움직이는 두 여자 보며 주춤주춤 따르듯)····

채린 (방문 열고)

태모 (돌아보며)영지 버섯 물 갖구와.

임실 예에.

태모 컵으로 말고 주전자로.

임실 예에··

태모 (들어가는)····

임실 (문 닫히는 것 보고 부지런히 계단으로 가다 쓰레기 봉지 의식하고 도로 현관으로)

S# 태원의 욕실

태원 (욕실 문 열어놓은 채 세수하고 있다/비누 씻어내는/물 세 번 끼얹고 작은 수건으로 대충 닦고 스킨 대충 바르는데)···

임실 E 슬기아빠

태원 ?? 예 예에. 세수해요 아주머니

임실　E 어머니 오셨는데요?

태원　??

S# 침실

태원　??(해서 나오는)

임실　(문 열어둔 채 문 바로 앞에 들어와 서서)오셨어어..

태원　(빠르게 나가는)

S# 계단/거실

태원　(빠르게 내려와 문 열려 하는데 잠겨 있다)??(노크하며)어머니…
　　　…어머니.(뒤처진 임실댁 움직임 뒤로 보여지면 더 좋고요. 쓰레기 봉지
　　　처리하러)

태모　….

태원　문 여세요 어머니.

태모　E 놔둬. 니 꼴 안 보구 싶어.

태원　….

채린　E 어머니 옷 갈아 입으세요.

태원　….(방문 보며)…..

채린　(나오며 보는)기어이 퇴원하신다는데 제가 어떻게 말릴 수가
　　　없었어요,

태원　혈압은요.

채린　안정됐는데…화내시면 안된다구 안정하셔야 한다구요.

태원　미안합니다. 너무 힘들겠어요. 그만 가보세요.

채린　아니 괜찮아요. 신경쓰지 마세요. 커피 마시구 싶은데 안하실
　　　래요?

태원　아 예..(주방 쪽으로) 오세요.(채린 따르고)….

S# 주방

태원 (들어와서 커피머신에 물 보충하고 필터 집어넣고 원두 갈아놓은 것

한 스푼 반 넣는)……

채린 (준비하는 태원 보며)……… **디졸브**

S# 준구의 마당(어두워졌다)

S# 은수의 방

은수 (옆으로 /새우처럼/ 자고 있는)……

[노크….못 듣고/ 다시 노크.]

은수 (문득)?? 네 네에..(하고 벌떡 일어나는데)

도우미 E 내려와 저녁 드시랍니다.

은수 ???(저녁? 고개 휙 알람시계)

[6시 정각.]

은수 (정신이 홀랑/어떡해 어떡해. 말도 안 돼 말도 안 돼/침대에서 굴러

떨어질 듯 내려서며)네 알았어요. 알았습니다.(하며 화장실로 뛰어들

어 가는)

S# 화장실

은수 (들어오자 곧장 칫솔 물에 적셔 치약 안 묻히고 바로 입에 빠르게 네

번쯤 문지르고 물 받아 입 헹궈내고 컵 놓으며 중얼거리듯)화이팅.화이

팅파이팅.

S# 계단

은수 (타라라라락 뛰어내려 주방으로)

S# 주방

은수 (빠르게 들어오며)죄송합니다죄송합니다죄송합니다. 삼십분

만 자야지 그랬는데 어떻게/ 애가 잠깐 전기가 나갔었나봐요 어머

니. (이모 소리 조금 내어 웃어주고/식사는 이미 시작돼 있다)

준모 (오버랩)됐다. 몸이 좀 쉬어줘야할 때였나부지.

은수 (이모에게)깨우라 그러시죠 이모님.

이모 아주머니 올라갔다 와 잔다 그래 내버려두랬어. 시집와 처음 있는 일인데 잘만큼 자게 내버려둬 보쟀지ㅎㅎ

은수 (잠깐 이모에게 원망스러운/회장에게)죄송합니다 앞으로 다시는 이런 일 없겠습니다 아버님.(도우미 은수 밥과 국 놓아주는)

회장 됐다. 니 어머니랑 이모님이 허락한 일이니 나는 상관없다.

이모 (오버랩)어이 먹어라엉?

은수 네에….(수저 들고 조용히 국 뜨면서 시어머니 눈치 보는)

　　　[주방에 인터폰 소리]

은수 (신경 쓰고)

도우미 E 네 알았습니다..

도우미 (식탁 쪽으로 와 은수와 눈 맞추고 준구 들어왔다는 신호)..

은수 네..(수저 놓고 조용히 일어나는)

S# 대문 안(밤)

준구 (통화하며 올라오고 있는)..지방 어디…뭘 찍는데 그렇게 여러군 델 돌아다니냐….그래…응..소속사하구는 그대로 정리되는 거야?..그래…응…더 이상 자극하지 말구 조용히 일만 해.. 응….응..

은수 (현관으로 나와 준구 쪽으로 오기 시작하는)

준구 (모르는 채 움직이며)응..응 그래..끊는다..(끊고 보면 아내가 다가 오고 있다/표 안 나게 주춤하는 느낌/그대로 걸으며)왜 이렇게 마중이 친절해.

은수 (가방으로 손 내밀며)당신한테 자백할 거 있어서.

준구 (가방 주며)뭐 엄마 도자기라두 깼어?

은수 (팔 끼며)잠깐 졸러 올라갔다가 세시간을 자버렸어. 어두워지
는 거두 모르구 아버님 들어오신 거두 몰랐어. 죄송합니다죄송합
니다 그러면서 진땀 흘리구 있는 참이야.

준구 밭갈구 김맸나? 요리 공부 밖에 없었잖아.

은수 어 병원 갔다오구.

준구 (멈추고)병원은 왜.

은수 산부인과.

준구 ?? 이상해?(멈추고)

은수 아니 안 이상하니까. 이상해야하는데 안 이상한 게 이상해서
왜 그런 거냐 궁금해서 갔지.

준구 (걸음 시작)괜찮아 초조할 거 없어.

은수 그래두 아버님어머님/ 애 너무 만만디다 그러시면 어떡해.

준구 괜찮다니까.(어깨 안으며)쌍둥이 낳으면 돼.

은수 까르륵. 당신 맘대루?

준구 한 번 해보지 뭐.

둘 (적당히 웃으며 함께 현관으로 아웃)

S# 준구 주방 식당

이모 (먹으며)도대체 믿구 먹을 게 있어야지. 콩나물은 집에서 키워
먹어야하구 생선은 고깃배 띄워 직접 잡어다 먹어야구 전부다 내
가 직접 키우구 가꿔 먹어야 독을 안 먹는 세상이니··

준모 입맛이 없으세요?

회장 점심 스테이크 먹었더니 좀 무거운 기분이네요.

이모 고기가 소화가 늦지요. 김치 국물을 서너 숟가락 떠 드세요··지

레 김장이 아주 딱이게 익었어요.

회장 허허 그럴까요?

준구 (들어오며)다녀왔습니다.

이모 오냐.

준구 (상의 벗으며)아주머니 저 밥 주세요.

도우미 E 네에.

은수 (가방은 밖에 놓고 들어왔고 상의 받아 적당히 처리)

준모 (앉는 아들에게)이르구나.

준구 (엄마가)꾸중하셨잖아요.(은수는 준구 수저 세팅)

회장 사회성없는 봉급쟁이 아닌 담에야 어떻게 꼬박꼬박 제 시간에 들어와요. 더구나 지 사업 하면서 경영 공부두 하는 녀석/ 귀가 시간 신경쓰게 하지 말아요.

준모 알아요.

이모 술 먹는 거두 사업이다아 하면서 딴짓만 안하면 된다.

준구 네‥(밥과 국 오는데)

이모 (연결)그런데 열에 일곱은 딴짓두 하니까 기가 찬 일이지.

준모 (오버랩)얘 앉어.

은수 네‥(앉고/준구 수저 들고)

이모 늬 언니는 몇 살이냐.

은수 ??

준모 ???

이모 뭘 왜 봐.(준모에게)쟤 이 집에 속 얘기할 사람이 있냐? 저혼자 얼마나 골병이 들었으면 몇시간씩 곯아떨어져.

은수 (민망)

이모　E 그래두 형제밖에 없다 소리 할라 그런다.

이모　언니가 아직 결혼 전이라구 했지?

은수　네에.

S# 자매의 마루

현수　(포기김치 대가리 잘라놓은 것 주욱 찢으며)오전에 통화했어‥ (밥에 김치 얹으며)요리공부갔다 병원간다구.

자모　병원에 왜.

현수　슬기 보내놓구 에이 빨리 애나 낳아야지 그런가봐.

자모　지가 그래?

현수　아니이‥흐흐흐 그냥 내 짐작. 기다리는데 안되니까 체크 가나봐.

자모　한시름 놓게 빨리 들어서주지 왜 그러는지 몰라. 마음이 편해야 애두 들어서는 건데 시집가 겨우 자리 잡나아하는데 슬기 속썩이구‥

자부　이상없는 앤데 곧 생기겠지.

자모　그게 슬기 갖구 지 시어머니가 얼마나 독한 말을 했는지 그때 다시 애를 가지면 성을 간다 그랬단 말야. 그런 말은 하는 게 아닌데 혹시 말이 씨가 돼서

현수　(오버랩)아으 엄마 그런 게 어딨어요오.

자모　그래두우우

자부　(오버랩)그런 거 없어 걱정마. 그런 거 없어.

자모　괜찮겠지?

자부　괜찮아. 괜한 걱정 사서 하지 말구 어이 밥이나 먹어.

자모　괜찮아야지 그럼.

자부   국 한 대접 더 다우.

현수   네.(일어나려)

자모   얘 내가 해.

현수   (벌써 빈 대접 들고 움직이며)배춧국 맛있죠 아버지.

자부   어 아주 달구 시원해. 너무 많이 푸지 말구 반 대접만 해.

현수   ….(국 준비)

자부   주하는 출근한다며?

현수   네 씩씩하구 용감하게요. 엄마 이거 국 남은 거 낼 주하 먹여 출근시킬래‥

자모   어 그래‥그래‥

S#   주하 교무실(밤)

주하   (모두 퇴근한 교무실. 책상 위 치우고 있는)…(이것저것 집어넣고 서 럽 잠그고 코트 입다 문득 보면)

   [좀 떨어진 자리에서 책상 정리하고 있는 동료 선생]

인태   ….

주하   아직 안나가셨어요?(활달한)

인태   아…책이 재미있어서…시간가는 걸 몰랐어요.(좀 어벌벌하고 소극적인)

주하   (입으며)뭔데요? 신간이에요?

인태   예‥ 자금성 환관들 얘긴데

주하   (오버랩)어 광고 얼핏 본 거 같아요.

인태   박선생 읽으신다면 먼저

주하   (오버랩)아으 아니에요‥나. 별 흥미없어요. 하하.

인태   아아‥

주하　먼저 나갑니다. (하고 나가는)

인태　(잠깐 머엉)

S#　교정(밤)

주하　(씩씩하게 걸어 나오는데)

인태　(뒤늦게 현관에서 나와 좀 뛰듯이 따라붙으면서)저기

주하　??

인태　(오버랩/연결)어디로 가시지요?

주하　?? (멈추고)집으로요.

인태　....

주하　(잠깐 보다가 걷기 시작)..

인태　(같이 걸으며)지금 바로 집으로 가야할..꼭 그래야할 이유가.. 있나요?

주하　?? 아뇨.

인태　그럼...

주하　??

인태　그럼 잠깐..나랑..아니 저랑..저하구/..저기 학교 앞에서 저녁... (하고 보는)

주하　......(보며 기다리는)

인태　....(보며)

주하　언제..나머지 말 내일 아침에 하실래요?

인태　아니 저

주하　깔깔..김선생 왜 그래요. 안 그래두 돼요. 나 괜찮아요. 저녁 먹 자구요?

인태　...네..

주하　좋아요 가요.(걷기 시작하며)집에 저녁 없어요?

인태　어머니 어제 아들하구 호주 시드니/ 형네 가셨어요.

주하　잘됐네요. 나두 집에가 혼자 해결해야해요.

인태　아아..(웃으며)...

S# 근처 식당··

주하　(들어오며)저 떡만두요. 손씻구 올께요.

인태　아 예..

주하　(카운터에 화장실 물어 아웃)

인태　(보며)...

S# 식당 화장실

주하　(들어오는데)

　　　[전화벨]

주하　(보고 받는다)어.

S# 광모 오피스텔

광모　(설설 끓는 물에 만두 하나씩 젓가락으로 빠트리며)뭐하냐.

주하　F 저녁 먹을라구 식당에 막 들어왔다.

광모　늬들 외식하냐? 뭐 먹을 건데 어딘데.

주하　F 학교 근처..

광모　현수가 거기까지 왜 갔어.

S# 화장실

주하　현수가 여길 왜 와.

광모　F 늬들 따로따로야?

주하　엉 나 아직 안 들어갔어....왜.

광모　F 현수랑 통화 안했냐?

주하   아니…왜..

S# 광모 원룸

광모   아까 내가 개네 회사루 가서 대판 붙었거든.나 그동안 쌓인 울분 다 터뜨리구 다시는 안본다 폭탄 선언 했어.

주하   F 정말?

광모   정말이지 야. 익은 밥 먹구 선 소리하냐?

주하   F 결론은?

광모   ……(만두 다 넣고 뚜껑 닫는)

주하   F 현수 뭐래.

광모   (소파로 움직이며)눈하나 깜짝안하구 나를‥영구삭제한다더라. 야 그 기집애는 뭐 그따구냐. 영구삭제가 뭐냐 엉? 그거 엄청 섬짓한 말 아냐?(앉으며)그 순간 나 말야 내가 먼지로 흩어지는 느낌이더라(앉으며 티브이 켜는)

주하   F 그래서.

광모   깨갱했어. 잘못했다구 (리모컨 돌려가며)

S# 화장실

광모   F (연결)빌었다야.

주하   됐다. 결론은?하면서 벌써 알구 있었다. 끊어 나 사람 기다려.

광모   F 사람 누구.

주하   남자.

광모   F 남자? (하다가)어어어어어 (끊기는)

주하   ?

S# 광모 오피스텔

광모   으으으으(하며 달려들어 부르르르 넘치고 있는 냄비 뚜껑 열어 냅

596

다 뿌리는)….

S# 태원의 주방

　　[저녁 먹고 있는 가족/채린 포함. 아무도 아무 말 안 하면서……잠시 그
　　대로.]

태모　(죽 먹다 갑자기)아줌마아!!(숟가락 꽂은 채)

임실　E 예에(모두 태모 보는)

태모　(죽그릇 탁 밀어내며)밥 갖구 와. 원 볼따구니 쥐어 박어가며 먹으
　　래두 먹기 싫은 눔으 죽을. 밥 갖구 와요.

임실　(죽그릇 집으며)채린 아가씨가 쑤라 그랬구먼.

태모　나 죽 안 먹는 거 몰라? 나 속병 났어?

태희　아 그냥 먹어 둬. 채린이가 그랬다잖어.

채린　체해두 혈압 오른대요 어머니. 즈이 할머니두 혈압으로 돌아가
　　셨어요?

태모　체해서 돌아가셨어?

채린　네‥할머니 성격이 좀 그러셨었어요‥시금치 국 자신다구 했는
　　데 어머니가 미역국 한번 더 드시라구 했대요. 그거 잡순 게 체해
　　토하시다가 쓰러지셔서

태모　(오버랩)죽 갖구 와……

임실　(도로 갖다 놓아주고)….

태모　(죽 먹으며)아으 신경질 나. 아으 신경질 나‥

태희　(싫증나서)신경질 나면 나중에 먹어. 죽두 체하겠어.

태모　내가 니 친구냐?

태희　??

태모　버르장머리 엿바꿔 먹은 년. 어디 에미한테 반발 찌거리 찍찍.

태희 ???··알았어알았어. 알았사옵니다 마마 고정하시옵소서
어어··

슬기 ??(고모 말이 좀 우스우면서 할머니 보는)···

태원 (조용히 반찬 집어 슬기 숟가락 위에 놓아주고)

슬기 (먹는)····

채린 (부녀 보는데)····

태모 슬기야.

슬기 네.

태모 (먹으며)남자 동생이 좋아 여자 동생이 좋아.

태원 ??/

슬기 응 아무 거나.

태모 (오버랩)내년 가을에 나오는 아들이 대통령감이란다(혼잣말
처럼)

태희 까르르르르 깔깔.

태모 ??(흘겨 째리는)

태희 도봉 박처사가 그래?

태모 (그냥 먹고)···

태희 누구 채린이가 낳는대?

태모 (오버랩)부정타. 입 다물어.

태희 엄마 설마 아들 낳는 부적 썼어? 박처사 부적 십년을 갖구 있
어두 나 시집 못갔잖어!!

태모 니년 맘부터 동해야 부적이 힘을 쓰지 니년이 딴청만 부리는
데 부적 아니라 부적 할애비두 도리가 없는 거야.

태희 그렇게 속구두 또 바쳤나부네. 아으으으

태원   (수저 놓으며)다 먹었어?

슬기   응.

태원   올라가자.

슬기   응.

태원   (슬기 데리고 나가는)

태모   (모르는 척)......

태희   (나가는 슬기 부녀 보다가)압력넣지 말구 놔두라니까.

태모   (먹으며)아들이 둘이래.낳아야지 그럼.

태희   하나면 돼. 자식 많으면 재산싸움이나 벌어지지 뭐.

S# 은수의 방

준구   (파자마 바지 끌어올리다가 멈춘)???

은수   까르르르(웃으며 준구 옷 거는)

준구   그거 뭐야..나 때문에 안 된다는 의미야?

은수   (오버랩)아니이이 꼭 그런 뜻이 아니라 나는 하자 없는데 왜 안
            될까 선생님 반 농담처럼 그러신 거야.

준구   그게 무슨 농담이야.

은수   있어? 있어? (다가들며)딴 여자 임신시켰던 적 있어?

준구   밥 잘 먹구 올라와 할 화젭니까?(마저 바지 올리며)

은수   뭐어 있다 없다 둘중에 하나 간단한데.

준구   네 그렇게 무대책으로 놀진 않았습니다. 없었습니다.

은수   우후후 기분 나쁘세요?(파자마 상의 집어 펴주며)

준구   그 의사 당신한테 그게 할 소리야?

은수   (입히며)우리 집이 좀 다르니까 신경쓰이나봐. 요즘 남자 때문
            에 임신 안되는 여자들 꽤 있대..정자 수가 적거나 아예 없거나

준구   (돌아보는)…

은수   (코 한 번 찡긋하고)서너달 노력해두 소식없으면 당신 검사 한
        번 받아 보는 게 어떨까

준구   (오버랩)무슨 그런 말두 안되는/사람 어떻게 보는 거야!!

은수   ??

준구   내가 왜/뭣때매 그딴 검살 받아.

은수   아니이 원인이 뭔가 제대로 알아야

준구   (오버랩)당신 그래서 날더러 그 검살 받으라는 거야?

은수   싫으면 하지 마아..안하면 되지 왜 화를 내?

준구   씨없는 남자 취급이잖아 지금!!

은수   그럴 수도 있지 뭐어.

준구   뭐어?

은수   그게 무슨 병은 아니잖아. 인격의 결함도 아니구. 남자불임이
        많아졌대. 어느쪽이 문젠가 알면 해결방법 찾아서

준구   (오버랩)당신 입 다물어. 한마디도 더 하지 마.

은수   ??

준구   난 아냐..완벽한 정상이야.

은수   검사한 적 있어?

준구   ??? 뭐?

은수   싫으면 싫다면 됐지 입다물어가 뭐야. 당신 명령하는 사람이
        구 나 복종하는 사람이야?

준구   사람을 (뭘루 보고)

은수   (오버랩)그냥 낮에 병원에서 닥터랑 이런이런 얘기 했었다 그
        거야. 우리 요최근 거의 대화 없었잖아. 술 마시구 늦구 회사 골 아

600

프다 말 못부치게 하구 등 돌리구 책 보구/당신.. 왜 이렇게 자꾸 섭섭하게 만들어.

준구　.....여보.

은수　토요일에 슬기랑 만나줄래 답장두 없었어.

준구　어 그거 아 그거 깜박했네. 미안해..급한 메일 처리하느라 메일 쓰다 받았었어. 끝내구 한다 그러구 바로 미팅이다 뭐다

은수　(오버랩)알았어..(드레스 룸으로)

준구　.....(좀 움직이며)미안해. 잘못했어.

은수　(제 잠옷과 속옷 꺼내는)

준구　답 없으면 잊어먹었나부다 다시 한번 보냈거나 전활 하지.

은수　간단한 답두 못 보내는 바쁜 사람한테?

준구　.....(보며)

은수　(옷 들고 침대 발치로/옷 놓으며)토요일 어떡해.

준구　아...

은수　(돌아보는)

준구　어떡하나 정수하구 말타기로 했는데..

은수　.......(보며)

준구　다음 주 일요일에 합시다.

은수　샤워해. (출입문으로)....

준구　어디 가..

은수　(대꾸 없고)...

준구　......(욕실로 움직이는)

S# 계단 거실

은수　(내려와서)

S# 비어 있는 거실 통해서 주방으로….

S# 주방‥

은수 (들어와 찻잔에 차 조금 넣고 더운 물 부어 들고 식탁으로)….(의자
에 앉아 찻잔 내려다보며)…………

S# 슬기의 방

태원 (잠옷 입히면서)오늘부터는 안돼 혼자 자.

슬기 (불만)

태원 어제보다 오늘 더 자라구 오늘보다 내일 더 자라야 하는데 애
기로 뒷걸음 치면 안돼.

슬기 아빠는 슬기가 싫어?

태원 또 그런다. 슬기 좋아. 기절하게 좋아. 그런데 내내 혼자 잤는
데 왜 도로아기가 될려구 들어.

슬기 아기 되는 거 아닌데?

태원 그럼 다행이구. 암튼 우리 각각 자자. 아빠 생각할 일두 많구
또 아빠 혼자 자버릇 오래해서 너랑 자면 자꾸 깨. 깨면 금방 잠 안
와. 그래서 잠이 부족하구 그래서 피곤해.

슬기 알았어.

태원 화났어?

슬기 아니. 잠을 잘자야 건강하대. 알았어.

태원 고마워.

슬기 뽀뽀.

태원 뽀뽀 (부녀 쪽쪽/아이 머리 흐트려주다)어 엄마랑 얘기했어?

슬기 아니. 엄마 소식 없었어.

태원 할머니랑은

602

슬기 안했어.

태원 왜.

슬기 오늘 바빴잖아. 내 인생도 고달퍼.

태원 (픽 웃고)할머니한테만 해.지금 빨리. 하구 자.

슬기 할 얘기도 없어 뭐. 할머니는 전화하면 엄마한테 잘해주라는
　　 얘기만 하는데 뭐.

태원 안녕히 주무세요라두 해 빨리.(전화 챙겨주는)

슬기 알았어(전화받는)

S# 은수의 주방

은수 ·······(머엉하니 앉아 있는/ 찻잔 놓아둔 채)·······

준구 (들어서서 보는)·······

은수 ······(그대로)

준구 ·····(다가들어)·······(양 어깨에 두 손 올리고)·······어머니 보시면 어
　　 쩔려구.

은수 ·····

준구 올라갑시다··자 일어나(일으키려 하며)

은수 (순하게 그냥 일어나지만 준구 손에서 벗어나는)·····(그냥 나가고)

준구 (돌아보고)···

S# 거실

은수 (나와서 계단으로 올라가는)·····

준구 (나와서 은수 따라 올라가 어깨 안고 올라가는)·····

S# 준구 부부 침실

준구 (들어오면서 답싹 은수 안으며)과민반응 했어. 당신이 이해해.
　　 남자한텐 그거 굉장히 예민한 얘기야. (조금 떼어 보며)아니 당신

어떻게 그거두 몰라.

은수   씻어요.(빠져나가려)

준구   (안 놓아주며)슬기는 담주 일요일에 만납시다.

은수   (좀 끄덕여주고)

준구   (욕실로)

은수   (욕실로 가는 남편 잠시 보다가 침대로··걸터앉는)·······(고개 조금
아래로 하고)·······

S# 준구 집 전경(밤)

[좀 두었다가····천천히 F.O]

S# 말 달리고 있는 준구와 정수···

[대부도 베르아델 승마장. 외승코스.]

**S# 대형마트에서 장 보고 있는 은수. 카트에 과일들. 그리고도 이것저것 집
어넣는**

S# 슬기의 방

[태원 슬기 앞에 세워 안고 서서 보고 있는 중.]

[피아노 갖고 온 사람 둘··마지막 조립 마무리하고 능숙하게 건반 두드
려 체크하는/]

슬기   (아빠 뒤로 올려다보며 좋아서 웃고)

태원   (머리 만져주는)··

S# 태모의 방

태희   (영지버섯 물 큰 컵 사이드에 놓다가 멈춘)???(태모는 화장대에서
팔에 로션 바르는 중)···뭘할려구.

태모   내노라면 내놔.

태희   할말있으면 말해. 내가 전해주께.

604

태모　이년아 너 이제 안 믿어. (전화 집어 내밀며)여기 등록해.

태희　대체 무슨 짓을 할 참인데에.

태모　....

태희　엄마 제발 하지 마. 그거 진짜 막장이야.

태모　???(딸 노려보는)

태희　건드리지 말구 그냥 냅둬어. 좀 요령 껏 해 응? 슬기엄마 전화 번호가 왜 필요해 응? 걔 건드리지 마 엄마. 걔 태원이한테 엄마 고 발하면 어쩔려구 응? 태원이 진짜 돌아 저번에 엄마 당했잖아. 또 당하구 싶어?

태모　그눔이 채린이 한테 여기 오지 말랬대.

태희　....어어 그래서 꼼짝 안했구나. 진돗개가 그말은 듣네? 무슨 꿍 꿍이야?

태모　진돗개?

태희　아니 근데 걔 입이 너무 싼 거 아냐? 태원일 어떻게 해볼 작정 이면 그렇게 홀랑홀랑 엄마한테 꽈바치질 말어야지이.

태모　홀랑홀랑 안했어. 사흘 동안 이 핑계 저 핑계 별 핑계 다대다가 겨우 실톨 한 거야. 울면서. 가슴이 아파서 내가 증말. 간신히 꼬셔 슬기 데리구 나가 밥 먹기루 했어.어이 전화번호 내놔. 이년 먼저 처칠 해야 해‥내가 누군데 엉?

태희　엄마 그러다 진짜 태원이 홀아비 귀신 만든다‥

태모　??

태희　깊이 생각해. 난 그래야 한다구 생각하네요.(하고 나가고)

태모　아 전화번호 내노라니까아아

S# 거실

태희　(나오다 보면)

태원　(현관에서 피아노 갖고 온 사람들 보내는 인사 하고 있는 중이다)네 감사합니다. 수고 하셨습니다··(인사 마치고 계단 쪽으로/복도에서)

태희　너 채린이더러 오지 말라구 했니?

태원　(대답 없는 긍정으로 움직이는데)

태희　슬기엄마 전화 번호 내노라구 난리두 아니다

태원　??(돌아보는)

태희　안 가르쳐 줬어. (제 방으로 가면서)슬기 데리구 만나 밥 먹는단다.

태원　(안방으로)

S# 태모의 방

태원　(들어오며)슬기 엄마하구 아무 상관없는 일이에요·· 어머니 제발 그 사람 건드리지 말아요.

태모　니가 나 좀 건드리지 마라. 채린일 왜 못 오게 해.

태원　슬기 오늘 외가에 가는 날이에요.(돌아서며)

태모　우리가 무슨 죄졌냐? 보내기도 하구 못 보내기두 하는 거지 일 수 찍어?

태원　약속이에요.

태모　슬기 지 에미 보는 거 싫여.

태원　····(보며)

태모　그리구 오기사 두구 왜 꼭 니가 데려다줘. 핑계 낌에 그 기집애 보는 거 아냐.

태원　···(보며)

태모　그 집구석하구 인연 끊어.

태원　슬기 엄마는 그 심한 대접을 받으면서두 마지막까지 저한테

606

말 안했어요. 저 그 여자가 싫습니다. (돌아서는)

태모　나는 좋다.

태원　(그냥 나가는)

S#　자매의 대문 앞

[은수 차 세워져 있고/자부 대문 앞 골목 쓸고 있는 중.]

[들어오는 태원의 자동차.]

자부　(차 소리에 돌아보고 혼자 웃고)

태원　(멈춘 차에서 내려 인사)슬기 왔습니다 아버님.

자부　어어 고맙네‥

태원　(문 열어주려 움직이는데)

슬기　(벌써 내려)할아버지.

자부　오냐오냐 그동안 잘 지냈어? 흐흐흐‥

슬기　네에. 아빠 이따 봐.

태원　어 그래‥

S#　자매 친정 마루 주방 현관

은수　(통화 중)샤브샤브하는데 언니.

[마루 식탁에 부스터/올려진 육수 든 전골 냄비. 각종 야채 큰 그릇에

수북이. 식 접시 소스 종지 등등. 준비돼 있고/엄마는 김치 준비 중.]

자모　고기 많이 사왔어어어.

은수　주하언니랑 같이 와. 충분해애‥(엄마에게)싫다는데?

자모　왜 싫어어.

은수　그러지 말구 와 언니‥(엄마에게)대청소하는 날이래.

자모　청소는 먹구 가서 하면 되잖아아.

은수　들었지?‥‥슬기 안 보구 싶어?‥‥(부어서)알았어‥더 이상 사정

안해. 끊어. (하는데)

슬기   E 할머니이이

자모   아이구 내 새끼 내 새끼 왔어어어? (튀어나가며)

은수   (웃는)‥

S# 현수의 원룸 앞길

광모   (강아지들 잠자리 두 개 마주 펑펑 먼지 털고 있는)…

[식탁 한옆으로 치우고 청소기 밀고 있는 주하.]

[침실에서는 현수 침대 싸개 낑낑거리며 끼우려는‥그러다가]

현수   주하야아!!

주하   (못 듣고)

현수   (난간으로 붙으며)박주하아아아!!

주하   ??(끄고)어어엉.

현수   좀 올라와. 이거 혼자 힘들어.

주하   (청소기 놓고 움직이며)광모 들어오면 하라 그래애.

S# 침실

주하   머슴됐다 뭐해애.

현수   너 샜잖아어‥

주하   어‥어 그렇구나. (마주 덤벼들고)……

광모   E 나 뭐‥

S# 원룸 거실

광모   애들 장난감 세탁기 때려넣구 돌리라구?

주하   E 어엉. 그리구 너 바닥 좀 밀어 구석구석……

주하   (난간에 상체 보이며)장난감은 놔둬. 얘가 돌린댄다‥

광모   (장난감 바구니 집어 들다가)걔는 입 없냐?

608

S# 자매 친정 마루

은수 맛있어?

[샤브샤브 먹는 중인데/ 은수는 슬기한테 신경 쓰느라 못 먹고 엄마는 남편한테 신경 쓰며 먹고.]

슬기 맛있어.

은수 많이 먹어.

자모 할머니네서두 이거 해 먹어?

슬기 아직 안해 먹었어요. 할머니가 혈압이 높아서 고기 잘 안 먹는대.

자모 그렇구나. 많이 먹어 많이많이 먹어.

슬기 할머니 화나서 혈압 올라 입원했었어. (엄마 보며)

은수 ??

슬기 아침에 입원했다 저녁에 집에 오셨어.

자모 왜 화 나셨어?

슬기 으응··고모가 결혼 안하구 늙어간다구/고모랑 얘기하다가 아마 고모가 할머니 약을 올렸나봐··

자모 으으응··

슬기 근데에? 채린이 아줌마 때문에 쫌 문제야.

은수 ?? 무슨 문제? (어른들 시선도 같이 움직입니다)

슬기 아빠는 더 좋은 사람 없을까아아 그러는데?

슬기 E (엄마 위에)아빠는 그냥 나하구만 살구 싶대··그런데 채린이 아줌마는 아빠를 좋아하는 거 같구.

슬기 E (아빠 위에)아냐 좋아해. 보면 알수 있어. 그런데에? 할머니가 채린이 아줌마를 너무너무 이뻐해··병원에서두?

슬기 할머니가 우리 다 들어가구 채린이 아줌마만 있으라구 했어.그래서 고모랑 나랑 아빠랑 집에 왔어.(고기 집다가)아 엄마 내 피아노 오늘 왔어.

은수 어어 그래애애? 진심 축하해. 열심히 해애?

슬기 <u>으ㅎㅎㅎㅎㅎ</u>..아빠두 똑같은 말 했는데..엄마는 왜 안 먹어?

은수 어 먹어. 먹구 있어..(하는데)

    [은수 전화벨..]

은수 (보고)?? 네 선생님 안녕하세요.

허 F 지금 전화 받기 편해요?

은수 ?? 네.. 네 무슨 일이신데요 선생님.

허 F 은수 씨 혹시 먼저 시댁하구 무슨 일 있어요?

은수 ?? (일어나며)잠깐요 선생님.

S# 슬기 방

은수 (들어오며)네 선생님.

S# 허선생 한복집

허 어 은수씨 저기 이 얘길 전해야 하나 어쩌나 많이 망설였는데 ...아무래도 느낌이 좋질 않아서요.. 그 양반 성격두 내가 알구 은수 씨가 알고는 있어야 할 거 같아서어...한 한시간 됐나 갑자기 전화해 서는 새며느리 보게 됐다구 곧 데리구 나온다면서..문잖은 소릴 하 안참 하더니 은수 씨 지금 시댁 전화번홀 묻잖아.

S# 슬기의 방

은수 ????

허 F 고객 전화번호는 밖으로 내보낼 수 없다구 완곡하게 거절은 했는데 신경이 쓰이네요.

은수 네 선생님 고맙습니다.. 제가/ 제가 다시 연락 드릴께요..네.네

선생님.(끊으며)…..(돌아서는)

S# 마루

은수   (나오고)

자모   누구야?

은수   응.. 아냐.. 아는 선생님.. 잘 있냐구…속도가 늦어졌네?

슬기   응 배부르기 시작했어..

은수   버섯.(건져주며)버섯 먹어.

S# 태모의 방

태모   (통화 중)아 오리발 내밀지 말구우우…홍여사 인맥 좋잖아..알
려구 들면 왜 못 알아….아 내가 양재동 빌딩 싸게 넘겼잖아. ？？？
받을 거 다 받았다니 원 사람이 이렇다니까. 딴데 팔았으면 다섯
장은 더 받았어…어떻게 좀 해봐..아 나말구 누가 좀 알아 달란다니
까아.

   [노크.]

태모   누구냐.

채린   E 전데요 어머니.

태모   어 어어 들어와 들어와..(/채린 들어오고/ 채린에게 손 내미는데)

태모   E 으응 우리 새며느리. ..응..새아이 들어와. 응 응..(채린 태모 내
민 손 잡는)

S# 어느 모피집

   [채린에게 모피 입혀놓고 검사하듯 이리저리 돌려 세워가며/ 아니
라는 듯 고개 흔들고 다른 거 입혀보라는 제스처. 채린 다른 거 입어
보고..]

S# 같은 가게··핸드백 이것저것 들어보게 하며 고르고 있는 태모와 채린

S# 한복집 전경 인서트

S# 한복집 안‥

허　새며느리가 얼마나 이쁜지 얼마나 착한지 묻잖은 얘길 하안참 하더니 지나가는 말처럼 그런데 아들이 은수씨랑 완전히 안 끊어진 거 같아 걱정이라구 한마디 하더라구 (찻잔 들며)

허　E 은수씨 잘 살고 있는데 그게 무슨 말씀이냐 했더니‥‥

허　(한 모금 마시고 놓는)‥‥

은수　‥‥(기다리는)

허　애 아빠 아직 만나구 있어요?

은수　만나구 있는‥ 그런 의미 아니에요 선생님‥‥아이 문제로 의논할 일 있을 때 잠깐 씩 봤지만(변명이 구차하다)그 쪽에서 생각하시는 그런 거 아니에요.

허　(오버랩)그래 그렇겠지. 그 양반 별난 거 나두 알어. 말은 뭐 어디 절에 스님이 이모님 연락처 알구 싶어한다 그러든데‥ 마지막까지 잡아뗐어. 화내구 끊더라구.

은수　감사합니다 선생님(시선 내리며)

허　나는 아냐. 나 아무 말 안했어.

은수　네에 (그냥 웃는)

S# 한남동 은수 집 근처 길로 들어오고 있는 은수의 차

S# 운전하는 은수‥‥‥‥‥

S# 준구의 집 앞

은수　(차 와서 멎고 사용인 뛰어 다가서 내리는 은수에게 인사하고)‥‥(대문으로)

S# 거실‥

준모 ?? 네 전데요··실례지만 어디시죠? (집전화)

태모 F 나 그집 며느리 전 시에미되는 사람입니다.

준모 ???···네 그런데요.

태모 F 그집 며느리가 아직도 내 아들 구멍구멍 만나구 다니는 거 아시나요?

준모 ?? 아니 그게 무슨 말씀이세요.

이모 (염주 굴리며 책 보고 있다가 동생 보는)····

S# 정원

은수 (들어오고 있는)··········(현관으로)

S# 현관 안 복도

은수 (들어와 복도로 들어오는데)

준모 E 여보세요. 남의 집 며늘애한테 그런 말씀 함부로 하시는 거 아닙니다.

은수 ???(후다닥 거실로)

S# 거실

이모 (나타나는 은수 돌아보고)

준모 (전화 들고)···대체 무슨 이유로 인연 정리하고 새 출발 한 며느리 험담하자고 이런 전활 하시는지 이해가 안되는군요. 내 며느리는 내가 잘 알고 있습니다. 이런 전화 다시는 하지 마세요. 불쾌합니다.(끊고 은수 돌아보는)

은수 ····(보며)····

준모 잠깐 올라가자··(계단으로)

은수 ····(보며)···

제12회

S# 준구네 거실

이모 (계단 아래서 위층 보고 어정쩡 서 있는)……

　　　[잠시 두었다가]

S# 준구 서재

　　　[준모와 은수.]

준모 (앉아서)앉어라.

은수 …

준모 자다 뺨 맞은 거 같은데/그냥 넘어갈 수는 없지 않겠니?

은수 …(마주 앉는)

준모 더불어 말 나눌 사람 아니드라만 그래두 니 얘기는 들어봐야
　　　겠구나.

은수 ….

준모 니가 자꾸 아이 아빨 불러내 만나구 다니면서 아들 재혼을 방
　　　해한다는데

준모 E (보는 은수)이게 말이 되는 소리니?

은수 말씀 드릴게요 어머니. 아이가…속 썩이면서 아이 문제로 두
번 …만나 얘기했어요. 아이 보내는 날..아이 데리러 온 그 사람 잠
깐 봤어요.

준모 니가 만나자 그랬니?

은수 …네..한번은 친정에서 부딪쳐 얘기 좀 하자 제가 그랬구…아이
가 저한테서 멀어지는 게 그쪽 할머니 고모 영향 아닌가 좀 도와달
라는 부탁했어요. 한번은

준모 (오버랩)그렇게 일일이 다 말할 건 없다.

은수 ….(고개 숙인 채)..

준모 …(보며)

은수 그게 전부에요 어머니..그이한테두 그때마다 다 얘기했어요.

준모 그런데 그 양반은 왜 그런 오핼하구 있어.

은수 원래…원래 그런 분이에요..(울음 터지고)

준모 ……(보는)

은수 원래 그런 분이에요.

준모 (오버랩)곧 재혼한다 그러지 않았니?

은수 네..

준모 그런데 왜 널 걸구 넘어지는 거야..

은수 아들이 망설이는 게 제탓이라구 제탓으로 생각하시는 거에
요.(두 손이 얼굴로)

준모 ….(보다가)심한 말도 안했는데 왜 그러니.

은수 죄송합니다. 어머니..너무너무..욕스러워요. 죄송합니다.

준모 ….헤어진 사람/아이 문제로 그래 만날 수도 있지만 /늬들 생
각이 어떻든 우린 아직 거기까지 안가있어. 여기 서양 아니야. 내

며느리 전남편 만나는 거 달가와할 시집 없다. 다시는 그런 불쾌한 전화 안 받게 해다우.

은수 네.(이모 슬그머니 들어서는)

준모 참 별별 사람이 다 있으니까....어떤 시어머닌지/ 어떤 시집살이였는지 알겠구나.

은수 ....

준모 늬 아버지 안 계신 시간이라 천만다행이야··(하며 일어서고)

은수 (울면서 일어나는)....

준모 (이모 챙겨서 나가는)

은수 ······(고개 꺾고 있다가 손바닥으로 눈물 닦으며 움직이는)

S# 침실

은수 (들어오면서 곧장 코트 벗어 침대에/핸드백도 침대에/걸터앉는) ····(앉아서 그대로)······

S# 현수의 원룸

[광모 소파에 누워 핸드폰 검색 중. 주하는 식탁에서 커피 마시며 책 보고 있고]

광모 (문득)앤 무슨 샤워를 아예 껍질을 벗기냐?

주하 좀 걸려어.

현수 (타월만 두르고 나오는)

광모 (돌아보며)나온다.

현수 (무시하고 계단으로)

광모 야아아 진짜 여신이다 현수야.

현수 (그냥 올라가는)

광모 ····(김새서)완전 투명인간 취급이네··

616

주하 (혼자 낄낄거리고)

광모 공이나 차러 가야겠다…

주하 세탁소오.

광모 알았어어..(현관의 커다란 쇼핑백/시트와 침대 커버 두 벌 들어 있는 것. 휘파람 불며 신 신는)

S# 원룸 침실

현수 (로션 바르는 중. 목까지)…..

　　　[전화벨..]

현수 …(일어나 침대에 놓여 있는 전화 집어 들고 받으며 화장대로)어 왜.

은수 F 언니 나……분해서 죽을 거 같아.

현수 ???

은수 F 엉엉엉엉 엉엉엉엉

현수 김준구 바람났냐?

은수 F 엉엉 그런 거 아냐.

현수 그럼 뭐야. 뭐가 분해죽어….(울음)어엉?

S# 원룸 거실층

주하 ???

현수 E ..야아…야 짜증나 말을 해.(주하 일어나고)

S# 침실

현수 울지 말구 말을 하라구우우..

은수 F 슬기 할머니가 흑흑

현수 엉.

은수 F 우리 시어머니께 전화해서(현수 ??)내가아 슬기아빠 자꾸 불러내 만나구 다닌다구우..슬기아빠 재혼 훼방놓는다구우우우

우우··

현수 진짜 미친 할망구 아냐아아!!!(은수 울음)울지 마 울지 마 울지 말구 얘기해 이 바보야!!!

주하 ??(올라오고)

현수 (울음 그치려 쿨쩍거리는 소리 잠시 새고/좀 기다려주다가)그래서 쫓겨나게 생겼어? 나가래?

S# 은수 화장실

은수 그런 거 아냐.

현수 F 그럼 울거 없잖아. 난 무슨 크으은일났는 줄 알았네.

은수 (오버랩)너무너무 억울하구 분해··어떻게 끝까지 이렇게 악독하게 굴수가 있어. 내가 뭘 그렇게 잘못했다구우우.

현수 F (있는 대로 올라서)이 늙은이를 그냥 정말 기름통 들구 달려가?

은수 (오버랩)슬기 아빠한테 전화 좀 해. 제발 빨리 결혼하라구. 나 왜 이런 일 당해야하냐구우우.

현수 F 울지 마 등신같이 왜 울어. 아니면 그만아냐. 너 늬 시어머니께 똑 부러지게 말씀드려. 절대 그런 거 아니구 그노인네 정신병자라구.

S# 현수 침실

현수 오죽하면 못살구 뛰쳐나왔겠냐 어? 끊어.(끊고 옷 빠르고 거칠게 옷 입으면서)너 옷 입지 뭐해!!

주하 ?

현수 운전하란 말야 기집애야!!

주하 어어 알았어 알았어.

S# 은수 침실

은수　(전화 내려다보며 흐느끼다가 통화 시도⋯)

준구　F 어 나야.

S# 준구 사무실

은수　F 여보⋯세상이 망하는 일 아니면 빨리 들어와 나 좀 도와줘.

　　(준구 서류 쌓아놓고 일하던 중)

준구　?? 왜 무슨 일이야.

S# 원룸 앞길

　　[뛰어나온 현수 주하 자동차로 뛰어드는 중. 주하 운전대로 먼저/현수

　　조수석에 타고 문 닫히면서]

현수　E 슬기 아빠 지금 어디 있어요.

S# 부우웅 가는 자동차. 좀 두었다가

S# 태원의 동네. 빌라 단지 동네로 주하 자동차 연결

S# 빌라 앞

　　[나와 서 있는 태원 옆에]

　　[주하 자동차. 와서 멎고]

현수　(내려서 태원 앞으로/앞에 서는 것과 동시에 다짜고짜)정태원씨

　　당신 집안 정말 이럴 거에요?

태원　??(무슨 말인가 하려는데)

현수　우리 집 슬기 엄마 보호해 달라구 분명하게 얘기했죠. 도대체

　　슬기 아빠 뭐하는 사람이에요.

태원　슬기 이모

현수　(상관없다)집에 처들어와 난동부린 거두 모자라 애 시집에 모

　　략질까지 해요?

태원　???

현수   아아무리 정상아닌 어머니래두 노인네 어떻게 그런 깽판을 치
       구 다니게 만들어요.

태원   (오버랩)우리 어머니가 무슨

현수   (오버랩)애 시어머니한테 은수가 자기아들 만나면서 재혼 훼
       방놓는다 그랬대요.

태원   ?????

현수   E 은수가 훼방놨어요? 은수 때문에 재혼 안하는 거에요??!!

태원   (오버랩)알았어요 알았습니다.

현수   알기는 뭘 알아요. 알아서 이 지경이에요? 슬기 뺏어 갔으면
       됐잖아요!! 정신병자들 애 벌레취급해 내쫓았으면 됐지 또 뭐가
       남았어요 에? 뭐가 남았냐구요오오!!!!

주하   (어느새 내려 옆에)현수야..(진정해)

태원   할말이 없습니다 처형.

현수   처형 아니랬잖아!!

주하   현수야아

태원   (오버랩)은수는 어떡하구 있습니까.

현수   ??

주하   (갑자기 나서며 버럭)은수한테 관심끊으라구요!! 바로 그게 문
       제에요 그게!! 왜 장가 안가요··

현수   ??(주하 보는)

주하   애 은수 부탁 받구 왔어요.결혼 빨리해서 저 좀 살게 해달래요.
       빨리 하세요에? 가자.(현수 팔 잡아끌어 자동차에 태우려)

현수   (팔 털어내려 애쓰고)

주하   아 됐어어. 할말말 다했잖어 가자구우우 (억지로 태우고 운전대

620

로)······(차 돌리는)

태원　·····(멍하니 보며)······(언제까지고 그대로일 듯 있다가 출입구로 천천히···)

S# 승강기 열리고 태원 내려 움직이는/천천히

S# 태원 거실

태원　(들어와 계단으로)

S# 복도. 슬기 방 앞

태원　(와서 문 열고 보는)

S# 잠자고 있는 슬기 문 쪽을 보고/동화책 몇 권/한 권 껴안듯 하고 포근하게/태원의 시각

태원　······(딸 보면서 눈물이 고인다)·····(아아 죽고 싶다아아아)

S# 준구 정원

준구　(뛰어들어 오고 있는)

S# 현관 거실

준구　(급하게 들어와 곧장 계단으로/거실은 비어 있다)······

S# 이 층 서재 통해서 침실

준구　(들어와 침실로)

S# 침실

준구　(문 열고 잠깐 멈춰서 보면)···

은수　(옷도 못 갈아입은 채 침대 걸터앉아 주먹 쥔 손)···(준구 본다. 울고 있지는 않으나 많이 울었고 아직도 눈물이 차 있는)····

준구　(들어오는 움직임과 은수 일어나는)····(안아주고)

은수　(마주 안는)고마워 여보. 들어와 줘 고마워···흐윽.

준구　됐어. 얼굴 보니까(떼어내고)이미 충분히 울었는데 이제 그만 해.

은수　여보.

준구　(한 손으로 머리칼 올려주며)내가 당신 믿는데 무슨 걱정이야.걱정마. 당신이라는 여자..정말 힘들었겠다. 힘들어서 뛰쳐나왔다 그랬을 땐 그저 막연히 힘들었었나보다 했는데…이제 제대로 알겠어…최악이었구나 당신··

은수　(눈 감으며 가슴에 얼굴 붙이는)····

준구　····(다시 안아주는)···

S# 준구 거실

준구　(계단 내려와 안방 쪽으로)

도우미　(안방 쪽에서 빈 찻잔 들고 나오다 보고)사모님 이모님하구 계신데요.

준구　아 예··

S# 손보살 방

이모　(눈 감고 염주 굴리며 입안에서 불경 외고 있고)

준모　(누워 한 손 이마에 얹고 눈 감고)····

준구　E 저 들어왔습니다.

이모　(동생 잠깐 돌아보고)오냐아아

준구　(들어오고)

준모　(일어난다)···

준구　(무릎 꿇고 앉으며)얘기 들었어요. 먼저··잠시나마 어머니 불편하게 해드린 거 죄송합니다.

준모　(가만히 아들 보는)

준구　E 저 사람도 그걸 제일 걱정하고 있어요. 그런데 어머니 혹시 눈꼽만큼이라도 저 사람에 대한 의구심이 생겼다면 그건

622

준구 (오버랩)준구야.

준구 네‥저 사람 누구보다 제가 잘 알아요. 정직하고 투명합니다.

준구 E 저 한테 비밀같은 거 전혀 없어요.저 다 알고 있는 사실이에요.

준구 아이 문제가 답니다. 다른 얘기는 있을 수 없는 모함이에요. 믿어주세요.

준모 (오버랩)잠시나마 불편?

준구 ??

준모 이일이 잠시 불편으로 끝나겠니?

이모 여기까지 그런 짓할 몰상식한 사람/거칠 게 뭐 있겠냐 동네방네 뉘집 며느리 전남편하구 어떻다드라 그걸 걱정하구 있다. 괜한 걱정 아니구.

준모 (오버랩)이다미라는 애 일 끝났나 하자마자 이건 또 무슨 일이야‥

이모 어머니

준모 (오버랩)어떻게 전남편을 만나게 해. 안된다 잘랐어야잖아.

준구 아이가 있잖아요‥

준모 개가해온 며느리 아이 핑계로 전남편 만나는 거 어느 집에서 용인해. 그런 소리 들어본 적 없어.

준구 그게요 어머니

준모 (오버랩)개가했을 때는 전에 인연 제대로 정리하구 여기에 충실해야하는 거야. 애 보러 간다아아 하루 이틀 전에 벌써 들뜰테구 보구 와서 또 하루 쯤 안정 안된테구 난 늬들 대체 뭐하구 있는 건지를 모르겠다.

준구　그래서 어머니 저 사람 아이 보러가는 거두 줄였었어요.

준모　다 끊으라 그래. (이모? 준모 보고)나중에 우리 집 세상관심 밖
으로 밀려나면 그때 보라 그래.

이모　얘 그건 너무

준모　(오버랩)지금 늬들 할 일이 뭐야‥늬 할 일두 못하구 있으면서
그 집안에 얽혀 내가 이 수모가 이게 뭐야.

준구　아이까지 보지 말라고는 못해요 어머니.

준모　?? 못해?

준구　그건 너무 잔인한 짓이에요.

이모　그렇게까지 할 거야 뭐

준모　언니 가만 계세요.

이모　너 이해 못하는 거 아니지만 그렇지만 너두 에미면서

준모　가만 계시라니까요?

이모　??? 죽었냐? 가만있게?

준구　저사람 받아들이지 않을 거에요

준모　??

이모　얘 이 미련퉁아 너 그 소리는 하는 게 아니지이이‥

S#　태원의 거실

태희　(주방에서 머그잔 하나 들고 나오다)???

태원　(여행 트렁크 중형 들고 계단 내려오는)

태희　뭐야? (태원 현관으로/따르며)…태원아.

태원　(가방 놓고 돌아보는)어머니 슬기엄마 시댁으로 전화하셨대요
(태희???)은수가 나 불러내 재혼 방해하구 있다구요(허탈)

태희　어머머머머머 엄마 미쳤구나미쳤어 노인네 병원 집어너야되

624

는 거 아냐? 어떻게 그런 짓까지 해애애. 정상 아니다 태원아. 우리 엄마 돌았어어.(임실 슬그머니 나와 보고)

태원 (오버랩)있다가는 슬기한테 보이지 말아야할 거 보일 거 같아요. 슬기한테/출장갔다 그러세요. 일본/일주일 쯤요. (마른침 꿀꺽)전화는 내가 한다구…문자는 보내두 된다구…… 엄마를 보기가 싫어요.(가방 집어 드는데)

태희 태원아 태원아 얘.(달려들어 팔 잡는)너 설마…설마 딴 생각하는 거 아니지.

태원 뭐요‥죽는 거요?‥‥(쓴웃음/울음)아니요‥슬기한테 그건 안해요‥걱정 말아요.(나가고)

태희 ……(잠시 머엉 있다가 제 방으로 뛴다/머그잔의 커피 출렁출렁 쏟아지면서)

S# 태희 방

태희 (뛰어 들어와 머그잔 놓는 한편 전화 집어 들고 통화 시도)

S# 강남 쪽 백화점 주차장

오기사 (트렁크에 짐 싣는 중)

  [울리는 전화벨]

S# 차 안

  [채린 태모 타고 있고]

  [태모 전화 울리고 있다.]

채린 어머님 전화.

태모 (전화 꺼내 보고)됐어 안받어.(꺼서 핸드백에 넣으며)간신같은년.

S# 태희 방

태희 ??? 왜 안 받어어어 (다시 시도)

S# 빌라촌 근처 길을 달리는 태원의 자동차

S# 차 안

태원 (운전하면서 쓰라리게 울고 있는)········

[전화벨··울리는····그냥 뒀다가 집어 들고 보고 이어폰]

태원 예 슬기이모.

현수 F 대답을 못듣구 왔어요. 은수한테 말해줘야 해요. 할 거에요 말 거예요.

태원 예···합니다··하겠습니다··

현수 F 언제요··

태원 (쓴웃음)

현수 F 언제요.

태원 빨리 하죠··빨리 할게요.

S# 원룸 앞길

현수 (차 문 닫으면서)믿어요··알았어요 그렇게 전할게요.에 부탁해 요(끊고 입구로)

주하 (따르는)미치꽹이같이 굴어서 미안하다 그러라니까아.

현수 아 괜찮아··당해도 싸. 뭐야. 처자식 하나 건사 못하구 상등신. 지 엄마 잘라내구 안보구 살았음 됐을 거 아냐.그러 못하구 어으 으으

S# 원룸 거실

현수 (앞서 들어와 핸드백 소파에 던지고 냉장고 물 꺼내 벌컥벌컥 마시 고 들고 있는 전화에 문자 찍기 시작하는/주하 따라 들어와 현수 마시다 놓은 물병 집어 벌컥벌컥)

S# 은수 침실

준구　(걸터앉아 고개 아래로 하고)…

　　　[문자 들어오는 신호음/ 은수 전화.]

준구　(집어서 보면)

　　　[전화 화면 제목 /슬기 아빠 만났다.]

준구　(일어나 욕실로)

S# 욕실

은수　(세수하는 중)……

준구　(전화 들고 와서)처형‥

은수　??(했다가 급히 작은 타월로 대충 물기 처리하며 받아서 열어보는)

현수　E 슬기아빠 만났다. 너무 황당한가보더라. 걱정 마. 빠른 시일 안에 결혼한단다. 거긴 어떠니. 수틀리면 엎어버리고 나와. 두 번 간 애가 세 번은 못가냐? 집엔 입 다물어.

은수　E (답장 찍는)언니 고마워.(전송)

준구　뭐래.

은수　언니가 만났대. 결혼한대. 빠른 시일 안에‥두번 갔는데 세 번 못가냐구 나 (좀 쓰게 웃으며)수틀리면 엎구 나오래.

준구　?? 처형은 무슨 말을 그렇게 하구 사냐.

은수　언니 나 싫어하거든‥그거봐라‥찌르는 거야.

준구　무슨 자매가 그래.

은수　우린 그래. 그렇지만 그러면서두 우리 언니 나 때문에 속상하면 꼭지가 돌아.내가 여러번 꼭지 돌게 했어.(하는데)

　　　[노크]

준구　네에(하며 나가고)

S# 침실

이모   (들어오는)

준구   (드레스 룸에서 나오며)네 이모님.

이모   얘는..

준구   여보오..

은수   네에에(빠르게 침실로 나온다)…??(이모 보고)

이모   아가야..

은수   네 이모님.

이모   (손 내밀며 다가드는)

은수   (다가들며 손)

이모   (손잡고)내가 걱정이 돼서..

은수   (보며)…

이모   사용인들두 있구..티내지 말어라..

은수   네에..

이모   얼마간 딸애 볼 생각 말구.

은수   ..(보며)

준구   이모님.

이모   (오버랩)내 생각이야. 그러는 게 좋겠다.

은수   ….(보며)

이모   다른 신경 쓰지 말구 그저 이 집에만 집중하고…아이도 빨리
       갖도록 해야지 으응?

은수   네..알겠습니다 이모님..

이모   오냐..좀 쉬었다 내려오렴.

은수   ..네..

이모   (돌아서고)

준구 (문 열어주며)모실까요 이모님?

이모 쓸데없다.(나가고)

준구 (문 닫고 은수 쪽으로 가 서는데)

은수 (시선 내린 채)왜 이렇게 되는 거지? 슬기도 못 봐야하나봐.

준구 얼마간‥당분간이라 그러시잖아.

은수 어머님 뜻이잖아. 나 다 알아‥

준구 …

은수 마음이 이런데 어떻게 티가 안나‥안 그래두 나 배우 된 거 같을 때 종종 있는데 오늘은 정말 힘들겠다.

준구 누구나 얼마쯤은 다 배우야‥괜찮아 당신 할 수 있어.

은수 응 (울음 차오르며)나 할 수 있어‥화이팅‥

준구 화이팅.

은수 화이팅.(남편 보며)…

S# 태모 거실

태모 (막 들어왔다 안방으로 움직이며)했지.

태희 (따르며)엄마 돌았어?

태모 안돌게 생겼냐?

임실 (오기사한테서 쇼핑백들 받으며 보고 있는)

태희 그렇다구 그런 짓 까지 하면 어떡해애.(태모 들어가고)

S# 태모의 방

태희 (쫓아 들어오며)도대체 그집 전화는 어떻게 안 거야(이 층에서 슬기 똥땅거리는 피아노 소리)

태모 내가 누구야. 알려구만 들면 왜 못 알어,

태희 태원이 집 나갔어.

태모   (핸드백 던지고 옷 벗으려다)???

태희   엄마 얼굴을 볼수가 없대.보기가 싫대.

태모   그걸 붙잡지 그냥 뒀단 말야?

S# **땅거미 지고 있는 어느 호숫가에 세워져 있는 태원의 차……**

S# **차 안**

태원   (소주 마시고 있는/의자 비스듬히 눕혀놓고)……(마시고)……(또 마
시고)……

　　　　[그러는 동안 전화벨 하염없이 울리고 있다.]

S# **준구의 주방**

　　　　[저녁 식사 중 가족.]

이모   여기 김장 속 좀 더 줘요.

도우미   E 네에 보살님.

은수   (웃으며 일어나는)제가 할께요.

이모   오냐 고맙다. 깨 좀 듬뿍 더 뿌려오렴.

은수   네 이모님··

준구   (움직이는 아내 보는)

회장   너무 매운 거 안 좋아요.

이모   알아서 먹습니다.

준모   아가야.

은수   (주방 쪽으로 가다)네 어머님.

준모   경비실 저녁 간식 뭐 내보내나 물어보렴.

은수   (도우미들하고 /서로 소곤거리고/은수 나와서)약식으로 생각하
고 있답니다 어머니.

준모   ……

회장   디저트로 나도 한쪽 다우.

은수   네 아버님.(다시 돌아서는)

S# 호숫가(어두워진)····

S# 차 안

　　[문자 들어오는 메시지 음.]

S# 차 안

태원   (적당히 취해 있는)·····

　　[문자 다시 들어오는]

태원   (몸 일으켜 전화 체크)

슬기   E 아빠 일본 도착 했어? 근데 출장 간다고 안했잖아.

태원   ·····(다음 메시지)

슬기   E 무슨 일인지 고모도 모르는다는데?

태원   E (문자 찍기 시작)저기이

태원   (망설이다가 다시 찍는)아빠 친한 친구가 굉장히 많이 아프대
　　·····망설이다가 온김에 여기 출판사들 하구 미팅도 좀 하구 그럴 거
　　야.(울음 차오르면서)아빠 지금도 바뻐. 슬기 잘 지내. 사랑해‥(보내
　　면서 전화 가슴에 붙이면서 눕는)

　　[메시지 음]

슬기   E 응 아빠 슬기도.

태원   (한 손등 이마로 올라가며)·····

S# 준구 거실

은수   (앞서 침실로 움직이는 부모 뒤를 차와 약식 한 쪽 과일 접시 담긴 쟁
　　반 들고 따르는데)

준모   이리 다오.

은수   네..(쟁반 넘기고) 편히 쉬세요 아버님 어머님.

회장   오냐..

은수   (문 닫히고 소파로)

이모   (찻잔 들고 일어나는 참)

은수   들어가시게요?

이모   혼자 머엉하니 뭐해..나두 일찌거니 들어가란다. 어이 올라 가라.

은수   …..(보다가)안녕히 주무세요.

이모   오냐아아..인생이 본시 고해란다…

은수   …..(보다 돌아서는)

S# 부부 침실

은수   (들어와 침대에 걸터앉아)…(시선 내리고)

준구   (욕실 쪽에서 나오며)벌써 올라왔어?

은수   (그대로인 채)일찍 들어가셨어..

준구   잘됐네.. 우리두 일찍 누워 쉬자. 옷 바꿔 입어.

은수   그럴 거야..좀 있다…

준구   (보며)…

은수   (멍하니)이모님 한 말씀 하구 들어가셨어..인생이 본시 고해란 다.(쓴웃음으로)

준구   적응해. 곧 나아져.(움직이려는데)

은수   (고개 들어보며 웃는)시험 공부 열심히 했는데 공부 안한 문제 만 나온 시험지 받아 논 기분.

준구   ….(은수 옆에 앉아 어깨에 팔 두르는)

은수   (저 앞으로 시선)어렸을 때부터 나는 늘…내가 되고싶은 나로 내가 원하는 삶을 살겠다는 꿈을 꿨었어.. 열심히 공부했는데 원했던 아나운서 시험 떨어졌구 열심히 사랑했는데 그것도 실패. 다시 시작했지.. 되고 싶은 나로 내가 원하는 삶을 살자..또다시 실팬가 나한테 무슨 문제가 있는 건가. 당신하구는 정말 괜찮을 거 같았는데 다 괜찮을 거 같았는데/나는 교만한 바본가봐..머리가 하얘.(이마 준구 어깨에 얹으며).....

준구   ...너무 심각할 거 없어..미친 사람 돌팔매에 유리창 깨졌다 생각해..조금만 참아..어머니..괜찮으실 거야..

은수   (기댄 채 멍하니)...그렇게 말해 줘 고마워..일찍 들어와 줘 고마워....

S# **준구 집 전경(밤)**

천천히 F.O

S# **어느 카페**

현수   (들어선다)...

[저쪽에서 일어나는]

태원   ....

현수   (씩씩하게 그쪽으로/픽 앉는)

태원   (앉는다)....(안 보며)

현수   (보며)무슨 일이에요. 뭐또 내가 모르는 일 벌어졌어요?

태원   슬기 문제에요..

현수   ??

태원   (보며)슬기/이제 외가에 안 보내겠어요.

현수   (보며).....

태원   도리 아닌 거 알아요. 그런데 즈이 어머니한테 도리...안 먹힙

니다. 또 무슨 일을 벌이실지 자신이 없어요.그냥 모든 연결을 끊
어버리는 게 낫겠다는 생각이에요.

현수 …..(그저 보며)

태원 은수 못 지킨 거도 이번 문제도 전부 다 내가 변변치 못해서예
요. 미안합니다.

현수 (오버랩)동감이에요. 슬기아빠 잘못이에요.

태원 ..예.

현수 처음부터/ 재혼하면서 슬기 보내고 정리했어야 했던 걸 거에
요. 은수 이기심에 슬기 아빠 동조하지 말았어야 해요. 사람이 냉
정하게 끊어야 할 때는 끊어야 해요.결과적으로 잘한 거 없잖아요.

태원 그렇습니다.

현수 은수 머리악 쓰겠지만 내가 맡을게요. 아버지 엄마 이해시키
구요.

태원 고맙습니다.

현수 결혼..하는군요,

태원 …네.

현수 이제야 제대로 정리 되네요.

태원 예..(시선 내리고)슬기 걱정은 하지 말라구 전해주세요.

현수 …..(그냥 보며)…

S# **카페 근처 길**

현수 (뿌우한 채 터벅거리고 빠르게 걸어오는)….

S# **현수 사무실**

S# **사무실**

   [현수 뿌우 들어오는데]

하나 E (통화 중)아니 사장님 어떻게 그러실 수가 있어요. 오선생이 분명히 계속 작업한다구 하나-(책상 앞에 서서)하셨다는데/재고 충분하다 그랬다면서요.

현수 동일이에요?

하나 네. 다른 업체 줬대요.

현수 (하나 전화 빼앗아)사장님 이럴 거에요? 발주 안했어도 홀드해 놓기로 했잖아요. 미안하다 소린 지금 답이 아니죠 에? (전화 끊고 보면 대표 들어와 있다)

하나 체크 원피스 원단. 어디서 대량주문 받구

대표 동일이지.

하나 네.

대표 그 집 원래 홀드 약속 잘 안지키잖아. 확실히 해뒀어야지.(하나 에게)

현수 (부어 터져서)말 약속두 약속이에요.

대표 오선생 혼자. 대량주문 채워 팔아야하는데 홀드약속 지키자구 장사 안할 상인이 어딨어. (아웃되며)확실히 해둬야지 꼭 필요한 거 같으면 발주를 해뒀어야지.

현수 ……

하나 (현수 눈치 보며)이모가 잠깐 생각해보자구 하셨으면서..

현수 (테이블에 놓았던 핸드백 들며)다른 옷 먼저 진행하고 다른 원단 찾으면 돼요. 나 안 들어와요.(움직이며/통화 시도)…뭐하니..

S# 한남동 은수의 집으로 이동 중인 광모의 차

S# 차 안

광모 (운전하며)뭔데..무슨 일인데..

현수 (조수석 버럭)아 쫌/….가만 있어. 말하기 싫다니까 왜 자꾸 보채애.

광모 보채기는/두번 물어봤다 두 번.

현수 (고개 돌리고 퍽 기대며 눈 감는)….

광모 ….(잠깐 보고)알았다. 세 번채 말시키면 내가 성을 간다…

S# 어느 백화점 보석상 출입구 앞

채린 (태원이 나타날 방향 보며 통화 중)어머니..맘에 드셔 다행이네요..네 바로 들어갈께요. 금방 끝나요 어머니..(나타나는 태원)아 태원씨 왔어요 네 ..네에에(끊으며 태원 쪽으로/팔 끼며)가구 들어왔대요.(한결 화사해진 차림)

태원 아..(애매하지만 최선)

S# 보석상 안

[직원 인사받으며 들어오는 두 사람.]

채린 저기 정태원

실장 (오버랩)예에 알고 있습니다 신부님.(이미 다른 직원 반지 케이스 두 개 갖고 와 유리 위에 놓아주고/두 개 차례로 열어 둘 앞에)보시죠.

채린 (태원 것 먼저 빼들고 태원 보며 웃는/끼어줄 태세.)

태원 (그냥 빼내서 끼어보고)잘.. 맞습니다.

실장 하하 네..신부님도 끼어 보시죠.

채린 (끼고)네..됐어요.

실장 축하드립니다..행복하십시오..

채린 감사합니다아아..

S# 은수네 대문 앞

은수 (숄 두르고 총총이 대문 나서는)…..(저만큼 앞 길옆에 세워진 광모 차

636

쪽으로)

[은수 나타나면서 운전대 광모 조수석 현수 내린다]

현수 금방 끝나 (뒷자리로 타는)

광모 엉..

은수 (무슨 일인가 애매하지만) 광모 오빠.

광모 롱타임 노씨 (은수에게 꾸벅하고 뒷자리 차 문 열어주고)

은수 (타고)

광모 (핸드폰 만지면서 차에서 좀 비켜주는)....

S# 광모 차 안

은수 ??...

현수 (보며) 뭐라 그러구 나왔냐.

은수 언니 왔다구. 들어오라 그러시는데...

현수 별일 아니라 그래. 지나던 길에 잠깐 그냥 그런거라구.

은수 무슨 일이야..

현수 슬기아빠 결혼하나부더라.

은수 ....그거 알려주러? 한다 그랬다면서.

현수 이제 슬기/우리 집에 안보낸대.

은수 ??.....왜애.

현수 그 할멈 슬기 우리 집 오는 거 물론 싫어하구 또 무슨 사고칠지 자신없대. 저번 사건으로 자기 어머니한테 충격받았나봐.

은수 (고개 앞으로)....

현수 (보며) 대찬성했어..화근 없애치우자는 거니까 반대할 이유없 잖아.

은수 ...(시선 내리는)

현수 새로 들어오는 여자도 좋다 안할 거구 슬기 위해서도 새 엄마
또 한 엄마 왔다갔다 /애가 안정감 있겠어? 한군데 자리 잡고 크는
게 나아..새엄마랑 낯두 익혀야 하는데/그렇게 작정했더라..그러
니까 너두 슬기 볼 생각 마..

은수 (돌아보며 오버랩)엄마 아빠 뭐라셔.

현수 들어가서 할 거야..아빠는 뭐 너 알잖아.. 엄마두 아는 거구..

은수 .....

현수 포기하구 살어.니가 안 봐두 클 거 다 커. 걱정말래.

은수 (오버랩)언니 나...(쓴웃음)안 그래두 슬기 못봐..보지 마라셔..

현수 ????(보다가 버럭)애 있는 줄 모르구 데려갔대? 사기쳐 데려
가 놓구 애두 보지 말래? 왜 애가 뭐 어쩌는데!!

은수 (웃는)내 결정이었지 사기친 건 아냐.

현수 어쨌거나아!!!

은수 (오버랩)알았어 가아....(차에서 내리려는)

현수 (잡는다)

은수 (잡혀서)...

현수 걱정두 하지 마. 슬기 잘 커. 걔 등신 아냐 똑똑해. 니가 걱정할
일 아무 것도 없어 걔 너 찜쪄먹을 물건이야 알어?

은수 (웃는데 울음 머금어지며)알아. 걱정안해. 그리구 문자는 할 건
데 뭐. 문자는 할거야.(하며 결국 우는 소리가 된다)이게 뭐니. 픽하
면 등신처럼 눈물이 쏟아져. 나 신파 주인공 다시는 안한다 그랬
는데 나 왜 이래 /이런 내가 너무 싫어 언니.

현수 .....(한 팔 잡은 채 보며)...)

은수 ....미안해.....미안해.나 들어갈게...잘가 ....(눈물 수습하면서

내리는)

현수   ……

S# 앞 유리로 고개 꺾고 팔짱 끼고 걸어가는 은수 뒷모습…

현수   (속이 아파 죽겠다)……..

광모   (다가와 뒷문 열고)앞으로 와

현수   (대답처럼 뒷좌석에 벌렁 누우며)아으으으으 등신 기집애 아으
       아으으으으.

광모   …..(잠시 보다가 문 닫고 운전대로)

현수   (벌떡 일어나 내려 조수석으로)

S# 차 안

현수   (타면서)저 맹추가 저혼자 잘난 게 저게 번번이 헛다리야. 정태
       원 때두 우리가 엄마아빠 나 우리 식구 전부다/할마시 보구 기함
       해서 아니다 절대 아니다 했었거든.

광모   알지

현수   사랑에 미친 년처럼 기어이 저벅저벅 기어들어가더니 미련하
       게 새끼까지 낳구 사년이나 용 쓰다 튀어나와서는 아구우우우

광모   (현수 벨트 빼려 몸 현수 쪽으로)

현수   ?? 너 뭐야.

광모   아줌마 흥분하셔 벨트 잊어버린 거 같아서(벨트 채워주고)

현수   (긴장 풀어져 연결)재혼 /그래 누가 뭐래? 첫서방이 뭐 그리 위
       대한 인물이라구 그 서방 그리워하면서 누가 수절하랬어?

광모   (떠드는 현수 입에 쪽)

현수   ???(광모 퍽 미는)너 뭐야..

광모   아아아 너였냐?

현수 ????

광모 너였구나아아(하며 부웅 출발)

현수 ???? 뭔 수작인데에에.

광모 신경쓸 거 없어.

현수 신경쓰인다. 너 뭐한 거냔 말야.

광모 아 됐어아줌마. 게걸거리는 게 뚱한 거 보다 백배 귀여워서 아
아 기집애 이쁘네 쪽 한 거야. 별뜻없어..오바하지 마.

현수 ....(보다가 앞의 분개 톤 연결)문제는 슬기 기집앨 데려간댔다 놓
구 갔잖아. 그 건방진 게 아주 뭐든지 다아 지 맘대루 될줄 아는 게
맹점이라구. 뭐? 시부모 인품이 끝내준다구? 먼저 시집이 지옥이
면 그집은 천국이라구? 멍멍이 소리/ 내가 그랬거든.신문에 오르
내리는 집안 너 절대 안 쉬울 거다. 너 착각이다 착각하지 마라!!

광모 한번 더 해주까?

현수 ???

광모 왜 이러냐아..너 오늘 디게 귀엽다.

현수 죽구 싶냐?

S# 준구의 거실

은수 (들어오는)....(숄 벗어 들고 주방으로)

S# 주방

은수 (들어오다 잠깐 멈칫하는 기분)

준모 (잠깐 돌아봤다 차 두 잔 따르며)그냥 갔니?

은수 네.

이모 잠깐 들어오라지 왜..

은수 아니에요..(숄 의자에 놓으며)

640

이모　인심 고약하다 그러겠다..

준모　왜 왔는데.(언니에게 찻잔)

은수　(커피포트로)네 그냥..근처 왔다가 얼굴 잠깐 보자구요.

이모　우움. 친정 간지가 좀 되니까..

은수　…

준모　그동안 못 봤니?

은수　네..

준모　준구랑 통화해라..

은수　네에..(커피 따르는)

S# 준구 회사 제품 매장

[매장 둘러보는 중인 준구. 수원 AK 백화점 모뉴엘 매장]

[전화벨.]

준구　(받는)어..언니 왔었다면서…응 어머니 통화했는데 당신 챙기라 그러시네..(뭘 챙겨)아니 좋은데 가 밥이라두 먹으라는 말씀이지.

S# 준구 침실

은수　의욕없는데?

준구　F 왜 그래. 저녁 먹구 당신 집에 데려다 줄 참인데. 나까지는 불편하실테니까 당신 하루 부모님하구 지내. 뵌지 좀 됐잖아.

은수　안 그래두 돼..통화 하는데 뭐.

준구　F 어머니께 말씀드렸어. 그러라구 하셨어..

은수　그냥..(오버랩) 있을래요.. 움직이기 싫어.

준구　F 어른들 안 계시는데 편하잖아. 말 들어. 준비하구 있어. 알았지.

은수   (뭔가 말하려는데 끊어지는 전화)····(전화 내리고 머그잔 집어 드는)···

S# 태원의 거실

임실   (청소기 밀고 있는)

태모   (결혼날 입을 한복 입고 이리저리 옷태 보면서)허영자 고게 아이 구 사모님 아이구 사모님 하면서 미꾸라지 모양 굴어 두 번 보나 봐라 했더니만 역시 옷은 그 여편네가 났네.

태희   아 뭐어 괜찮아··잘 빠졌어.

태모   잘 빠졌어?

태희   어엉.

태모   그냥 넘어가라구?

태희   넘어가지 어쩔 거야. 다시 만들 새도 없는데.

태모   에이그 그래애애··뭐 안사둔 옷 입은 거 보면 신경쓸 필요두 없 어··(치마 벗으며) 산다는 집 여자 옷꼴이 그게 뭐야.쯧.

태희   워낙 검소하대잖어.

태모   검소가 지나쳐 초라해. 상견례 자리에 쇼올 하나 못 걸치구 검 정 투피스에 알록달록 스카프 거기에 언제쩍 건지두 모르는 펑더 엉한 오바.

태희   낄낄 코트는 좀 깨더라.

S# 태원의 방

[채린 새 가구들 문/서랍 다 열어젖혀 놓고 장 안에 스프레이 뿌리고 있는.]

[노크]

채린   네에(날아가게)

슬기   (들어오는)아줌마 뭐하세요?

642

채린   응..아빠 옷이랑 집어너야 하는데 아직 가구 냄새가 남아 있어
서..가구점에 특별 부탁했는데두 그래. (한옆 행거 서너 개에 걸려 있
는 태원의 옷들과 보따리 보따리) 한 이삼일 더 뒀다 해야겠다. 서랍은
정리할 거야. 서랍은 덜해.

슬기   나두 같이 할께요..

채린   응 그러자. (채린 한구석에 보따리들/속옷 잠옷/양말 등등 보따리
네 개..제법 큽니다./꺼내 풀기 시작하고)

슬기   (쪼그리고 앉아 저도 풀려 애쓰는/잘 안 된다)

채린   (보따리 하나 풀어 헤치고 옷들 한꺼번에 들어 올리다가 문득)..

   [맨 아래 앨범 두 권.]

채린   (옷 놓고 앨범 한 권 넘겨보면 첫 장에 슬기 백일 부부 사진)

슬기   (들여다보며)나다..으후후후후 못 생겼어(하는데)

채린   (탁 덮어 바닥에 던지듯 놓고 다른 앨범 펼치면/은수 사진/넘기면/
은수/넘기면/은수/넘기면 은수와 태원/덮어 던지고 다른 앨범 서너 장
넘기는/결혼 사진들 탁 덮어놓고 옷 정리 시작하려는데)

슬기   (앨범들 간추리는)

채린   ?? 왜.

슬기   내가 가질라구요.(웃으며)

채린   놔 둬.

슬기   아줌마 필요없잖아요.

채린   놔두라구.

슬기   ???

채린   아빠 거니까 아빠가 알아서 하라 그러는 게 맞는 거야. 그렇지?

슬기   (끄덕이며)네..내가 아빠한테 말하께요.

채린　그래 우리 슬기 착하다. (하던 일 계속)피아노 쳐‥안쳐?

슬기　좀 쉬는 거에요‥이제 칠 거에요. (일어나며)사십분.

채린　한 시간 아니야?

슬기　선생님이 피아니스트 안될 거면 날마다 사십분만 쳐도 된대요. 피아니스트 안될 거거든요.

채린　그래 니 맘대로 해.

슬기　(나가고)

채린　(앨범 보며)‥‥‥

S#　거실

　　　[태모 태희 과일 먹으며]

태모　웬 귤이 이렇게 꿀이냐‥설탕 주사 논 거 아냐?

태희　또또.(앨범 들고 내려오는 채린)

모녀　(돌아보고)

태모　와서 귤 먹어라. 귤이 아주 기가 막히다 응?

채린　(다가오는)

태모　그게 뭐냐.

태희　앨범은 왜 들구 나와?

채린　(웃으며)저 충격받았어요 어머니. 이거 다 (탁자에 놓으며)슬기 엄마 사진들이에요.

태모　(태희 ?? 엄마 보고)아니 아아니 그걸 여태 끼구 있었/아줌마아.

임실　(화분들 아래 걸레질하다 일어나 보는)

태모　왜 그렇게 눈치가 없어. 저건 치웠어야지 그걸 그대루 놔두면 어떡해.

임실　(뿌우)누가 들쳐나 봤나요‥ 서랍 비우라길래 그냥 비우기만 했지.

태모 (오버랩)아됐어 다 들구 나가 태워없애.

태희 (앨범 한 권 펴들고 보다 덮으며)내가 정리할게.

태모 뭘 정리해.

태희 슬기 들어간 사진두 많은데 슬기두 태워?

태모 (보며)

태희 (앨범들 한꺼번에 들어 안으며)아 그럴 거까진 뭐있어. 내가 보관할게..보관했다 나중에 슬기 줄게.

태모 주긴 뭘 줘.

태희 슬기 엄마야..죽은 사람두 아니구 사진을 왜 태워.올케 생각 좀 하구 들구 내려올 걸 그랬다. 그냥 태원이가 처리하게 모르는 척 하던지 태원이한테 치워달라구 부탁하던지 그러지 엄마한테 주르르르 그거 아닌 거 아냐?

태모 왜 애만 애는 잡어.

태희 기분 나쁜 거 이해해. 그런데 태원이 알면 태원이두 올케 행동 기분 나뻐. 식두 올리기 전에 시누 노릇 한다 그러겠지만 야악간 실망스럽네 응?

채린 너무..당황스러워서

태희 (그냥 제 방으로)

태모 (딸 보며)쯔쯔쯔쯔쯔즈. 간신 역적같은 년..저게 왜 저러는 거야 도대체.

채린 죄송해요 어머니 제가 생각이 모자랐어요.

태모 앉어 굴 먹어.(귤 내밀며)

채린 ....(받아들고 앉는)

태모　그 인사가 그렇게 질기니 내가 얼마나 속이 탔겠어..치워야하
　　　　는 걸 깜박한 거니까 니가 이해해.설마 혼인하구두 그거 들쳐보자
　　　　구 둬뒀겠어?

채린　(웃으며)네에..

S#　자매 친정 골목

　　　[광모 차 와서 멎고]

현수　(내린다)

S#　안방

자부　(앉아서 양말 벗어 두 짝 한 짝에 합쳐 뭉치 만드는/옆에는 벗어놓은
　　　　파카)

자모　(물 들고 들어오며)엘레베터 다 고쳤어? 괜찮어?

자부　응..(물 마시는)

자모　그눔으거 왜 그리 고장이 잘 나아아

자부　애초에 싼 걸 놔서 그렇다니까..

자모　싼 게 비지떡인데. 딴 건 몰라두 그런 거에는 돈을 들였어야지.

자부　(일어나려)

자모　왜 뭐.

자부　더운 물에 좀 담글라구.

자모　(잡으며)떠다 줄께에.

자부　놔 둬어..

　　　[현관문 소리.]

자모　누구세요오오.

현수　E 어 나야 엄마..

자모　(문 열고)왔어?

현수 (들어오는)일찍 들어오셨네요?

자모 말마 에레베터가 서서 종일 고생하구 금방 들어왔어.

자부 제법 춥다.

현수 에.춥네.(앉으며)저 슬기아빠 만났어요. 곧 재혼한대요.

자부 어어..

자모 ?? 언제?

현수 금방인가봐요..그런데..슬기할머니가 슬기 여기 못보내게 한대.

자모 ??? 왜애애애

자부 (오버랩)아들 재혼하면서····· 그걸루 인연 완전히 끊자는 거지 왜는 무슨

자모 ???(띠잉해서 남편 보고 딸 보며)그래서 안 보낸다구우???

현수 응.

자모 우리 보지 말래? 못 본대?

현수 엄마(오버랩)

자모 안 온대? 안 보낸대??(벌써 울먹)

현수 은수두 안 보여준대..

자모 ???

자부 (딸 보며)

현수 은수한테 전했어..

자모 정서방이?

현수 아 엄마(짜증)정서방이겠어? 할망구 심술이지. 말 안들었다가 는 또 무슨 깽판을 칠지 모르니까 정서방/작심한 거야.

자모 은수 뭐래..(울먹)

현수 잘됐어..걔 시어른두 애 보러 다니는 거 별로 좋아 안한대.

자모 ……(그래애?)

현수 (일어나며)알었다구 했어. 뭐 ‥울지두 않드라구. 걱정마요‥ 가요(나가고)

자모 ……(남편 보며)

자부 ‥‥(방바닥 보고 있다 일어나며)배고파. 좀 빨리 먹읍시다‥

자모 알었어어‥(일어나는)

자부 (문 여는 아내 등에)당신 신역 덜고되구 좋지 뭘 그래.

자모 E (그냥 나가는)응 좋아…엄청 좋아아‥

자부 ‥‥

S# 태희의 방

태희 (얼굴에 마스크 팩 붙일 참인데)

슬기 E 고모오.

태희 들어와아.

슬기 (들어오고)

태희 왜.

슬기 할말 있어요.

태희 와아‥‥(슬기 앞으로)해.

슬기 쪼끔 아까 아빠 방에서어?

태희 엉.

슬기 아빠 옷 정리하다가아?

태희 아아? 하지 말구 쭉 말해쭉.

슬기 아줌마가 엄마 사진 있는 앨범을 발견했는데 아줌마 기분 나빠졌어요. 그래서 얼른 내가 갖는다구 했는데 놔둬!! 그랬어요.

태희 어어엉. 그건 기분 나쁠 수 있어. 기분이 좋으면 아픈 거지.

648

슬기 그래서어? 아줌마가 그거 내버리면 어떡해요.

태희 걱정마. 고모가 갖구 있을 거야./

슬기 정말요?

태희 니가 갖구 있는 거두 아줌마 별로 기분 안 좋을 테니까 보구싶을 땐 언제든지 여기 와서 봐.

슬기 잘됐다아아

태희 나중에 너 결혼할 때 주께응? 슬기 고모랑 팩하자..

슬기 (좋아서)응 네에..

태희 누워누워.(슬기 침대로 뛰어오르고)

S# **준구의 침실**

은수 (침대 쿠션 바꿔 끼고 있는데)

준구 (들어오는)

은수 어서 오세요.(아무렇지도 않게)

준구 준비 안하구 뭐해.

은수 싫댔잖어.

준구 나 싫다 소리 좋아 안하는데,

은수 이 방에서는 싫은데 좋다 소리 안해.

준구 점점 엇나가셔어?(침대로)

은수 아줌마들하구 오무라이스 먹기루 했어. 별수 없이 당신두 오무라이스야.

준구 (침대 걸터앉으며)당신한테 신경 쓰여 어머니 배려하신 건데 당신 이러면 어머니 배려 무시하고 반항하는 거다.

은수 반항 아니구 집에 갈 상황이 못돼. 슬기 아빠네서 슬기 우리 집에 보내주는 거 끊는다구 했대. 집에 가서 엄마아빠 보기싫어. 애

물단지 내 얼굴 보이기두 싫구‥

준구 ······그 집에서는 왜.

은수 응‥결혼한대‥할머니가 계기삼아 끊어라 그랬나봐.

준구 ···(보며)

은수 눈 오기 전에 도착해야 한다구 일찍 출발하셨는데 괜찮으실래나 모르겠다. 이모님은 미운 사람은 하는 짓 마다 밉상이라구/ 하구많은 날에 왜 눈 온다는 날 별장 초대냐구 안가면 안되냐 그러시다 가셨어.

준구 아!!! 당신 좋아할 뉴스.(일어서는)

은수 ???

준구 (안 주머니에서 검사 결과지 꺼내 펴서 내민다/정자 검사표) 완전 정상이야. 생사람 왜 잡아.

은수 (받아서 보며)?? 언제했어?

준구 나 성질 피구 이삼일 뒤.

은수 아/ 그래두 신경은 쓰였구나아.

준구 오기나서 했다. 이 여자가 별 헛소릴 다 물어들인다 오기 뻐쳐 닥쳐/할려구.

은수 으흐흐흐 축하. 당신 축하? 나두 축하.

준구 밥이래두 먹구 들어옵시다.

은수 우우움···· 좋아. 준비할게.

준구 (잡아서 안고 쪽쪽)

은수 (웃으며 마주 안는)

S# 어느 호텔 현관 앞

　　[준구 자동차 와서 멎고/도어맨들 마중.]

[준구 성장한 은수 케어하며 출입구로 들어간다.]

S# 프렌치 레스토랑으로 안내되어 들어오는 준구 부부··

[예약된 자리로 앉는 두 사람··]

S# 물 따라지는데

준구　샴페인으로 시작해야죠?

은수　물론. 오늘 같은 날 빠질 수 없죠.

준구　부탁해요.

웨이터장　늘 드시는 걸로 준비하겠습니다.

준구　예··그러세요.

웨이터　(메뉴 두 사람에게) 천천히 보십시오 사장님.

준구　(메뉴 펼치며) 아니 주문 받아 가세요. 난 송아지 먹을 건데 당신은.

은수　지난 번 도미 맛있었어요. 도미 주세요.

웨이터　예 사모님 전채는

준구　에스카르고랑 프아그라요.

은수　프아그라 (찡그리고 먹지 말라니까)

준구　달팽이두 산 목숨 죽어나오는 거야.

은수　전 시금치 샐러드 주세요. (메뉴 접어놓으며)

웨이터　알겠습니다.

준구　(메뉴 접으며) 난 디저트는 필요없구 당신 또 레먼 셔벳?

은수　네··(웨이터 보고 웃어주는)

웨이터　와인은

준구　아 주셔야죠. 주세요.

웨이터　(인사하고 메뉴 챙겨 아웃)

은수　프아그라는

준구　(오버랩)알았어요 오리가 불쌍해. 오늘만 먹구 끊을게.

은수　말로만.(물잔 집으며)

준구　맛있잖아아.

은수　(물 마시고 글라스 내리다가)??

　　　[들어오다가 먼저 보고 멈칫한 태원과 채린‥]

준구　??(은수 보고 은수 시선 따라 본다)‥

태원　(움직여 안내되는 자리로)

채린　…(태원과 함께 움직이다 은수 앞으로)안녕하세요 슬기엄마.(태원 잠깐 돌아보고)

은수　아…(일어나며)안녕하세요.

준구　??(어정쩡 따라 일어나고)

채린　(준구에게)안녕하세요.(태원 자리로 안내받아 먼저 움직이는)

준구　안녕하십니까(하며 은수 보는)

은수　슬기 새엄마 될‥

준구　아아‥네에‥(하며 고개가 돌아가는)

S# 저만큼 테이블에 서서 이쪽 보고 있는 태원

채린　슬기 잘 있어요.

은수　네.

채린　그럼‥

은수　네.

채린　(준구에게)실례했습니다.

준구　아. 천만에요‥(채린 아웃되고)‥‥(앉는 은수 보며 앉는다)

은수　‥‥

652

준구 …(잠시 보다가 일어나 태원 쪽으로 움직이는)

은수 ???(저 사람 뭐하는 거야)

S# 태원 테이블

준구 (와서 서며)안녕하십니까 슬기 아빠시죠.

태원 (일어나며)아..네..(채린도 일어나고)

준구 (손 내밀며)결혼하신다구요..축하합니다.

태원 (손 잠시 내려다보고)…(잡으며)감사합니다.

준구 슬기 잘 있다구요.

태원 잘 있습니다.

준구 그런데 외가에까지 발을 끊게 하는 건 좀 심하신 거 아닙니까?

태원 (보며)그건 우리 집안 사정입니다.

준구 아 그렇죠..집 사람이 좀 안됐어서요.

태원 데려간다는 약속을 지키셨어야죠.

준구 ….그렇죠. 그렇군요..그럼..(채린에게 목례하고 제자리로)

태원 (김새서 앉는)

채린 (그건 태원을 보는)…

S# 은수 부부 테이블

준구 (앉으며)만만치 않은데?

은수 ???(필요 없는 짓 왜 해)

준구 여자가 굳이 당신 아는 척 했잖아..뻔히 알면서 찌질하게 가만 있을 수 있어? 유감있는 상대도 아니구. (샴페인 따르는데)잘못했어요?

은수 그게 더 찔질해요..

준구 ??(따르는 웨이터에게)나 이렇게 느을 야단맞고 삽니다.

웨이터　하하··네에에

S#　태원 자리/두 테이블의 거리를 좀 꽤 두시기를/

태원　(메뉴 펴들고 보며)못 본 척 그냥 지나쳤으면 좋았어요.

채린　눈이 마주쳤는데 어떻게요. 그냥 지나치는 게 실례라고 생각
　　　했어요.(메뉴 펴들고 태원 보며)···

태원　자연스러운 일 아니에요······(메뉴 보며)

채린　저쪽에서도 왔는데요 뭐.

태원　(메뉴 접으며)뭐 할래요.

채린　(웨이터 보며 웃는)아직 못 골랐어요··시간 좀 주세요.

웨이터　예 그러십시오··

S#　레스토랑/시간 경과/

S#　식사 중 준구 테이블

준구　(와인 잔 띄워 들며)불문학 교수셨어요··털털하신 이모님과 반
　　　대로 꼼생원중에 꼼생원 이모 말씀이에요 꼼생원이셨던 이모부
　　　랑 처음부터 뜻이 /뭐해요.

은수　아.(얼른 와인 잔 들고 부딪히는)

준구　(부딪치고)안 맞으셨대요··아들은 둘 낳았는데 이모부한테 제
　　　자 애인이 들통나 이모부 내쫓구 애들 키우셨지··

준구　E 각자 살면서 우리 이모 아마 거의 이십년 서류 정리 안해주
　　　셨지? 저쪽은 제자 애인하구 아이낳구 사는데··

준구　(마시고)절에 열심히 다니시면서두 그 해결이 그리 쉽게 안되
　　　더래.

은수　(마시는)··

준구　(글라스 놓고 포크 나이프 들며)생선 어때요.

654

은수 음 괜찮아요.

S# 태원 테이블

채린 (먹으며)가서 좋으면 우리 삼박 쯤 더 있다 와요.

태원 ??

채린 하와이 오박육일 너무 짧아요. 비행기 시간이 거의 하루 잡아
먹는데

태원 (오버랩)마감이라 그렇게 안돼요.

채린 다른 직원들 있는데

태원 (오버랩)돌아와 중요한 약속두 있구요..아쉬운대로 그걸로 참
아 주세요.

채린 하기는..내년에 슬기랑 유럽여행 간다니까…(보며 웃는)

태원 …..(보는)

채린 나두 가는 거죠?

태원 (좀 웃으며)..글쎄 그건..슬기 방학 맞춰서 날짜가 보름은 될텐
데 어머니 뭐라실지 모르겠네요.

채린 내가 허락받을께요..허락해 주실 거에요..

태원 ….(그냥 좀 웃고 마는)…

채린 임신 중만 아니면.

태원 ??(보는)

채린 어머니 빨리 가져야한다구 벌써 난리세요..

태원 (와인 집어 마시는)….

채린 슬기엄마두 금방 생겼으니까 금방일 거라구.

태원 맛이 없어요?

채린 ?? 아뇨 맛있어요..그런데 왠지 먹히질 않아요.. 너무 업됐나

봐요..이런 데서 이런 저녁..너무 좋아요..

태원   (좀 웃으며)그래두 맛없어지기 전에 들어요. 식어요.

채린   네.....네에..

태원   ....(보며)....

S#   현수 원룸

[파전에 막걸리/먹던 중]

광모   (파전 마구 집어넣으며)야 이건 진짜 둘이 먹다 둘다 죽어두 모
르겠다.

현수   (파전 프라이팬 갖고 와 비어가는 접시에 쏟으면서)얘 왜 안들어
오냐. 버얼써 들어왔을 시간인데..

광모   (전화 집으며)교통사고 났나?(통화 시도)

주하   F 어어

광모   파전에 막걸리 죽이게 맛있는데 왜 안들와 어디 쯤이야.

S#   교무실

[다 퇴근한 뒤.]

주하   미안. 나 아직 학교야...고민상담...이제 끝나구 들어갈 참이
야...(찡그리고)야 나 대충 했다가 제자하나 죽였는데 또 그럴 순 없
잖아....으이끼리 맛있게 먹어. 현수한테 딱 한 장 분량만 반죽 남겨
노라 그래..엉...엉...(끊고 핸드백 챙겨 일어나는데)

인태   E 가시게요?

주하   아으 깜짝야...퇴근 안했어요? 아까 나가는 거 같던데에?

인태   (다가오며)도루 들어와 책 읽었어요..박선생 아이 데리구 상담
실 간다 그래서..

주하   ???

인태 나중에 텅빈 교무실에 혼자 들어오기 무서울 거 같아서..운동 장두 그렇구. 험한 세상이라 불안하잖아요..

주하 아..하하..나 무서운 거 잘 몰라요..아아 괜한 신경 쓰셨네요..

인태 그래두 불행한 사고는 불식간에 찾아오는 거에요..나가시죠..

주하 에...에에...

S# 어두운 운동장

[두 사람 교문 쪽으로 나오면서]

인태 저번에 저녁값 굳이 박선생이 내셨으니까 오늘은 내가 낼께요.

주하 (멈추고)우리 저녁 먹기로 했어요?

인태 아니 저 그게 아니라..

주하 어머니 아직 안 오셨어요?

인태 예 아직

주하 ....(보는)....

S# 원룸

현수 (냉장고에서 소주 꺼내 열어 식탁으로 움직이며)죄송해요 오늘 같 은 날 내가 가서 아빠 술친구 해야 하는데...으흐흐흐 에 벌써 꽤 마 셨어요..파전 부쳐서 막걸리요...엄마는요..

S# 자매 부모 방

[작은 술상.]

자부 니 엄마 바루 내 앞에 있지..소주 한전 억지로 먹여놨더니 목까 지 버얼개서 아주 볼만해애 허허허..

자모 (약간 취했다/남편 옆에 붙으며)우리 (손가락 쫙 펴 보이며)오년 뒤에 이천 땅에다 집 짓구 이사간다 그래. 그때면 집 질 돈 채워진 다구.

자부 허허 들었지?…

자모 슬기 안봐두 엄마 살어. 살수 있어 현수야..

자부 으응. 꿈하나가 부서지면 얼른 다른 꿈으루 바꿔껴야지..슬기
대신 니 엄마한테 집 지어 이사가는 꿈 앵겨줬어…걱정마.. 조옹대.
아주 좋대..

S# 현수 원룸

현수 (소주잔 들고)그럼 됐어요..아빠 애쓰세요..네…네 많이 안 마실
께요..네..(끊고 훌쩍 마시는)…

광모 괜찮으시대?

현수 (술 따르며)우리아빠같은 남자 어디 없나? 그럼 내가 진짜 평생
발씻겨줘가며 떠받들구 살겠다.

광모 딸이 찾는 아빠같은 남자는 죽을 때까지 찾아도 세상에 없다.
눈에 넣어도 안 아픈 딸사랑하는 만큼 여자 사랑해줄 남자가 어딨
어. 맹꽁이같이 바랄 걸 바래야지 칫. 철부지두 아니구.

현수 왜 칫칫거리냐.

광모 유치해서 그런다

현수 뭐가 유치해

광모 나이 사십에 그게 할 소리냐?

현수 왜 사사오입해 너. 누구 맘대루.

광모 낼 모레 사십아냐.. 아니라면 좀 낫냐?

현수 너는 밥통이야.

광모 너는 냄비다.

현수 깡통.

광모 오줌통 똥통.

현수 (물끄러미 보는)....

광모 꼬시냐? 나 꼬시는 거야? 왜 그런 섹시한 눈으로 봐?

현수 여자가 그렇게 좋니?

광모 여자 안 좋다는 놈은 백퍼센트 게일걸? 야 여자 얼마나 좋으냐. 야들야들 매끌매끌 탱글탱글 죽이지이이.

현수 그게 전부구 끝인 놈이잖아 너.

광모 이놈저놈 막나오는 거 보니 너 취했다.

현수 몸뚱이가 아니구 여기 마음(가슴)여기(머리)정신/혼으로 좋은 건 없냐구.

광모 있지이이

현수 있는데.

광모 마악 꼬실 때는 있는 거 같아. 그런데 일단 넘어오면 아닌 거 같으니까 문제지.

현수 .....(보며)

광모 너 눈 찌부러든다...너 취했어. 막걸 리가 다 소주 되나부다.

현수 (그러나 그렇게 취한 건 아니다)왜 인간이..인간으로 태어났으면 좀/ 고결하게 까지는 아니더라도 좀 단정하게 못살구 너덜너덜 시 꺼먼 /백년 안 빨아준 대걸레모양 드으럽게..지저부운하게 그렇게 질질질질 설사 흘리구 다니는 놈처럼 그렇게 살구 싶냐?

광모 야 해두해두 심하다 그정도는 아니다.

현수 내가 아는 거만두 너 열은 돼.

광모 열이 뭐 많냐?

현수 ....(보는)

광모 그냥 진짜를 찾아 헤매구 다니는 거 뿐야. 이거 진짠 거 같다.

아니네. 아 이거 진짜진짜다 또 아니네.

현수 니가 생각하는 진짜는 도대체 뭔데.

광모 너.

현수 ??? 헛소리할래?

광모 으흐흐흐흐 너 충격 먹었지.

현수 (일어나 설거지하려는)그만 가라.

광모 (같이 일어나 설거지 도우려)

현수 무슨 말상대가 된다구 콩이야 팥이야..내가 한심하다.

광모 이놈저놈 욕먹으면서 마주 앉아 놀아주는 나두 한심하다.

현수 너 유기견 보호소에서 첨 봤을 때 순수하게 이뻤었어.

광모 그땐 그랬지. 그때까진 타락한 천사 아니었으니까.

현수 .....(움직이며)

광모 너는 참..하하..첨엔 말 못하는 앤줄 알았다니까..이건 뭐 반응이 있어야지. 나중에 보니까 개하구는 깔깔깔 잘 놀아..내가 왜 이렇게 됐는 줄 알아? 그때 니가 날 개만두 못한 걸로 무시쳤기 때문이야.

현수 그래 넌 개만두 못해..말 잘했어.

광모 너한테 쭈쭈 뽀뽀만두 못한 거 알어

현수 (팩 돌아서는)어디다 드럽게 쭈쭈뽀뽀랑 비꼴해 너. 쭈쭈뽀뽀는 오직 나만 좋아해 나밖에 몰라 나만 사랑해!!(계단으로 올라가며)쭈쭈 뽀뽀오오..(강아지들 따라 올라가고)

광모 ....??...??(계단으로)

S# 이 층 침실

현수 (침대에 벌렁 누우며 아이들 껴안고)으으웅. 엄마 술 좀 먹었

660

다..냄새나서 싫어? 그래두 사랑해 줘어어 웅. 사랑해줘사랑해
줘웅?

광모 (올라와 보는).......

현수 (큰대자로 눈 감고)....

광모 완전히 큰 댓자다..여자가 그게 뭐야.

현수 (등 보이고 돌아눕는)

광모 나 너 좋아해애..사랑해애애..

현수 (꺼지라는 손짓)

광모 야 불쌍하게 왜 그래. 인간이 인간의 사랑을 원해야지 어떻게
동물사랑에 의지하고

현수 (오버랩)설거지 놔두고 그냥 가.

광모 ....(보다가 침대에 다가들어 현수 어깨에 손 올리는데)

현수 (펄쩍 일어나 주먹으로 두들겨 패면서)누굴 만져 왜 만져 왜 만져
드런 손 어따 대너!(하는데)

광모 (답싹 안아버리고)....

현수 ??(했다가 밀어내며)이게 무슨 수작이야놔 안놔? 놔 안와? 안놔?

광모 가만있어가만있어가만있어.(팔까지 꼼짝 못 하게 조여 안고)....

현수 ....

광모 생리중이니?

현수 (목만 뒤로 빼서 보는)

광모 맞지

현수 (머리로 받아버리고)

광모 으으으윽

S# 준구의 거실..

준구 (와인 병 하나와 글라스 두 개 들고 주방에서 나와 계단으로)…

S# 이 층 욕실

은수 (잠옷 차림으로 앉아 핸드폰 저장 슬기 사진 보고 있는)

　　　[인서트. 전화 화면/강릉 가는 길 코스모스 중 제일 예쁜 커트.]

은수 ……(보다가 문자 화면으로)

　　　[슬기와 주고받은 말들 화면에.]

슬기 아빠 출장갔다 왔어.

은수 반갑겠다.

슬기 (다른 날입니다)채린이 아줌마 왔어. 아빠 결혼한대. 할머니 너무
　　　좋아하셔.

은수 잘됐네 좋은 일이야..아빠 축하해 줘.

슬기 (다른 날)아빠 아직 안 들어왔어. 졸려. 잘래..

은수 그래 얼른 코 자..좋은 꿈꿔

은수 (다른 날)왜 소식없이 조용해?

슬기 별로 할 얘기가 없어..

준구 E 뭐해?

은수 응 나가아..(일어나는)

S# 침실

준구 (사이드 테이블에 와인 따르다 돌아보며)속 나빠?

은수 아니…(침대로 오르며)술 또 마셔?

준구 (은수에게 잔 하나 주며)그냥 자기는 섭섭해서..(잔 받고 술병과
　　　글라스 하나 들고 자기 자리로 올라 마주 앉는 자리 잡고/제 잔에 따라서
　　　들고)자/(부딪치고 각각 마시는)

은수 맛있다.

준구   레스토랑에서 마신 거랑 같은 거야.

은수   아아 그랬구나.

준구   (고개 돌리고)여보 마누라.

은수   ??(했다가)까르르르르. 너무 이상해애애.

준구   그렇게 좋아? 그렇게 좋아? (얼굴 다가들며)

은수   .....(보며)

준구   (가만히 입술 붙이는)

은수   (입술 받으면서 뜨고 있는 눈이 애달프다가 눈 감는)......

준구   (얼굴 떼고 제 글라스와 은수 글라스 빼내 치우고 은수에게 덤벼들어 쓰러뜨리는데)

　　　　[준구 전화벨.]

은수   (밀어내고)

준구   에이 누구야아/(하고 받는데)네 어머니.

은수   (입 막으면서 웃는다)

S# 집 전경(밤)

　　　　　　　　　　　　　　　　　　　　좀 두었다　　F.O

S# 웨딩마치와 함께

　　　[채린과 태원의 결혼 사진들 찰칵찰칵/슬기와 부부/가족 사진도/.]

제13회

S# 준구 서재(12회에서)

은수 아들이 망설이는 게 제탓이라구 제탓으로 생각하시는 거에
요.(두 손이 얼굴로)

준모 ....(보다가)심한 말도 안했는데 왜 그러니.

은수 죄송합니다. 어머니..너무너무..욕스러워요. 죄송합니다.

S# 태원 빌라 앞

태원 ?????

현수 E 은수가 훼방놨어요? 은수 때문에 재혼 안하는 거에요??!!

태원 (오버랩)알았어요 알았습니다.

현수 알기는 뭘 알아요. 알아서 이 지경이에요? 슬기 뺏어 갔으면 됐
잖아요!! 정신병자들 애 벌레취급해 내쫓았으면 됐지 또 뭐가 남
았어요 에? 뭐가 남았냐구요오오!!!!

S# 땅거미 지고 있는 어느 호숫가에 세워져 있는 태원의 차·····

S# 차 안

태원 (소주 마시고 있는/의자 비스듬히 눕혀놓고)·····(마시고)······(또 마

시고)….

　[그러는 동안 전화벨 하염없이 울리고 있다.]

S#　준구 집 앞 차 안

현수　포기하구 살어.니가 안 봐두 클 거 다 커. 걱정말래.

은수　(오버랩)언니 나…(쓴웃음)안 그래두 슬기 못봐..보지 마라셔..

현수　????(보다가 버럭)애 있는 줄 모르구 데려갔대? 사기쳐 데려가

　　놓구 애두 보지 말래? 왜 애가 뭐 어쩌는데!!

S#　같은 차 안

광모　아줌마 흥분하셔 벨트 잊어버린 거 같아서(벨트 채워주고)

현수　(긴장 풀어져 연결)재혼 /그래 누가 뭐래? 첫서방이 뭐 그리 위대

　　한 인물이라구 그 서방 그리워하면서 누가 수절하랬어?

광모　(떠드는 현수 입에 쪽)

현수　???(광모 퍽 미는)너 뭐야..

광모　아아아 너였냐?

현수　????

광모　너였구나아아아(하며 부웅 출발)

현수　???? 뭔 수작인데에에.

S#　레스토랑

준구　그런데 외가에까지 발을 끊게 하는 건 좀 심하신 거 아닙니까?

태원　(보며)그건 우리 집안 사정입니다.

준구　아 그렇죠…집 사람이 좀 안됐어서요.

태원　데려간다는 약속을 지키셨어야죠.

S#　태원 채린 결혼사진 세 커트쯤

　[세 번 결혼하는 여자 타이틀.]

S# 자매 친정 대문 앞

  [은수 자동차 서 있고.]

S# 자매 부모 거실 주방

  [찬장 칸칸을 다 비워내고 있는 중. 은수가 식탁 의자에 올라서 그릇들
  두 개 세 개 한꺼번에 꺼내주면 현수가 받아서 싱크대 빈자리로 나르
  고. 개수대는 이미 그릇들로 쌓여 있다‥쓸 만한 것에 오래된 것들도.]

은수 엄마는 왜 버릴 줄을 모를까. 구석기신석기 다 갖구 있어. 쓰지
  두 않으면서.

현수 냅둬어. 버리구나면 쓸일 생긴다잖아.

은수 십년전 이십년 전 것들두 있어. 다 버릴 것들이야 다. 그릇두
  늙는단 말야.

현수 니 살림 아냐. 냅두라니까‥새 그릇 사다줘두 박스채 고이 모셔
  두구 안써‥나 시집갈 때 갖구가란다.

은수 <u>으ㅎㅎㅎ</u> 엄마두 참.

자모 (안방에서 방 훔친 걸레 들고 나와 화장실 쪽으로 가면서)뭐얼 또
  엄마두 참이야.

현수 (오버랩)아니에요.

은수 (오버랩)버릴 거 버려가며 살라구우.

자모 (그냥 욕실로 움직이는)버릴 거 없어. 다아 쓸데가 있어 다아.

현수 냅두라니까.

은수 (오버랩의 기분)행주 줘.

현수 (행주 바구니째 올려주고)

은수 (받아서 찬장 빈 공간에 놓고 하나 집어 찬장 닦기 시작하는데)
  [주머니에서 메시지 음.]

666

은수   (꺼내서 보는)

슬기   E 엄마 나 고모랑 공항에 있어. 아빠 네시에 도착한대.

은수   E (올라선 채 답장)무지 좋겠네 우리 슬기. 아빠 반갑게 맞아주고 뽀뽀도 많이 해줘. (보내고 기다리는)

현수   누구야.

은수   슬기. 지 아빠 오나봐. 공항 가 있대.(하는데 메시지 오는/보면)

슬기   E 응 그럴 거야. 안녕.

은수   E (답신)응 엄마두 안녕.(보내고 주머니에 넣고 닦기 시작)

현수   ·····(수전 틀어 그릇 대충 적셔놓고 수전 잠그고 스펀지에 세제 좀 묻히며)어떠니.

은수   ?(잠깐 돌아보고 다시 닦으며)뭐가.

현수   슬기아빠 재혼.

은수   재혼이 뭐.

현수   결국은 했잖아.

은수   (돌아보며)안 할 줄 알았어?

현수   하라구 악은 썼지만 그래두 그렇게 쉽게 해 치울 줄은 몰랐다.

은수   으ㅎㅎㅎㅎ

현수   왜 웃냐.

은수   아빠 오늘 결혼식했어 문자 받은 순간 있지. (의자 내려서 냉장고로/물 꺼내 마시러)하게 돼 있는 거 뻔히 알고 있었으면서도 무릎에서 힘이 빠지는 느낌이더라.

현수   (돌아보는)

은수   (물 따르며)왜. 하면 안돼?…(돌아보며)웃기지.(물 마시는)

현수   엄청 웃긴다.

은수 응‥웃겼어‥너 웃기는 기집애 아냐 내가 나한테 그랬어.

현수 (그릇 비누질하며)너 먹기는 배부르구 남주기는 아깝대?

은수 무스은 그런 거 아냐.비유가 안 맞는다. 그냥 바로 얼마전 슬기랑 여행갈때도 운전 조심하라구/세상에서 제일 사랑하는 두여자 사고나면 안된다 그러더니 금방 딴 여자한테 가는구나 뭐 그런 일 종의 배신감같은 거.

현수 너 살자구 빨리하라 그러구는 무슨

은수 그러니까 웃긴다는 거지.(의자 올라가며)

현수 니 남편하구는 잘 지내?

은수 그러엄. 아주 잘 지내‥잘해‥

현수 시엄마는.

은수 아아무 일 없었던 거 처럼‥나두 아아무 일 없었던 거 처럼.

현수 됐네 뭐 그럼‥

S# 공항

[대기선에 있는 슬기와 태희. 슬기는 문자질 하고 있고]

태희 ‥‥(지켜보고 있다가)누구야.

슬기 응 고모. 친구에요.

태희 이제 금방 아빠 나올건데?

슬기 ‥‥

태희 짐 빨리 나온단 말야‥어 벌써 나오기 시작한다.

슬기 알았어요 다 했어요.(보내고 전화 주머니에 넣고 태희 손잡고 붙어서는데)

태희 (웃으며 슬기 앞으로. 양 어깨 잡고 출구 보는데)

슬기 아빠아다‥(슬기한테서 벗어나 뛰며)아빠아아!!!

668

S# 공항

태원 (가방 실은 카트 밀고 나오다 슬기 소리에)???(아이 찾고/채린도 아이 찾는)

채린 (먼저 보고)슬기야아아.(하는데)

슬기 아빠아아아(하며 달려나오고)

태원 어 아아아. (아이 번쩍 안아 올리고)

슬기 (뽀뽀 폭탄)..

태원 (잠깐 받아주고)차타구 슬기야 차 타구 응?(내려놓고 채린이 밀려 하는 카트)주세요.(밀면서)고모는.

슬기 (걸으며)응? 몰라....저깄네. 고모오.

태원 가서 고모 손 잡고 나와.놓치면 안돼.

채린 (오버랩)이리와 내손 잡아슬기야.

슬기 (웃으며 채린으로 폴짝/손잡고 올려다보고)

채린 (움직이며)오랜만이다.

슬기 네 으흐흐흐

[태원은 카트 밀고 빠르게 태희 쪽으로]

S# 출국장 입구 안

[네 식구 오면서]

태희 오기사 주차장에서 나오는 거 좀 걸릴 거래. 추우니까 여기서 기다려.

채린 네 형님.

태희 집에서 보자.

태원 오기사만 나오면 됐지 누나까지 뭐하러

태희 (오버랩)오기사 대기시켜야는데 슬기 혼자 세워놔?

태원 (아아)

채린 저기 형님.

태희 ??

채린 어머님 어떠세요 건강하시죠?

태희 ?? 올케 엄마랑 매일 통화했잖아.

채린 네 그래두.

태희 응. 엄마 명호아야..(하고 돌아서는)

　　　　[그동안 태원과 슬기는 잡담 간단히.]

채린 (보면서)....

S# 이동 중인 태모의 자동차

태원 E 뭐하구 지냈어?

슬기 E 맨날 똑같지 뭐..학교갔다 와 밥 먹구 미술 학원 갔다와 피
　　　아노 치구 학교 갔다와 밥먹구 피아노 학원 갔다와 책보다 밥 먹구
　　　자구.

S# 자동차 안

　　　　[뒷좌석에 태원은 슬기 앞으로 안고/옆에 채린.]

슬기 (연결)맨날 똑같아 똑같아.

태원 잘 때 고모가 책 읽어 줬다면서.

슬기 응 고모랑 만화영화 다섯 개 봤어.

태원 아아 많이 봤네에

슬기 하루에 한 개씩..고모는 보다가 자구 나는 끝까지 보구,

채린 뭐가 제일 재미있었어?

슬기 응 전부다 재밌는데 특히 피노키오랑 백설공주.

태원 그거 다 아빠랑 봤던 거잖아.

슬기 봤던 거 또 보구 봤던 거 또봐두 재미있어 아빠.

태원 그러다 다 외겠다.

슬기 응 다 외는 거두 있어.

채린 아빠 불편하셔. 슬기 그만 이리와 앉어.(가운데 자리)

슬기 불편해?(고개 돌려)

태원 아니 하나두 안 불편해. 그냥 있어.(꼭 안아 붙이며)

슬기 나 보구 싶었어?

태원 그러엄..무지무지 보구 싶었어.

슬기 으해해해 나두.

채린 나는 안 보구 싶었어?

슬기 으으웅. 쪼끔 보구 싶었어요.

채린 으으으 섭섭해. 쪼끔만?

슬기 으흐흐흐 아빠보다 조금이요.

채린 (태원 보며)아빠보다 조금인 건 당연하죠 그죠?

태원 (안 보는 채 그냥 혼자 조금 웃어주는)

채린 ...(태원 보며)..

S# 달리는 자동차/영종대교/

S# 태원 거실

  [계단에서 내려오는 태원과 한복 차림 채린.]

태원 (앞서 내려오며 돌아본다)조심해요.

채린 괜찮아요(치마 잡아 올리고 내려오던 중)..(두어 걸음 만에 치마 자락 밟히고 넘어질 뻔)

태원 (금방 잡아줘 계단 아래까지)....(바닥 내려서 앞서서 안방 문 열어주는)

채린　(들어가고)

S# 태모 안방

태모　(침대에 슬기와 걸터앉아 있다가 일어나며/제대로 한복 차림)할미
　　새며느리 절받자아아‥(방석 준비 완료/ 앉으며)지켜야할 예절은 지
　　켜야지‥(앉아서 올려다보며)응?

채린　네 어머님‥(태원 잠깐 보고)

　　　[두 사람 예 올리고]

태모　앉어‥

부부　(앉는데)

슬기　(할머니 옆에 난짝 앉는데)

태모　슬기는 나가 있어라.

슬기　?

태모　어른들끼리 할 말이 있어.

슬기　네에‥(나가고)

태원　(고개 나가는 슬기에게)

태모　(채린에게)그래 여행은 여행답게 하는 거 같더라만…신랑이 신
　　랑구실은 제대로 해주든?

채린　(태원 보고)

태원　‥‥(시선 내리고)‥

태모　너도‥‥ 나가.

태원　‥‥‥‥(시선 내린 채 있다가 일어나 나가고)

태모　????(채린 보는)쭈욱 같이 있었을테니 바른 말 할 수 없었을
　　거구웅?

채린　네 어머니.괜찮았어요.

672

태모 ?? 무슨 의미로.

채린 관광 많이 했어요.

태모 내 말이 그 뜻이 아니잖아.

채린 처음 며칠은 꼭 필요한 말 아니구는 거의 말을 안했어요.

태모 원래 수다스런 애는 아니야. 그런데.

채린 ....(보는)

S# 거실··

태원 (슬기 앉아 있는 소파로 뒤로 와)뭐하구 있어?

슬기 아빠 기다렸어.(돌아보고 있다가)

태원 (손 내밀며)올라가자.

슬기 응.(손잡고 부녀 계단으로)....아줌마한테 잘해줬어?

태원 응?

슬기 할머니가 걱정했어. 잘해줘야할텐데에에.

태원 으응.

슬기 아줌마 표정보니까 잘해 준 거 같아.

태원 응··뭐··그냥··

S# 태원의 신혼방

태원 (옷 갈아입는데)

슬기 (침대 걸터앉아 두 다리 흔들고 있다가) 아빠 행복해?

태원 ??(돌아보는)

슬기 결혼해서 행복해?

태원 아빠는 슬기만 행복하면 돼··행복해?

슬기 응··그런 거 같아··

태원 그럼 됐어.

슬기 근데에?‥‥

태원 (돌아보는)‥

슬기 수유리 가지 말라 그러니까 할아버지할머니 보구싶어.

태원 참아야지 뭐‥

슬기 아줌마 때문에 꼭‥ 그래야해?

태원 이제부터 아줌마랑 쭈욱 살아야하니까 아줌마 마음 불편하게
해주는 건 안해야지.

슬기 응‥알기는 알어. 그래두‥‥

태원 좀 있다가‥나중에 아빠가 할머니랑 아줌마한테 다시 얘기해
볼게‥

슬기 엄마한테 공항에서 문자 보냈어.아빠 온다구.

태원 ‥‥(못 들은 척)

슬기 뽀뽀 많이 해주래.

태원 그랬어?

슬기 응. 그래서 아까 뽀뽀 많이 할라 그랬는데 아빠가 내려놨어.

태원 흐흐.그럼 우리 지금 뽀뽀 더 할까?

슬기 응.(폴짝 뛰어내려 태원에게 쪽쪽쪽쪽)

태원 (작게 소리 내어 웃으며 받아주는)

태희 E 저녁 먹자 슬기야

슬기 네에‥

S# 자매의 친정

[요리 두 가지에 짜장면 짬뽕 먹고 있는 네 가족. 잠시 말없이 먹다가]

현수 어참 아빠 진짜 오년 뒤에 집 질 거에요?

자부 응‥그쯤이면 될 거 같아.

674

은수 이천에?

현수 거기 아니면 어디겠어.

자부 (오버랩)집 짓구 가서 거기 상가 관리 자리 찾아 취직하구 늬 엄마랑 채마밭 가꾸면서 조요오옹히 인간답게 살 거야.

자모 (오버랩)나 수선 일 그만두구.

자부 니 엄마 눈이 마않이 나빠졌어..그만두래두 고집이다. 늬들이 한번 해봐.

은수 엄마 왜 그렇게 말을 안 들어 진짜.

자모 (오버랩)알었어어. 그만 둘 때 되면 그만두께.

은수 안과 체크는 제대로 해? (현수에게)

현수 해.

은수 당장 그만둬 엄마. 얼마나 번다구우.

자모 니 아빠 나가 고생하는데 나 아무 거두 안하구 그냥 손놓구 놀아? 슬기도 없구 더구나 할 일 아무 거두 없는데. 그러구 머엉 있다 치매 돼.

자부 (오버랩)어 얘 참 에미야..니 엄마 그동안 슬기 몫으로 온 거 쓰구 남은 거 모아뒀다 나중에 슬기 준다 그랬는데 어떡할까. 내가 슬기 애비한테 전해줄까?

은수 모아둔 게 있어요?

현수 (오버랩)뭐얼. 애 키워준 게 어딘데 수고비루 엄마 그냥 가져요

자부 손녀 키우는데 수고비 받어? (웃는)

현수 받어야지 그럼..요즘 부모한테 애 맡기구 일하는 엄마들 수고비 다 내요. 괜찮아.

자모 그래두 꽤 돼.

현수　엄마 가지라니까? 넌 왜 가만 있어?

은수　그돈 남기느라 우리 엄마 슬기 먹일 거두 제대루 안 먹이구 그 랬지.(농담)

자모　뭐어어?

은수　어쩐지 애가 꺼어칠한 게 수상하더라구.

자부　껄껄껄껄

자모　(오버랩)애가 애가 무슨 소릴 하는 거야아아.

S# 현수의 원룸

은수　(커피 따르고 있는 언니 보다가)언니가 부럽다.

현수　부러워할 걸 부러워해라.(제 잔에 따르고 앉으며)

은수　(앉으며)주하 언닌 왜 여기 주저 앉아있어. 괜찮아?

현수　반은 괜찮구 반은 성가셔.걔 지 엄마랑 안 맞어.

은수　광모오빠 나는 두 번 다시 안 볼 거 같은데.

현수　첨엔 뭐 복수니 뭐니 그러더니 벌써 다 까먹었나봐. 요샌 별 소 리 안하구 일주일에 두 번은 데이트하구 들어와.

은수　?? 데이트?

현수　같은 학교 선생이 밥친구 해달라구 들러붙었나봐. 아들 딸린 홀애빈데 뭐 밥 해주던 엄마가 아들 데리고 시드니 갔다나. 웃기는 게 주하는 안됐어서 밥친구 해주는 건데 그 선생은 데이트로 생각 하는 거 같대.

은수　아들 달린 홀애비 너무하잖아?

현수　비약할 거 없어. 사귀는 거두 아닌데 뭐?? 넌 딸 매단 재혼녀였 잖아.

은수　어 그렇구나.언니는 왜 그러니.

현수 뭐가.

은수 설마 광모오빠 아직두 껴안구 있는 건 아니겠지.

현수 ??너 무슨 소리야?

은수 언니 대학 졸업반일 때 아는 척 했다 다시 그딴 소리함 입 찢어 논대서 모른 척 했는데 뭐 맞잖아.

현수 (오버랩)너 너무 늦는 거 아냐?

은수 이해할 수가 없어. 좋은데 왜 좋다는 표를 못내구 이꼴 저꼴 다 보다 결국 주하 언니까지 그렇게 만들었잖아.

현수 (오버랩)야. 그자식이 난 여자로 안 보는 걸 어떡하냐. 계속 헛 발질하는 놈을 날더러 어떡하라구.

은수 (오버랩)언니가 너무 여자 아닌 척 하니까 그렇지. 솔직히 언니 가 어디 여자야? 헛발질 하는 다리 부질러 놓고/ 나봐라 나나..나 여자다. 나 너 좋아한다 너 어쩔래. 왜 못했어.. 왜 그냥 해바라기로 구경꾼만하다가 주저 앉아.

현수 (오버랩)니가 지금 내 걱정할 때니?

은수 주하언니까지는 못 가게 했어야지. 언닌 기회 영영 놓쳐버린 거야.

현수 (오버랩)그만해 응?

은수 바보같아.(하는데 현관 전자음)

현수 (돌아보는)

광모 (들어오다 은수 보고)어/은수 웬일야?

은수 (일어나는)가는 길에 커피 한잔 마실려구요.

광모 어어/현수야 탕수육먹어 탕수육.나 탕짜면 먹는데 탕수육이 끝내줘야. 늬들 먹일려구 새로 만들어달래서 갖구 왔어.

현수 (오버랩)탕수육 불과 한시간 전에 먹었다.

광모 에?

은수 (코트 입으며)집에서 중국집 불러 먹었거든요.

광모 아아 실패다..주하 먹으라 그래. 주하 벌써 올라갔어?

S# 어느 식당

주하 (숟가락 입에 넣으려다)??? 왜요?

인태 나쁜 놈이잖아요. 결혼식하다 도망치는 게 어딨어요. 진짜 나쁜 자식이에요.

주하 그런데 김선생이 왜 그 자식을 패줘요?

인태 오빠 없다니까 내가 오빠 대신이요. 그 자식이 박 선생네 깔본거에요. 남자 형제들 있으면 맞아죽을까 겁나 그런 짓 못해요.

주하 김선생 운동했어요?

인태 중학생때 권투했어요.

주하 지금 중학생 때 권투로 패준다는 거에요?

인태 이래뵈두 주먹 쎄요.

주하 근데 그 친구는 태권도 유도 유단자구 한때 이종격투기 선수로 뛸까두 했었는데요??

인태 ...(반찬 집어 입으로 가다 멍하니 보는)....

주하 하하하 드세요 하하.으흐흐흐흐(먹는)

S# 태모의 방

[태모/태원. 태희]

태모 ???(아들 올려다보는/침대에 걸터앉아)

태원 ....(서서 안 보면서)

태모 남편 구실은 제대루 해 줘야지.소 닭보듯/ 말두 안하구 웃지도 않구 그게 뭐야.

태원   (오버랩)어머니

태모   (오버랩)비행기 타기 전날 간신히 그거두 술 먹구/ 채린이가
울어서 우니까 간신히

태원   (오버랩)(좀 올라서)그 사람은 무슨 그런 얘기까지 해요!!

태모   내가 캐물었어.

태원   그 간섭까지 하실 거에요? 어머니 소원대로 따랐어요.그럼 됐
잖아요.

태모   된 게 아니니까 하는 말이지.

태원   (오버랩)모르는 척 가만 계세요. 초등생 아니에요.알아서 해
요.(나가려)

태모   (오버랩)아니이이 내가/에미가 한 짓이 있으니까 걱정돼 물어
봤더니 혹시나가 역시나

태원   (오버랩)저랑 살겠다구 온 사람이에요. 별 수없이 평생 같이해
야할 사람이구요. 노력해요 노력할 거에요. 좀 기다리라 그러세
요. 어머니두 기다리시구요.

태모   골내지 마라 골내지마.

태원   (나가는)

태희   건드리지 말랬지.

태모   유세통 질머졌다. 좋은 소리 하자는데 골부터 부려.

태희   얼마나 지겹겠어.

태모   남의 귀한 딸 데려다 놓구 찬밥 만들면 돼?

태희   내가 이래서 시집을 안가는 거야. 어떻게 아들 잠자리 참견까
지 하자 그래. 하긴 슬기 엄마 한테두 아들 진 뺀다구 눈 엄청 흘겼

네.(나가며)

태모 지나쳐두 부족해두 둘 다 탈인게야. 알지두 못하는 게…

S# 주방

　　[임실과 설거지하는 채린. 한복 차림.]

채린 (식탁 닦는)

임실 (쟁반에 뚜껑 덮인 큰 컵 두 개/식탁에 놓아주며)하나는 슬기 꺼요.

채린 아줌마가 올려다 주세요.

임실 ??

채린 치마가 이래서요.

임실 (오버랩)그라지요.(쟁반 들고 나가는데)

태희 (들어오며)올케.

채린 (돌아보며)네.

태희 (커피 준비하며)엄마한테 시시콜콜 할 얘기 안할 얘기 안 그러는 게 좋겠다.

채린 ??

태희 잠자리 얘긴 뭐하러 해.

채린 그게 아니라

태희 (오버랩)그냥 괜찮았다 간단히 넘어가지 노인네 신경쓰구 태원이 불려내려와 지적받구 그게 뭐야.

채린 ….(보며)

태희 슬기아빠 현재 엄마한테 감정 별로 안 좋은데 올케 엄마랑 너무 밀착돼 그러는 거…글쎄? 알아서 하겠지만 내 생각에는 주의 좀 해얄 거 같다?

채린 알았어요.

680

태희 형님 좀 붙여주시면 좋겠네?

채린 네 형님.

S# 현수 원룸

현수 (컴퓨터 켜놓고 검색하다가)으ㅎㅎㅎㅎ

광모 (잡지 보며 소파에 있다가 몸 일으키는)

현수 E 하하하하하

광모 로또 맞았냐?

현수 (컴퓨터 끄며)이태리 매장에서 메일 왔는데 내꺼 반응이 젤 좋
대. 한창 뜨기 시작하는 영화배우가 그저께 귀신같이 내 옷만 뽑아
세벌이나 사갔대. (빈 컵 들고 싱크대 쪽으로)지난 번엔 스텔라 맥카
트니가 사 갔다더니 (두 주먹 올리고 흔들며)으으으으으으 기분 좋다.

광모 늙은 여자가 웬 초딩이 재롱이야..

현수 역겨웠냐?

광모 소주 있지.

현수 결국 맑은 정신 포기야?

광모 심심해..

현수 안주 없는데.

광모 (냉장고 열고 소주병 꺼내며)나 좀 우울증인 거 같아.

현수 ??? 뭐?

광모 아무래두 잘못 살아온 거 같아.(병 따며)

현수 아직 걸려드는 여자가 없어 우울증?

광모 여자는 뭐..(식탁에 놓고)너무 피로해서 당분간 방학이 필요한
거 같아. 의욕이 없어.

현수 허/(소주잔 두 개 챙겨놓으며) 오래살구 볼일이다..너한테서 여

자 방학 소릴 다 들어보구.

광모 (식탁 의자에 앉아 따르며)늙은 거 같아.

현수 냉동 오징어 있는데.

광모 (한숨처럼)안주두 의욕이 없구.

현수 (냉동고 오징어 꺼내며)늙기야 했지 스무살은 아니니까.

광모 은수는 괜찮대?

현수 (큰 바가지 꺼내 비닐에 꽝꽝 언 오징어 비닐째 넣고 수전 틀어 찬물 받는)아무 일 없었던 거처럼 열심히 살고 있댄다.

광모 (술 털어넣고)뭐 오이라두 하나 주라.

현수 (오이 꺼내려 냉장고 여는)오이는 없구 버리기 직전 당근은 하나 있어.

S# 준구 현관

은수 (들어와 이모 방 앞으로)저 들어왔어요 이모님.

이모 E 오냐아아

은수 (문 열고)너무 늦었지요.

이모 뭐얼. 간만에 가는 친정인데 푸욱 쉬다 오라잖든 니 어머니.자구 와두 된다니까 굳이 왜 와. 그래 어머니 아버지 안녕하시든?

은수 네에..늦어두 된다 그러셨다니까 많이 좋아하셨어요..

이모 요즘 딸 들은 결혼하구두 들락날락 얼굴 자주 보여주는 세상인데 늬 부모님은 너 시집 잘 못 보내셨다.

은수 네에.

이모 어이 올라가라.

은수 안녕히 주무세요 이모님.

이모 오냐..(일어나는)

은수   뭐 필요하세요?

이모   (나가며)아냐 신경쓰지 말구

S# 이모 방 앞. 복도

이모   (연결)올라가. 매실 주 한잔 마시구 잘까나아아 그래서어.

은수   준비해 드릴께요 이모님··(복도의 대화)

이모   챙길 거 뭐있어. 괜찮어.

은수   저두 한잔 주세요 이모님.

이모   그럴래?

은수   네.

이모   좋지이이. 혼자 마시는 술은 술이 눈물되기 십상인데 우리 같
       이 하자. 딱 한잔씩만하자 응?

은수   네에··

이모   준구 전화 받었어? (거실에서 주방)

은수   네. 아까 낮에. 잘 도착했다구요.

이모   타이페이는 이십도라더라.

은수   어머님 점심 드신게 안 좋아서

이모   (멈추고)

은수   아 말씀 안드려야하는 건데··

이모   아프대?

은수   좀 불편하신가봐요. 조문은 아버님만 모시구 가야할 거 같대
       요.

이모   뭘 먹었길래. 쯔쯔·· 기내식은 안 먹는 애니 비행기 음식에 탈
       난 건 아닐 거구. 쩨푸리구 가기싫다가기싫다 그러더니/.쯔쯔쯔

S# 현수의 원룸

[오징어 고추장 볶음 접시. 양파 풋고추 등 넣어 함께 만든.]

광모 (현수 잔에 술 따르면서).....(저도 모르게 한숨 후우우우)

현수 (받으며)??? 한숨쉬었니?

광모 응..나 요새 쭉 이래..속이 답다압해서 한번씩 몰아쉬어줘야 해.. 폐가 말야 꼭 니가 가끔 청소시킨 늬집 세탁기 거름망같아. (제 잔에 따르는)옷먼지로 거의 막힐 지경 상태. 나 뭐 폐에 문제생긴 건 아니겠지.

현수 병원가 봐.(마시는)

광모 만약 나한테 무슨 일 있으면 내 재산은 몽땅 너한테 준다.

현수 ???

광모 엄마한테 미리 받은 거두 약간 있구 유언장 써 놓고 죽을게.

현수 언제 죽을 건데.

광모 ??? 야 너 이 심각한 상황에 /야아아아 끝내준다아아

현수 생각잖은 유산이 굴러들어온다는데 언제 죽나 궁금안하냐?

광모 현수야 나 심각해애

현수 무슨 말이 하구 싶어 그러는데.나 니 엄마 아냐. 응석부리지 말구 빨리 말해.

광모 (보며)...

현수 니 수작 한 두 번이냐?

광모 인생을 잘못 산 거 같단 말야.

현수 그건 내가 니 대갈통이 깨질 만큼 지적했던 거야

광모 ??? 넌 쓰레기 먹구 사냐? 여자 입에서 어떻게 거침없이 조폭 단어가 튀어나와!!

현수 영혼없는 머리가 들어 마땅한 소리야.

광모　……(보며)

현수　(그래도 혹시/보며)진짜 숨쉬는데 문제 생긴 거 아닌가 그럼 병원 가 체크부터 하는 게 순서다.

광모　……(보며)

현수　……(보다가)같이 가줘?

광모　(술 마신다)

현수　진짜 몸에 이상 신혼 거야 아님 하던 짓 못해 찌뿌드드해 그러는 거야.

광모　(일어나며)간다.

현수　??? 야아.

광모　(그냥 현관으로)

현수　(보며)……(앉은 채)너 어디 사고 쳐놨니?

광모　(돌아보는)뭔 사고.

현수　(일어나는)어디서 아이가 크구 있어?

광모　체/ 굿나잇.(나가고)

현수　……(뿌우우)‥(있다가 상 치우기 시작)

S# 원룸 밖. 골목(밤)

광모　(나오는데)

주하　(제 차에서 내리는 중)…(문 닫고 돌아서다 보고)가는 거냐?

광모　오는 건지 가는 건지/ 보면 모르냐?(제 차로)

주하　싸웠니?

광모　(리모컨 작동)밥 친구해주다 잠 친구까지는 가지 마라.

주하　???

광모　그래봤자 넌 파혼녀에 불과해. 자식 딸린 남자한테 코꿰진 말라구.

주하 니가 지금 내 인생에 훈수 두냐?

광모 우리는 친구잖아. 우정이다 우정(차 타는)

주하 우정은 개뿔‥딴 건 다 좋은데 남자 문제에 관한한 돈터치다

앙?

광모 (차 문 탕 닫고 부웅 출발)

주하 소가 웃다 옆구리 터지겠네(휙 돌아서는)

S# **준구네 주방**

[식탁에서 이모 은수 매실주.]

[은수 시선 내리고 이모는 질문해놓고 기다리는‥‥]

이모 (손가락으로 식탁 똑똑)여보세요. 주무세요?

은수 (보고 좀 웃으며)아닙니다‥안자고 있습니다.

이모 으흐흐흐.

은수 제가 좀 모자라나봐요 이모님. 아이랑 친정에 살면서 일하는
것도 좋았구 따듯하게 잘 지냈어요. 하루 스물 네시간 정신적인
학대에서 벗어난 것만으로 행복했어요.

은수 E (보는 이모)정말 행복했어요. 왜 진작 안 이랬을까 왜 그렇게
오래 참았을까 그랬었으니까요.

이모 응.(이해해)

은수 그런데 이년 째 접어들면서 뭔지 모르게/밤에 일 끝내구 들어
올때는요 이모님.

이모 응.옆구리가 쓸쓸하더라구?

은수 으흐흐 정신적으로 배가 고픈 느낌이랄까 그런 거요.

이모 그런 거 있지.

686

은수　데이트는 해도 되지 않을까 그럴 때 준구씨 만났어요..

이모　때맞춰 연분인 거지.

은수　제 부모님이랑 언니/너무 덩치 큰 시집 힘들 거라구 별로 안 좋아했었어요. 그런데 저는 바보라서요 이모님. 힘들 게 뭐가 있어. 나하기 달렸지. 귀염받는 며느리 자신있어..그랬어요.

이모　너 며느리로 부족함 없어. 그런데 /고단하지?

은수　?? 으흐흐흐 네에 이모님 엄청요. 정말 엄청나게요.. 잠잘 때도 어머님 이모님 레이더 안에 갇혀있는 거 같아요.

이모　후후 그래. 인생사 누구나 거저 먹는 완전 공짜는 없단다. 이런 집 며느리/남들은 모두 시집 잘갔다 애들 말루 대박이다 그러겠지만 그건 껍데길 뿐 알맹이 고달픈 건 몰라들.

은수　네에..

이모　(오버랩)한잔 씩만 더하자웅?

은수　네에..(따라주는)...

S# 현수 원룸 이 층

주하　(클렌징 찍어 바르며)너는 내가 밥 먹구 들어왔다는데 누구랑 먹었나두 안 궁금하니?

현수　(침대 위에서 책 들고 기대어 앉아)안 궁금해.

주하　너같기도 참 힘들다. 어떻게 세상만사 궁금한 게 아무 것두 없냐.

현수　.....(책장 넘기는)

주하　국어선생, 갈비탕.

현수　...

주하　광모자식 두둘겨 패준대.

현수 ??

주하 남자형제 없어 깔봐 그따구 짓 한 거래나. 등치나 크면 내가 말을 안한다. 광모 반밖에 안 되는 체격으루. (닦아내며)광모자식 이종격투기 선수 할까 그랬던 애라구 뻥쳐줬어.

현수 그랬더니.

주하 관심 있냐?

현수 뭐래.

주하 머엉하더라. 웃겨서 진짜··

현수 ····

주하 (돌아보며)아 근데 진짜 왜 그러는 거야아아.

현수 ····

주하 현수야.

현수 뻔한 소릴 왜해.너 답 알잖아.

주하 그래두 대화라는 건 서로 주고받고 해야 성립이 되는 건데

현수 (오버랩)광모 우울증이래

주하 ??? 뭔쫑?

현수 ····(보는)

주하 하··왜 거기가 말을 안듣는대? 걔 우울증 될일 그거말구 뭐··그렇대?

현수 궁금하면 니가 확인해.

주하 (닦아내며)궁금할 게 뭐 있어. 내꺼두 아닌데······(거울로 돌아앉아 꼼꼼이 닦다가 돌아보며)진짜 그럼 걔 자살할 걸? 무슨 낙으루 살어. 삶의 의미가 없을 거야.

S# 광모 오피스텔

688

광모 (잠옷. 비스듬히 누워 채널 점핑하고 있는)······(문득 티브이 화면에)

현수 (컴퓨터 끄며)이태리 매장에서 메일 왔는데 내꺼 반응이 젤 좋
대. 한창 뜨기 시작하는 영화배우가 그저께 귀신같이 내 옷만 뽑아
세벌이나 사갔대. (빈 컵 들고 싱크대 쪽으로)지난 번엔 스텔라 맥카
트니가 사 갔다더니 (두 주먹 올리고 흔들며)으으으으으 기분 좋다.

광모 ·····(채널 점핑. 점핑 스톱/티브이 화면에.)

현수 (팩 돌아서는)어디다 드럽게 쭈쭈뽀뽀랑 비꼴해 너. 쭈쭈뽀뽀
는 오직 나만 좋아해 나밖에 몰라 나만 사랑해!!

광모 (리모컨 꺼 가슴에/천장 보고 눕는)

현수 E 왜 인간이··인간으로 태어났으면 좀/ 고결하게 까지는 아니
더라도 좀 단정하게 못살구 너덜너덜 시꺼먼 /백년 안 빨아준 대
걸레모양 드럽게··지저부운하게 그렇게 질질질질 설사 흘리구
다니는 놈처럼 그렇게 살구 싶냐?

광모 ······(일어나 전체 등 끄고 침대로/푹 걸터앉는데)

현수 E 너는 임마 대가리에·· 똥만 찬 놈이야··너는 혼이 없는 자식
이야. 너는··좀비야 이 자식아.

광모 아아 기집애 디이게 시끄럽네.(하며 벌렁 쓰러져 천장 보며)·····
(잠시 있다가 입 내밀고)푸우우우우우우우··

S# 준구네 주방

이모 (은수 잔에 따르며/적당한 취기)이런 집에 사는 사람들 뒤집어
보면 불쌍하지··평버엄하게 빠듯하게 살면서도 식구끼리 오겹살
구면서 즐겁구 자식 취직돼 동네방네 자랑하며 뿌듯하구 그런 소
소한 행복을 모르구 사는 이들이니까.

은수 (역시 좀 취하는 상태)네 정말요 이모님. 저두요 처음에는 와아

집이 정말 크구 좋다아아. 내가 어떻게 이런 집에 살수 있지? 그랬
는데

이모 (오버랩)금방 시들해졌지?

은수 흐흐 시들해졌다기 보다 무뎌졌어요 이모님 그리구 너무너무
속상하구 맘 아플때 좋은 집/ 전혀/저언혀 위로가 안되더라구요‥

이모 허 허허허허 니가 뭘 알기는 아는구나. 맞어 맞어‥일전 어치두
위로 안돼‥안돼안돼.(술잔 들고)마시자.

은수 네.(짱 부딪치고 두 여자 마시고)

이모 그만하구 자자.아.(일어나는)

은수 (얼른 일어나면서 손이 뭔가 건드려 소리나고)??

이모 취하셨어요?

은수 네 아니 네‥조금요‥(이모 부축하고)

이모 (나가는/은수 잡아주고)

S# 거실

이모 (걸으며)너 술 좀 하는구나.

은수 ‥네에좀…

이모 흐흐 니 어머니는 와인 두 잔이 끽이다‥시어머니 밟구 올라가
지 마라.

은수 네에‥

이모 아니에요 어머니 저는 더 이상 안돼요.(흉내)

은수 이모니이임‥

이모 <u>흐흐흐흐</u>. 너 오늘 나랑 같이 자자.

은수 ?? 그럴까요 이모님?

S# 태원의 거실

690

[빈 거실. 코너 등만 켜져 있는.]

S# 태원 부부 침실

채린 (기대어 앉아 책 펴들고/시선은 책이 아니다)….(시계 보면/열 시가 좀 넘어 있다)…..

S# 슬기의 방

[부녀 침대에 마주 앉아 신나게 동물 농장 노래 부르고 있다··태원 베개를 기타 삼아.]

배나무 밑엔 염소가 (음메헤에에에에) 외양간에는 송아지 (음매애애애 음매애애애)

닭장 속에는 암탉들이 문간 옆에는 거위들이 배나무 밑엔 염소들이 외양간에는 송아지

오 히 야하 오 오 오

오 히 야하 오 오

깊은 산속엔 뻐꾸기 (뻐꾹 뻐꾹뻐꾹.)(하는데)

[노크. 둘 다 못 듣고]

채린 (들어온다)..

슬기 (먼저 보고 노래 멈추고)

태원 (채린 보는)

채린 슬기 잘 시간 훨씬 넘었는데요.

태원 아··알아요. 슬기 그만 자야겠다.응?(베개 제자리에)

슬기 응 아빠··(이불 속으로)

태원 (거들어주고)

슬기 (누우며)책 읽어줘.

태원 응 그래.(책으로 손)

채린　(오버랩)너무 늦었어 슬기야.

슬기　네 그런데 책 안 읽어주면 잠이 빨리 안 와요.

채린　아줌마가 읽어줄게(다가들며)

슬기　아니에요. 아빠가 하면 돼요.

채린　....

태원　먼저 자요.

채린　...

태원　눈감아.

슬기　응··(눈 감고)

태원　(동화 읽기 시작)

채린　(나간다)

S#　준구네 이모의 방

은수　(잠들어 있는 이모 옆에 누워 눈 뜨고)·······

S#　태원 부부 방

채린　(침대에 걸터앉아)··········

태원　(들어오고)

채린　(일어나는)

태원　안누웠어요?

채린　...

태원　(전체 등 끄고 제 잠자리로 오르는)

채린　(침대로 오르면서)학교가는 날인데 잠이 모자라면

태원　(오버랩)괜찮아요··한번씩 늦는 날두 있어요.

채린　그래두 자구 깨는 시간 습관은 지켜주는 게 좋을 거 같아요.

태원　(스탠드 끄면서) 피곤할 텐데 그만 쉬어요··

채린   ....(보다가)듣기 싫을지 모르지만 태원씨 슬기한테 하는 방식/
너무 절도가 없는 거 같아요··뭐든지 아이가 원하는대로 따라주다
보면

태원   (일어나며 오버랩)채린씨.

채린   네.

태원   기숙사두 아니구 사관학교도 아니에요··아이 망가트릴 정도
로 아무렇게나 키우구 있는 거두 아니구요.

채린   (웃으며)내가 보기에는 그래요.

태원   걱정하지 말고 얼마동안은 그저 지켜보기만 했으면 합니다.
들어오자 마자 뭔가 통제하려 들거나 그럼 슬기가 혼란스러워
져요.

채린   ....

태원   E 지켜 보다가 저엉 고치는 게 좋겠다 그런 버릇이 보이거나
그럼

태원   직접 하지 말고 나한테 얘기해줘요··서로 편안해지고 익숙해
질 때까지는요.

채린   슬기는 건드리지 마라 ...네요.

태원   이제 시작이에요··

채린   내가 너무 주제넘었나봐요.

태원   그런 뜻은 아니에요. 오핸 하지 말아요.

채린   (웃는)알아 들었어요··그냥 나는 너어무 이뻐하기만하면 슬기
가 아빠바보가 될 거 같구 걱정이 돼서

태원   (오버랩)그만...자죠 우리.

채린   네··(누우며 뭔가 말하려는데)

태원 (등 돌리고 눕는)……

채린 ……등은 보이지 말아달라고 부탁했는데요.

태원 아 미안해요‥(바로 눕는) 불빛 피하느라구요.

채린 끌께요‥(전등 끄고 누우며 고개 태원에게)

태원 ……(눈 감고)……

채린 ……(보며)

S# 준구의 거실

은수 (천천히 계단으로 움직이는 중‥전체 등 끄고 계단 오르는)……

S# 계단에서 올라오는 은수

은수 (이 층 거실을 통해 문 두 개 열고 침실로)

S# 침실

은수 (들어와서 침대에 걸터앉아)………(가만히)… (앉아 있다가 자신에게 다짐하듯 작은 소리로)화이팅‥ 화이팅화이팅(일어나 옷 벗으며 드레스 룸으로)

F.O

S# 슬기 초등학교 교문 앞(하교 시간)

슬기 (뿌우해서 기다리고 있는)……(꽤 기다렸다)

S# 태원의 미팅룸

태원 (들어오는)

  [태원네 편집장, 어떤 아웃도어 마케팅 팀장, 직원 앉아 있다 일어나고]

태원 (들어오며)아 미안합니다‥ (팀장과 악수하며)스케줄 때문에 부득이하게 저희 쪽으로 모셔놓구 제가 외부 일 때문에 좀 늦었습니다. 죄송합니다.

팀장 하하 덕분에 저희도 오랜만에 바깥 공기 쐬고 좋습니다.

태원 앉으시죠··(다 같이 앉으며)네에 패션 화보 진행 원하신다고 들었습니다. 올해는 그 쪽도 이슈가 많았었죠?

팀장 네.브랜드40주년에맞춰 영화감독들과 의미있는 필름 프로젝트도 진행했고 스페셜 에디션 제품들도 내놨었죠. 로컬 브랜드로서는 자부심을 느낄 만큼 스케일이 큰 F/W 패션쇼도 진행되었었구요. 한 해를 마무리하는 시점에 멋진 엔딩 작품을 만들어보고 싶어서요.

태원 예 멋진 엔딩 당연히 저희가 해야죠. (편집장에게) 어디까지 진행됐죠?

편집장 (대답하려 하는데)

　　　[태원 전화 울리고]

태원 (보고)잠깐요.(받아서)아빠지금 중요한 미팅중.끝나고 전화할게.(하는데)

슬기 F (울먹)차가 안와 아빠.

태원 ???(벌떡 일어나며)아줌마 안가셨어?

S# 학교 앞

슬기 안와. 전화 안 받아. 전화 꺼졌대.

S# 복도

태원 (방에서 나오면서)알았어 슬기야. 전화끊고 거기 곰짝말구 있어. 어디 가면 안돼·· 아빠가 금방 전화할게.

슬기 F 아빠 나 춰어어어.

태원 알았어 금방하게 끊어.(끊고 통화 시도)

　　　[전원이 꺼져 있어 안내.]

태원   (난감/다시 통화시도)

　　[벨 가는 소리.]

태희   F 어 태원아.

태원   누나 지금 어딨었요.

태희   F 나 친구 집들이. 성북동. 왜.

태원   (그냥 끊는데)

태희   F 얘 왜애(하는데)

태원   (벌써 전화 끊고 미팅 룸으로)

S# 미팅룸

태원   (들어오면)정말 죄송합니다. 딸아이한테 급한 일이 생겨서 삼
　　사십분 (에서)

S# 슬기 학교 앞

　　[들이닥치듯 와서 멎는 태원의 자동차.]

태원   (정신없이 빠르게 내려 교문 쪽으로 뛰는)

S# 교문 앞

태원   (나타나며)슬기야‥

슬기   (보는 순간)아아아앙(울음 터뜨리는)

태원   (안아 올리면서)괜찮아괜찮아‥미안해. 아빠가 미안해.(자동차
　　쪽으로 가는데)

채린   (차에서 내려 황급히 움직여 오다가 보는)‥‥

태원   (잠깐 보고 그대로 지나치는)

채린   (따르며)슬기야 미안해. 아줌마 전화 바테리 바꿔끼다 그러구
　　깜박했어.

태원   (멈추고 보며)시간 제대로 됐으면 전화 상관없어요./

채린 (오버랩)길이 너무너무 밀렸어요. 삼호터널에서

태원 이 추운 날 애를 밖에 삼십분이나 세워 뒀어요.

채린 슬기야 미안해애

태원 (슬기 태우고/문 닫는다)

채린 태원씨.

태원 (오버랩)이건 상상도 할 수 없는 일이에요. 다시는 이런 일…없
기 바래요.(운전대로)

채린 내가 데리구 들어갈게요 태원씨.

태원 (대꾸 없이 운전대로/부웅 뜨고)

채린 ·····(보며)···

S# 메이크업실

다미 (분장받고 있는데)

조수 한남동 작은사모님 오셨어요.

미선 (다미 분장하다가)어서 오세요. 금방 끝나요 다됐어요.

은수 (안내받아 들어와)아뇨 천천히 하세요. 눈썹 정리만 해주심 돼요.

조수 차 뭘로 드시겠어요?

은수 그냥 물 주세요.(코트 벗어놓고 대기 의자에 앉으려는데)

다미 (거울 속으로 보고)안녕하세요 또 뵙네요.

은수 ?? 아 아아 안녕하세요. 결혼하신다면서요. 축하합니다.

다미 감사합니다. 여기 좀 죽여줘 언니.(앉고)

미선 괜찮은데 왜 자꾸 신경쓰는지 모르겠더라.(양 뺨 선)

다미 스트레스때매 쪘다니까··

은수 (전화 꺼내 여는데/메시지 들어와 있는/들어가 보면 슬기.)

은수 (좀 웃는 느낌으로 열어보는)

슬기 E 엄마 차가 안와..추워죽겠어.

은수 ??(급히 통화 시도)

S# 서초동 집으로 가고 있는 태원의 자동차

[슬기 전화 걸려오는]

슬기 F 응 엄마..

S# 차 안

태원 ??(딸 보는)

슬기 메세지 아까 보냈는데..

은수 F 엄마 몰랐어 미안해. 근데 무슨 소리야. 왜 차가 안와.

슬기 으응. 아줌마가 온다 그랬는데 차가 무지 막혔대.

은수 F 서초동에서 학교까지 얼마나 되는데에

슬기 아줌마 친정 간다 그랬었걸랑.

S# 미용실 메이크업실

은수 그래서 집에 들어갔어? 춘 거 풀렸어?

슬기 F 아빠랑 지금 들어가..다왔어. 아직두 춰.꽁꽁 얼었어.

은수 ??? 아줌마 안 온 거야?

슬기 F 응 오기는 왔어. 삼십분 늦게.

은수 (??? 삼십 분이나)....

슬기 F 엄마 속상하다구 아빠가 끊으래..

은수 ...(끊기는 전화).....(잠시 있다가 문자 치기 시작)

은수 E 슬기 시간 안 맞춰줘 교문에서 삼십분 떨고 있다 지금 지 아
빠하고 간대요. 형님이 지켜준다 그랬잖아요. 속상해 죽겠어요. 신
경 좀 써주세요 형님.(전송/잠시)........(답장 기다리는)

[전화 걸려오는]

은수 (보고 일어나 나가며)네 형님.

다미 ……(거울 속으로 보는)….

S# 성북동 어느 주택 발코니로 나오면서

태희 걘 정신을 어따 팔고 사는 애니 도대체. 아니 이 날씨에 애 동태만들일 있어? 이거 뭐나쁜 계모 발톱 나오기 시작하는 거야? 난 태원이가 왜 날 찾나 했더니 그런 사연이었구나. ‥엄마 있는 날은 기사가 가구 엄마 나간 날은 나거나 채린이가 가거나 해. 나두 엄마두 오늘 볼일있어서 걔 담당이었는데 걔는 정말‥어이구우우 태원이 이제 겨우 입 떼구 아는 척 하드만 걔 죽었다‥ 넌 어떠니‥

S# 미용실 입구

은수 전 괜찮아요‥저. 슬기요 형님.

태희 F (오버랩)알았어알았어.

S# 주택 발코니

태희 시누 노릇 단단히 해놀게. 어쩌다 있을 수 있는 일이니까 너무 속아파 하지 말구 이해해라. 나 들어가봐야 하니까 그만 끊자‥

S# 미용실 입구

은수 부탁해요 형님‥네‥(끊는)

S# 태원 거실

태원 (슬기 코트 벗겨놓고 두 손 잡아 손등 싹싹 비벼주면서)장갑 꼈는데두 손이 이렇게 찬 거야?

슬기 잠깐은 괜찮은데 한참이니까 점점 차가와졌어.

임실 (컵에 김 나는 생강차 한 잔 들고 종종종 나와)아구우우우 우리 애기 크은일날 뻔 했구머언‥어이 마셔. 마시구 올라가 이불 포옥 쓰구 한바탕 자. 그럼 오던 감기 저어리 도망가버려.

슬기　(있는 대로 찡그리고)생강 싫은데에

태원　약으로 알고 먹어둬.

임실　그음방 몸이 뜨드으웃해 질 거야 응?

슬기　(찡그리고 마시는데)

채린　(들어온다)…

임실　큰 실수했구먼. 쯔쯔..(하며 들어가려는데)

태원　아주머니. 슬기 다 마시면 데리구 올라가 좀 재워주세요.저 나

　　가봐야해서

임실　(오버랩)알았소. 걱정말구 나가시오.

채린　(오버랩)내가 할께요··슬기야 올라가 마시자··(컵에 손 내밀고)

슬기　네 (군소리 없이 컵 주고)

채린　(슬기 앞세우고)가방이랑 옷 갖구 오세요.

임실　에에.

태원　….(보고 있는데)

채린　(계단으로)정말 미안해 슬기야.용서해 줘.

슬기　괜찮아요.

채린　화 안났어?

슬기　E (태원 위에)아까는 났었는데 지금은 풀렸어요.

채린　E 고마워··슬기는 참 이해심이 많아서 이뻐··

태원　(현관으로)…

S# 메이크업실

은수　(들어와 코트와 핸드백 챙기는데)

미선　다 됐는데요 사모님.

은수　나중에 해야겠어요··

700

미선 잠깐이면 되는데요 오분두 안 걸리는데

은수 그냥 딴 볼일이 생각나서요. 안녕히 계세요 아 나오지 마세요.

미선 네 그럼..모셔드려요.(조수에게)

은수 (조수와 함께 나가는)

미선 무슨 전화야. 기색이 안 조으네.

다미 미선언니..저 여자랑 나랑 누가 더 이뻐요?

미선 ?? 이쁘지이..(그렇죠 이쁘죠)

다미 누가 더 나냐니까?

미선 너어무 달라서 뭐라 그럴 수가 없네..

다미 (흘겨주고)

미선 후후후후후후

S# 현수 회사

[원단 가게와 통화 중인/옆자리 동료 열심히 일하고 있는 모습]

현수 (앞에 견본 놓고 자연스럽게 만지며)라라독인데요. 트위드원단 육십인치짜리 크림색이랑 블랙 섞인 원단이요.스왓치 두 번째 꺼. 네… 그거 1야드만 샘플감 오더 좀 할게요.. 내일 아침까지 보내주 시면 돼요.네. 저희 팩스로 영수증 보내주시면 계좌이체로 금방 결 제해 드릴게요.운임은 선불로요. 네에에 (끊고 메시지 여는)

S# 근처 카페

현수 (들어와 은수 찾아 보며 움직이는)

은수 (현수 걸음대로 비춰지는 굳어 있는 모습)…

현수 (앉으며)왜. 또 뭔일이야.

은수 (고개 잠깐 돌리며)기가 막혀 정말.

현수 ??

은수　(언니에게 고개 홱)이 겨울에 애를 학교 앞에 삼십분 넘게 세워
　　　놨대.그 여자가 데리러 가는 건데 안 나타나 떨며 기다리다 지 아
　　　빠한테 연락해 지 아빠가 데리구 들어가더라구.

현수　그 여자 왜 그랬대.

은수　친정갔다 길이 막혔다 그드래.

현수　심하게 막히면 그럴 수 있지 뭐.

은수　(오버랩 발끈)그래두 삼십분은 너무한 거 아냐? 길 사정 예측 못
　　　하는 거 몰라? 막힐 경우 계산해 가 기다려줘야지.

현수　그럴 수두 있는 거지 야 엄마두 일하다 깜박해서 오분 십분 기
　　　다리게 한 일 더러 한번씩 있었어.

은수　(오버랩)괜히 보냈어.

현수　??

은수　그렇게 쉽게 내주는 거 아니었어.

현수　쥐 머리냐? 그때 안 보냈어두 어차피 보냈어야 할 상황 됐었
　　　잖아.

은수　(오버랩)기막혀.(물잔 집으며)추워죽겠단 문자 학교 끝나구 이
　　　십분이나 지난 거드라구.이십분이나 기다리다 안오니까 나한테
　　　문자 친 거야.(한 모금 마시고) 못들었어. 왜 못들었는지 몰라.

현수　(오버랩)그 여자 전화 없어? 그여자한테 하지 왜 너한테 해.

은수　(오버랩)엄마니까. 내가 엄마니까.(컵 놓으며)

현수　….(보며)

은수　지 아빠 바꾸라 소리 못했어. 바꾸면 소리소리 지를 거 같아서.
　　　미치겠드라 진짜.

현수　…(보며)

은수 아무 생각없는 여자라 그랬잖아. 하다못해 열심히 최선 다해 키우겠다는 그냥 말서비스도 안하더라구.

현수 너한테두 모정이라는 게 있기는 있었구나.

은수 ????

현수 그런 게 어떻게 떼놓구 갔냐.

은수 언니.

현수 그런 게 어떻게 시집에 잘 보일라구 애두 제대루 안보구 살었어.

은수 말을 꼭 그렇게 밉게 해야 해? 위로받구 싶어 찾았는데 뭐? 너한 테두 모정이라는 게 뭐? 도대체 날 뭘루 보는 거야.

현수 발끈할 거 없어. 훨씬 낫다 소리가 그렇게 나간거야.

은수 ……(쏘아보다가 벌떡 일어나 나간다)

현수 (급히 챙겨 일어나는)

S# 카페 앞

현수 (뛰어나와 가고 있는 은수 옆에)알았어 말이 헛나갔어. 미안해.

은수 ……

현수 잘못했다구 기집애야.

은수 …(그냥 걷는)

현수 은수야… 야 은수야..

은수 (오버랩 탁 멈춰 보며)나한테 얼마나 상처주는지 알아? 옛날옛 날부터. 어렸을 때부터 오늘날까지. 남 같았으면 벌써 옛날에 안 봤어.

현수 지금부터라두 안 볼 수 있어.

은수 그래 보지 마. 보지 말자구.(휙 돌아서 빠르게 걷는)…

현수 ……(대책 없이 서서 보며)……(입이 닭 똥구멍이 된다)..

은수 (입 꾹 다물고 걷는)……

S# 슬기 방

슬기 (침대에 앉아)아줌마 전화 받데리 나갔었대요.

태희 그럼 고모한테 하지 왜 엄마한테 해애.(외출복인 채)

슬기 고모 친구네 집에 놀러간댔잖아요.

태희 너 엄마한테 전화한 거 아줌마 알아?

슬기 ….(생각하고)나는 말 안했어요. 아빠는 알아요. 집에 오는데 엄마 전화왔었으니까.

태희 아빠랑 엄마··통화했어?

슬기 (고개 흔들고)아빠가 엄마 속상하다구 전화 끊으래서 끊었어요.

태희 ….(보다가)할머니가 너 엄마한테 전화한 거 아시면 기분나빠 할 거야. 그러니까 앞으로는 무슨 일 있으면 고모한테 먼저 해 알 었어?

슬기 (끄덕인다)

태희 많이 추웠어?

슬기 (이불 당겨 누우려 하며)얼어 죽을 뻔 했어요.

태희 (이불 덮는 거 도와주며)쯔쯔쯔쯔 크은일 날뻔 했네 우리 슬기.

S# 태원 거실

태희 (계단 내려와서)올케 어딨어어.

채린 (주방에서 뛰어나와 서는)네.

태희 슬기한테 그럼 안되는 거 아냐?

채린 형님 그게

태희 (오버랩)나 아주 아찔했어. 얼마 되지두 않아 벌써 그렇게 느슨 해지면 어떡해?

채린　교통쳇증 때문에

태희　(오버랩)설마 일부러야 그랬겠어. 그렇게는 생각 안하는데 태원이 어떻게 생각할 거 같아. 걔 지 딸이라면 목숨 스무개가 안 아까운 딸 바보야.

채린　알죠오오

태희　다시는 그런 일 안 만든다구 잘 애기해 풀어줘. 쉽게 안 풀겠지만. 나 이거 시누 노릇 아냐. 부부사이 원만하게 돕는 의미야.

채린　네 형님.

태희　(제 방으로 가며/핸드백 이 층에 갖고 올라갔다가 들고 내려온 상태)실컨 퍼져 놀 건데 슬기때매 달려 들어왔어.

채린　(보며)……(보다가 돌아서는데)

태모　(들어온다)

채린　(얼른 현관으로)어머님 들어오셨어요?

태모　오오냐.. 나 버섯 차 따끈하게 한잔 다우.

채린　네에..

태모　(자기 방으로)무슨 눔으 날이 사흘 굶은 시에미 얼굴 모양 오만상을 하구 /춘 거 보니 눈은 안올 거 같구먼.

S#　태모의 방

태모　(들어오고)

임실　(침대 올라가 무릎 꿇고 침대 머리판 마른걸레질하다 돌아보고 얼른 내려서는)

태모　끌끌끌 말 좀 들으면 죽어? 거기 올라가지 말라구 골백번이 모자라?

임실　제대로 닦으려면 아무래두

태모   아 시끄러워요. 옷이나 받아 걸어요.(코트 벗고)

임실   (마른걸레 놓고 옷 받아 옷장에)

태모   (상의 벗으며)거는 게 먼저 가 아니지이 홈웨어부터 줘야지.

임실   옷 저기 있는데(침대 발치)

태모   (발치 옷 집어 뒤집어 쓰고 하의 벗는데)

임실   (코트 걸고 벗어놓은 옷 집어 들며)새댁이 애를 데리러 안가서 슬
          기가 꽁꽁 얼어 들어왔어요(궁시렁거리는 고자질)

태모   ???(보는)

임실   뭐 길이 맥혔다나 뭐라냐 슬기 아빠 성질나서 새댁 쳐다두 안
          보구 나갔어요.

태모   무슨 소리야..

채린   (차 들고 들어오다)??

태모   애를 안 데리러 가다니.(채린 보며)

채린   그게 아니라요 어머니. 친정에서 슬기 학교 가는데 너무 길이
          막혀서 좀 늦었었어요. 아빠한테 전화해서 그이가 데려다 주구 다
          시 나갔어요.

태모   애가 꽁꽁 얼었더라면서. 얼마나 떨구 섰었는데..

채린   얼마 안/ 십오분에서 이십

태희   (오버랩/들어오는)삼십분이라든데 왜 깎아.

채린   …(할 말이 없고)

태희   납치 유괴라도 당했으면 어쩔 뻔했어.

채린   ??

태모   재수없는 소릴 왜해.

임실   (중얼거리며 나가는)그런 일 없으라는 법 없으니까

706

태모   아줌마 빠져요.(임실 아웃되며)

태희   (오버랩 임실과 상관없이/걸터앉으며)올케 긴장 좀 하라구 응?

채린   ··네에·· 잘못했어요 어머님.

태모   (침대 걸터앉으며 차 달라고 손 내밀며)지 애비 골내는 게 당연하
       지 그럼.(찻잔 받으며)어쩌다 그런 실술 했어.

채린   죄송해요 어머님.

태모   너 이뻐하는 내 입장 봐서라두 다시는 그러지 마라 아가 응?

채린   네에 다시는 안 그럴께요··

태모   다시 안그럼 됐잖아.(하고 차 불어 마시는)

채린   (나가고)

태희   쟨 지가 서있는 번짓수를 모르나봐.

태모   아 좀 떨어져. 왜 이렇게 바싹 붙어 풍구질야.

S# 거실

채린   (나와서 주방으로)

S# 주방

채린   (들어와)아줌마.

임실   (손 씻고 있다가)??(돌아보는)

채린   아줌마 할 일이 뭐에요.

임실   나 할 일을 밥하구 빨래하구 청소하구 화분 물주구 쓰레기 버
       리구

채린   (오버랩)할일만 하면 되잖아요.

임실   ??

채린   할 일만 하세요.

임실   아니 어차피 알게 될일인데

채린 (오버랩)어차피 알 일을 왜 아줌마가 나서냐구요.

임실 머라고라. 그니까 시방 나가 주제넘다 소리요.

채린 그래요.(나가려 움직이는)

임실 ....(잠시 보다가)여보시오 내가 슬기 두 살 때부터 본 사람이요.

채린 그래서요.(돌아보는)

임실 늙은이 안타까워 그 말도 못요? 아니 나는 도대체 이해를 못
     하겠소. 하는 일 뭐 있다고 동지섣달에 아그를 길바닥에 세워놓구

채린 (오버랩)내 말 못 알아들어요?

임실 ......(보다가)사람 무시하지 마소잉.(앞치마 벗으며)내가 나이를
     갑절은 더먹은 사람이요. 어차피 알게 될 일 좀 먼저 말했다고 무
     슨 난리 처들어와요?

태희 (들어오다)아줌마 왜요.

임실 (벗은 앞치마 아무렇게나 팽개치고 나가는)

태희 ?? 왜 그래?

채린 ...(대꾸 없이 뭔가 치우는)

태희 (나가며)아줌마 왜 그래요.

임실 E 나 그만 두겠소!!

채린 ??

S# 준구네 마당(밤)

S# 주방

     [기본 상은 차려져 있고]

은수 (큰 볼에 담긴 샥스핀 수프 조금 떠서 이모에게/작은 접시)

이모 (맛보고)아이구 얘애. 어떻게 이렇게 그럴 듯 하나아?

은수 호호호 정말요 이모님?

이모 　애 언젠가 싱가폴 가서 먹은 거 보다 더 맛있다. 만점.

은수 　아낌없으신 격려 감사합니다아아. 힘이 뿍뿍나요 이모님.

이모 　힘 너무 나 중국집 차린다구는 마라.

은수 　까르르르르..

회장 　(들어오며)중국요리라구?

은수 　네 아버님.

이모 　어이 앉으세요. 며느리 요리공부 시키는 보람이 클 겁니다.

준모 　(따라 들어와서)벌써 맛 봤어요?

이모 　봤지. (손가락 들어 보이며)굿이야 굿굿.베리베리 굿. 액/설런트.

은수 　(벌써 회장 그릇에 수프 옮기며)까르르 너무 그러심 실망하세요..

이모 　아나 실망 안해. 내가 보증해. 어서 드셔보셔요.

회장 　(맛보고)우우움..(놀라서 은수 보며)너 제법이구나.

은수 　???(준모 보는)

준모 　(남편 것 떠먹어보고)정마알..기대 이상이다.

은수 　감사합니다 어머님.

이모 　애 배고파. 얼른 다우.

은수 　네에에(준비된 접시에 수프 떠담는데)

준구 　(입구에 나타나)저 들어왔습니다.

준모 　(은수에게)뇌두구 올라가 봐줘. (도우미 하나 얼른 은수 대신 들
　　어서고 은수 조용히 나가고 /김회장에게)독일 손님 저녁 먹여야 한 대
　　요. 옷갈아 입으러

회장 　알고 있어요. (먹으며)이거 정말 며늘애 혼자 다 한 거에요?(도
　　우미에게)

도우미 　네 회장님.

회장 허허‥솜씨가 쓸만하네요 보살님.

이모 그렇다니까요.

S# 침실

준구 (들어와 가방 적당히 놓고 옷 벗기 시작하며 따라 들어온 은수에게)

많이 안 늦을 거야. 술을 거의 못하는 사람이래/.

은수 (입고 나갈 옷 꺼내러 장으로)샤워할 시간 없겠는데?

준구 오분 샤워 가능해. 요리 어떻게 합격점 받았어?

은수 일단 스프는. 이모님 만점 주셨어.

준구 하하‥그건 총애점수다. 암튼 축하해. 와 축하 키스 해줄게.

은수 (준구 앞으로)

준구 쪼옥/

은수 쪼옥(답례)

S# 태원의 주방

태모 모른 척 하구 말지 뭘 큰 고자질이라구 싫은 소린 해. 자기 딴
에는 자기두 이집 식구니까 어린 거 안쓰러워 별 생각없이 지껄인
거구만.

채린 제가 직접 말씀드릴려구 했었거든요.

태모 그거나 그거나 뭐가 달라.

채린 저 별 얘기 안했어요 어머니.

태모 우습게 보여두 저 여편네 없으면 큰일이야. 귀가 좀 어두워 그
렇지 음식 간 딱 떨어지지 깔끔하지 십원짜리 동전 하나 안 건드리
지

태희 (들어오며)사람 구해야겠는데 엄마?

태모 뭐어?

710

태희   싸구 누웠어. 아무리 남의 집 살이지만 자기가 수다쟁이두 아
     닌데 어쩌다 입 한번 놀렸다구 자식같은 사람한테 야단 맞으면서
     는 못 살겠대. 세상에 성질 없는 사람 어딨어.

채린   야단 안 쳤어요 형님. 야단은 무슨

태희   (오버랩)싫은 소리했단 말이지. 올케 이집 살림 제대로 핸들
     링 할 수 있겠어? 저 아줌마 없으면 우리 밥을 못먹어 밥을. 어떡할
     거야

태모   너 가서…미안하다구 오해하지 말라구 좋게 얘기해.

채린   ???

태모   E 니가 저지른 일 니가 해결봐.

태희   잘못했다 그래. 살려달라구.

채린   ????

태희   왜. 아줌마 심통나면 나두 빌구 엄마두 빌어. 딴 아줌마 와봤자
     저 아줌마 반에 반두 안되거든.

채린   ….(보며)

태희   응?……응?

S# 준구 침실

준구   (다른 옷 입고 손수건 받으며 가벼운 키스 해주고)갔다 올게.

은수   수고.

준구   (빠르게 나가고)

은수   (샤워하고 나와 벗은 가운 집어 들고 욕실로 가는데)
     [준구 전화 메시지 소리]

은수   ??(어 전화 안 갖구 나갔어. 침대의 전화 찾아내고 집어 들어 펴는데)
     [메시지 창에 제목 글자.]

[이다미씨 문제로 잠깐 통화를‥(다미가 불러서 결혼 애기했던 여기자)/송.]

은수   ???? ‥‥(좀 망설이다 메시지 열어보는)

송   E 이다미씨 문제로 잠깐 통화를 원합니다‥반갑지 않으시겠지만 이다미씨 결혼소식을 특종으로 보도했던 사람으로서 확인할 게 있습니다. 연락 기다리겠습니다.

은수   ‥‥(전화 보고 있다가 덮고)‥‥

다미   E 결혼생활‥‥ 행복하세요?‥‥행복하세요?‥

준구   (급히 되돌아온)어 여보 내 전화‥

은수   (준구에게 다가가 주는)

준구   (은수 얼굴도 안 보고 전화 채듯이 아웃)

은수   ‥‥(멍한 상태이다가 얼른 제 전화 꺼내 송기자 전화번호 입력해 두는)‥

　　[노크]

은수   네에

도우미2   나머지 요리 기다리시는데요.

은수   아 네‥아‥(후다다닥 뛰어나가는)‥‥

S# 계단

은수   (타라라라락 뛰어내리는)

S# 준구 대문 앞

준구   (나와서 대기 중 차에 타고)

　　[부웅 출발하는 자동차.]

S# 이동 중인 차 안

준구   (메시지 열어보며 굳는)‥‥‥‥

[걸려오는 전화]

준구   어 출발했어.

정수   F 어디야.

준구   방금.

S# 어느 호텔 로비

정수   난 벌써 십분 전 도착해서 출입구 앞에 스탠바이다.

준구   F 나두 안 늦어. 있어.

정수   야 우리 와이프는 셋째 가졌단다. 그 여자는 어떻게 스치기만 해두 애냐.

준구   F 너 누구 약올리는 거야?

정수   아냐아냐 하하하하

S# 이동 중 차 안

준구   끊어.(끊고)⋯⋯⋯⋯⋯(끊고 있다가 문자 다시 불러 통화 시도)
　　　[벨 가는 소리⋯⋯⋯]

송   F 아 사장님 전화 주셨군요. 감사합니다.

준구   (오버랩)내 전화 어떻게 알았습니까.

송   F 그거야 알려구 들면 알 수있죠

준구   어디서 누구한테 알았어요.

S# 어느 거리

송   (씩씩하게 걷고 있는 중)그건 알려드릴 수 없는데요. ⋯아시잖아요 정보 제공자 보호.

준구   ⋯⋯

송   여보세요⋯전화 끊으셨습니까?

준구   F 나는 그런 사람 모릅니다.

송   (멈추며)호오‥허어‥그러세요?

준구   F 섯불리 경솔하게 굴지 마십시오.

S# 이동 중인 차 안

준구   (연결)끊습니다‥‥(끊고)‥‥‥

S# 은수 주방

은수   (새 음식 서빙하며 어른들한테 칭찬받으며 즐거워 보이고)

　　[다 같이 화기애애한 분위기에서 /배경음악 처리/]

〈2권에서 계속〉

김수현 드라마 전집 14
세 번 결혼하는 여자 1

1판 1쇄 인쇄   2021년 5월 17일
1판 1쇄 발행   2021년 6월 21일

지은이   김수현
펴낸이   임양묵
펴낸곳   솔출판사

책임편집   임우기
편집장   윤진희
편집   최찬미, 윤정빈
디자인   오주희
마케팅   이원지
경영관리   김태영, 박정윤

주소   서울시 마포구 와우산로29가길 80(서교동)
전화   02-332-1526
팩시밀리   02-332-1529
홈페이지   www.solbook.co.kr
이메일   solbook@solbook.co.kr
출판등록   1990년 9월 15일 제10-420호

© 김수현, 2021

ISBN   979-11-6020-134-5   04680
              979-11-6020-120-8   세트